古文字學

黄德寬 著

圖書在版編目(CIP)數據

古文字學 / 黃德寬著. —上海：上海古籍出版社，2019.9（2023.11重印）
ISBN 978-7-5325-9286-9

Ⅰ.①古… Ⅱ.①黄… Ⅲ.①漢字—古文字學—通俗讀物 Ⅳ.①H121-49

中國版本圖書館CIP數據核字(2019)第141552號

責任編輯：顧莉丹
封面設計：嚴克勤
技術編輯：耿瑩褡

古 文 字 學
黃德寬 著
上海古籍出版社出版發行
（上海市閔行區號景路159弄1-5號A座5F 郵政編碼201101）
(1) 網址：www.guji.com.cn
(2) E-mail：guji1@guji.com.cn
(3) 易文網網址：www.ewen.co
上海天地海設計印刷有限公司印刷
開本700×1000 1/16 印張31 插頁10 字數445,000
2019年9月第1版 2023年11月第5次印刷
印數：9,801—12,900
ISBN 978-7-5325-9286-9
H·212 定價：98.00元
如有質量問題，請與承印公司聯繫

黄德寬，1954年生，清華大學人文學院特聘教授、清華大學首位人文講席教授，中國文字學會會長、中國文字博物館館長。研究方向爲漢語言文字學、古文字學、出土文獻與中國古代文明等。1993年起享受國務院政府特殊津貼，1998年入選國家百千萬人才工程（一、二層次）。

　　出版的代表性著作有（包括作爲第一作者合作完成的）：《漢語文字學史》（安徽教育出版社，1990/2006；韓文版，韓國東文選出版社，2003）、《漢字理論叢稿》（商務印書館，2006）、《新出楚簡文字考》（安徽大學出版社，2007）、《古文字譜系疏證》（商務印書館，2007）、《開啟中華文明的管鑰》（北京師範大學出版社，2011；英文版，SAGE，2018）、《漢字闡釋與文化傳統》（中國科學技術大學出版社，1995；北京師範大學出版社，2014）、《古漢字發展論》（中華書局，2014）、《古文字學》（上海古籍出版社，2015）、《書同文字》（江蘇人民出版社，2017）等。

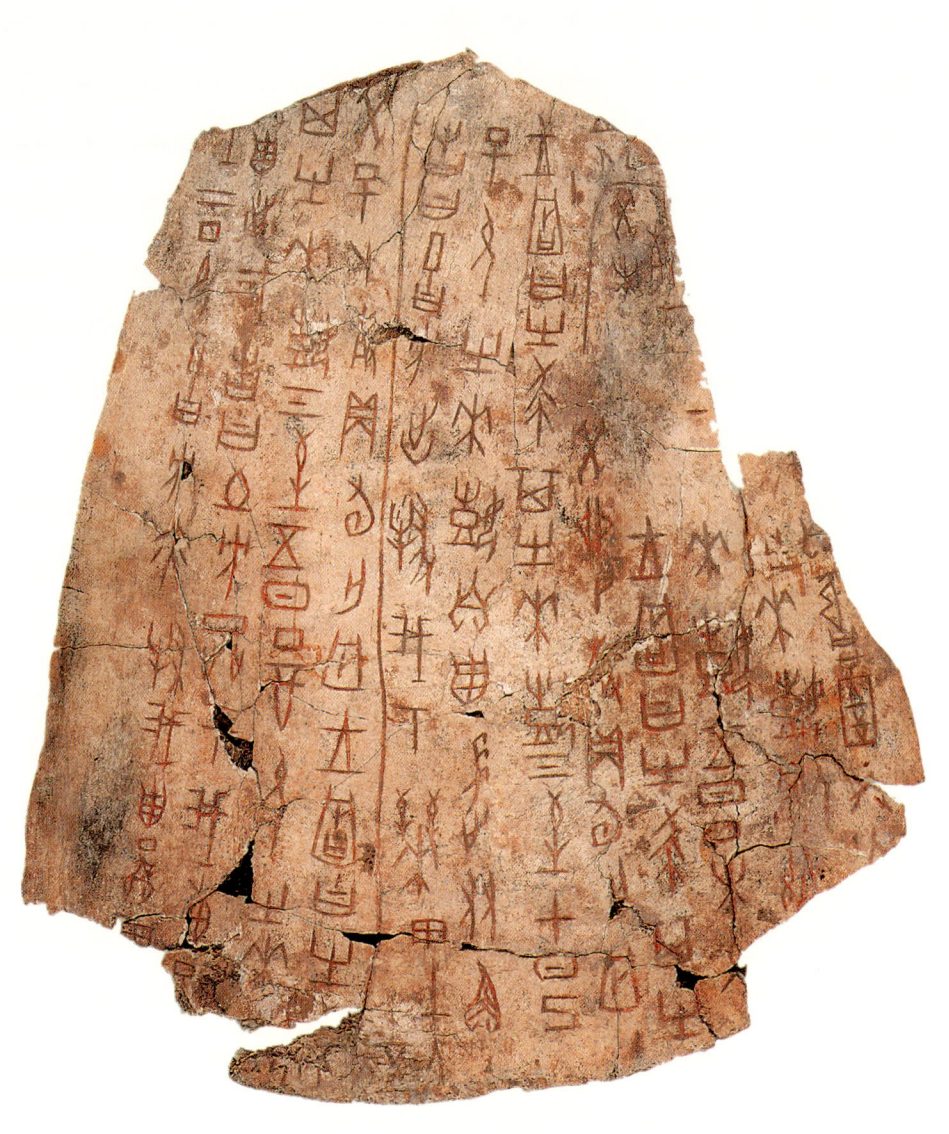

《合集》6057正

甲骨文

《合集》6057反

甲骨文

何尊

青銅器

何尊銘文照片

金
文

何尊銘文拓本

清華簡《保訓》

竹簡

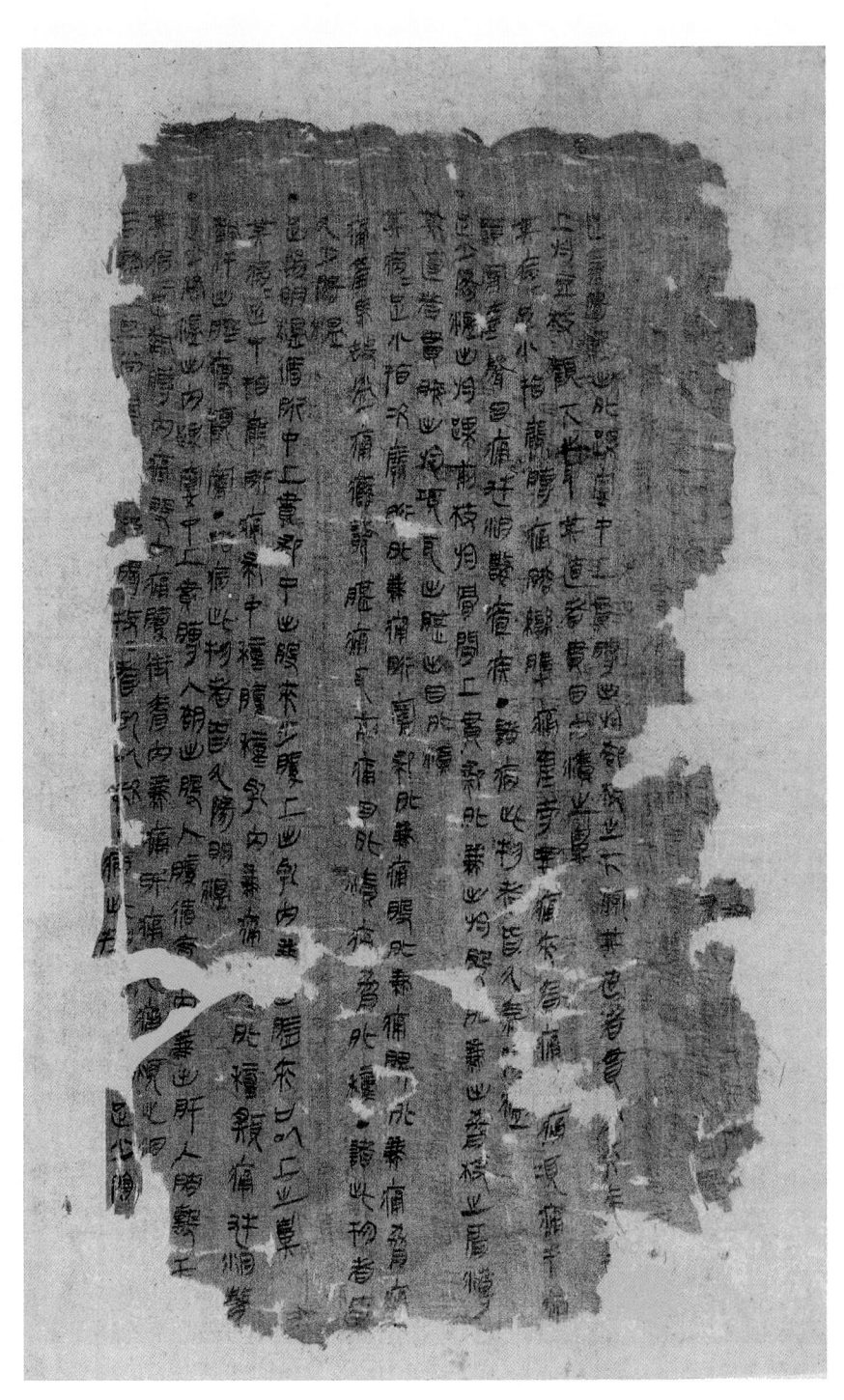

馬王堆帛書《足臂十一脈灸經》

漢"軍司馬之印"

"安陽"平首方足布

秦封泥"右丞相印"

"賹六刀"方孔圓錢

其他

石鼓文

前 言

漢字作爲漢民族悠久文明的載體，不僅傳播了一個偉大民族燦爛輝煌的文化，而且作爲這種文化的鮮明標誌之一，它也傳播了自己。漢字產生於中華文化的沃土，數千年來延續不衰，始終保持着旺盛的生命力，是世界上現存的唯一的自源古典文字系統。

古文字是漢字的歷史形態，主要指先秦到漢代早期的漢字。百餘年來，由於甲骨文、兩周青銅器銘文、戰國和秦漢文字等古文字資料的大量發現，古文字研究領域異彩紛呈，取得了一系列重大成果。古文字研究的勃興，從根本上改變了傳統語文學研究漢字的格局，形成了一門獨具特色的專門之學——古文字學。古文字學研究的深入開展，對準確認識漢字的形成和發展歷史、揭示漢字發展演變的規律具有重大意義，同時也使傳統漢語文字學成功地實現了現代轉型。可以說，古文字學已成爲我國最具世界影響力的人文學科之一，越來越得到國內外學術界的高度重視。

古文字學的研究對象是地下新發現的古文字資料，與傳統文字學最大的不同就是它具有交叉性、綜合性的特點。古文字學與語言學、考古學、歷史學和古文獻學密切相關，研究古文字必須綜合運用多學科知識，因此，古文字學是一門公認的交叉邊緣學科。

古文字學也是一門實用性很強的學科，古文字知識對相關學科領域尤其是先秦歷史文化的研究具有很重要的實用價值。一方面，先秦典籍本來是用古文字記錄的，雖然經過漢代學者的整理，變爲後來的通行文字，但是，要對這些材料進行深入的研究，仍然必須具備一定的古文字知識，因爲這些典籍的詞語訓釋、文字校正等諸多問題，有時祇有依賴古文字才能得到解決；另一方面，歷代傳世的尤其是甲骨發現以來出土的大量地下文字材料，保存了古文字的書寫形態，而這些文字材料以其真實性、可靠性見長，許多材料可以彌補史料之不足，或糾正史料流傳的訛誤，因此成爲研究先秦歷史文化最寶貴的材料。如果不具備古文字學的基本知識，對這些豐富的地下材料就無法充分利用。所以，許多研究歷史學、考古學、古代思想文化史的學者，對古文字材料和研究成果都非常重視。

　　古文字學已成爲多個相關學科學者所必備的專業基礎知識，其重要性和價值也爲越來越多的研究者所認識到，高等學校開設古文字學課程的既有漢語言文字學專業，也有歷史學、考古學、古文獻學等相關學科專業。爲適應不同專業古文字學習和教學的需要，編纂一部合適的古文字學教材，是古文字學者應該關注的課題之一。早在20世紀30年代，唐蘭先生就編纂出版了《古文字學導論》（齊魯書社1981年增訂出版），對古文字學研究和教學發揮了重要作用，至今還是古文字學習的重要參考書。80年代以後，先後出版了李學勤先生的《古文字學初階》（中華書局1985年版）、林澐先生的《古文字研究簡論》（吉林大學出版社1986年版）、高明先生的《中國古文字學通論》（文物出版社1987年版）、陳世輝和湯餘惠先生的《古文字學概要》（吉林大學出版社1988年版），以及陳煒湛和唐鈺明先生的《古文字學綱要》（中山大學出版社1988年版）等。此外，像裘錫圭先生的《文字學概要》（商務印書館1988年版），其主要内容也是關於古文字學方面的。這些著作編纂目的不盡相同，或側重於古文字學理論的闡述和體系的構建，或側重於古文字字例的分析和資料的釋讀，或側重於古文字學知識的普及，形成了各自的特色，適應了古文字學教學的一時之需。隨着古文字學學科的發展和古文字研究的快速進步，目前很需要有一部既兼顧學科理論體系建構，又適應不同專業教學和一般讀者學習需要，而且能夠適時反映古文字研究發展現狀的古文字學通論性著作或教材。

　　從1985年春季學期以來，著者長期在高校開設古文字學有關課程，爲不同層次和類型的學生講授古文字學相关知識。由於當初上述幾種著作多未問世,爲了教學需要不得不自己編纂了這部古文字學教材,並在内部印發使用。經過多年教學使用和不斷調整修改,形成了目前這部教材。

　　本書由古文字與古文字學、古文字考釋的方法、古文字的結構類型、古文字形體的發展演變、古文字基本構形單位、甲骨文、商周金文、簡帛文字、璽印貨幣文字及其他等九個部分構成。通過以上内容的安排,立足於爲學生提供系統的古文字學知識,並着重於提高學生認知古文字、釋讀古文字的能力。編纂本書時,我們試圖做到以下幾點:一是正確闡明古文字學的構成、基本概念和古漢字知識體系;二是恰當設計和合理安排古文字學教學内容;三是在充分吸收學術界研究成果的同時,適當體現自己學習和研究古文字的心得和體會;四是盡可能地跟蹤學術前沿,反映古文字的新發現和研究的新進展;五是從古文字教學需要出發,爲教師組織教學和學生拓展學習留下足夠的空間。希望本書的出版對當前的古文字學教學能有所裨益。

　　這部書從内部作爲教材初次印發到將要正式出版差不多經歷了 30 年,這正是古文字研究突飛猛進、成果豐碩的 30 年,是古文字學作爲一門交叉學科日益成熟的 30 年。儘管這部教材隨着學術的發展,一直邊使用邊修訂,但是仍不能全面及時地反映古文字研究的發展進步,離原來的編纂意圖也還有相當的差距。懇望讀者對本書多提意見和建議,以便我們將來能進一步修改完善。

目　　錄

前　言 ……………………………………………………… 001

第一章　古文字與古文字學 ……………………………… 001
　一　古文字研究的對象 ……………………………………… 001
　二　古文字學及其分支 ……………………………………… 003
　　（一）古文字學 …………………………………………… 003
　　（二）古文字學的分支 …………………………………… 005
　三　古文字研究之回顧 ……………………………………… 006
　　（一）古文字研究的濫觴期（兩漢）…………………… 006
　　（二）古文字研究的延續期（魏晉到元明）…………… 008
　　（三）古文字研究的發展期（清代）…………………… 012
　　（四）古文字研究的振興期（甲骨文發現以來）……… 014

第二章　古文字考釋的方法 ……………………………… 018
　一　字形比較法 ……………………………………………… 019
　二　偏旁分析法 ……………………………………………… 024
　三　辭例歸納法 ……………………………………………… 027
　四　綜合論證法 ……………………………………………… 031

第三章　古文字的結構類型 ……………………………………… 036
一　象形 ……………………………………………………… 038
（一）整體摹寫類 ……………………………………… 039
（二）特徵突出類 ……………………………………… 040
（三）隨形附麗類 ……………………………………… 045
二　指事 ……………………………………………………… 048
（一）因形指事類 ……………………………………… 048
（二）因聲指事類 ……………………………………… 049
（三）刻畫指事類 ……………………………………… 051
三　會意 ……………………………………………………… 054
四　形聲 ……………………………………………………… 057
（一）注形類 …………………………………………… 058
（二）形聲同取類 ……………………………………… 058
（三）注聲類 …………………………………………… 059

第四章　古文字形體的發展演變 ………………………………… 063
一　古文字形體發展概述 …………………………………… 063
二　古文字形體發展的基本規律 …………………………… 066
（一）趨易 ……………………………………………… 067
（二）省簡 ……………………………………………… 071
（三）區分 ……………………………………………… 076
（四）劃一 ……………………………………………… 082
三　隸變及其對漢字形體的影響 …………………………… 090
（一）隸變與隸書的基本特徵 ………………………… 091
（二）隸變對漢字體系產生的影響 …………………… 096

第五章　古文字基本構形單位 …… 103

一　偏旁、部首和古文字基本構形單位 …… 103

二　古文字基本構形單位例析 …… 104

（一）與人體相關的基本構形單位 …… 105

（二）表示人體所屬部分的基本構形單位 …… 109

（三）與動物生物有關的基本構形單位 …… 115

（四）與植物有關的基本構形單位 …… 118

（五）與衣食住行相關的基本構形單位 …… 119

（六）與勞動戰爭工具有關的基本構形單位 …… 122

（七）與山川自然神靈之物有關的基本構形單位 …… 123

三　古文字基本構形單位的功能及其發展 …… 126

第六章　甲骨文 …… 128

一　甲骨文概説 …… 128

（一）甲骨文及其新發現 …… 128

（二）甲骨的修治、占卜、體例和内容 …… 131

（三）殷墟甲骨的分期與斷代 …… 132

二　甲骨文選釋 …… 139

（一）殷墟王卜辭選釋 …… 139

（二）殷墟非王卜辭選釋 …… 189

（三）西周甲骨卜辭選釋 …… 208

第七章　商周金文 …… 212

一　商周金文概説 …… 212

（一）中國古代青銅器 …… 212

（二）金文的主要内容 …… 213

（三）金文研究的新進展 …………………………… 217
　二　商周金文選釋 ……………………………………… 218
　　（一）商代金文 ……………………………………… 219
　　（二）西周金文 ……………………………………… 224
　　（三）東周金文 ……………………………………… 291

第八章　簡帛文字 ……………………………………… 322
　一　簡帛文字概說 ……………………………………… 322
　　（一）簡牘與帛書 …………………………………… 322
　　（二）簡帛文字的重要發現 ………………………… 323
　　（三）簡帛研究的新進展 …………………………… 336
　二　簡帛選釋 …………………………………………… 337
　　（一）戰國楚簡 ……………………………………… 337
　　（二）秦簡 …………………………………………… 358
　　（三）漢代簡帛 ……………………………………… 367

第九章　璽印、貨幣文字及其他 ……………………… 379
　一　璽印文字 …………………………………………… 379
　　（一）概說 …………………………………………… 379
　　（二）古璽的分類 …………………………………… 381
　　（三）璽印文字的特點 ……………………………… 383
　　（四）璽印分域舉例 ………………………………… 385
　二　貨幣文字 …………………………………………… 429
　　（一）概說 …………………………………………… 429
　　（二）貨幣分類舉例 ………………………………… 430
　三　陶文 ………………………………………………… 435

（一）概説 ··· 435
　　（二）陶文舉例 ··· 436
　四　石文 ·· 455

附　錄：古文字常用工具書簡介 ··· 465
　一　甲骨文類 ··· 465
　二　金文類 ·· 468
　三　戰國文字類 ·· 471
　四　秦漢文字類 ·· 476
　五　古文字綜合類 ··· 477
　六　傳統古文字書 ··· 480

後　記 ··· 482
重版後記 ··· 485

第一章　古文字與古文字學

一　古文字研究的對象

古文字是與今文字相對的概念，它最早出現於漢代。漢代通行的字體是隸書，叫今文，即當時的文字，隸書以前的文字就叫古文或古文字。

東漢許慎《説文解字·敘》説："時有六書：一曰古文，孔子壁中書也；二曰奇字，即古文而異者也；三曰篆書，即小篆，秦始皇帝使下杜人程邈所作也；四曰佐書，即秦隸書；五曰繆篆……六曰鳥蟲書……郡國亦往往於山川得鼎彝，其銘即前代之古文。"孔子壁中書是寫在竹簡上的戰國文字，鼎彝之銘即金文，主要是兩周時期的文字。"繆篆"、"鳥蟲書"是特殊字體。由此可見，"古文"在許慎時代，除專指孔子壁中書以外，還泛指秦篆、秦隸以前的文字，也就是先秦文字。許慎所謂"古文"即"古文字"。"古文字"這個名稱最早見於《漢書·郊祀志》"張敞好古文字"。① 漢代人的看法是把小篆排除在古文字以外的，因爲當時小篆仍流傳於世，在莊重的場合甚至還使用，所以不包括在古文字之内。這個看法很有影響。值得注意的是，漢代"古文"這個概念，有時與籀文、篆文相對，則專稱"六國文字"。

20 世紀 30 年代以來，人們傾向於認爲古文字是包括小篆在內的先秦

---

① 敞自稱"臣愚不足以跡古文"，"古文"亦即指金文，參見《漢書·郊祀志下》，第 1251 頁，北京，中華書局標點本 1964 年版。

文字,即隸書以前的文字。唐蘭認爲:"由文字學的眼光看來,小篆已應放在古文字的範圍裏去。從隸書到今隸,雖略有異同,總是一脈相傳,而小篆卻早已不是通行的文字了。雖則小篆的材料還没有散佚,比古文字容易認識,但不能因此而叫做近代文字,我們祇可叫它做近古文字,因爲嚴格地分析起來,它實是古文字的最後雲仍,祇有隸書才是近代文字的開山始祖哩。"①

70年代以來,隨着秦漢之際考古的重大發現,出土了大批文字材料,如睡虎地秦簡、青川木牘、馬王堆漢墓竹簡帛書、銀雀山漢簡,等等。這些材料再現了隸書的早期形態,但還更多地保存了古文字的結構特點,處於古今文字的過渡階段。在分析和研究這些材料時,利用古文字研究的方法和手段更爲有效。因此,不少學者認爲古文字應包括秦漢之際的隸書,其下限年代可定在漢武帝以前。

根據上述看法,可以認爲狹義的古文字即指先秦文字,這種文字材料主要包括傳世古文和地下發現的先秦文字資料,而廣義的古文字則包括《説文》所傳的小篆系統和漢武帝以前的早期隸書。前者是一種傳統的看法,後者則是對傳統看法的補充。這種補充是建立在漢字結構、形體特點的客觀分析上的,也合乎漢字發展的實際情况。

不管是狹義的還是廣義的古文字,都包含了豐富的研究材料。對古文字研究對象的分類和表述,是首先要遇到的問題。着眼點不同,分類也就各異。

根據書寫的材料分,古文字可分爲:(1) 甲骨文:指刻寫於龜甲獸骨上的文字;(2) 金文:指刻鑄於青銅器上的文字;(3) 陶文:指書刻於陶器上的文字;(4) 石文:指石刻文字和石書(如盟書之類);(5) 璽文:指璽印上的文字,包括封泥;(6) 貨幣文:又稱"化文"、"泉文",指貨幣上記錄鑄地和價值的有關文字;(7) 簡牘文:竹簡、木牘上的文字;(8) 帛書文字:又稱"縑帛文",指寫在綢帛上的文字。

---

① 《古文字學導論》,第31—32頁,濟南,齊魯書社1981年版。

根據書體形式,可分爲:(1) 大篆(包含籒文):指秦以前的文字;(2) 小篆:即秦文字;①(3) 古文:一般指戰國期間秦以外的六國文字;②(4) 古隸:早期隸書,又稱秦隸。這基本上是一種文字學的分類,文字學論著常用這套術語。有時又將籒文與大篆分開,大篆與小篆相對,仍指秦以前的文字,而籒文則主要指出自《史籒篇》的文字。《史籒篇》不傳,據《説文》保存的籒文看,其形體規整均一,結構稍涉繁複,比較接近西周中晚期的金文。另外,也有用"古籒"這個名稱統稱秦以前的古文字的。

唐蘭先生對用器物或書寫材料分類的方法並不滿意,認爲這樣不易劃清時代、地域,而應該按時代、地域劃分。他按這個設想,將古文字分爲四系:③

(1) 殷商系文字:包括甲骨文、殷金文等材料。

(2) 兩周系文字(止於春秋):主要是兩周金文。

(3) 六國系文字:包括銅器(兵器爲多)、陶器、璽印(封泥)、貨幣等文字資料。

(4) 秦系文字:有秦金文、刻石等,以碑刻文字爲主。

這些分類各具特點,尤其唐蘭的劃分,注意到時間、地域因素,更富有科學性。在所列舉材料中,由於唐蘭提出這個想法時,戰國簡牘、帛書和秦簡文字材料都還没有發現,所以没有列入,現應補入。儘管劃分的角度各不相同,但古文字研究的對象和範圍總體上是一致的。

二　古文字學及其分支

(一) 古文字學

古文字學是有關古文字的學問。雖然古文字的研究有相當長的歷史,

---

① 參閱《説文解字·敘》,本書以下簡稱《説文》。
② 參閱王國維《史籒篇疏證序》、《戰國時秦用籒文六國用古文説》,收入《觀堂集林》卷五、卷七,北京,中華書局1959年版。
③ 《古文字學導論》,第32—34頁,濟南,齊魯書社1981年版。

但是，作爲一門系統的科學，卻直到近代才逐步建立起來。古文字學是一門古老而又年輕的學問，作爲一門獨立、系統的科學，應該對古文字學作出更爲嚴密的限定。

根據于省吾的看法：古文字學是考釋古文字的形、音、義，研究古文字造字本義和演變規律的學科。① 這個表述包含了釋讀古文字、考釋本義、揭示演變規律三方面的内容。

李學勤近來指出：研究古文字本身規律，釋讀古文字，借以揭示古代歷史文化奧秘的學問，就稱爲古文字學。② 這個定義有一定的包容性，範圍較寬泛。

一個學科、一門學問之所以可以建立，必須有構成它的基本因素。在限定古文字學時，我們應該注意以下幾個方面。

首先，要確定古文字學研究的對象和重點。古文字學的研究對象當然是古文字，但重點應是出土的文字材料，《說文》小篆和傳世古文不是其主要研究對象。

其次，要明確古文字學的任務和目的。古文字學的主要任務：第一，揭示古文字發生、發展及其結構特點和規律，這屬於古文字本體的研究。第二，探討古文字的運用規則，如書寫規則——總結同一字因不同時代和地域而形成的不同寫法及規則，合文、省文、飾文、重文等規則。運用規則——主要指古文字使用中的形、音、義分歧現象及規則，如同音通假。第三，考釋不認識的字和難以明瞭的音、義。這是古文字研究最爲初步和直接的任務，也是古文字學的基礎工作。其第一步是建立未識字與已識字的聯繫，確定爲某字；第二步是要解決這個字在具體文字資料中的音義訓讀，有了這個前提，其他工作才能展開。對於後世不傳的古文字，這一工作的進行是相當艱難的。在上述工作的基礎上，古文字研究的基本任務就是揭示古文字的形體構造、發展演變及其運用的規律。

---

① 王慶祥：《古文字學與古史研究》，《社會科學戰綫》1980年第2期。
② 李學勤：《古文字學初階》，第1頁，北京，中華書局1985年第1版、2006年第2版。

再次,要重視學科自身的建設。作爲一門獨立的科學,它必須有嚴密的體系和方法。20世紀30年代,唐蘭先生著《古文字學導論》就深感"根據若干原則來建立一個系統,創立許多方法和規則"的重要性。古文字學應該建構自己的概念和範疇,確定自身的方法論和原則,從而形成一個嚴密的體系。否則,支離破碎、隨意性的研究和經驗式的積累,是難以建構真正意義上的古文字學學科的。因此,總結和探討古文字研究的方法論(如材料收集和整理方法、考釋方法等),闡明和建立古文字學的基本概念以及全面總結本學科發展歷史等,都應屬於古文字學的範疇。

歷史上古文字研究屬"小學",是"經學"的附庸,近代以來又有將古文字研究作爲史學附庸的傾向。這既是由於古文字學與經學、史學的密切關係所致,也是古文字學作爲一門獨立學科還未能發展成熟的緣故。古文字研究儘管與考古學、歷史學、古文獻學等關係密切,但是,古文字學本身確立以後,應該有其獨立存在的價值。嚴格地説,利用古文字材料所進行的有關研究,不能統歸之於古文字學。將古文字學附庸於其他學科,或者將其範圍無限定地擴大,都是不利於這門學科發展的。

(二)古文字學的分支

隨着古文字研究的深入和發展,研究領域的逐步擴大,古文字學形成了若干跨學科的分支,這表明古文字學作爲一門科學的日臻完善。這些分支是:甲骨學、青銅器銘文研究、戰國文字研究、簡牘帛書研究。它們在研究的對象上又有所擴大,各自獲得了特殊的領域,具有獨特的方法。

甲骨學:以殷墟甲骨爲主要研究對象的學問。研究甲骨文字和語言現象,占卜形式和內容,卜骨鑽鑿與整治,甲骨斷代,卜辭反映的殷代社會和歷史文化,甲骨的流傳與研究歷史等衆多方面。甲骨學內容豐富,牽涉面很廣。1977年陝西岐山鳳雛村出土了大批西周甲骨,又爲甲骨學提供了新的課題。

青銅器銘文研究:主要研究青銅器銘文,亦包括鑄造、紋飾、器形及其演變、青銅器與社會歷史文化等諸多方面。傳統金石學興起於宋代,包含了石刻文字的研究。青銅器學則是由傳統金石學發展而來,但排除了石刻文字。

戰國文字研究：戰國文字可以説是古文字研究最早涉及的對象，但作爲一個分支則是在 20 世紀形成的。王國維的研究是戰國文字研究的先奏，如《桐鄉徐氏印譜序》、《戰國時秦用籀文六國用古文説》、《蝌蚪文字説》等。20 世紀 50 年代後期，李學勤先生所作《戰國題銘概述》對這個分支的形成有重要推動作用。戰國文字研究的對象主要是戰國文字材料，包括戰國簡帛文字、青銅器銘文、貨幣文字、陶文和璽印文字等。戰國文字地域特點明顯，字形詭變難識。王國維早已指出：六國文字"並訛別簡率，上不合殷周古文，下不合小篆，不能以六書求之，而同時秦之文字則頗與之異"。① 這是由於"時、地"不同所致。因此，戰國文字的分域和辨認是首要的研究任務，在此基礎上才可進一步探討其演變和書寫規律。戰國文字研究作爲分支起步較晚，目前主要的工作還是文字的考辨，仍處於草創階段。②

　　簡牘帛書研究：以竹簡、木牘、帛書文字及内容爲研究對象。簡牘的研究，過去主要集中於西北漢簡方面，隨着戰國簡牘、帛書和秦漢之際簡帛文字材料的發現，其研究對象已經擴大。簡帛文字，主要是軟筆墨書，性質獨特，内容豐富，對漢字發展史和戰國秦漢史研究有着特別重要的意義，已經成爲專門之學。

三　古文字研究之回顧

　　古文字的研究有着悠久的歷史，這裏祇能作一極簡略的回顧，勾勒一個大概的發展綫索。根據古文字研究的歷史發展，大致可以分爲濫觴期、延續期、發展期和振興期四大階段，下面分而述之。

　　（一）古文字研究的濫觴期（兩漢）

　　古文字學之所以在漢代發生，是由當時的社會政治文化背景和文字制

---

① 王國維：《桐鄉徐氏印譜序》，收入《觀堂集林》卷六，北京，中華書局 1959 年版。
② 編案：自 20 世紀 80 年代以來，戰國文字有一系列重大發現，戰國文字研究取得重大進展，是古文字研究成績最突出的領域。我們將在各分支古文字材料選讀部分，增補相關内容，並予以介紹，這裏仍保持原來的敘述和評價。本書其他部分有類似情況的，也大體依此原則處理。不再一一注明，請讀者注意。

度本身決定的。秦始皇兼併六國後，採納丞相李斯的建議，焚禁古書，天下有敢私藏或言談《詩》、《書》百家者處之以刑罰，春秋戰國以來百家爭鳴的學術文化因此而遭到扼殺。四年之後，陳勝吳廣起義，繼之以劉項之爭，戰亂兵燹，對焚禁之餘的歷代古書又是一次災難性衝擊。漢朝建立，重整文化，除挾書之禁，確立儒學的正統地位，廣開獻書之路，蒐集傳世經典，幸存的先秦抄本多歸之於朝廷。"武帝末，魯共王壞孔子宅，欲以廣其宮，而得《古文尚書》及《禮記》、《論語》、《孝經》凡數十篇，皆古字也"。[1] 這是先秦古本經書的一次重大發現。這些先秦古本藏於秘府，當時未曾引人注意。西漢末年劉向、劉歆領校秘書，重新發現了這些古文寫本，用以校對傳世經書，文字上大有差異。如劉向校《尚書》，發現通行的歐陽、大小夏侯三家經文，"《酒誥》脫簡一，《召誥》脫簡二……文字異者七百有餘，脫字數十"。[2] 其子劉歆乃倡導"古文經"。"古文經"即這些用先秦古文字抄寫的舊本，不同於傳世經書用隸書抄寫，故將通行寫本叫"今文經"。從此開始了中國學術史上曠日持久的今古文經學之爭。古今文經學的論爭促進了古文字研究。

漢字形體到西漢已發生了根本的變化，隸書是通行字體，對於先秦的文字制度，大多數人不甚了了。今文經學家即認為："秦之隸書為倉頡時書，云父子相傳，何得改易。"[3]對於古文經學家來說，首要的任務就是要揭示漢字的形體變化，並對古文經書中保存的古文字給予深入的研究，以回擊今文學派古文是"詭更正文，向壁虛造不可知之書"[4]的攻擊，從而確定自己的學術地位。古文經學家的研究，事實上就是古文字研究的開始。王國維指出："觀兩漢小學家皆出古學家中，蓋可識矣。原古學家之所以兼小學家者，當緣所傳經本多用古文，其解經須得小學之助，其異字亦足供小學之資，故小學家多出其中。"[5]古文經學的倡導者劉歆首發"六書"之旨，杜林、衛宏、賈

---

[1] 《漢書・藝文志》，第1706頁，北京，中華書局標點本1964年版。
[2] 同上注。
[3] 許慎：《說文解字・敘》，第315頁，北京，中華書局1963年版。
[4] 同上注。
[5] 王國維：《兩漢古文學家多小學家》，收入《觀堂集林》卷七，北京，中華書局1959年版。

逵、鄭衆、馬融、許慎等古文學家,在文字學方面也都有較深的造詣。漢字結構理論的系統闡述,強調篆隸之別,主張"六體"之分(古文、奇字、篆書、隸書、繆篆、鳥蟲書)等,都是古文經學家對文字學的貢獻,許慎則是這方面的集大成者。

許慎有感於"諸生競説字解經宜",其言"皆不合孔氏古文,謬於史籀",乃撰著《説文解字》一書。這部不朽著作集中反映了古文經學家們研究文字的成果。許慎編寫這部著作的宗旨是:"今敘篆文,合以古籀,博采通人,至於小大,信而有證,稽譔其説,將以理群類,解謬誤,曉學者,達神恉。"①全書分五百四十部,據形繫聯,收小篆九千三百五十三字,古、籀文五百餘。《説文》的價值主要表現在以下方面:一、用"六書"理論統率古、籀、篆文的分析,從而確立了中國文字學的理論基礎,創立了字形分析的方法論。自許慎以後,研究中國文字學理論者,無一不奉之爲圭臬。"六書"理論儘管有不夠完善之處,但它基本正確而客觀地總結和分析了古文字的結構類型,今天仍然是指導我們進行古文字分析的有用理論。二、保存了當時所見的大量的古、籀、篆文資料,爲古文字的深入研究提供了極爲寶貴的借鑒。三、《説文》所錄存的"通人"説,使我們得以窺見當時文字研究之一斑,是彌足珍貴的文字學史料。《説文》是漢代古文字研究成果的全面總結,爲古文字學的發展奠定了基礎,是古文字學史上的經典著作。如果不藉助《説文》,要想深入開展古文字研究,幾乎是不可能的,因此,它被譽爲研治甲骨文、金文的"橋梁"。著名古文字學家羅振玉總結其研究甲骨文的經驗時説:"由許書以溯金文,由金文以窺書契,窮其蕃變,漸得指歸。"②可見,許慎的著作在古文字研究中的重要地位。《説文》的出現,爲濫觴期的古文字研究作了最精彩的總結。

(二)古文字研究的延續期(魏晉到元明)

東漢以後,圍繞《説文》而展開的文字學研究有所發展,古文字的研究也緩慢延續,不絶如縷。與前後期相比,魏晉到元明這一漫長的階段,

---

① 以上均見許慎《説文解字·敘》。
② 羅振玉:《增訂殷虛書契考釋·序》,收入《羅振玉學術論著集》第一集,上海,上海古籍出版社 2010 年版。

除古文仍得以傳承外，值得一書的，是汲冢古書的發現和宋代金石學的興盛。

汲冢古書，晉武帝咸寧五年(公元279年)發現於汲冢(今河南汲縣)戰國魏王墓。有《周易》、《竹書紀年》、《穆天子傳》等十六部古書，共七十五卷，十餘萬言。這是孔子壁中書以後戰國文字的又一重大發現。次年官收其書，藏於祕府。太康二年(公元281年)，始命荀勖(又作"勗")、束皙、杜預、衛恒等人編校寫定。這項工作直到永康元年(公元300年)才告結束，前後約二十年。① 當時學者十分重視這批材料，隸定釋文，校正經傳，作了相當細緻的整理工作，可惜這些竹書大都散佚，僅存《穆天子傳》一書。根據記載，當時學者的整理工作進行得相當順利，並且作了較深入的研究。如晉代學者臣瓚、徐廣、司馬彪等都已利用《竹書紀年》研究古史，僅司馬彪就根據《竹書紀年》駁正《古史考》一百二十二條。續咸編成《汲冢古文釋》十卷，總結了汲冢古文考釋的成果。可見，當時戰國文字的研究承第一階段古文研究餘緒，尚具有較高水平。

到了宋代，古文字的認讀已變得困難。郭忠恕曾説過："常痛屋壁遺文，汲冢舊簡年代浸遠，謬誤滋多。賴與吾師(夢英)同心正古，近覽真翰，轉見工夫，藏勢遏峰，方上圓下，可以方古教人也。"②郭氏善古文書法，因據所見古文字材料，編《汗簡》一書。《汗簡》徵引古文字書籍(碑刻)七十一種，收字二千八百多，保存了壁中書以來大量傳世的古文字材料。夏竦又在此基礎上編《古文四聲韻》五卷，以《切韻》四聲爲綱，按韻繫字，收各種古文字材料九十八種之多，古文字字形九千餘。這兩部書是對當時流傳的戰國古文材料的較全面的彙集。過去對二書不太重視，認爲它們過於雜蕪，難以證言。《四庫全書總目》謂《古文四聲韻》"由雜綴而成，多不究六書之根柢……讀是書者亦未可全據爲典要也"。近年來，戰國文字的大量發現，二書保存的很多字形得到證實，其價值日益顯示出來。不過書中確實收錄了不少後

---

① 參閲朱希祖《汲冢書考》，北京，中華書局1960年版。
② 《郭忠恕致英公大師書》(碑)，收入(清)陸紹聞《金石續編》卷十三。

世偽刻作品，真贗雜陳，使用時應有所鑒別。因"後來談古文者，輾轉援據，大抵從此書(《汗簡》)相販鬻"，①多少也影響了原著的聲譽。但是，我們應該肯定，《汗簡》、《古文四聲韻》還是古文字研究不可少的重要參考書，在古文字研究史上應有一席之位。

宋代金石學的興盛。古器物自漢代以來多有出土，史籍也時有記載，如漢武帝得鼎汾陰，宣帝得鼎美陽。到宋代，器出愈多，士大夫賞奇嗜古，遂有搜集研究之風，於是產生了"金石學"。趙明誠説："蓋收藏古物實始於原父(劉敞)，而集録前代遺文，亦自文忠公(歐陽修)發之，後來學者稍稍知搜抉奇古，皆二公之力也。"②宋代金文研究的發展，王國維曾總結説："趙宋以後，古器愈出，秘閣太常既多藏器，士大夫如劉原父、歐陽永叔輩，亦復蒐羅古器，徵求墨本，復有楊南仲輩爲之考釋，古文之學勃焉中興。(李)伯時、與叔(吕大臨)復圖而釋之，政宣之間，流風益煽。《籀史》所載著録金文之書至三十餘家，南渡後諸家之書猶多不與焉，可謂盛矣！"③

宋代金文著作，按王國維的看法，可分爲三類：④一是"既寫其形，復摹其款"，吕大臨《考古圖》和宋徽宗敕撰、王黼編纂的《博古圖》爲代表。《考古圖》十卷，收銅器二百二十四、石器一、玉器十三。分類編次，每器下備載大小、重量和容量，以及出土地點和收藏者。這在銅器著録的方法和體例上都富有開創性，它保存了古器物的完備資料，有利於進行更深入的研究。《博古圖》又名《宣和博古圖》，三十卷，收八百三十九器，分類編排，"類各有總説，器各有圖，並記大小、容量、重量、銘識及考説，頗能據實物以訂《三禮圖》之誤"。⑤ 二是"祇録款識，不具圖譜"，以薛尚功《歷代鐘鼎款識法帖》和王俅《嘯堂集古録》爲代表。薛氏書二十卷，收器銘五百十一種，按時代先後分類編次，摹寫器銘，附以釋文，並就史籍有關問題，給以簡單考證，該書"能集諸

---

① (清)永瑢等撰：《四庫全書總目》卷四一，經部，小學類二，北京，中華書局1965年版。
② (宋)趙明誠：《金石録》卷十二《谷口銅甬銘跋尾》。
③ 王國維：《宋代金文著録表序》，收入《觀堂集林》卷六，北京，中華書局1959年版。
④ 同上注。
⑤ 容庚：《宋代吉金書籍述評》，載《學術研究》1963年第6期、1964年第1期。

家所長而比其同異,頗有訂訛刊誤之功,非抄撮蹈襲者比也"。① 王氏書二卷,收器銘三百四十五種,以類相從,先摹銘文,次附釋文,不具考證文字。但是,銘文有時經過"芟荑剪截"。王俅積三十年而成此書,又善書法,故銘文摹寫甚精。三是"專論題跋,頗存名目",如歐陽修《集古錄跋尾》十卷,將所收金石拓本"撮其大要,別爲目錄,因並載夫可與史傳正其闕謬者,以傳後學"。② 此書除存目錄外,有時也録存銘文釋文,加以簡單説明或考證,與史傳相互印證,是金石考據之學的開創性著作。趙明誠《金石録》三十卷(目録十卷、跋尾二十卷),五百零二篇。按時代順序編次,以補《集古録》"尚有漏落,又無歲月先後之次"③的不足。其他如張掄《紹興内府古器評》(二卷)、黃伯思《東觀餘論》(十卷)、董彥遠《廣川書跋》(十卷)等著作,則着重於古器物銘文的考證、辨識和評論,富有較強的研究性。

宋代金石學的興起,是中國考古學史上的大事,同時也是古文字學史上的重要一頁。正如王國維所論:宋人"摹寫形制,考訂名物,用力頗鉅,所得亦多。乃至出土之地、藏器之家,苟有所知,無不畢記,後世著録家當奉爲準則。至於考釋文字,宋人亦有鑿空之功"。④ 宋人的工作是開創性的,從古文字學角度看,這些著作包括了銘文的著録摹寫、釋文、考證諸方面,不僅保存了大量的金文資料,也初步建立了資料蒐集和整理的方法。儘管宋人考釋文字還不夠深入,主觀臆斷和附會牽強時有所見,但其"鑿空之功"不可磨滅。宋人金文考釋的成果,王楚《鐘鼎篆韻》與薛尚功《廣鐘鼎篆韻》均有總結,然二書皆佚。從吕大臨的《考古圖釋文》收録的八百多字來看,常見的字宋人大都可以正確辨認,成績是很可觀的,當然錯誤也很多。據《考古圖釋文·序》所言,宋人釋字,或與傳世古文對勘;或據"形象得之";或"以義類得之";或據小篆而分析金文稍異者;對於字形結構明晰,"有部居可別而音讀無傳者",可據形考得其六、七,至於"文奇義密,不可強釋"者,則採取"闕如"

---

① 參看《四庫全書總目》薛氏書條。
② (宋) 歐陽修:《六一題跋自序》。
③ (宋) 趙明誠:《金石録序》。
④ 王國維:《宋代金文著録表序》,收入《觀堂集林》卷六,北京,中華書局1959年版。

的態度。① 宋人的方法和態度基本是正確的，他們爲古文字的考釋積累了有益的經驗。不過賞奇嗜古的逸情和正經補史的實用態度，在宋代金石學中占據了主要的地位，因而，古文字研究本身還没有得到足夠的重視和發展。

（三）古文字研究的發展期（清代）

乾嘉以來，漢學復興，文字訓詁之學，空前發展。金石文字的研究，在這種文化大背景下，復又振興。"乾隆初，始命儒臣錄内府藏器，放（仿）《宣和博古圖》爲《西清古鑑》，海内士夫聞風承流，相與購致古器，蒐集拓本。其集諸家器爲專書者，則始於阮文達（元）之《集（積）古齋鐘鼎彝器款識》，而莫富於吴子苾閣學（式芬）之《攈古録金文》。其著録一家藏器者，則始於錢獻之别駕（坫）之《十六長樂堂古器款識》，而訖於端忠敏（方）之《陶齋吉金録》。著録之器，殆四倍於宋人焉。數十年來，古器滋出，其新出土者，與以前散在人間未經著録者，又略得著録者之半"。②

清代古文字研究的成就，主要表現在金文材料的著録整理和文字考釋兩個方面。乾嘉以來，著録整理金石文字的著作大量問世。王國維著《國朝金文著録表》收列阮元、錢坫等家著録十六種。其後鮑鼎作《補遺》，又收羅《西清古鑑》等著録十八種，儘管兩表皆未能將清代的金石著作全部收入（如不少金石並存的著作即未收），也可以反映出清代金石著作的宏富。據王鮑二氏的統計，這些著録共收 7 143 器，其中三代器 5 804，列國先秦器 164，其餘爲漢代以後器。③ 宏富的著作，衆多的材料，不僅反映了一代學術的繁榮，也爲古文字研究的進一步發展奠定了雄厚的基礎。在衆多著録中，有不少收録豐富、摹寫印製精善的作品。如吴式芬的《攈古録金文》收器銘 1 335 種，吴大澂的《愙齋集古録》也收器銘一千餘種，劉心源《奇觚室吉金文述》收器銘達二千一百餘種，這些著作即使在今天也是很有參考價值的。

阮元《積古齋鐘鼎彝器款識》，是清代研究銅器銘文的第一部著作。阮元博通經史，精於小學，考釋銘文時多能與經史互證。其後金文研究日盛，

---

① 參閱吕大臨《考古圖釋文序》。
② 王國維:《國朝金文著録表序》，收入《觀堂集林》卷六，北京，中華書局 1959 年版。
③ 參閱朱心劍《金石學》，第 77 頁，北京，文物出版社 1981 年版。

頗受阮氏影響。但總的看來，當時的研究水平相比宋人沒有大的提高。如吳榮光《筠清館金文》中龔自珍、陳慶鏞的考釋，就很不嚴謹。他們都不懂文字，"肆其私意，無所忌憚"，①望文生訓、牽强附會之説，隨處可見。俟許印林、吳大澂、方濬益、孫詒讓、劉心源諸人相繼而起，文字考釋方面日趨精審。尤其是清末吳大澂、孫詒讓的考釋，使金文研究的水平大大跨進了一步。

吳大澂除在《愙齋集古録》中對銅器銘文進行考釋外，尚有《字説》一卷，考證文字凡二十九條，其釋"叔、文、夷、干吾"等都精確而不可易。所著《説文古籀補》，就自己收藏的金文、璽印文、貨幣文和陶文，"擇其顯而易明、視而可識者，得三千五百餘字，彙録成編，参以故訓，附以己意"。② 該書按《説文》部首編排，全書實收録字頭1 946，重文3 484，總計收字5 430。這部著作收字豐富，摹寫精確，實際是吳氏個人古文字考釋的總結性著作，對《説文》和古文字的研究都有重大貢獻。陳介祺稱此書之作"曰許慎之功臣也可，曰倉聖之功臣也可"。③ 全書釋字正確的占大多數，誤釋錯釋當然也是不少的。羅振玉曾這樣評價吳大澂的研究和貢獻："蓋中丞於古文所詣至深，天資超絕。曩讀所作《字説》，每爲之解頤，蓋我朝古金文之學實至中丞而中興也。"④

孫詒讓的考釋成果，主要集中在《古籀拾遺》、《古籀餘論》二書中。此二書爲糾正前人和時賢考釋之誤而作，如《古籀拾遺》校正薛尚功《鐘鼎彝器款識法帖》十四器、阮元《積古齋鐘鼎彝器款識》三十器、吳榮光《筠清館金文》二十二器，《古籀餘論》校正《攈古録金文》達一百零五器。孫詒讓的考釋，有一個非常突出的特點，那就是注重古文字字形的比較分析。無論否定陳説，還是另標己見，他都從字形的分析入手。他的著作中常見"以字形審之"、"以字形覈之"、"以偏旁推之"、"以偏旁析而斠之"、"以字形驗之"等語。孫氏每釋一字，必先詳辨字形，分析結構，取證《説文》、《汗簡》等書保存的字形和所見金文字形，有意識地進行細緻的比較，字形確認了，還要驗之以銘辭，

---

① 王國維：《殷虛書契考釋跋》。
② 吳大澂：《説文古籀補·敘》。
③ 陳介祺：《説文古籀補·敘》。
④ 羅振玉：《愙齋集古録·敘》。

必使文辭無礙,再證以經史之書。其方法謹嚴,分析允當,旁徵博引,創獲甚多。他釋"㲋、公、靜、朝夕、昧爽、甲冑"等,①都可謂不刊之論。孫詒讓的考釋不僅以其精確性令人折服,而且在方法上更富有啓迪意義。

吳大澂、孫詒讓的研究,代表了這一時期古文字研究的最高水平,預示着古文字研究將走向一個新的歷史階段,而 1899 年殷墟甲骨文的發現,則成爲這個新階段的起點。

(四)古文字研究的振興期(甲骨文發現以來)

甲骨文發現,是中國學術史上的重大事件,也是古文字研究史上的重要轉折點。自甲骨文發現以後,古文字研究進入了一個全面發展的歷史時期。

最早發現並收集甲骨的是王懿榮,他先後搜集甲骨一千五百餘片。王氏因八國聯軍入京而殉難,他所得甲骨大部分歸於劉鶚。劉鶚總共收藏甲骨五千餘片,1903 年,他選錄 1 058 片,編成《鐵雲藏龜》一書,這是甲骨文的第一部書。1904 年孫詒讓就劉書提供的材料,撰寫了《契文舉例》二卷,這是甲骨文第一部考釋著作,有"篳路椎輪"之功。1902 年羅振玉於劉鶚家見到甲骨,其後則大力蒐集,加以研究。羅振玉著錄甲骨文的著作有《殷虛書契》(前編)、《殷虛書契菁華》、《殷虛書契後編》、《殷虛書契續編》等,考釋研究的著作有《殷商貞卜文字考》、《殷虛書契考釋》。郭沫若認爲:"甲骨自出土以後,其搜集、保存、傳播之功,羅氏當居第一,而考釋之功也深賴羅氏。"②繼羅氏而起的是王國維,他所著的《殷卜辭中所見先公先王考》及《續考》,是以甲骨文證殷商史的開創性著作,對史學的研究貢獻最大,曾轟動學術界。他還著有《釋旬》、《釋西》等單篇考釋文章,多有獨創。由於羅、王的研究,甲骨文日益爲學術界重視,吸引了大批學者。董作賓是第一個主持殷墟科學發掘的學者,從 1928 年始,到 1937 年止,殷墟共發掘甲骨 24 918 片。董氏最主要的貢獻,是甲骨文的斷代研究,其《甲骨文斷代研究例》將甲骨文分爲五期,提出十項斷代標準,對甲骨文的研究影響深遠。他還研究過殷代曆法,

---

① 參閱《古籀拾遺》卷上"鄦子鐘""聘鐘"、卷中"繼彝""周殷父敦""虘彝"、卷下"周宂敦"諸器考釋。

② 郭沫若:《中國古代社會研究》,第 170 頁,北京,人民出版社 1964 年版。

有《殷曆譜》一書問世。甲骨文研究中，異軍突起的要算郭沫若了。郭沫若以馬克思主義作爲指導，系統運用甲骨文研究殷商史，寫了一部劃時代的作品：《中國古代社會研究》。他的《甲骨文字研究》、《卜辭通纂》、《殷契萃編》等著作，在考釋文字的同時，涉及殷代歷史文化的衆多方面，往往見解深邃，議論宏辟。由於他們四人在甲骨學的不同方面所作的貢獻，甲骨學遂成爲一門顯學，他們則被譽爲"甲骨四堂"。唐蘭曾這樣評價他們："卜辭研究，自雪堂（羅振玉）導夫先路，觀堂（王國維）繼以考史，彥堂（董作賓）區其時代，鼎堂（郭沫若）發其辭例，固已極盛一時。"①

　　"甲骨四堂"以外，尚有衆多的研究者，如羅王二氏的弟子商承祚、余永梁、戴家祥、徐中舒、朱芳圃、吳其昌、孫海波等，承羅王治甲骨的方法，都有一定的成果。尤其是于省吾、唐蘭等人，在文字考釋方面，日趨嚴謹，多所創獲，如于省吾曾著有《殷契駢枝》三編，後修訂爲《甲骨文字釋林》出版（1979年），在常用字多被辨認，釋字甚難的情況下，考得甲骨文字三百多，立論精確，成就卓著。唐蘭作《殷虛文字記》新釋近百字，頗多發現。總結前賢成果，統觀全局，成綜合之巨著者，則有陳夢家《殷虛卜辭綜述》、嚴一萍《甲骨學》等。通過衆多的學者在不同方面的辛勤探討和深入研究，甲骨學作爲一門新的學科聞名於世。

　　甲骨文的發現和研究，開拓了古文字研究的領域，也推動了其他方面的研究，如金文、戰國文字的研究在這一時期都有很大進展。新中國建立以後，古文字研究更得到了充分的發展。中國古文字研究會1978年宣告成立，可以說是古文字研究長期發展、日益繁榮的又一標誌。總之，甲骨文發現以來，古文字研究成績是輝煌的，寫下了古文字學史上最光輝的一頁。這裏略述其要，以見一斑。②

---

　　① 唐蘭：《天壤閣甲骨文存·自序》。
　　② 編案：20世紀90年代至今，古文字資料陸續有重大發現，新公布了甲骨文、金文、戰國楚簡等多批重要資料；古文字資料整理、出版和研究水平也有了很大提高，尤其是戰國文字研究取得重大進展。這些內容，將在古文字資料選釋各部分作補充介紹。本章依然保持原貌，不做改動，請讀者結合本書有關章節閱讀，注意吸收古文字研究所取得的新的成果，也可參閱安徽教育出版社2006年版《漢語文字學史》（增訂本）有關章節。

資料的整理：甲骨發現以來海內外著録一百八十餘種，甲骨約十萬餘片，通過全面蒐集整理，選録了 41 956 片，編成《甲骨文合集》，分十三册出版，郭沫若任主編，胡厚宣爲總編輯。1973 年小屯南地新得五千餘片甲骨，也已編爲《小屯南地甲骨》（包括考釋）出版。金文資料的綜合整理，中國社會科學院考古研究所編纂有《殷周金文集成》。此外，璽印、貨幣、石書、簡牘帛書等古文字資料或已編纂出版，或正在編輯之中。

文字的考釋：甲骨文單字約四千五百餘，常用字基本能認識，確定無疑的約一千六百字，有些疑難字雖有考證，但未形成定論，其意大致也可以了解。金文單字約四千，常見字大都已認識，疑難字所剩不多。戰國文字，正是目前較受重視的研究領域，有些成果也已彙集成專書。收録古文字單字的工具書有：《甲骨文編》，在孫海波原書的基礎上，1965 年進行了修訂；《金文編》，容庚先生編纂，1925 年印行，1939 年、1959 年、1985 年進行了三次修訂，及時吸收新的成果；《古璽文編》、《先秦貨幣文編》也分別由羅福頤、商承祚等編輯出版。高明的《古文字類編》、徐中舒主編的《漢語古文字字形表》則是對古文字考釋成果的綜合反映，包括甲骨文、金文和其他戰國文字。彙集諸家考釋意見的有：李孝定所編《甲骨文字集釋》，1970 年出版；周法高主編的《金文詁林》，1975 年出版；此外，于省吾先生主持的《甲骨文考釋類編》這一甲骨文研究集大成的著作，在先生逝世後，由姚孝遂師繼續領導編寫，目前已接近尾聲，很快就會問世。①

研究領域的開拓：這一時期，古文字研究已突破宋代金石學以來形成的格局，全面開拓，除對古文字本體進行多方面的深入研究外，還分別從不同學科對古文字資料給以廣泛的探討，形成了古文字的邊緣學科，如上述古文字學的四個分支都是在這個期間形成的。胡厚宣《五十年甲骨學論著目》將甲骨學研究著作分爲十五個方面，包括文字、文法、文例、文學、歷史、地理、帝王、禮制、社會、經濟、文化、宗教、風俗、曆象、考古等，可見研究領域之廣闊。金文及其他古文字資料的研究也同樣是多方面的。

---

① 編案：該書 1994 年編成，更名爲《甲骨文字詁林》，由中華書局 1996 年出版。

這一時期,許多從事古文字研究的學者,在不同的領域都有所建樹,我們祇是就其主要的方面簡略一提。特別是20世紀50年代以來,考古工作取得了輝煌成就,古文字資料發現甚多,科學的整理和及時公布,爲研究提供了新的重要材料。新中國還培養了新一代古文字研究者,像姚孝遂、林澐、裘錫圭、李學勤、曾憲通、張振林、陳煒湛等人,都是當今古文字學界卓有成就的學者,他們在開展相關研究工作的同時,還爲培養古文字研究的後備力量——古文字學博士、碩士而辛勤工作着,這些也都是值得一提的。

第二章　古文字考釋的方法

　　古文字學作爲一門學科,方法論的研究極爲重要。任何一門獨立的科學,由於研究的對象不同,研究問題的方法也因之而異。祇有運用科學的方法和手段,才能獲得可靠的正確的結論,以建立起一門學科的基本格局。因此,方法論是古文字學不可忽視的問題。回顧古文字研究的歷史,不同時期,由於研究者科學思維水準的差異,取得的成就是不一樣的。如果排除其他因素,成就的大小一般取決於科學思維水準的高低和研究方法的正確與否。總體上看,古文字研究的方法日趨嚴密,往往是後出轉精。

　　于省吾曾指出:"過去在古文字考釋的方法上,長期存在着唯物辯證法和唯心主義形而上學的鬥爭。古文字是客觀存在的,有形可識,有音可讀,有義可尋。其形、音、義之間是相互聯繫的。而且,任何古文字都不是孤立存在的。我們研究古文字,既應注意每一字本身的形、音、義三方面的相互關係,又應注意每一個字和同時代其他字的橫的關係,以及它們在不同時代的發生、發展和變化的縱的關係。祇要深入具體地全面分析這幾種關係,是可以得出符合客觀的認識的。"①這一論述正確地闡明了古文字研究的基本指導思想,即唯物辯證法。于省吾在羅、王之後能新釋甲骨文字三百餘個,或發前人之未發,或糾正前人之紕繆,成就卓著,是與他在正確的指導思想下從事研究分不開的。在唯物辯證法這一總的原則指導下,我們就可以對

---

　　① 于省吾:《甲骨文字釋林·序》,北京,中華書局1979年版。

歷代考釋古文字的經驗加以總結概括，探索出一套考釋古文字的行之有效的科學方法。

一　字形比較法

古文字釋讀的依據主要是字形，字形是從事古文字研究的基礎。在古文字考釋中，字形比較是一種最爲簡便而有效的方法。在人類文化史上，古文字作爲某種文字的歷史形態，經歷種種嬗變，它可能與現行文字相關聯，也可能與現行文字相脱節，某些古文字甚至成爲一種早已被淘汰的系統（如古埃及聖書文字）。無論怎樣，要想釋讀歷史上曾經存在的古文字，最好的辦法莫過於尋找一個比較對照的系統。古埃及聖書文字、美索不達米亞楔形文字的鑿破鴻蒙之功，就應該歸功於比較的方法，如埃及聖書文字的辨認，就是從羅塞塔雙語題銘的比較研究入手的。羅塞塔石碑刻石同一内容用了聖書字、民書字和希臘文字，前兩者記的是埃及語，後者記的是希臘語。由於這件刻石提供了三種字體兩種語言的對比材料，古語文學家才得以通過比較打開了釋讀埃及文字的神秘大門。①

古代漢字的研究相對説來更有許多有利條件。漢字古今發展一脈相承，没有中斷，儘管幾千年來發生了種種變化，但其根本性質没變，現行漢字本身就是一個完整的對照系統。古漢字的研究開始於古今漢字交替後不久的兩漢，當時不乏對古漢字有較高修養的學者。他們的成果，在許慎所著《説文解字》一書中得到了集中的反映。《説文》以小篆爲對象，參照古、籀文，附以釋形、説義、注音，爲我們建構了一個比較完善的參照系統。而且，這個系統本身以篆書爲核心，下與隸書（今文）相對照，上與古籀相比較，運用的基本方法就是字形比較法。因該書宗旨的限制，作爲對照的隸書，祇是一個潛在的系統。魏三體石經，古文、篆文、隸書三種字體並存，其比較對照的用意十分明顯。三體石經不僅規模大，而且是同一語言的代表不同發展

---

① ［德］Johannes Friedrich：《古語文的釋讀》，第36頁，高慧敏譯，香港，商務印書館1979年版。

階段的三種字體，作爲字形比較研究的資料，它比羅塞塔石碑更爲理想。像《汗簡》、《古文四聲韻》等古文字字書，也爲進行字形比較研究提供了大量可資參照的材料。正因爲有這些條件，歷史上不管是發現汲冢竹書，還是金文、甲骨文，很快都能有衆多學者發表考釋意見，而這些考釋無疑大多數是建立在字形比較的基礎上的。但是，這並不意味着"字形比較法"在古文字研究史上早已成爲一種自覺的方法。直到清代，孫詒讓、吳大澂等人才比較有意識地運用這一方法，此前，在一些研究者中運用這一方法取得成就和違背它妄呈臆説的情況是並存的。近代以來，人們才逐步認識"字形比較法"的作用。羅振玉"由許書以溯金文，由金文以窺書契"，即以《説文》作爲比較系統考證金文，以金文作爲比較對象辨認甲骨文。一些古文字學家所總結的：據金文釋字、據《説文》釋字、據《汗簡》釋字等，均以一種已識字形作比較，辨認未識字，都屬"字形比較法"的範疇。到唐蘭才明確提出"對照法——或比較法"。① 然而，即使到今天，從事古文字研究的學者，並不是都能自覺運用這一方法的。

所謂"字形比較法"，具體説來就是利用漢字系統性和古今發展的相互關係，拿已經確認的字（或偏旁）與未識字（或偏旁）作形體上的細緻對比來考釋未識字。這種比較可以分爲縱横兩個方面：横的方面，即將同一時代層次的已識字與未識字相比較，求同別異；縱的方面，則是尋求某一字形在不同時期發展演變的綫索，將同一字形不同時代的書寫形態排成系列，以溝通古今之間的聯繫，從而達到以今識古的目的。如果古今字形未曾發生根本的變化，有時甚至可能跨越不同時期，尋找直接的對應關係，這種比較更爲簡單省事。

漢字作爲一個符號系統，在同一歷史層次中，各種字形之間存在着不可分割的聯繫，同一字或同一偏旁，出現在不同環境，其符號形式也應該是基本一致的。這樣，利用處於同一歷史層次的字形材料作比較，就可以辨認未識字。如《宰辟父簋》"𦩵屯"二字，自宋以來，諸家皆從吕大臨釋爲"帶束"，祇有孫詒讓所釋是對的。孫氏詳細比較了二字在金文中多次出現的字形，

---

① 唐蘭：《古文字學導論》，第163頁，濟南，齊魯書社1981年版。

指出前一字祇是"筆劃少有減省",後一字在傳摹中"有訛挩",確認了字形,並以《尚書》"黼純"讀之,結論正確無疑。① 孫氏用的就是橫向的字形比較。再如于省吾考釋甲骨文的"心"字,也是利用字形的橫向比較。甲骨文"心"與"貝"二字字形相近,過去的研究者一直未能正確地分辨,誤釋"心"爲"貝"。于先生從甲骨文"心"與"貝"二字比較中發現其細微差別,同中求異,把二者區分開來,又根據對"心"出現的語言環境和"心"旁諸字的分析比較,發現"心"在不同的環境和合體字中形體有其一致性,從而確認出"心"和一系列从"心"的字。②

縱向比較的前提條件,是要掌握同一字在不同時代的字形資料,尤其是典型的字形。這些資料如果按時代前後排列,足以顯示出該字發展演變的軌跡。這種比較由古及今,循序漸進,自然就溝通了已識字與未識字的聯繫。縱向比較,不僅可以認識未知字,而且可以細緻觀察字形演變的細節,總結一些規律性的東西。如"宜"字,按縱向比較,可排成如下系列:

甲骨文——卯𣪊——矢簋——秦公簋

秦子戈——侯馬盟書——璽文——小篆

《說文》:"宜,所安也,从宀之下,一之上,多省聲。"通過字形的縱向比較,我們可以清楚地看到這個字的發展演變過程,以及字形演變中的訛化現象,許慎據小篆解說字形的錯誤之處也就一目了然了。③ 充分地占有不同時代的字形資料,運用縱向比較,釋出的字大抵是可靠的。

如果字形變化不大,就可以省去縱向比較的一些不必要環節,如直接利用《說文》《汗簡》等書保存的古文字形,與甲骨文、金文或戰國文字相比較考釋未識字,有時甚至還可以利用隸書與古文字相比較來釋字。這是因爲大多數字形,雖然因時代而變更,但並不是變得面目全非。《汗簡》所存字形

---

① 孫詒讓:《古籀拾遺》卷上《宰辟父簋》,北京,中華書局1989年版。
② 于省吾:《甲骨文字釋林·釋心》,第361頁,北京,中華書局1979年版。
③ 俎宜同源,甲骨文、金文均象肉在且上之形,《說文》對"宜"字形、義的解說均誤。

以戰國文字爲多，《說文》除小篆屬秦漢時期的字形爲古文字的最後形態外，還保留了不少籀文和古文，利用它們作爲參照考釋古文字，也屬於縱向或橫向比較。用這種方法辨認的古文字占相當大的比例。金文考釋起步較早，有些已經確認的字，同樣可以作爲比較對象來辨認甲骨文，如孫詒讓《契文舉例》一書，考證甲骨文"甲丙丁戊庚辛壬癸"等字，皆以金文作爲比較對象，考證"子申亥亘帝我求"等字，均以《說文》古文爲比照，而釋"羌啓年牢且省再及受豐京"等數十字，則直接以《說文》篆文作對比，這都是縱向的比較。

對於難識字的考證，往往是縱向和橫向比較的交叉運用。利用縱向比較尋找出字形演變的關鍵環節，利用橫向比較，揭示處於同一時代層次的字形變化的同步性，加強論證力量。因此，縱橫比較的配合運用，得出的結論更爲可靠。于省吾釋甲骨文"屯"就是運用字形比較法釋字的典型例子。① 甲骨文"屯"是常見字，骨臼刻辭"某示若干屯"的辭例多次出現。除于省吾釋"屯"外，尚有其他六種說法：②

（一）葉玉森疑爲"矛"，王襄又以所謂"槑"字爲證，提供了字形比較的依據。董作賓進一步分析"矛"的字形演變。

（二）郭沫若釋爲"包"的古文，謂有所包裹而加緘縢之形。

（三）唐蘭以爲是"豕"形無足而倒寫者。

（四）丁山據"今屯"、"來屯"辭例，釋爲"夕"。

（五）胡厚宣純由辭例入手釋爲"匹"。

（六）曾毅公釋"身"，引申爲一副稱一身。左右肩胛骨爲一對，稱一身。

以上各家除胡、曾二位外，都或詳或略地對字形作了縱橫比較，有的還以辭例佐證，然結論各異。

于省吾細緻地羅列了"屯"字字形演變的材料，分析了字形變化的環節，

---

① 于省吾：《甲骨文字釋林·釋屯菁》，北京，中華書局1979年版。
② 以下葉說見《殷虛書契前編集釋》卷五、王說見《簠室殷契類纂》卷一、董說見《尋矛說》（載《安陽發掘報告》第四期）、郭說見《骨臼刻辭之一考察》（收入《殷契餘論》）、唐說見《天壤閣甲骨文存》、丁說見《甲骨文所見氏族及其制度》、胡說見《武丁時代五種記事刻辭考》（收入《商史論叢初集》三冊）、曾說見《甲骨叕存》，各家說均見李孝定編述之《甲骨文字集釋》第一，第171—182頁，臺北，中研院歷史語言研究所1970年版。

尤其是正確地釋出了"萅"字,糾正了釋"枏"等錯誤,使橫向比較建立在可靠的基點上,遂使結論確定不易。

諸家對"屯"的考釋,啓發我們如果不注意下面幾個問題,即使運用"字形比較法",也不一定能得出正確的結論。首先,必須詳盡占有字形資料。釋"矛、包、豕"等説,也利用了字形比較,但其共同的缺點,是縱向比較的材料不系統,僅以個別字形爲比照,具有較大的隨意性,因此,結論不甚可靠。于省吾的結論之所以可信,是由於他掌握了比較全面的字形材料,並將這些字形按時代發展排成系列,清楚地揭示了"屯"字逐步演變的軌跡。大凡全面掌握同一字形在不同時代演變的材料,進行客觀地排比,一般都能得出較爲正確的結論。而信手拈來的比較材料,往往忽視其時代的先後,將不同時代層次的字形作爲比較的對象,結果衹能是簡單比附,形似神離,難於得出可靠的結論。

其次,運用"字形比較法",要注意可比性。"字形比較法",必須是同一字形(或偏旁)在同一時代層次或不同時代層次的比較,一般説來,用作比較的對象應該是確定無疑的。倘若比較的對象或字形模糊不清,或考釋未有定論,或爲訛變特例,或因鑄刻殘損,皆不具有可比性,不能作爲比較的參考。如釋"屯"爲"矛"者,皆以"枏"所從"矛"爲比較,但所謂"枏"則是甲骨文"萅"的誤釋,用作比較的字本身就未考定明白,自然就不具備可比性。其實金文"枏"从"矛"與"萅"字所從有明顯的區別,如果進行縱向比較,釋"枏"之可疑立現。于省吾也用了同一字形,但是他從字形縱向比較和辭例兩方面確認它爲"萅"字,這就爲字形的比較提供了可靠的依據。郭沫若釋"包"所用的比較字形(偏旁),是不屬於同一歷史層次的訛變形體,不具備橫向的可比性。唐蘭指出了這一點,然而他又誤釋爲"豕",所用來比較的字形可能是"豕"的殘損之形,辭例不明,同樣不具備可比性。將不具備可比性的材料用於字形比較,必然要犯主觀片面的錯誤。"可比性"是字形比較應該堅持的原則。

再次,運用"字形比較法"應以形體爲客觀依據。字形是客觀存在的,在進行字形比較時,我們應該防止先入爲主、强説字形、生硬比照以附會主觀想像的作法。正確的結論祇能是通過字形的認真分析比較之後得出的。董作賓釋"矛",也從縱向比較了"矛"的字形演變,然而他所提供的初形是杜撰的。唐蘭釋"豕",認爲是"豕"字無足的倒寫,這不合乎古文字構形和書寫的規律,帶有很大的主觀性。丁山釋爲"夕(月)"的主要依據是辭例,對字形也作了望文生義的解釋。他們都是古文字研究卓有成就者,像唐蘭還特別注重考釋方法的正確性,但稍一疏忽,都難免犯主觀想像的錯誤,更不用說一般的研究者了。因此,進行字形比較時,我們必須注意每一個環節,嚴格堅持從客觀實際出發、以形體爲依據的基本原則。

二 偏旁分析法

漢字就結構單位而言,可分爲獨體與合體。合體是由獨體運用一定的方式組合而成的。對合體字形體進行解剖,其最小的音義單位,就是偏旁。對不認識的字,通過分析,確定構成它的各個偏旁,將這些偏旁與已識的字相比較,再組合起來認識所要考釋的字,這種方法就是"偏旁分析法"。與"字形比較法"不同,偏旁分析法是通過漢字內部結構的分析來認字的。因此,對那些結構明晰,但因爲沒有足夠資料進行系統的字形比較,或較易辨認不須煩瑣比較的字,"偏旁分析法"則是行之有效的重要方法之一。

分析漢字結構是研究漢字形音義關係的重要手段。當文字學尚處在萌芽時期,即有所謂"夫文,止戈爲武",①"于文,皿蟲爲蠱"②等說法,這就是通過離析構字偏旁來說明形義關係的。許慎著《說文》,全面利用了這種方法,取書名爲"說文解字",突出地反映了該書分解離析漢字結構以說明形音義關係的特點。"偏旁分析法"作爲考釋古文字的方法可以說是直接導源於《說文》的。宋人考釋金文已知運用這一方法,到清代金石學復興,運用此法釋字更爲多見。如孫詒讓每釋一字,大多要對偏旁結構進行分析比較。他釋"靜"就是一個很好的例子:③

---

① 《左傳·宣公十二年》。
② 《左傳·昭公元年》。
③ 孫詒讓:《古籀拾遺》卷中《繼彝》,北京,中華書局1989年版。

對、靗，竊以此二字所從偏旁析而覈之，而知其形當以作對者爲正，其字即"從青爭聲"之"靜"也。何以言之？對字上從"生"明甚，"生"下系以"井"者，當爲井中一"·"缺耳（兓盂正從井，《汗簡》"女"部載"靜"字古文作妌，云出《義云章》，按蓋借"妌"爲"靜"），"青"從生丹，《說文》"丹"之古文作彤，此從井即從古文"丹"省也。右從ㄢ者即"爭"字。《說文》"爭""從受厂"，"受，從爪從又"。此作爪者，爪也，ㄏ者厂也，又者又之倒也（小臣繼彝從又不倒）。齊侯甗"卑旨卑瀞"，"瀞"字作靗，"齊邦貴靜安寧""靜"作靗，其以昔爲"青"，與此異，其以ㄢ、ㄢ爲"爭"，則此彝ㄢ即"爭"形之確證也。

孫詒讓利用"偏旁分析法""析而覈之"，並藉助於字形的橫向比較，糾正了阮釋"靜"爲"繼"的錯誤，其方法之縝密，由此可見。

唐蘭正式將偏旁分析確定爲一種古文字考釋方法。在《古文字學導論》一書中，他專門論述了這個方法，並且展示了自己用"偏旁分析法"釋群字的兩組例子。他指出："這種方法最大的效驗，是我們祇要認識一個偏旁，就可以認識很多的字。"由於他認出了甲骨文偏旁"斤"，從而認識了"折、斫、兵、炘、昕、斧、新"等从"斤"的字二十多個。[1] 于省吾釋"心"一例也是這樣，他先用字形比較考得"心"字，將它與"貝"區別開來，進而利用偏旁分析辨認群字，認出了一系列舊所誤識或不識的从"心"的字。[2]

"偏旁分析法"是建立在對漢字内部結構正確認識的基礎上的，它將漢字内部結構按其組合規律進行解剖，有着充分的客觀根據。中國文字學很早就創建了漢字結構的理論和方法，爲"偏旁分析法"提供了理論依據。因此，"偏旁分析法"是一種注重分析的科學方法。要使"偏旁分析法"最大限度地發揮作用，我們必須注意以下兩點。

其一，要充分掌握同一偏旁的各種變體。對於每一偏旁的歷史演變及

---

[1] 唐蘭：《古文字學導論》，第175、195頁，濟南，齊魯書社1981年版。
[2] 于省吾：《甲骨文字釋林·釋心》，第361頁，北京，中華書局1979年版。

同一時代的各種異體有了全面的瞭解，分析時我們就有了充分的可資比較的資料，以準確無誤地確認未識偏旁，爲進一步的考釋奠定基礎。如果我們對偏旁的分析辨認有誤，其結果必然導致整個考釋的錯誤。清人的考釋中，運用"偏旁分析法"失誤，主要是由於偏旁資料掌握不充分，對同一偏旁的變異寫法誤認的結果。如阮元釋邾公華鐘將"名"誤釋爲"聽"，就是對"夕"的偏旁掌握不全。① 孫詒讓是精於偏旁分析的，但因對偏旁認識失誤而錯釋的甲骨文字也不在少數。如"坒"即"往"之古文，甲骨文作 ，从止王聲。孫詒讓說："字恒見難識，疑當爲臺字之省，《說文》'至'部：'臺，觀四方而高者也，从至从高省，與室、屋同意，之聲。'此上从 爲'之'，與'市先'二字同，下从 ，實非' '字，疑當爲'从高省'，猶'就'从'京'作 也。"他對"坒"的誤釋，主要錯在對偏旁"王"的誤認上。又如他將"既"誤析爲"从欠从豆"，是由於錯認偏旁"皀"爲"豆"；將"劦"（嘉）誤釋爲"奴"，是對偏旁"力"不甚了然，誤認爲"又"所致。② 可見，如果不充分掌握偏旁資料，即使諳熟"偏旁分析法"也不能保證釋字無誤。孫詒讓著《契文舉例》僅見到劉鶚《鐵雲藏龜》所刊布的材料，對甲骨文的偏旁缺乏系統的掌握，出現上述的錯誤在所難免。

其二，分析偏旁要像庖丁解牛，因循自然之理，防止主觀臆斷、割裂字形。如果我們分析時，不以偏旁爲單位進行，將同一偏旁肢解，或切割爲不成偏旁的筆劃，違背漢字構形的基本程式和規則，就難於得出正確的結論。古文字考釋中因割裂字形而致誤者也不在少數。如《攗古錄金文》所收《日壬卣》有 字，爲人名，吳式芬引許印林說：" 即 ，既字从之， 象舉手，从手既聲，乃摡字，此又省其皀。《集韻》摡、扢同字，注云：'《博雅》：取也，一曰拭也，或作抚。'正其字矣。"③其實這個字是"何"（"荷"之本字）的古體，象一人肩有所荷。許氏將人形分割爲兩部分，又將所荷之物與人頭部視爲一體，

---

① 阮元：《積古齋鐘鼎彝器款識》卷三《周公華鐘》。
② 孫詒讓：《契文舉例》下卷，第77、106、94頁，濟南，齊魯書社1993年版。
③ 吳式芬：《攗古錄金文》卷二上《日壬卣》。

字形割裂分解，祇得以"省某"自圓其說，雖然引後世字書材料論證，煞費苦心，結論卻依然難以成立。

在上述誤認誤析偏旁中，我們看到釋字者因錯誤不能自圓其說，常常以"从某省"爲搪塞之詞。偏旁的省略，在古文字結構中確實有，但必須有充分的字形比較資料證明，倘若忽視了這一點，就易於犯主觀附會的錯誤。

"偏旁分析法"釋字的可靠性在於它堅持客觀的科學分析，在偏旁離析、辨別、解説的每一環節，都要細心謹慎，以字形爲依據，遵循漢字結構的規律，否則，就動搖了它的基礎。孫詒讓在利用偏旁分析時取得了很大的成就，同時也出現了許多錯誤，這可以給我們有益的啓示。

"偏旁分析法"將未識字結構分析清楚，但是最後解決字的形音義關係，仍要藉助字形的比較。偏旁的確認本就是一個字形比較的過程，如果找不到作爲比較對照的偏旁和對應字，即使我們利用"偏旁分析法"可以明白無疑地隸定該字，依然不能真正認識這個字。如唐蘭釋从"斤"的字，于省吾釋从"心"的字，不少都祇是隸定出來，而未能最後認定，都是因爲這個緣故。因此，在考釋古文字時，偏旁分析的運用也有一定的局限性。要徹底釋讀一個字，還需要其他考釋方法的輔助。

三 辭例歸納法

在考釋古文字時，常有這樣的情況，由於時代久遠或鑄刻原因，字形有的殘缺不全，模糊不清；有的變化特異，詭譎難辨；有的雖形體清晰，卻不傳後世；有的形雖可説，義則無解。諸如此類，"字形比較法"和"偏旁分析法"都顯得無能爲力，必須藉助其他的釋字手段。"辭例歸納法"的運用，可以在一定程度上解決這類問題。

"辭例歸納法"，是依據未識字出現的語言環境，通過對一系列辭例的分析、比較、歸納，從而達到釋字目的的方法。

任何文字都是語言的符號，漢字作爲記錄漢語語詞的符號，形、音、義三位一體。清王筠曾説："夫文字之奧，無過形音義三端。而古人之造字也，正名百物，以義爲本，而音從之，於是乎有形。後人之識字也，由形以求其音，由音以考其義,而文字之説備。"①"字形比較法"和"偏旁分析法"即依據漢字形音義三者的關係,由字形進而瞭解它代表的音義。另一方面,漢字作爲記録語言的符號總是出現於一定的語言環境和具體的辭例中。所謂語言環境,這裏除指未識字所出現的上下文關係,還包括它鑄刻的位置和使用的場合;所謂辭例,即詞語按一定規則組成的序列,在這個序列中,各個詞語是有機聯繫的,存在着相互依存和制約的關係。因此,當語境和辭例清楚時,出現於該語境或辭例中的未識字所代表的詞義範圍就有了大致的限定,這種限定引導我們沿着詞義指示的方向,由義推及形與音,並通過相同辭例的歸納,以達到釋讀未識字的目的。"辭例歸納法"是建立在文字形音義三位一體以及文字與語言關係的理論基礎之上的。許多古文字考釋的成功例子,表明"辭例歸納法"衹要運用得當,是可以解決一部分問題的。

"辭例歸納法"的作用主要體現在如下兩個方面:

(一)就辭例以辨釋字形。這就是利用語境和辭例的歸納,確定未識字代表的詞義範圍,並通過與相同、相近辭例的比較、歸納,以啓發字形的辨釋。如召伯虎簋有"𠔉余既☐有司"一語,第一字過去釋"月"或"曰"。孫詒讓指出:"作'月'義不可通,且金文'月、曰'二字並無如此作者,以文義考之,當爲'今'之變體。'今余'連文金文常見。"於是他列舉金文"今余"連文的八個例子以爲輔證,從而認定此字爲"今",糾正了誤釋。② 這是利用辭例的歸納,確認形體有變異的字。金文"訊"字,字形特別,不見於古代字書和典籍,各家考釋意見不一,或釋"偯",或釋"緯",或釋"諴",或釋"絢",均非確釋。陳介祺根據此字出現的語言環境,分析"折首五百,執訊五十"的用例,發現它與《詩經》"執訊"的"訊"相當,在其他場合也都出現於"執"字之下,而且虢季子白盤所記正是攻伐玁狁之事,遂按字義定爲"訊"字。③ 吳大澂也主此説,並認爲从糸从口,執敵而訊之。④ 王國維考察了敔簋、虢季子白盤、兮甲

---

① 王筠:《説文釋例·自序》。
② 孫詒讓:《古籀拾遺·召伯虎簋》,北京,中華書局 1989 年版。
③ 吳式芬:《攈古録金文》卷三中《虢季子盤》。
④ 吳大澂:《説文古籀補》卷一,第 11 頁,北京,中國書店 1990 年版。

盤、師寰簋、不嬰簋等器銘文,細緻比較了此字出現的語言環境,均在"執"之後,正與《詩經》"執訊獲醜"、"執訊連連"等語相近,進一步論證此字爲"訊",義爲"俘虜",遂成定論。① "訊"的考釋是由歸納銘文辭例與典籍例證比較而確定的。于省吾釋甲骨文" 、 、 、 、 "也是運用"辭例歸納法"的典範之作。甲骨文"攺"雖形有變化,但結構明晰,均"象以樸擊蛇",那麽,它到底是一個什麼字? 義訓如何? 于省吾由辭例歸納入手,將有關此字的辭例歸納爲"攺"、"卯或歲與攺連言"、"攺人"、"攺羌"、"攺牲"等五類,列舉 28 條辭例,然後通過分析、歸納,輔之以字形的説明,論證推考出"攺"即《説文》"𢻬",異文作"肔",本義爲以樸擊蛇,引申爲割裂支解。②

上述三例,皆以"辭例歸納法"考釋未識字,在考釋過程中,字形的比較分析同樣也起到作用,歸納的結果尚須與字形的解釋相合,否則也難成定論。

(二) 就辭例以推求字義。有些古文字字形結構清楚,但是不見於後代字書或典籍,無法利用字形比較來最後確認它,那麽要瞭解它的含義,就全得憑藉"辭例歸納法"了。如甲骨文" "字,在武丁時期的卜辭中是常見字。孫詒讓、羅振玉、王國維等人都釋爲"之",但其形與甲骨文"之"有明顯的差别。胡小石在《説文古文考》、《甲骨文例》兩書中,根據此字出現的語言環境、辭例,認爲它與"又"、"有"等義相同:"考卜辭用 之例,或以爲'又',如'俘人十 六人'(菁華六頁),即'俘人十又六人'。'自今十年 五'(簠室殷契徵文十一第六十一頁),即'自今十又五年'也。或以爲'有',如'允 來艱'(菁華一頁),即'允有來艱'也。或以爲'告'之省,如'貞, 于且丁'(前編卷一、十二頁),即'貞,告于祖丁'也。其用與'之'絶異。"③郭沫若也認爲:"凡卜辭用此字,均與'又'字義相同……唯字形尚未得其解。"④通過學者們

---

① 王國維:《不嬰敦蓋銘考釋》,《王國維遺書》六,上海,上海書店出版社 2011 年版。
② 于省吾:《甲骨文字釋林·釋攺》,第 161 頁,北京,中華書局 1979 年版。
③ 胡小石:《甲骨文例》卷一,第 1 頁,南京大學中文系 1982 年刻印本。
④ 郭沫若:《卜辭通纂》第 17 片考釋,《郭沫若全集·考古編》第二卷,第 230—231 頁,北京,科學出版社 2002 年版。

對相關辭例的綜合研究,"ㅂ"在甲骨文中分別相當於後來的"有、又、佑、侑"等,已無疑義,但是,字形仍是一懸案。這是因爲這個字在武丁之後逐漸消失,而用"又"取代它,字形延續的中斷爲考釋帶來困難。"ㅂ"字義項的歸納之所以意見較一致,是因爲"ㅂ""又"通用的辭例爲"ㅂ"讀如"又"音提供了證明,而"有"也以"又"爲聲符。

　　有時辭例明確,含義範圍也可以確定,但到底釋爲何字何義最恰當,卻頗有爭論。甲骨文"囚"字的考釋就極有代表性。此字甲骨文使用頻率很高,常見辭例如"有～"、"亡(無)～"、"旬有～"、"夕亡(無)～"、"唯～"、"不唯～"等,就其出現的辭例考察,其含義爲"凶災咎禍"之類是無疑的。到底是什麼字? 各家之說則很不一致。有"卟、戾、凶、繇、凸、骨、禍、悔、咎"等說法,幾乎著名的古文字研究者,如王國維、郭沫若、于省吾、唐蘭、陳夢家、胡厚宣、葉玉森等人,都發表過意見,但都沒能最終解決這個字的釋讀問題。可見,僅僅依靠辭例的歸納,有時釋義也難於落實具體。同一語義範圍,可選擇的近義詞有時是多個的,這就爲最後的判定帶來困難。用"戾、凶、禍、悔、咎"等字去替代"囚"字,大抵都可以說得通,甚至都能找到典籍辭例爲證。事實上"囚"祇能代表其中或此外的某一個意義,這樣,僅就辭例則難於定奪。于省吾認爲讀"咎"可信,並提出了三條驗證"囚"字讀音的材料:(1)周《魯侯簠》"魯侯又(有)囚工",郭沫若讀爲"有猷功",而囚即囚之異,與"猷"相通;(2)臨沂漢簡"堯問許囚","許囚"凡三見,即"許由","囚"通"由";(3)《龍龕手鑒》"口"部上聲有"囚"字,音"其九反"。囚、猷、由、咎,"均屬古韻幽部"。① 根據這些材料,大致可以排除"戾、凶、悔、禍、卟"諸說,範圍逐步縮小。但是字形爲何也祇能存以待考。

　　還有一些字,辭例明晰,字義也無疑,字形卻難於理解。如宋人發現金文中有"乙子"、"癸子"等,歷來不得其解,根據甲骨文保存的殷商干支表,可知殷商皆以"子"爲"巳",遂解決一大疑案,所謂"乙子、癸子",實爲"乙巳、癸巳"。但是,甲骨文有"巳"字,干支爲什麼全部用"子"? 又成爲一新的疑案。

---

① 于省吾:《甲骨文字釋林·釋囚》,第231頁,北京,中華書局1979年版。

又如中山王器圓壺有銘文"方數百里"、兆域圖有"王堂方二百尺"等語,"百"作全、全形,是"百"絶無可疑,但是這個字形卻很特別,至今找不出令人滿意的解釋。

由此可見,"辭例歸納法"儘管可以確定意義範圍,甚至能夠斷定具體的含義,卻不能最終認定未識字,或對字形結構作出合理的解釋。

此外,"辭例歸納法"還可以用來説明辨析字形的細微差異。有的字因形體同源,差異較小,難於分辨,就得依靠辭例的幫助。如甲骨文的"比"與"从"、"月"與"夕"、"女"與"母"、"竝"(替)與"立"、"寅"與"黄"、"人"與"尸"等等,字形間儘管有相對的區別,但很細微,衹有通過辭例和語境,才能準確無誤地分辨出來。至於判斷一字多義的具體義項,尋求同音通假,離開辭例就無所憑藉了。因此,"辭例歸納法"無論是釋字釋義,還是分辨字形、破解通假,都具有一定的實用價值,它可以補"字形比較法"、"偏旁分析法"之不足。

四 綜合論證法

上述三種方法的運用,可以解決古文字釋讀的基本問題。對於某些疑難字的考釋和構字本義的探求,事實上是一項更爲複雜而艱巨的工作,往往需要調動各種相關的知識和手段,以盡可能充分的材料,從不同角度和層次進行綜合論證,這種方法我們姑且稱之爲"綜合論證法"。運用"綜合論證法",既要立足於文字和語言這一基點,又要求能夠高屋建瓴,將要解決的問題置於人類社會歷史文化的宏觀背景中加以考察,以尋求適切的答案。

文字的構造及其發展,與特定時代社會歷史文化有着密切的關係。古文字在一定程度上積澱了古代社會的物質文化和精神文化,從古代的語言文字,可以窺測古代人們的某些習俗、觀念和心理。正是在這種意義上,于省吾認爲:"中國古文字中的某些象形字和會意字,往往形象地反映了古代社會活動的實際情况,可見文字本身也是很珍貴的史料。"[1]古文字本身這一

---

[1] 于省吾:《甲骨文釋林·序》,北京,中華書局1979年版。

特性表明,通過對古代歷史、文化、習俗等方面的考察,有可能爲釋讀疑難字、探求構字本義提供綫索,這正是問題的兩個方面,也是"綜合論證法"賴以建立的基本依據。

考釋古文字可以利用的古代社會歷史文化資料,有三個主要的方面:一是有關的文字記載,包括傳世的和出土的文字材料,這是最重要的部分;二是先秦的實物,主要是經考古調查、發掘而瞭解到的各種遺物、遺址;三是殘存於不同民族的古代風尚習俗。因此,對某些古文字進行綜合論證時,經常涉及古文獻學、歷史學、考古學、文化人類學、民俗學等衆多領域和學科,其綜合性的特點十分明顯。

"綜合論證法"顯示了古文字學與其他學科的交叉關係。這一方法的產生和運用,表明古文字學的高度發展以及古文字研究者理論修養的深厚和學識的淵博。我們認爲較早地開創性地運用這一方法的是郭沫若。郭沫若一開始研究古文字,就在目的和方法上有明確的追求,他總結王國維、羅振玉等人的研究方法,指出:"大抵在目前欲論中國的古學,欲清算中國的古代社會,我們是不能不以羅、王二家之業績爲其出發點了。"同時,又明確地表示:"我們所要的是材料,不要別人已經穿舊了的衣裳;我們所有的是飛機,再不仰仗別人所依據的城壘。我們要跳出了'國學'的範圍,然後才能認清所謂國學的真相。"這就是説要利用舊有材料,以新的方法和觀點加以研究,從而揭示中國古代社會的真實面貌。他的目的,就是要填寫中國在世界文化史上的空白。他的第一部研究古文字的著作《中國古代社會研究》正是在這種動機下寫作的。在初版《自序》中,他説:"本書的性質可以説就是恩格斯的《家庭、私有制和國家的起源》的續篇。研究的方法便是以他爲嚮導,而於他所知道了的美洲的印第安人、歐洲的古代希臘、羅馬之外,提供出來了他未曾提及一字的中國古代。"也讓那些"國故"夫子們知道,戴東原、王念孫、章學誠之外,"還有馬克思、恩格斯的著作,没有辯證唯物論的觀念,連'國故'都不好讓你們輕談"。[1] 郭沫若明顯接受了馬恩科學世界觀和方法論

---

[1] 以上引文均見郭沫若《中國古代社會研究·自序》,北京,人民出版社 1954 年版。

的影響,因而,在古文字研究領域,能夠異軍突起,成就卓著。他考釋古文字,不僅能嫺熟地運用字形比較、偏旁分析和辭例歸納等方法,而且還有一顯著特點,就是以世界文化史和中國古代社會歷史爲廣闊的背景,從人類社會的發展演進的角度來思考問題。如《釋臣宰》一文,以社會發展與階級的產生、分化,結合古文字資料,論證"臣民"與"宰"字的構形本義,指出"臣民均古之奴隸,宰亦猶臣","一部階級統治史,於一二字即已透露其端倪,此言文字學者所不可不知者也"。《釋支干》詳考十干、十二支的產生及構形本義,以巴比倫古十二宮與十二辰、巴比倫星名與十二歲相比較,對中國古代天文曆法及其相關問題,發表了一系列獨特的見解。①《殷彝中圖形文字之一解》,通過對圖形文字的具體分析,最後得出結論"準諸一般社會進展之公例及我國自來器物款識之性質,凡圖形文字之作鳥獸蟲魚之形者必係古代民族之圖騰或其孑遺,其非鳥獸蟲魚之形者乃圖騰之轉變,蓋已有相當進展之文化,而脱去原始畛域者之族徽也",遂爲圖形文字的考釋點破迷津。② 他如《釋干鹵》、《釋黃》、《釋鞞鞣》等文,③也都屬於這一類型。這些文章在思考和解决問題時,不僅能從宏觀上着眼,而且在具體論證過程中,盡可能引用實物材料、典籍記載和民俗資料,其思路之廣闊,論據之宏富,論證之充分,都是空前的,在方法上有着明顯的綜合論證的特點。

于省吾則明確將"綜合論證法"作爲一種考釋方法和途徑予以倡導。在《釋羌、苟、敬、美》一文中,于省吾指出:"我們對於某些古文字,如果追溯其構形的由來,往往可以看出有關古代人類的生活動態和風俗習慣,值得我們很好地加以利用。與此同時,我們如果留意古代史籍和少數民族志中所保存的古代人類生活習慣,也可以尋出自來所未解决的某些古文字的創造本意……在我們已經看到和掌握到大量古文字的今天,不應局限地或孤立地

---

① 以上二文均收入《甲骨文字研究》,《郭沫若全集·考古編》第一卷,北京,科學出版社2002年版。

② 見《殷周青銅器銘文研究》,《郭沫若全集·考古編》第四卷,北京,科學出版社2002年版。

③ 均見《金文叢考》,《郭沫若全集·考古編》第五卷,北京,科學出版社2002年版。

來看問題,需要從事研究世界古代史和少數民族志所保存的原始社會人類的生產和生活的實際情況,以追溯古文字的起源,這是研究古文字的一種新的途徑。我寫這篇論文,便是走向新闢途徑的初步試探。"于省吾雖然沒明確提出"綜合論證法"名目,但他所倡導和運用的正是這一方法。這篇文章作爲示範性作品,可以給我們很多啓發。文章的第一部分是釋"羌",僅就這一部分看,其綜合論證的特點就表現得很充分。文章首先引了《詩經》、《國語》等七種古籍材料及甲骨文等古文字資料,考察了羌族與華夏民族的關係,指出"古代華夏民族在很長時期内,與羌族既有婚媾血緣的聯繫,又有戰爭上的頻繁接觸,比任何其他外族的關係都較爲密切",這一結論爲問題的進一步討論規定了大的歷史文化背景。其次,追溯"羌"字字形演變和構形由來,提出"羌"字來源於"羌族有戴羊角的習俗,造字者遂取以爲象"的見解。接着列舉了中外十二條材料,證明戴羊角、牛角或鹿角以爲飾,是世界上各原始民族的習見風尚,並進而對這些材料展開討論,揭示了"戴羊角僞裝狩獵——一般裝飾—美觀、尊榮—禮神裝飾"的發展過程,從人類物質精神文化的發展來解釋戴角這種習俗的產生、發展和演變。最後根據華夏民族與其他民族的物質文化交往關係對漢字的影響,作出如下結論:"由於當時的羌族有着戴羊角的習俗,造字時取其形象,在🦵(人)上部加以羊角形構成🦌字。因爲羌人經常被中原部落所俘掠,所以又繫索於頸作🦌形。晚期卜辭和金文中的羌字上部所從的羊角形訛變爲从羊,小篆因襲未變,許氏遂根據已經訛變的羌字誤解爲'从人从羊,羊亦聲'的合體形聲字。"①他對羌字的構形本義及發展演變的精闢論斷,完全是建立在綜合論證的基礎上的,與郭沫若的有關考釋文章在方法上極爲一致,祇是于省吾更爲明確地將這種方法作爲一種釋字新途徑提出來。此外,于省吾先生的《釋孚》、《釋聖》、《釋庶》等論文,也都是利用"綜合論證法"的成功之作。

由於郭沫若著作的廣泛影響和于省吾的進一步倡明,"綜合論證法"的作用和意義,已爲不少學者認識到,並在考釋中加以運用。像林澐的

---

① 于省吾:《釋羌、苟、敬、美》,《吉林大學社會科學學報》1963年第1期。

《釋王》、①黃錫全的《甲骨文"屮"字試探》②等，都是利用綜合論證法去探求構字本義的，而他們則直接受教於于省吾。不過"綜合論證法"作爲一種考釋方法，目前還未能成爲更多的古文字研究者手中的武器，這種方法難度大，需要有較高的理論素養和多方面的知識儲備固然是其主要原因，但對它缺乏允分的論證和推闡也不能不説是原因之一。

上述四種方法皆來自古文字考釋經驗的總結，都是建立在唯物辯證法的基礎之上的。作爲四種方法，它們各有側重，涉及的層次不盡相同。"字形比較法"側重字體形態的縱横比較和聯繫，從文字的表層入手；"偏旁分析法"分解字形結構部件，則進入到漢字的内部層次；"辭例歸納法"從文字符號代表的語言層面尋求解决問題的綫索；"綜合論證法"在前三者的基礎上，從人類文化的角度去考察，是一種更深層次的研究。它們又是相互聯繫、互爲補充的。字形是考釋的根本依據，"辭例歸納法"和"綜合論證法"脱離了字形，就會成爲空中樓閣，無所傍依。背棄字形的任何考釋，都失去了客觀依據，自然得不出正確結論，因此"辭例歸納法"的終結點是解决字形問題，"綜合論證法"的出發點亦是正確的字形分析。而運用"字形比較法"和"偏旁分析法"得到的結果，往往需要以具體的辭例驗證，如于省吾每釋一字，除詳考字形結構的來龍去脈，還要逐一驗之辭例，必使暢通無礙，才下最後的結論。在考釋過程中，這四種方法並不是孤立運用的，它們互相滲透和補充，從不同的角度揭示問題的真相。古文字研究者，爲了問題的解决，應當盡可能地調動一切有效的手段。

古文字學研究要進一步推向深入，建立其方法論系統是不可忽視的工作。不唯如此，近年來發表的有關古文字考釋和研究的某些論著中，違背古文字考釋和研究的基本原則和方法，標新立異，以惑視聽者並非少見。我們感到，正確的古文字研究方法論，對保證古文字研究的科學性、純潔性，對更好地學習古文字，有着不可低估的指導意義。

---

① 林澐：《説王》，《考古》1965年第6期。
② 黃錫全：《甲骨文"屮"字試探》，《古文字研究》第六輯，北京，中華書局1981年版。

第三章　古文字的結構類型

　　漢字字形是如何構造的？這是漢字發生學的問題。它牽涉古人的社會生活、語言特徵、思維方式、心理、習俗等諸多方面，要準確無誤地闡釋每一個漢字的構成，在今天是相當困難的。但是，漢字作爲一種符號，要研究它的功能與性質，分析其形音義之間的關係，這又是首先要面臨的問題，可以説漢字結構的分析是中國文字學和古文字研究的核心與基礎工作。儘管這是一項複雜而艱難的工作，由於古今漢字的相延續、中國文化典籍的豐富記載、歷代研究者的積累，以及大量的古文字材料的發現，仍爲我們的分析研究提供了有利條件。

　　漢字的結構既十分複雜又有規律可循。對衆多的符號個體來説，每個字的構成都是不同的，顯得紛紜複雜；對漢字體系整體來説，漢字的構成又體現出較爲明顯的類型性和規律性。按照漢字構形的類型和規律，可以更好地分析和掌握不同結構類型的漢字個體，做到以簡馭繁。實際上，早在漢代文字學家們就已經開始這樣做了。他們通過對篆書結構系統與古文、籀文的參照分析，初步歸納出漢字構造的基本類型，創立了"六書"理論。

　　"六書"的名稱，最早見於《周禮》，但《周禮》祇有其名，與漢代學者所説的"六書"是否爲同一事，還屬未定，而且該書的成書年代尚難確定。從漢字發展及研究的歷史看，漢代以前還不具備產生這一理論的充分條件。東漢班固、鄭衆、許慎都分別提到了"六書"的具體名稱，但互有差異。班固作《藝文志》本於劉歆，許慎是賈逵的弟子，賈逵的父親賈徽又爲劉歆的弟子，三家所説雖小有差別，但都出於劉歆所傳。其名稱異同如下：

　　班固：象形、象事、象意、象聲、轉注、假借（《漢書·藝文志》）
　　鄭衆：象形、會意、轉注、處事、假借、諧聲（《周禮·保氏》注）
　　許慎：指事、象形、形聲、會意、轉注、假借（《説文·敘》）

　　三家名稱完全相同的祇有"象形、轉注、假借"，至於"象事"、"指事"和"處事"，"象意"與"會意"及"象聲"、"諧聲"和"形聲"等，是否就有實質性的差別，因班、鄭無具體解説，不得考其原意，但三家"六書"説既出於同一師門，大概不會有什麽根本的區别。祇有許慎對"六書"有較爲詳細的闡釋，並貫穿於他的著作《説文》之中，班、鄭之説，僅可供參考而已，名稱和排列次序上的争論，實際上並没有太大的意義。一般講"六書"都是以許慎的説法爲依據的。"六書"理論，是傳統中國文字學研究的核心問題，但衆説紛紜，尤以"轉注"分歧最大。自東漢以來，研究"六書"的文字學者，大都拘於《説文》，並没有取得實質性進展，有的條分縷析，看似精細，實際不能解決什麽問題。

　　"六書"並不都是處於同一層次的概念，也就是説"六書"並不全是代表漢字結構類型的。許慎《説文·敘》："倉頡之初作書，蓋依類象形，故謂之文，其後形聲相益，即謂之字。字者，言孳乳而浸多也。"①許慎把早期漢字的構造，分爲"文"與"字"兩類，其後才有"六書"。清戴震則認爲"指事"、"象形"、"形聲"、"會意"是造字之法，爲字之體；"轉注"、"假借"二者是用字之法，爲字之用。②從許慎分析漢字的結構來看，貫穿全書的也祇有"四體"。我們認爲，"六書"實際上包含了三個層次："指事、象形、會意、形聲"，概括的是漢字的結構類型；"假借"，揭示的是漢字運用中的形義分歧現象；"轉注"指的是漢字形體的孳乳分化，即由字義引申（"同意相受"）而追加形符構成新字（"建類一首"）。因此，"六書"祇有四種是講漢字結構的，這四種類型又統屬於"文"和"字"兩大類。至於"假借""轉注"，則應排除在結構類型分析

---

① 許慎：《説文解字·敘》，第 314 頁，北京，中華書局 1963 年版。
② 戴震：《答江慎修先生論小學書》，《戴震集》，上海，上海古籍出版社 1980 年版。

之外。由於許慎等人對漢字結構的分析基本上利用的是小篆，又參之古、籀，所以，這些類型基本上合乎古文字構形的特點。

在分析古文字結構類型時，我們不僅可以而且也應該借鑒"六書"理論中的合理成分，同時又不必爲它所束縛，而是立足古文字構形的實際，對傳統理論予以適當完善和改進。基於這樣的認識，我們將古文字分爲象形、指事、會意、形聲四種基本結構類型，並對每種結構重新作出界定。下面分別列舉若干古文字字例，並進行簡要的分類討論和分析。

一　象　形

象形，指通過對詞語概念所指客觀對象的象徵性摹寫，以構成文字符號的方式。《説文》："象形者，畫成其物，隨體詰屈，日月是也。""畫成其物"即指描畫詞語所代表的客觀物體來構成字形，"隨體詰屈"是指構成字形的具體方法。許慎以"日、月"爲例，在書中他具體解釋爲："日，實也，太陽之精不虧，从口一，象形。""月，闕也，太陰之精，象形。"按許慎的意思，"日"象"圓日"之形，"月"爲"缺月"之象，都是"畫成其物"而構成的字形。若從殷商甲骨文看，"日"作 ⊙（乙三四〇〇）、⊖（鐵一八五・一），"月"作 ☾（甲七五五），①象形的特點更爲明顯。

宋元以來的"六書"研究者，對象形進行了進一步的分類研究。他們或根據記錄事物的類別將象形字分爲若干類，如宋鄭樵《六書略》分"象形"爲"正生、側生、兼生"三大類，統括十八小類，有所謂山川、天地、草木、人物、鳥獸、蟲魚、器用等。② 這種劃分，對字形本身的研究並沒有什麽太大的意義，祇是徒增煩瑣而已。或根據形體特徵進行分類，如明趙宧光將象形分爲"獨體、多體、合體、聚體、變體、離合體、加體、省體"等類，③雖然從字形入手，但

---

① 本章分析漢字結構所舉古文字字例主要來源於《甲骨文編》（中華書局 1965 年版）、《金文編》（中華書局 1985 年版）、《秦漢魏晉篆隸字形表》（四川辭書出版社 1985 年版）等常見工具書，同時補充一些新出材料。各字例後注中的書名簡稱也一依原書。讀者若需要瞭解更多字形，可查閲原著。後文不再一一注明。
② （宋）鄭樵：《通志・六書略》。
③ （明）趙宧光：《六書長箋》。

過於瑣細,又交叉混雜。清人段玉裁則分象形爲"獨體"、"合體"兩類。① 按照古文字象形結構的特點,從構形角度可以分三個小類。

(一) 整體摹寫類

整體摹寫類象形字,即采取摹寫事物整體輪廓的辦法來構造字形符號。這類象形字,具有形象直觀的特點,是象形結構的主要構型方式。如:

［鳥］ 𠃉(乙七九九一)𠃉(乙六六六四)𠃉(《金文編·附錄上》187)𠃉(子□弄鳥尊)𠃉(秦代印風53)𠃉(小篆)𠃉(馬王堆漢墓帛書)鳥(武梁祠刻石)鳥(石經論語殘碑)

《説文》:"鳥,長尾禽總名也,象形,鳥之足似匕,从匕。"鳥足之形與古文字"匕"相似,許慎又説"从匕",這是不正確的。"鳥"即象"鳥"的全形。

［魚］ 𩵋(佚八一二)𩵋(京津一五一〇)𩵋(魚父乙卣)𩵋(鯀冶妊鼎)𩵋(秦代印風176)𩵋(小篆)魚(曹全碑)魚(孔宙碑陰)

《説文》:"魚,水蟲也,象形,魚尾與燕尾相似。"又:"燕,玄鳥也,籋口,布翅,枝尾,象形。"可見小篆"魚"下之"火"與"燕"下之"火",在許慎看來都是"枝尾"。"魚"下部是"尾"的象形,從甲骨文與早周金文更能清楚看出。

［虫］ 𧈧(坊間四·二一七)𧈧(前二·二四·八)𧈧(甲虫爵)𧈧(虫昌鼎)𧈧(魚顛匕)𧈧(漢印徵)𧈧(小篆)𧈧(雲夢·日乙·116)𧈧(武威醫簡3)

《説文》:"虫,一名蝮,博三寸,首大如擘指,象其卧形。""虫"與"它"(蛇)本爲一字,後來分化爲二,"虫"即蛇的象形。

［人］ 𠆢(鐵一九一·一)𠆢(戩四·一·六)𠆢(盂鼎)𠆢(井侯簋)𠆢(滿城漢墓)𠆢(新嘉量)𠆢(小篆)人(武威醫簡八八甲)人(曹全碑)

《説文》:"人,天地之性最貴者也,此籀文,象臂脛之形。""人"本象人側

---

① (清) 段玉裁:《説文解字注》卷十五上,上海,上海古籍出版社1981年版。

立之形。

［弓］ ?（甲二五〇一）?（乙二二六六）（甲文）?（弓衛父庚爵）?（弓衛且己爵）?（彧簋）?（同卣）?（秦代印風）?（小篆）?（漢簡牘）?（禮器碑陰）

《說文》："弓，以近窮遠，象形。""以近窮遠"說的是"弓"的作用，小篆已經看不出弓的形狀，甲骨文、商金文描摹的正是"弓"的輪廓。

［象］ ?（前三·三一·三）?（後二·五·一一）?（師湯父鼎）?（小篆）?（馬王堆漢墓帛書）?（鮮于璜碑）

《說文》："象，長鼻牙，南越大獸……象耳牙四足之形。"甲骨文"象"尤其生動形象，長鼻正是"象"的特徵，小篆字形略有變化，許慎"象耳牙四足"是就變形而言，不準確，"象"字乃象的側視之形，突出長鼻。

他如"貝、戈、馬、犬、目、女、且、虎、鹿、豆、鼎、刀"等，都屬於整體摹寫，它們的共同特點，是用簡單的綫條勾描出對象的外部輪廓，使人一見即知是某物，由形的直觀性，引起人們的聯想，以溝通字形符號與詞語概念的關係。這種構形方式是早期文字符號構造的共同方式，不同民族的古文字，最早都是利用對對象的直接摹寫來代表語言中的概念，即以對象的直觀性表現詞語概念的抽象性。但是，我們應該看到，象形文字作為一種符號，與客觀物體實際上存在的巨大差別。象形文字以盡可能簡潔的綫條，形象地勾勒事物，仿佛其意，祇要能夠讓人準確地與記錄對象溝通聯想即可，並不希求形象的畢肖。

（二）特徵突出類

特徵突出類象形字，是通過突出和夸大對象的特徵部分來構成表達一定概念的符號。這類象形字大都凸顯出與字義密切相關的"特徵"部分。如：

［元］ ?（兀作父戊卣）?（合 19642 正）?（合 19790）?（屯 1092）?（合 4855）?（師虎簋）?（師酉簋）?（秦二世詔版 3）?（小篆）?（雲夢·

年5)元(張角殘石)元(左元異墓石)

《說文》:"元,始也,从一从兀。"根據小篆分析字形結構,是許慎解釋"元"本義的出發點。他解釋"一"時說"惟初太極,道立於一,造分天地,化成萬物",所以說"元"从"一"本義爲"始",這是許慎的體系。從古文字看,"元"象人側立之形,突出頭部,本義當爲"首"。《左傳·僖公三十三年》:"(先軫)免胄入狄師,死焉。狄人歸其元,面如生。"杜注:"元,首。"《孟子·滕文公下》:"勇士不忘喪其元。""元"都用的是本義。商金文"元"字頭部特徵明顯,甲骨文"元"頭部的圓點,變爲一短横,已失去其構形本義。由圓點變爲横是古文字綫條化過程中的普遍現象,如 (切卣二)——(格伯簋)、(虢季子白盤),(魯侯爵)、(量侯簋)——(伯晨鼎),(同簋)——(守簋)——(申鼎)等。"元"上部的一小横,也並非指事符號,而是古文字的飾筆。古文字的書寫習慣,經常在上部短横上再加"一",如(格伯簋)——(虢季子白盤)——(陳子子匜)——(郘公華鐘),(師酉簋)——(虢弔鐘)——(洹子孟姜壺)、(不易戈),(哀成弔鼎)——(魚顛匕)——(曾侯乙鐘)——(鄂君啓車節),(何尊)——(靜卣)——(石鼓文·吾水),(頌壺)——(頌鼎)——(洹子孟姜壺)——(䣛羌鐘)等。後來除"丙"外,"正、不、下、天"等又都淘汰了這一小横。"始"是由"首"這一本義引申出來的,如"首",本義爲"頭",也引申出"始"義,與此字引申途徑一致。

[身] (獻伯簋)(盠方彝)(士父鐘)(郘公華鐘)(秦印文字)(小篆)(睡虎地秦簡·封二七)(睡虎地秦簡·封八八)(張山子惠平三年殘碑)(韓仁銘)(曹全碑)

《說文》:"躬也,象人之身,从人厂聲。"段玉裁說"此語先後失倫",既指象形,又曰形聲,他改爲"从人,申省聲"。這也是不對的。"身"字專象人懷孕之身,突出懷孕的身體特徵。《詩經·大明》:"大任有身,生此文王。"毛注:"身,重也。"鄭箋:"重謂懷孕也。"甲骨文有(合21071)字,釋爲"孕",這個字就是"身"的原字,《佚》586(合 21071):"乙亥卜,自貞:王曰,㞢(有)身,嘉?"這條卜辭卜問懷孕是否安好,"有身"正如《大明》辭例相同。金文"身"省腹中之"子",下部增一劃。腹中有"子"則爲懷孕的象形,省"子"則是特徵突出的象形。"孕",《説文》"懷子也,从子从几"。"身"原是懷孕的象形字,後引申爲身體,即"人自頂以下,踵以上,總謂之身。頸以下,股以上,亦謂之身"。"孕"與"身"當爲同形分化字,其途徑如下:

大徐本謂"孕"字"从几",段注《説文》認爲是"乃"聲。小篆上部的㇉,爲"人"的變形,這個字形本象人匍匐之形,因"人"在"子"之上而變化,與在一側作側人,在下部作"儿"同理。篆書"孕"是由象形變來的"从人从子"的會意字,專指懷孕,"身"則成爲特徵突出的象形字,主要記錄引申義。與此相關,還有一個後起的形聲字"娠",《廣雅‧釋詁》:"孕、重、妊、娠、身、嫋,伿也。"《説文》:"娠,女妊身動也。"《漢書‧高帝紀》"已而有娠",注引孟康曰:"娠音身,《漢史》'身'多作'娠',古今字也。"顏師古云:"孟説是也。《漢書》皆以娠爲任身字。"這些都可以證明"身、孕、娠"之間存在的同源關係。

[天] 𠀡(鼎文)𠀡(天作從尊)𠀡(乙六八五七)𠀡(乙三〇〇八)𠀡(孟鼎)𠀡(井侯簋)𠀡(秦公簋)𠀡(中山王譻鼎)𠀡(泰山刻石)𠀡(秦昭權27)𠀡(小篆)𠀡(新嘉量二)𠀡(漢印徵)天(華山廟碑)

《説文》:"天,顛也。至高無上,从一大。""至高無上"是説明"天"爲什麼"从一大"的,不妥當。《説文》以"顛"釋"天"是聲訓,"顛,頂也",這個解釋是正確的。王國維説:"古文'天'字,本象人形。殷虚卜辭或作𠀡,孟鼎、大豐敦作𠀡,其首獨巨。按《説文》'天,顛也',《易‧睽六三》'其人天且劓',馬融亦釋'天'爲鑿顛之刑,是'天'本謂人之顛頂,故象人形,卜辭盂鼎之 🚶🚶 二字,所以獨墳其首者,正特著其所象之處也。"①"獨墳其首"的頭部,後來變爲"一"與上舉"元"的變化同理,許慎未見到原始形體,在字形分析時難免出錯。

[頁] 🖼(乙八七八〇)🖼(乙八八一五)🖼(卯簋)🖼(小篆)🖼(曹全碑)

《說文》:"頁,頭也……古文𩒌首如此。"按許慎的解釋,"頁"的本義是"頭",與頭部有關的"頭、顧、顛、頂"等都从"頁",而這個字形突出了頭型及特徵部分,如毛髮、眼目之類,是特徵突出的象形字。同時又說它是"𩒌首"的古文,"𩒌首"跪拜頭至地,此字形身體部分正象跪拜的體態,又突出了頭部,所以"頁"既可指人的"頭",又用作動詞"𩒌"的象形符號,西周中期《卯簋》"拜手𩒌首"的"𩒌"正作"頁","𩒌"是後起的形聲字。

[聞] 🖼(餘九·一)🖼(餘九·三)🖼(利簋)🖼(盂鼎)🖼(中山王譻鼎)🖼(璽彙0031)🖼(秦代印風71頁)🖼(小篆)🖼(漢印徵)🖼(華山廟碑)🖼(孔有道碑)

"聞"的本義是"聽見",甲骨文中,這是一個象形字,突出人的聽覺器官"耳朵",揚一手作認真聽的姿態。這是通過描摹動作體態,突出行爲的特徵來構成字形。金文"耳"與身分離,已失去原字構形的特點,後遂演變爲从耳昏聲或門聲的形聲字。

[見] 🖼(戩三五·三)🖼(見尊)🖼(見甗)🖼(應侯鐘)🖼(駒父盨)🖼(䎷鐘)🖼(漢印徵)🖼(銅鏡)🖼(小篆)🖼(雲夢·日乙164)🖼(雲夢·周247)🖼(馬王堆漢墓帛書)🖼(樊敏碑)

《說文》:"見,視也,从儿从目。"此字本也爲象形字,誇大人的眼目,以顯

---

① 王國維:《觀堂集林》卷六,第282頁,北京,中華書局1959年版。

示有所見，許慎作爲會意。值得注意的是"見"與"視"的聯繫和區別，"見"下所從人體本作跪跽形，腿部彎曲，而"視"這一部分卻作人身挺直形，這種分別一直延續到戰國文字。其後，這種區分越來越不明顯，於是就將"視"改造成形聲字。與"視"字相似，"望"甲骨文作🔾(乙八三三八)、🔾(存六二三)等形，將人的眼睛豎立，人身挺直，以突出遠望之義；或從"土"，表示人站"土"上而登高望遠。從"土"則爲會意字，不從土，與"見""視"的構形同理，均突出視覺器官"目"，"見"作橫目，"望"作豎目，體現了"見"和"望"動作形態的差別，都是特徵突出的象形字。後來"望"從"土"這一異體保存下來，並與人身部分結合，又加"月"字，遂成爲"朢"，又訛變出"望"形，許慎將它們分作兩字。"朢"、"望"的演變途徑如下：🔾(保卣)——🔾(臣辰盉)——🔾(朢簋)——🔾(無叀鼎)。

[祝] 🔾(甲八〇一)🔾(甲七四三)🔾(明藏五三四)🔾(前四·一八·七)🔾(太祝禽鼎)🔾(盂鼎二)🔾(祝阿侯鐘)🔾(小篆)🔾(雲夢·日乙194)🔾(雲夢·周378)🔾(乙瑛碑)🔾(孔龢碑)

《說文》："祝，祭主贊詞者，從示從人從口。"甲骨文"祝"，原作🔾(甲八〇一)，"象跪而有所禱告"，突出"口"部，以示人大張其口而禱告之形。加"示"爲意符，則轉變爲形聲字。

特徵突出的象形字出現較早，它是在整體摹寫的基礎上，突出表現代表詞義的那一部分，其他部分祗是起輔助作用。有時這些輔助性部分甚至可以省去，祗摹寫最有特徵的部分以代表整體，如"牛"爲牛頭的象形，"羊"爲羊頭的象形，按理這兩個字祗是"牛頭"與"羊頭"，但卻代表"牛"與"羊"，這是由於牛與羊最有特徵的部位是頭部，尤其是"角"這個部分，所以略去其他了。到戰國，有些文字的省形也是如此，如"馬"由突出馬鬃的象形字省作🔾(《璽彙》0052)，祗剩馬頭與馬鬃毛；"象"由突出象鼻的象形字，省作象頭與鼻的🔾(《璽彙》3273)，🔾(《包山》7，"爲"字所從)；"虎"祗作虎頭，而省去其他，這些都屬於同一類型。"聞、見、兄"等字，早期都是通過描摹某種動作體態，突出行爲體態的特徵部分，以代表動作的含義，這類字較少，容易混爲會意字，但它們並不是由不同的單字組合而成，而是象整個動作的體態與姿勢，並突出體態特徵，應作一個整體看。這類字後來大都發生變異，這是與整個漢字符號由象形逐步趨於綫條化的發展相一致的。

（三）隨形附麗類

有些客觀物體比較細微而又缺乏特徵，無法通過直接摹寫其形來構成符號，於是藉助事物間的關聯性，采用隨形附麗的辦法構成象形符號。如"眉"寫作 ꗥ（明一八五四）、ꗥ（小臣遽簋）、ꗥ（𠫑伯簋）、ꗥ（九年衛鼎）、ꗥ（小篆）、眉（孔宙碑）等形，《說文》："眉，目上毛也，从目象眉之形，上象額理也。""目上之毛"就是眉毛，"从目"即通過附麗於主體"目"的辦法取象構形。這種構形方法，乃是對客觀事物相互關係的發現和運用，同樣可以構造出一些象形字，以代表某些概念的難象之形，這類象形字可以稱之爲"隨形附麗類"象形字。

[次] ꗥ（合 19945）ꗥ（合 21724）ꗥ（合 8317）ꗥ（合 21181）ꗥ（甲骨續存 154）ꗥ（小篆）ꗥ（鮮于璜碑）

《說文》："次，慕欲口液也，从欠从水。"這個字是"涎"的原始字。甲骨文和金文都象一人張口，口液從嘴中流出，點點象口液，原來並非从水。因爲口液之形無所取象，甲骨文取一人張口之形（即"欠"字），這就是隨形附麗的方法。如果没有"欠"，點點到底象什麼是無法判斷的，當這些點點附麗於"欠"上，就可以知道它們是"口液"的象形。《說文》作"次"，變爲从水从欠的會意字。"羡"字當是從這個字分化的，"羡，貪欲也"，是"慕欲"的引申義，遂加意符"羊"。後來又產生了一個从水、延聲的"涎"，這是後起的形聲字。"次、羡、涎"是一組同源字。"次"與"次"古文字形體有別，以下各形都是"次"字：

ꗥ（次卣）——ꗥ（史次鼎）——ꗥ（封泥 49）——ꗥ（雲夢·語 8）

[齒]　▧(甲二三一九)▧(鐵八〇・三)▧(珠一四三〇)▧(中山王方壺)▧(仰天湖簡)▧(曾侯墓簡)▧(望山 M2 簡)▧(郭店語四)▧(璽彙 0912)▧(秦代印風 214)▧(小篆)

《說文》:"齒,口斷骨也,象口齒之形,止聲。"甲骨文本來祇象口齒之形,後又加"止"作聲符,成爲形聲字。此字代表的意義是"牙齒",字形卻象"口齒",因齒無法取象,於是附麗於口而形義才能顯明。

[須]　▧(周頌盨)▧(諫季盨)▧(伯汦其盨)▧(鄭義伯盨)▧(㝬弔盨)▧(小篆)

《說文》:"須,面毛也,从頁从彡。"許慎將這個字作會意看,字應爲象形,面毛難以取象,於是在"頁"上附着毛須,若去"頁",則不知"彡"爲何物。"从頁从彡"祇是形體變化的結果。

[髭]　▧(《金文編》附錄上 052)▧(合 27740)▧(合 27742)▧(孟鼎)▧(小篆)

《說文》:"髭,口上須也。"商金文象人正面之形,突出其口,附須口上,後又加聲符"此",變爲形聲字,小篆則將原形改作"須",這是字形發展中的類化。

[州]　▧(前四・一三・四)▧(粹二六二)▧(乙五三二七)▧(井侯簋)▧(散盤)▧(鬲比盨)▧(小篆)

《說文》:"水中可居曰州。"分析其形"从重川",即兩"川"字相重疊,這分析的是小篆形體。"州"是隨形附麗的象形字,象川中之陸地,中間川水環繞的部分就是"州"。小篆形體經過同字內部的部件"類化",遂變爲"重川"之形。

[巢]　▧(周原 H11:110)▧(班簋)▧(陝賈簋)▧(小篆)

《說文》:"鳥在木上曰巢,在穴曰窠,从木象形。"許慎根據小篆,誤以爲上部"巛"象鳥形。他指出此字"从木象形",一方面認爲是象形字,另一方面又認爲"从木",即揭示了"巢"字所附麗的對象,這是很恰當的解釋。

[果] 🌳(果簋)🌳(蔡公子果戈)🌳(小篆)

《說文》:"果,木實也。从木,象果形在木之上。"這個字的解說相當精確,"从木",說明"木"是所依附的對象,"象果形在木上"更加明白地指出了"果"隨形附麗的特點。

"隨形附麗類"象形字,過去或以爲是會意字,或稱之爲象形字中的合體,從古文字角度看,應該看作象形結構。這類字的特點是,代表字義的部分必須附麗於其他形體才能構成字形,如果脫離了所依附的對象,如"眉"去"目","髭"去人口和身體部分,"須"去"頁","州"去"水","次"去"欠","果、巢"去"木",其餘的部分或者根本不成形,或者可以成形卻成了另外的字(如"果、巢"去"木"剩下的部分是"田"和"甾")。"隨形附麗類"象形字,是利用對象之間的互相依存關係,將特徵不明、形體難象的部分恰到好處地表達出來,在關係中確立相應點劃所象的對象,而這些又是不能分割出來獨立存在的,因此,將這類字歸爲會意字是不妥當的。這類字的構造,尤其依賴形體的形象性和直觀性,隨着古漢字的發展,其形體上的形象特徵逐步減少,漢字成爲綫條的組合符號,這樣"隨形附麗類"象形字也隨之發生演變,構形原義從演變了的字形中已無法辨別。因而,這類字或者在結構上進行改造,或者變得無理可說而導致人們理解的失誤。

總之,象形是通過象徵性描摹記録對象的形態來構造記録詞語符號的方法。"整體摹寫"、"特徵突出"、"隨形附麗",祇不過是"畫成其物"時所運用的具體方式的差異。象形結構出現較早,是漢字構成的基礎。由於象形結構與繪畫有一定的相似性,於是有人認爲漢字起源於繪畫,由描繪表達意義的文字畫,進而到較簡單的圖畫文字,再到象形結構,以後才產生其他結構。這個說法有較爲充足的論據,影響甚大。由於世界其他古老象形文字也與繪畫關係密切,因此,文字起源於繪畫被認爲是人類文字起源的共同途徑。但是,我們應該看到象形文字與繪畫的本質區別,象形文字簡單明瞭,祗是一種綫條符號。作爲語言的符號,它與概念建立了聯繫,它既是直觀、具體的,又是象徵、抽象的。上文分析象形文字構成的細微差別,完全依據一定的詞義系統,如果脱離了詞義系統,有時從象形字的本身是難於"以形見義"的。

二 指 事

指事,簡單地説是利用抽象點劃的標指與組合來構成字形的方法。《説文·叙》:"指事者,視而可識,察而可見,上下是也。"許慎没有正面給指事下定義,祗概括了這種結構的特點。根據指事字形的特點,也可以分爲三個小類。

(一)因形指事類

最常見的指事字是"因形指事",即依據象形字,加上一定的標指符號而構造字形。大多數指事字是利用這種方法構成的。如:

[本] 朩(本鼎)朩(小篆)

《説文》:"木下曰本,从木,一在其下。""本"即"木下",在"木"的下部加上一個標指的符號,指明字義所在,金文"本"加一點,到後來變爲一橫劃,點與橫劃本身都是無意義的。

[末] 朩(蔡侯䤝鐘)末(小篆)

《説文》:"木上曰末,从木,一在其上。"此字的構形與"本"相同,因義與"本"相反,標指符號的位置也相反。

[朱] 朱(合36743)朱(師兑簋)朱(吴方彝)朱(師酉簋)朱(小篆)

《説文》:"赤心木,松柏屬,从木,一在其中。""本、末、朱"三字,都是藉助"木"這個象形字,同是"一"(·)這個符號標指在不同的位置上,形成了三個指事字,很典型。許慎分析這三個字,一方面指出其"从木",又指明"一"所在的不同位置,以標指字義所在。

[厷]　(合13678)　(合13679)　(合10420)　(合1772正)　(合5532正)　(小篆)

《説文》："厷,臂上也。从又、从古文　,古文厷,象形。"此即"肱"的原形,許説不確。甲骨文"厷"从"又",但與"又"又有明顯的不同,"又"一般作(合34268),"厷"字所从作,尾劃上彎,象曲肱形,與"又"有別。　、　以示"厷"之所在,是因形指事符號,後來才變爲　,並不是"厷"的古文。

[亦]　(甲八九六)　(合21844)　(毛公旅鼎)　(篆)

《説文》："亦,人之臂亦也。从大,象兩亦之形。"即"腋"的本字。"大"所从的兩點,是標指"腋"所在位置的符號,沒有實在的含義。

[夫]　(前五・三二・一)　(盂鼎)　(小篆)

《説文》："夫,丈夫也。从大,一以象簪也。""一"加於"大"之上,標指人達到成人的高度,不必是簪的象形。古代男子二十而冠,冠必有簪,此爲許説所據。

[至]　(鐵一二五・四)　(盂鼎)　(小篆)

《説文》："至,鳥飛从高下至地也。从一,一猶地也。"甲骨文"至"是指事字,"矢"射到一定的位置就是"至"。許慎謂"矢"爲"鳥"乃因小篆形體而誤解,"一"也不是地的象形,而是標指符號。如同"之",《説文》："之,出也。象艸過中,枝莖益大有所之。一者,地也。"其形作(鐵一六・一)、(前7.14.3)、(佚217)、(君夫簋)、(蔡侯申缶)、(郭店・唐虞)、(璽彙0206)、(小篆),所謂"中"乃是"止"所訛。"脚"走到一定的位置,也是"至"的意思,於是在"止"上加上符號"一"。這兩個指事字的構形方法完全一致,許慎依據訛變字形,對這兩個字都作了望文生義的解釋。

(二)因聲指事類

所謂"因聲指事"是借用原字的讀音,附加一個標指性符號以構成新字,新字的讀音與原字的讀音往往略有轉變。如：

[百]　◯(林一・八・一三)◯(甲三〇一七反)◯(矢方彝)◯(史頌鼎)◯(史頌簋)◯(小篆)

《說文》："百，十十也，从一白。數，十百爲一貫，相章也。"甲骨文"白"作◯(京津四八三二)、◯(佚九六二)，爲"伯"的本字，如甲骨刻辭中的"重方白用"。"百"是在"白"字中間加一折角的標指符號，作爲指事字的標誌，以別於"白"，而仍借"白"字以爲聲，後來上面又加一橫，是由"一百"合文變來。

[尤]　◯(鐵八一・一)◯(後一・二・五)◯(戩一九・一〇)◯(麓伯簋)◯(小篆)

《說文》："尤，異也。从乙又聲。""从乙"是就小篆而言，"尤"本是在"又"字上部附加一橫劃或斜劃，作爲指事字的標誌，以別於"又"，而仍因"又"字以爲聲。

[甘]　◯(前一・五二・五)◯(乙七二九八)◯(後一・一二・四)◯(小篆)

《說文》："甘，美也，从口含一，一道也。""含一"之說不當，"甘"字是在"口"字中附加一劃，作爲指事字的標誌，以別於"口"，而仍借"口"字以爲聲，"甘"、"口"雙聲。

[音]　◯(秦公鎛)◯(邾王子鐘)◯(小篆)

《說文》："音，聲也……从言含一。"金文"音"與"言"每互用無別，後來因用各有當，分化爲二。"音"字是在"言"字下部"口"中附加一小橫劃，作爲指事字的標誌，以別於"言"，而仍因"言"字爲聲。"言"本身也是一個因形指事字，是在"舌"上加一個標指符號構成的，表示"言"由"舌"出。"舌"甲骨文作◯(合17455)、◯(合5760正)，"言"甲骨文作◯(拾八・一)，金文作◯。

[世]　◯(師晨鼎)◯(邿鐘)◯(寧簋)◯(詛楚文)◯(小篆)

《説文》:"世,三十年爲一世,从卉而曳長之,亦取其聲也。"許慎的字形説解全錯了,這是個"因聲指事"字。金文"止"與"世"可以通用,如伯作蔡姬尊之 ↓、徐王鼎之 ↓,均以"止"作"世"。在"止"上加一點或者三點,作爲指事符號,因"止"以爲聲,就構成了"世"字。

"因聲指事"是于省吾先生的發現,① 過去或以爲是會意,不注意聲的存在,或以爲是形聲,將所附點劃作部首看,這都是不妥的。"因聲指事"是一種因利乘便的方法,在原字的基礎上附加簡短的點劃,作爲區別,不僅可以達到指事的目的,還可以藉助原字的讀音,一舉兩得,方便省事。

(三) 刻畫指事類

不依靠象形字或某一字的聲音附加指事符號,而是直接利用抽象符號的組合變化來構形,即"刻畫指事"。如"上、下",《説文》:"上,高也,此古文上,指事也。"許慎以"上"爲古文"上",甲骨文作 ⌒(乙二二四三反),短劃在上,長劃在下,與《説文》分析小篆"帝、旁、示"所從古文"上"一致。這種組合表達的就是"上"的意思。"下"則相反,篆文作 丅,甲骨文作 ⌒(佚九七九),上長下短,就是"下"。一至十,甲骨文作: 一 二 三 亖 𠄡 ∧ + ⎮⎮ ⎮⎮⎮ ⎮ ,大都是利用抽象符號組合而成。

這類"刻畫指事"字,很可能來源於早期的刻畫記事。刻畫記數或記事,是世界上原始民族曾普遍使用的方法,我國古代典籍也屢見記載,西安半坡等多個新石器遺址,都發現了原始刻畫符號,可見刻畫符號的運用在我國有着久遠的歷史源頭。

"刻畫記事"衹是用一定的符號幫助記憶,所使用的符號與所記的內容未必有必然的聯繫,它們之間衹是一種"約定"關係。如貴州苗族歌手所用的"刻道",即一根刻有各種符號的木棒。僅就那些刻畫符號,根本無法明瞭其中的道理,但各個刻道卻有特定的含義,是歌手們的歌本。貴州博物館收藏的方柱形"刻道",其中有一面作如下刻畫:②

---

① 見《甲骨文字釋林》附錄《釋古文字中附劃因聲指事字的一例》。
② 轉引自汪寧生《從原始記事到文字發明》一文,刊於《考古學報》1981年第1期。

052　古文字學

1	2	3	4	5	6	7	8	9
⋈	⋉	Ｉ⋏	‖	‖‖	‖‖ＨＨ		Ｋ‖‖	⋊Ｋ‖

具體含義是：1. 姑舅開親；2. 開始結親；3. 一錢五分銀子(新娘過門姑方給的"踩門錢")；4. 一錢二分銀子(送給親姑娘)；5. 三兩鹽(送新娘回娘家吃"姨媽飯")；6. 三斗米，一隻鴨，一點肉(同5)；7. ？8. 兩雙筷子，三個酒杯(舅方帶此到姑方敬神)；9. 一個丫頭舂米(舅方富有，新娘帶丫頭回來舂米)。這一組刻畫可以幫助歌手記憶事情的關鍵情節和重要的物品及數量，具有明顯的記事性質。又如解放初中央慰問團收集到一件傈僳族傳信木刻，刻了四個符號：

<｜‖‖ ◯ ⋈ ‖' ｜>

意思是這樣的："‖‖表示三個代表，◯表示月亮，⋈表示'相會'，‖'表示'大中小三位領導'。全木刻的意思是說'你們派來的三個代表已在月圓時和我們相會，送上三包土產，請分呈大中小三位領導'。"①

由於這種刻畫記事的符號具有記事的作用，在構造文字時，就會自然而然地將那些記事功能強的符號吸收爲文字體系中的某些成分。漢字中的"一"到"十"，"上、下"等都可能是源於刻畫符號的文字符號。古文字中還有一些較爲複雜的刻畫符號，如：

［丩］《說文》："相糾繚也，一曰瓜瓠結丩起，象形。"甲骨文作 ᕯ (乙二八四四)、ᕯ (掇一·二七·二)，實在難於說明所象何物。

［爻］《說文》："交也，象《易》六爻頭交也。"金文"爻"作 ⚹ (盂文)、⚹ (父丁簋)等形，當爲刻畫符號交錯之形。

［文］《說文》："錯畫也，象交文。"甲骨文作 ⚹ (乙三六一二)、⚹ (乙六八

---

① 轉引自汪寧生《從原始記事到文字發明》一文，刊於《考古學報》1981年第1期。

二一反)、♀(京津二八三七)等形,許慎解釋較好,古文字有的"文",不僅象"交文",還从"心"。

"丩、爻、文"等字,顯然都是來源於刻畫符號的指事字,作爲象形字是不妥當的。這類刻畫指事字,在殷周金文中保存了不少,祇是大多數後來被淘汰了,我們今天已無法辨認,如《金文編》附錄所列,就有如下數種:

作册䵧卣	師𩰬鼎	伯姬簋	步丨父癸爵	簋文	子舮	簋文	鼎文	觶文
009下	280上	280上	280上	290上	291上	292上	293上	294上
簋文	亞父丁盉	簋文	父丁鼎	鬲文 / 農簋	婦觶	鼎	簋文	父戊卣
295上	309上	318上	330上	341上	340上	343上	345上	356上
父口罕	曡文							
374上	607上							

這些符號大都出現在早期金文中,無疑應看作文字符號,其本源當是刻畫符號,都可歸爲刻畫指事字,雖然今天已經無法説明它們的具體含義,但是,由於約定俗成,它們曾經是可以理解的。

由此看來,利用一定的抽象符號的組合代表某種意思,主要是建立在約定俗成基礎上的,它們的内涵和作用,祇在一定的交際領域爲人們所知,因而對刻畫指事的解釋存在較大的難度。刻畫指事既然來源於古老的刻畫記事,那麽文字就不僅僅來源於繪畫了。郭沫若根據半坡陶器上的刻畫符號曾提出"中國文字的起源應當歸納爲指事與象形兩個系統,指事系統應當發生於象形系統之前","彩陶和黑陶上的刻畫符號應該就是漢字的原始階段"。①

　　三類指事字的分析,使我們看到它們的共同的特點,就是利用抽象符號的標指或組合功能構字。"因形指事"藉助象形字,加上標指符號,恰當地表示出字義屬於該象形字整體中的部分,如"本、末、朱、刃、亦、厷"等;或者以標指符號表示一定的位置,從原字與這個標指符號的關係中表示字義,如"夫、至、之"等字。"因聲指事"藉助同近音的關係,加上標指符號的提醒和暗示,以造成它與原字的區別,通過聲音關係,建立了形與義的聯繫,構成新字。"刻畫指事"則直接取自記事的刻畫,利用抽象刻畫的組合,構成代表一定意義的文字符號。指事字的分析歷來分歧較大,這不僅涉及一些字的具體分析,而且有的學者甚至還主張取消這個類別。② 我們認爲,標指或刻畫符號在指事字中有着舉足輕重的地位,它們的有無、出現位置的異同以及組合關係的變化,在指事字的構造中起着決定性的作用。抓住了指事字的標指和組合符號,就可以正確地尋找理解字義的途徑,並將指事與象形、會意、形聲字區分開來。

三　會　意

　　會意是利用兩個以上單字組合來構成文字符號的方法。《説文》:"會意者,比類合誼,以見指撝,武信是也。"許慎的定義中,"比類合意"是會意字的關鍵。段玉裁注解爲:"會意者,合誼之謂也。"按段玉裁的理解,會意字就是把不同的義"比合"在一起,而表達一個新義。會意在字形上的最大特徵,即由單體組合爲複體。至於通過什麽樣的組合來代表一定的意義,則是很不固定的,不能簡單地將兩字之義相加就認爲是會意字的本義,所以有人認爲"會"是"體會","使人觀之而自悟"。③ 下面我們略舉數例,以分析古文字會意字構成的一般特點。

---

① 郭沫若:《古代文字之辯證的發展》,《考古》1972 年第 3 期。
② 如唐蘭提出"三書説",就不含"指事"一書,參閱唐蘭《古文字學導論》(齊魯書社 1981 年版)、《中國文字學》(上海古籍出版社 1979 年版)。
③ (明)楊桓:《六書統》。

［衆］《說文》"衆,多也,從众目,衆義。""众,衆立也,從三人。""衆""從众目"之說不確。甲骨文作🅛(後二・三五・一)、🅛(前七・三〇・二),從"日"從"众",會衆人日出而作之意,金文始將"日"訛爲"目",作🅛(師旅鼎)、🅛(師袁簋),這是小篆從"目"的由來。

［竝］《說文》："併也,從二立。""竝"甲骨文、金文以至小篆,都是二人並立,以會比並之意,如🅛(後下9.1)、🅛(粹915)、🅛(辛伯鼎)、🅛(中山王壺)、🅛(包山153)、🅛(上博周易)、🅛(小篆)。

"衆"、"竝"(並)這類字或稱之爲同文會意,《說文》收録一百多個,他如"从,相聽也,從二人"(🅛);"比,密也,二人爲从,反从爲比"(🅛);"北,乖也,從二人相背"(🅛);"雔,雙鳥也,從二隹"(🅛);"覞,竝視也,從二見"(🅛);"扶,竝行也,從二夫"(🅛);"沝,二水也"(🅛);"品,衆庶也,從三口"(🅛);"森,木多貌"(🅛);"雥,群鳥也,從三隹"(🅛);"磊,衆石也"(🅛);"驫,衆馬也"(🅛)。一般說來,由兩個相同符號組成的會意字,多有並比儔對之義,三個、四個相同的符號組成的,多含衆多等義。

［陟］ 🅛(京津一〇六七)🅛(後二・一一・一三)🅛(沈子簋)🅛(癲鐘)🅛(小篆)

《說文》："陟,登也,從𨸏從步。""𨸏,大陸山無石者。"𨸏,即阜,"陟","從𨸏從步",會登高(阜)之意。《詩・卷耳》"陟彼崔嵬"、"陟彼高岡",用的就是"陟"的本義。與此相反,"降"甲骨文作🅛(佚三六)、🅛(甲二三八三),金文作🅛(天亡簋),《說文》："降,下也,從𨸏夅聲。""降"字的構造與"陟"相比,是兩脚向下走,即"止"倒寫,向上爲"陟",向下爲"降","降"是會意字,許慎作"夅聲"誤。《詩・公劉》"陟則在巘,復降在原",正是"陟"、"降"相對而用。

［出］ 🅛(前七・二八・三)🅛(後一・二九・四)🅛(後一・二九・一〇)🅛(頌壺)🅛(宅簋)🅛(兮甲盤)🅛(小篆)

《説文》："出，進也，象艸木益滋上出達也。"許慎對字形的解説是錯誤的。就甲骨文、金文看，"出"上爲腳趾，代表人行走，下作∪或ㅂ，代表早期人們住的半地穴房屋，"出"字从止从凵(ㅂ)，意爲由半地穴式房屋中走出。與此相反，"各"的構形則是走到半地穴式房屋裏面，甲骨文作 (甲二五八九)、 (甲六三九)，腳趾方向朝∪或ㅂ，與"出"所从之"止"方向相反，意義也相對。"各"的造字本義典籍常用"佫"、"格"二字表示，意爲"至"。許慎解釋"各"爲"異辭"已不是它的原意了。

[伐] (前七·一五·四) (掇一·四五) (大保簋) (南疆鉦) 小篆

"伐"，甲骨文以戈加於人首，故砍伐人頭叫伐。到春秋時代，"戈"與"人"分開，《説文》："擊也。从人持戈。"被砍伐的人，成爲持戈的人。甲骨文"戍"作 (後二·一三·五)，金文作 (戍嗣鼎)、 (善鼎)，《説文》："戍，守邊也，从人持戈。""伐"與"戍"，許慎分析字形相同，就甲骨文看，對"伐"的字形分析是不對的，二字的分別在於"伐"字"戈"加於人頸上，"戍"則"戈"與"人"分離。

上舉會意字，都具有直觀性的特點，根據各單字的組合關係，可以體會其代表的具體含義，組合關係的不同，代表的字義就不一樣。有時相同的單字在組合中因方向的改變(如陟與降、出與各)、位置的差别(如伐與戍)，就構成了不同的字。從早期會意字的這一特點看，許慎采用"止戈爲武"、"人言爲信"作爲解釋會意字的例子並不是很恰當的。"武"甲骨文已有，"止"當是腳趾，一般作偏旁代表人的行動，"武"本當指人荷戈而有所行動，不一定是"制止干戈(戰爭)"的行爲。"信"出現較遲，古文字中或寫作"从言从身"，如 (梁上官鼎)、 (《璽彙》3129)。古籍中常與"伸"相通，《説文》"㐰"，聲訓"神也"，因而，這個字也可能是形聲字，从言身聲。如果采用"人言爲信"的説法，"信"這個會意字，與早期會意字的構造就有很大的差别，它以義相會的，是一種抽象的會意字。這類會意字不具備直觀性特點，一般產生的比較晚。如"山高"爲"嵩","小土"爲"尘","入米"爲"籴","出米"爲"粜","山石"爲"岩","任几"爲"凭",如此之類,都是利用構字單位的意義關係來組成會意字的。這種類型的會意字,在古文字系統中極爲少見。與"抽象會意字"相比,早期會意字可稱爲"具象會意字"。

會意字的辨認和解釋,不能脫離具體的語言系統,倘若離開了語言系統的制約,每一個會意字都有可能包括多種解釋。早期會意字具有直觀性的特點,乃是就字形與它所代表的詞義之間的關係而言的,並不能因此就認爲會意字可以直接以形表義。與象形字直接描摹詞語概念的對象相比,會意字更注意各個構字成分之間的關係,它通過不同成分的組合關係來建立與詞語概念的聯繫,從而獲得代表一個詞的完全的文字符號。這表明會意字表義仍是間接的,因而,所謂"會意"並不是各個構字成分含義的簡單會合相加,而是在一定的語言系統的制約下,通過構字成分(各單字)的組合關係,使人對它所代表的詞義"觀之而自悟"。

四 形 聲

形聲結構是使用與意義相關的形符,加上一個記録語音的聲符來構成文字符號的方法。《説文·敘》:"形聲者,以事爲名,取譬相成,江河是也。"段注:"以事爲名,謂半義也;取譬相成,謂半聲也,江河之字以水爲名,譬其聲如工可。"過去對形聲結構的研究相對薄弱些,一些學者認爲形聲字比較簡單,因而也就不太重視。其實,形聲結構的研究關係到對漢字性質的認識。《説文》所收字,形聲字已經占漢字總數的百分之八十以上,秦漢以後增加的新字,幾乎都是利用形聲結構構造的,現代漢字形聲字要占百分之九十以上,形聲結構是漢字最重要、最富有生命力的結構方式,不能正確認識形聲結構,就無法正確認識漢字體系。

過去研究形聲字,曾有過不同的分類,如有人分爲"一形一聲"、"二形一聲"、"三形一聲"、"二聲一形"等,由形符、聲符的多少來劃分,未能考慮形聲結構的層次性,不足法取。我們以爲根據形聲字字形構成方式的不同來分類較爲合理,這樣分類可以看到形聲字產生和發展的過程,有利於揭示形聲字内在的關係。我們將古文字形聲字分爲"注形、形聲同取和注聲"等三類。

（一）注形類

注形類形聲字是就本字或借字加注形符而形成的,在早期形聲字中爲數較多。如：

[祖] 甲骨文均作"且",原爲男性祖先的象徵,至春秋金文中始出現加注形符"示"的"祖",成爲从示且聲的形聲字。

[國] 早期金文作 ✦（班簋）、✦（何尊）、✦（保卣）,以"弋"代表武力,"口"爲城郭,是會意字。又作 ✦（鄁嫛鼎）、✦（師袁簋）,成爲"从口"或"从邑","或聲"的形聲字,"邑"、"口"都是加注的形符。《説文》："國,邦也,从口从或。"作爲會意字看,按照許慎對這類字處理的通例,也當作爲形聲。

[往] 甲骨文作 ✦（前七·六·三）,从止王聲,後又加彳或辵作形符,成爲"往、逴","坐"作聲符。《説文》："往,之也,从彳坐聲。"但又説："坐,草木妄生也,从之在土上,讀若皇。""草木妄生"的錯誤是由於誤"止"爲"屮"。

[盨] 金文本借"須"字爲之,後加注"皿"爲形符,作 ✦（鄭義羌父盨）、✦（伯寬父盨）,或加"金"作形符,成爲 ✦（弔姞盨）、✦（弭弔盨）。《説文》："从皿須聲。"

[唯] 甲骨文借"隹"作"唯",後加"口"作形符,成爲从口隹聲的形聲字,《説文》："諾也,从口隹聲。"

"祖、國、往"其本字或爲象形,或爲會意,或爲形聲,加注形符後,本字相應成爲聲符部分。"盨"、"唯"則是在借字的基礎上加形符,原借字成爲聲符。加注形符構成形聲字,在古漢字階段曾經盛行過,產生了大量的注形形聲字,假借變爲形聲基本上都利用的是這種方式。很多結構簡單的象形字,受其影響,也加注形符變爲形聲字,如"皿"曾作"鉶","戈"曾作"錢","鬼"曾作"䰬"等。

（二）形聲同取類

形聲同取構成的形聲字,是形聲結構方式發展到自覺階段的標誌。利用注形構成的形聲字,要有原字（本字或借字）作爲基礎,需經歷一定的過程,具有明顯的限制性。隨着文字使用普遍性和必要性的加強,語言中新增加的詞彙和舊有沒被文字符號記錄的詞,都要求在書面上迅速用相應的文字符號反映出來,任意取一形一聲組合爲新形聲字的方式就適應了這種要求。甲骨文中已有了這一類形聲字,如"駁、駕、狃、狼、杞、洹"等。這些字,我們暫時尚找不到它們注形發展的痕跡,因此,祇能認爲是形聲同取而構成的新字。

形聲同取的構形方式,有無限的再生力,構造簡便,使形聲結構從多少還保留一些原始面貌的注形方式中徹底解放出來,從而獲得經久不衰的生命力。它的出現,表明形聲結構發展到了自覺的階段。

(三) 注聲類

在本字或借字的基礎上加注聲符而產生的形聲字,即注聲形聲字。這類字爲數較少。因爲注聲缺乏再生能力,它祇是形聲結構相當發展、漢字表音趨勢的加強所帶來的積極影響,是利用加注表音要素的辦法對"舊字"進行的改造。如:

[雞] 甲骨文早期作 (合 13342),象雞之形。第四期、第五期甲骨文中出現了加聲符"奚"的 (合 29033)、 (合 37471),成爲形聲字,小篆則作"雞",从隹奚聲,原象形的雞由於注聲而淪爲形符,再類化爲"隹"(或"鳥"),"雞"這個形聲字就定型了。

[耤] 甲骨文作 (前六·一七·五)、 (乙八一五一),象人持耒耤而耕作,金文或作 (令鼎),加 (昔)聲,成爲形聲字。《説文》:"耤,帝耤千畝也,古者使民如借,故謂之耤。从耒昔聲。"小篆"耤"進而類化爲从"耒",並省略操作的人形,這個形聲字最終定型。

[寶] 甲骨文作 (甲三三三〇)、 (甲三七四一),本是會意字,表示室內有"貝"有"玉",皆珍寶也。金文作 (伯魚簋)、 (自鼎),加聲符 (缶),成爲形聲字。《説文》:"寶,珍也,从宀从王(玉)从貝,缶聲。"這是所謂形聲字一聲多形分類的依據。實際上"寶"祇是在原會意字上加注聲符,應該作爲兩個部分,原會意字成爲形符,加注的部分是聲符。如果不這樣劃分,把

因注聲而變成形符的部分和聲符放在同一層次分析,得出一聲多形的結論,那麼,就會使人們誤以爲形聲結構構形時是同時取一聲多形的。所謂"多形"、"多聲"問題,都是由於形聲結構的歷史發展所造成的。金文"寶"字還有很多省寫,最簡的就是"从宀缶聲"這種寫法。

〔上〕 "上"本爲指事字,戰國金文有時寫作🔲(中山方壺),加注"尚"聲,成爲形聲字。

〔哉〕 金文常用借字"才",如班簋"哉"作🔲。中山王器在"才"上加注"茲"聲作🔲。

加注聲符形成固定的形聲字不是很多,一般説來聲符的加入,使原來的部分被動地變爲形符,這正與加注形符形成的形聲字的情形相反。由於文字使用的社會習慣性,被注聲的部分具有形音義三個方面相對的獨立性,常能擺脱附加的聲符,還其本來面目,因此,注聲形成的形聲字常有反復現象。有的是通過變動被注聲的部分,削弱其獨立性,而使形聲結構得以固定,如"雞、耤",有的則最終擺脱聲符的附着,如"上"。

以上從形成途徑劃分的三個類別,基本上可以囊括古漢字形聲字,反映出形聲字的基本結構類型。形聲結構與象形、指事、會意等結構類型相比,有自己的顯著特點。象形等三種結構方式,主要依靠形體、形體的組合、變通關係,或符號的標指,努力將它們所代表的詞義作出直觀的或間接的表現。儘管在具體的表現方式上各有千秋,其本質特點卻是一樣的,力圖在字形上最大限度地表現字義的信息。而形聲結構則有三個不同於它們的特點。

一是形聲二要素的不同分工。形聲結構的形符,與象形、指事、會意等結構方式有相同的一面,即以形與義發生聯繫;也有不同的一面,象形、指事、會意等結構形體的整體同時又是記録語音的符號,而形符在形聲結構中並不記録語音,它衹是直接和概念發生關係,以達到對形聲結構所記録的詞義的直觀暗示和標指。與此相反,聲符則避開以形表義的糾葛,直接和語言發生聯繫,充當一個語音的物質符號,從而體現了文字作爲記録語言符號的最根本的職能。同一結構中所包含的兩個要素,明顯地存在着不同的分工,這是形聲結構的獨特之處。它反映出形聲結構既繼承了漢字的表意性,又向表音方面有了新的飛躍。

二是形聲結構內部的層次性。文字作爲記錄語言的符號,有形、音、義三要素,文字符號所代表的"音"即語音,"義"即語音所包含的概念,"形"則指的是代表固定音義的整體,這是世界上一切嚴格意義的文字符號所共同的特徵。形聲結構作爲一個符號整體,同樣也包含了這種一般意義上的三要素。它的特殊之處,在於内部還包含了另一層次的"形音義"。就"江、河"二字而言,形符"水"本身又有"音",聲符"工、可"本身也包含了特定的"義",它們都屬於另一層次。對於形聲結構整體而言,必須假定"水"失去了音讀,"工、可"失去了原義,取"水"以形示義,取"工、可"記錄讀音,形聲諧和,結合成一個整體,形聲結構才能夠成立,假定性使形聲結構合理化。在形聲結構內部這個層次中,祇有"音"與形聲結構所代表的語音最爲吻合,因爲形聲結構所記錄的音,與其内部層次中聲符本來所記錄的"音"是相同或極相近的。而形符本來的"義"與形聲結構所代表的概念則不必一定要完全相同或相近。考察形聲字形符與字義的關係,我們發現形符能真正表義的是極爲少數,絶大多數形符僅表示類屬意義,如"駒、杞、葵、鯉"等字中的"馬、木、艸、魚"祇表明其類屬。或祇與字義有某一方面的關係,如"扶、擇、揮"形符表明動作是用手完成的;"依、倍、儡"等字中,形符"人"是動作的主動者;"珮、理、琢"中,形符"玉"則是行爲涉及的對象;"戰、割"等字中,形符"戈、刀"是行爲憑藉的工具;"鐘、棺、組、鞾"等字中,形符"金、木、糸、革"等祇表明這些物品的質料。還有的形符祇表示事物存在或行爲發生的場所、情狀,甚至有的形符與字義關係處於一種"模糊狀態"。凡此種種,都表明形符表義的功能不是很強的,它的重要作用祇是標示和區分,利用這種作用可以引導和暗示人們將同一聲符代表的不同詞語有效地區分開來。形聲結構內部形符與字義、聲符與詞語讀音,同它作爲一個符號整體所代表的形音義的聯繫和區别,充分體現了形聲結構的内部層次性,認識這種層次性在形聲結構的分析中是很有意義的。

三是形聲結構的矛盾統一性。形符以形與義發生關係，體現了漢字以形表意和構形有理性的特點，與象形、指事、會意等結構方式是一脉相承的；聲符記錄語音，力圖擺脱以形表意的束縛，以便自由地與語音發生聯繫，從而適應語言對文字的一般要求。二者在本質上是相矛盾的。從某種意義上説，形聲結構是一個矛盾統一體，它出現在早期表意文字體系中有其必然性。漢語以單音節詞爲主，形聲字適應這個特點，既利用聲符的表音作用直接記錄語音，又依靠形符的標示和區分作用，解決同音詞依音構形難於區別的問題，避免了單音節詞爲主的古代漢語因同音詞過多所可能引起的文字系統的混淆。形符、聲符相輔相成，不僅能完成它記錄語言的任務，而且可以保證漢字系統的有理性，合乎漢字構造和使用的心理習慣。因此，形聲結構有着很大的優越性和較强的生命力，一旦產生，很快就成爲漢字最主要的結構方式而經久不衰。應該强調，形聲結構這一矛盾統一體的主導方面是聲符，聲符的核心和主導作用，決定了形聲結構的表音性質及其在漢字構形方式中的地位。

　　通過對象形、指事、會意、形聲等四種結構類型的分析，我們看到古漢字在構形上具有直觀性和合理性。象形是基礎，同時也有一部分指事字來源於較早的刻畫符號。形聲是漢字孳乳的主要手段，漢字絶大多數是利用形聲結構方式構造的，這説明形聲結構的出現，使漢字構造由較爲原始的以形表意過渡到記音表意的階段，從而開闢了漢字發展的廣闊前景。就形聲結構而言，漢字確實已進展到表音爲主的階段，祇是由於形符的附着，其表音還不夠徹底而已。

第四章　古文字形體的發展演變

　　形體,指文字的外在形態,即文字結構所顯示出的整體輪廓和書寫的筆劃姿態。由於結構方式的不斷調整,書寫工具的更換,書寫方式的逐步演進,以及審美觀念的變化等各種原因,漢字形體也一直處於不斷發展變化之中。其發展的基本方向,就是求得漢字形體的日趨明瞭和便用,加强其傳達語言信息的功能。

　　從目前所能見到的殷商甲骨文或更早一些的文字材料來看,三千多年來,漢字形體經歷了漫長的演變過程,發生了十分明顯的變更。儘管如此,系統研究古文字資料,我們仍可以勾勒出漢字形體演變的主要綫索,總結其發展演變的一般規律。

一　古文字形體發展概述

　　古文字形體的發展是一個漸變的過程,它是由形象性頗强的綫條符號逐步變爲抽象的點劃組合式結構的。

　　早期的漢字,與繪畫有一定的關係,保留了較濃厚的圖繪的特點:書寫的基本方法是"隨體詰詘",以描繪對象的形體輪廓爲主,有很多肥筆,填實多,構形繁複,象形意味濃,結體也比較自由。這種早期"圖形文字",目前所知,最早的見於山東大汶口文化晚期的陶器上,距今約 4 500 年左右,共有四種符號,據研究,它們分別是"旦、戉、斤"的原

始形態：①

（旦）　（昷，"旦"繁體）　（戊）　（斤）

甲骨文、殷商西周早期的金文，也殘存部分"圖形文字"。這些文字形象生動逼真。如：

商周金文：

舉：（鉦文）（鉦文）（父癸爵）（尊文）

豢：（姚辛簋）

髟：（鼎文）

光：（鼎文）（觶文）

牛：（鼎文）（鼎文）

羊：（己觚）

虎：（簋文）（簋文）（簋文）（簋文）

象：（且辛鼎）

甲骨文：

舉：（乙二〇三）（拾一一·一七）（坊間四·二二三）

豢：（甲一〇〇八）（前六·四七·七）（後二·三五·三）

髟：（寧滬一·五〇〇）

---

① 于省吾：《關於古文字研究的若干問題》，《文物》1973年第2期；唐蘭：《關於江西吳城文化遺址與文字的初步探索》，《文物》1975年第7期。

光：🔣（甲三九一）🔣（簠雜六二）🔣（明藏二五八）

虎：🔣（前四・四四・五）🔣（鐵六二・三）🔣（鄴三下・四六・九）

象：🔣（前三・三一・三）🔣（後二・五・一一）

　　從總體上看，商代和西周早期金文還保留不少形象性較強的形體。殷商甲骨文已經是比較成熟的文字體系了，絕大多數甲骨文字已開始擺脫圖繪的性質，呈綫條化趨勢，結構匀稱，筆劃勁直。這與書寫工具有一定關係，因爲是刀刻於甲骨之上，所以字形筆劃瘦硬而剛勁有力。殷代金文，如"婦好"墓銅器群上的銘文，"司母戊"方鼎、"禾大"方鼎、小臣艅犀尊、我作父己簋、宰甫簋等器上的銘文，仍顯得厚重古拙，凡是以客觀物象爲基礎構成的象形字或偏旁，都有很强的象形意味。甲骨文中有些手書刻辭，也與殷金文相一致，有筆鋒，有肥筆，即所謂"畫中肥而首尾出鋒"。[①]

　　西周早期金文，如利簋、天亡簋，何尊、保卣、董鼎、令彝、令簋、大盂鼎等，文字形體與殷商金文基本一致。如從"宀"的字均作冂，尖頂方角；"王"字下橫作肥筆，象斧刃之形，甲骨文作王（合26734），爲虛勾；"女、人"等形，均作跽跪之狀，而且足形明顯；"隹"象短尾鳥形，鳥爪明晰可辨；"又、事、有"等字"又"作肥筆出鋒；"天"字頭部填實，這些形體特點從殷商金文延續到康王以後。昭、穆王時代的銘文形態已開始呈現變化，形體趨向規整，綫條更加匀稱，行款也更加整齊，如小臣長囟盉、小臣諫簋、召卣、班簋、靜簋等。

　　西周中期，是漢字形體發展的過渡時期。前期肥筆現象也有保留，但大多數筆劃已變爲頭尾匀稱的綫條，象形意味相對減弱，如"女、人"腿部逐漸趨直，"宀"兩角變得圓轉，"隹"之爪形也漸漸模糊，"天"上填實的頭部或變

[①] 唐蘭：《古文字學導論》圖一甲，濟南，齊魯書社1981年版；郭沫若：《卜辭通纂》577、578、579等片刻辭，刻於獸頭骨上，可能爲軟筆書寫後刻成，而550片同版有粗細兩種字體，尤形成鮮明對比。

爲一橫,等等。書寫方式也逐步改變"隨體詰詘"、以物繪形的特點,呈篆引筆勢,字的整體輪廓多爲方形。銘文通篇佈局也追求整齊方正,象早期大盂鼎那種橫豎成行的布局已較流行,如永盂、牆盤、曶鼎、即簋、免簋、大克鼎、小克鼎、大師盧簋等器,銘文布局都是如此。而且,還有一些標畫長方格的器銘,體現出對布局工整的着意追求。

西周晚期,粗肥筆基本消失,字體多呈長方形,點劃完全綫條化,用筆圓潤,結體均勻。從史頌諸器、兮甲盤、虢季子白盤、毛公鼎、駒父盨蓋等器銘文看,這一時期銘文整體佈局講究,字形清秀工整。

春秋以後,諸侯各國自鑄禮器之風盛行,春秋前期銘文大致繼承西周晚期的傳統,春秋後期到戰國時代,漢字形體變化迅速,地域特色逐步形成,草率之體,纖細流利之作日盛。同時美飾文字出現,如吳越楚蔡等南方諸國,注重文字的裝飾性,飾以鳥蟲花紋者爲多,而中山王器和齊器等銘文,則多以點劃裝飾。

戰國時期,文字使用範圍日益擴大,竹簡繒帛成爲主要的書寫材料,字形草率詭變,地域分歧愈加明顯,齊、楚、三晉、燕等國文字各具不同的特色。而秦國文字則更多地傳承了西周以來的風格特點,並且演變成結體頎長、筆劃圓轉流暢的小篆。這種變化可上溯到春秋時代的秦公鐘、鎛(秦武公時代)、秦公簋(秦景公時代)和石鼓文,到戰國時代的商鞅方升、秦封宗邑瓦書、秦杜虎符等器,秦篆的書寫形態基本上已經形成。由此看來,舊説李斯作篆是站不住腳的,李斯可能衹是秦統一後領導系統整理秦國文字,以規範全國的文字而已。由於手寫簡帛書的自由迅捷,加之毛筆輕重緩急的變化,導致了隸書這一新的字體的產生。就目前材料看,出土於四川的秦武王二年(前309年)所書的"青川木牘",以及跨越秦統一前後的睡虎地秦簡上的文字,都已經是隸書了,表明戰國後期隸書作爲一種通用字體已在秦統治的範圍內流行。如果説小篆是古文字的終結,那麼隸書則是今文字的開始,隸書的出現對漢字形體影響至深且遠。

二　古文字形體發展的基本規律

影響漢字形體發展的各要素中,結構形式、書寫工具、書寫方法等方面的變化產生的影響最爲明顯。形體結構有繁簡之分,書寫工具有刀與筆之異,書寫材料有甲骨、金石與簡牘繒帛之別,書寫方法有以物繪形、曲綫篆引、點劃組合的不同。在古文字形體發展的過程中,雖然各種現象顯得紛紜複雜,但也有明顯的規律可循。我們認爲字形發展的最基本規律主要有:趨易、省簡、區分、劃一等四種。漢字形體的發展始終受到這幾條基本規律的制約。它們從不同方面影響形體發展,共同對漢字系統發揮調節作用,最終決定了漢字形體發展的方向。

(一) 趨易

"趨易"指字形發展的日趨"約易",它不是通過結構上某些部分的省減達到的,而是由於書寫方式的變化、筆勢的改變以及結構上的調整所導致的結果。漢字從早期圖形文字到甲骨文、金文,再到小篆、隸書的發展,就是一個形體逐步趨向"約易"的過程,如"伐"、"馬"這兩個字的形體變化,就很有代表性:

[伐] 𢦏 — 𢦏 — 𢦏 — 伐 — 伐 —
（虞戈）（後1·21·6）（令簋）（虢季子白盤）（南疆鉦）

伐 — 伐 — 伐 — 伐
（侯馬盟書）（嶧山碑）（睡虎地秦簡）（馬王堆帛書）

[馬] 𩡋 — 𩡋 — 𩡋 — 𩡋 — 𩡋
（馬戈）（菁3·1）（粹1152）（曶鼎）（虢季子白盤）

馬 — 馬 — 馬 — 馬 — 馬
（石鼓文）（小篆）（睡虎地秦簡）（馬王堆帛書）（武威漢簡）

"伐"和"馬"兩字的歷史發展,很典型地反映出漢字形體的演變和書寫方式的變化。早期金文與甲骨文基本都是采用以物繪形的方式,書寫時"隨體詰詘",較爲形象地描繪對象的特徵。這種書寫也就無所謂用筆之法,筆勢也不很明顯。西周金文,早期已經開始往篆引的方式過渡。所謂"篆引",

是一種書寫方式,指用一種圓轉延綿的綫條來書寫的方法。《説文》:"篆,引書也。"段玉裁注:"引書者,引筆而箸於竹帛也。""引書",即"引而書之","引"的引申義爲"延長"、"長"。篆引的特點,就是筆劃匀稱而綿長。西周中晚期的金文,篆引法進一步確立,用筆圓匀環轉,改變了原來以物繪形的煩瑣,行筆更加流暢,書寫更加快速。以上兩字在虢季子白盤中的寫法都反映了這一變化。篆引法使象形爲主的漢字變爲象徵性的曲綫結構。戰國期間,文字書寫日趨草率,其最重要的變化是"解散篆法",將圓曲延綿綫條構成的形體,變爲筆劃排列式組合。這種變化甚至在春秋時代就已經開始,如"伐"在南疆鉦中的變化,"馬"在石鼓文中的寫法與以前比已有所不同。"伐、馬"的變化較爲明顯的是:盟書"伐"將"人"與"戈"分離,"戈"上一點逐步分出,已經成爲短綫條的排列組合,秦簡、漢帛書進一步鞏固了這種變化,並形成新的筆勢和筆劃形態,這些變化確立了"伐"最終定型的基本筆劃"丿丨一乚丿丶"的基礎。"馬"的寫法始變於頭部和鬃毛的連寫,如虢季子白盤及石鼓文,秦簡"馬"的尾部與兩腿再訛變爲四點,馬王堆帛書"馬"從三點,並脱離了馬身,表明演變已經完成。這些變化雖然是細微的,但在書寫上與篆引的用筆方法明顯不同,體現了一種從短綫條到筆劃排列組合的演進。將秦漢之際的隸書與早期形象性强的形體相比,這種書寫方式的變化是普遍的,也是極爲明顯的。漢字書寫方法實際上經歷了"以物繪形——篆引——筆劃組合"這樣一個階段性的變更。可以説,漢字字形趨易的過程就是書寫方式演變的過程。由於書寫方式的改變,漢字形體由繁複的象形描繪變爲簡潔的筆劃組合,大大提高了書寫效率,從而導致了漢字形體整體的趨向"約易"。

"趨易"表現在字形上的改造和調整是相當複雜的,概括起來,主要有以下幾個方面:

1. 變肥爲瘦。殷商及西周早期金文,還保存了許多肥筆,隨着字形的發展,逐步變爲首尾匀稱如一的綫條。如上附表中"又"及從"又"諸字,"王"下一肥筆以及"天"上部實點,都是肥筆逐漸消失,變爲匀稱的綫條。他如:"士",西周早期的臣辰卣作士,晚期的克鐘作士,最下一横的變化與"王"相同,"皇"、"工"等下一肥筆的變化莫不如此。而"羊"由 ▽(羊簋)變爲 ▽(鼎文),"斿"由 ▽(觚文)變爲 ▽(仲斿父鼎),"先"由 ▽(壺文)變爲 ▽(揚簋),"犬"由 ▽(父丙鼎)變爲 ▽(員鼎),"大"由 ▽(大保鼎)變爲 ▽(毛公鼎),如此等等,凡類似人體或動物軀體的肥筆,大都變爲綫條化的瘦筆。

肥筆的存在主要不是濃墨重寫的結果,而是由以物繪形的書寫方式造成的。隨着書寫中篆引法的確立,自然而然就完成了棄肥筆而求勻稱的過渡。

2. 變實爲虛。這是與"變肥爲瘦"同步進行的,原因也是相同的。有些象形字的填實部分,無法直接變爲單綫的瘦筆,就采用了虛勾輪廓的辦法,這就是所謂"變實爲虛"。如金文的"正"寫作 ▽(卯卣二),甲骨文作 ▽(合1587),金文"天"作 ▽(鼎文),甲骨文作 ▽(甲三六九〇),這是由於工具的限制,導致填實和虛勾的差別。而大多數早期填實的象形字,都逐步由虛勾代替,如:

(且辛鼎)(乙960) 　　　　（觶文）(粹427)

(父甲爵)(粹947) 　　　　（父癸簋）(乙亥鼎)

(鳥簋)(乙6664) 　　　　（言父乙簋）(作父癸鼎)

(父乙鼎)(鼎文)

上述虛實兩種形式,最後皆以虛勾之形取代填實之形,以適應書寫綫條化的要求。

3. 變曲爲直。點劃組合的方法是對篆引法的變革,這種變革很大一方面是變曲綫爲直綫,把行筆的過程縮短,以求得書寫效率的提高,這種變化,即所謂"解散篆法"的重要内容。如下列幾字筆劃由曲而直的變化：

[壺] 壺—壺—壺—壺—壺
（佳壺爵）（左師壺）（睡虎地秦簡）（馬王堆帛書）（武威漢簡）

[有] 有—有—有—有—有
（孟鼎）（者沪鐘）（睡虎地秦簡）（馬王堆帛書）（定縣漢簡）

[月] 月—月—月—月—月
（孟鼎）（吴王光鑑）（睡虎地秦簡）（銀雀山漢簡）（武威漢簡）

[母] 母—母—母—母—母
（母辛卣）（頌鼎）（睡虎地秦簡）（馬王堆帛書）（武威漢簡）

"變曲爲直"是篆書系統向隸書演變所發生的普遍性變化，漢字的筆劃系統的最終確立，主要是"變曲爲直"的結果。

4. 變連爲斷。篆引所寫出的綫條宛曲延綿，如果變爲直綫，有時就要將連爲一體的曲綫分爲成段的直綫。如：

[監] 監—監—監—監
（佚932）（應監甗）（頌鼎）（馬王堆帛書）

[須] 須—須—須—須
（易弔盨）（小篆）（馬王堆帛書）（武威漢簡）

[回] 回①—回—回—回
（甲3339）（説文古文）（睡虎地秦簡）（熹平石經）

---

① 甲骨文"洹""宣"皆以此字爲聲符，但與"亘""恒"所從無關，疑《説文》"回"字古文源於此形。

［身］ 𠂤—𦣻—身—身

（弔向簋）（小篆）（馬王堆帛書）（西陲簡）

上列"鑒"字，上部"臣"與"人"本連爲一體，象人身並突出其目，以示臨鑒而照。其變化首先是"臣"（即"目"）與"人"分離，到馬王堆帛書，"臣"與"人"各部分的寫法皆由宛曲的綫條，變成綫段的排列。"須"字最明顯的變化是代表須毛的"彡"脱離面部而分出，而突出頭部的"頁"到武威漢簡面首部分的曲綫都變爲成段的直綫組合。"回"本爲一長曲綫的回環，到睡虎地秦簡變爲兩"口"相重，熹平石經中"回"的寫法所用筆劃完全是成段直綫的組合。"身"字腹部原爲一筆寫成弧綫，到馬王堆帛書就變爲方折直綫，漢簡則完全改變原字書寫方式，形成新的筆劃組合樣式。

總之，"趨易"使漢字的象形意味逐步減少，乃至消失。早期的象形文字沿着"趨易"的方向，逐漸變爲象徵性的曲綫結構，進而發展爲短綫條組合，最後定型爲筆劃組合式的書寫符號。"趨易"是古漢字形體發展的一條主流，而決定性因素則在於書寫方式的改變，其結果則導致了漢字字體形態的調整和改變。字體形態總是與書寫方式相適應的，它既是一定書寫方式產生的結果，又同時制約着書寫者對書寫方式的選擇。過去沒能將字形的"趨易"和"省簡"區分開來，是由於忽視了漢字數千年來發展中，書寫方式變更這一客觀因素對字形所產生的不可回避的影響。

（二）省簡

統而言之，"省簡"也可以說是"趨易"。但是，"趨易"是書寫方式變更導致的整體性變化，而"省簡"則主要是通過對漢字構成成分的省略，以達到提高書寫效率的目的，二者又是不盡相同的。漢字"省簡"的趨勢，從縱的方面來看，是至爲明顯的，就同一時代的材料來看，也存在着繁簡的分別。對漢字形體省簡的研究，是近幾十年來比較重視的課題之一。根據古文字的資料，漢字從一開始就存在"省簡"趨勢。古漢字的"省簡"方式，主要有如下幾種：

1. 部分截取。即截取原字富有特徵性或概括性的一部分代替這個字，從而收到以簡代繁的效果。如"車"字，早期有較强的象形性，完全真實地描摹"車"的形狀，發展到後來，祇截取一車輪爲代表，保留了最典型的部分。這個字的省略過程，富有極大的典型性：

（買車觚）　　（孟鼎）　　（師同鼎）　（師同鼎）

下列諸字，也都是比較典型的例證：

［易］　①（前6·43·1）——（德鼎）——（孟鼎）

《說文》："易，蜥易，蝘蜓，守宫也。象形。《祕書》說：日月爲易，象陰陽也。""易"字古文字多用爲"賜"字。其字先省減重複部分，再截取字形最典型的局部。从"日"乃爲訛形，其字本與"日"毫無關係。

［法］　（師酉簋）——（古璽印菁華24）

《說文》："法，刑也。平之如水，从水；廌，所以觸不直者；去之，从去。"小篆保留了較早形體，許慎據以立說。省減了"廌"的形體早在戰國時期即已流行。

此外，"召"由（切卣三）到（粹1125），"爾"由（牆盤）到（中山鼎），這些字都是截取原字的一部分，從而達到省簡的目的。截取式省簡在現代漢字中依然使用，如"業、廠、廣"分別省作"业、厂、广"，就是用這種方法形成的新簡化字。

2. 廢棄重複。重複部件的省略是"省簡"的慣例，較爲普遍。如：

［則］　（段簋）——（兮甲盤）——（盟書）

［漁］　（前六·五〇·七）——（粹877）

---

① 此字甲骨學者或釋爲"注"的本字。

第四章 古文字形體的發展演變 073

［曹］ 🔣（曹公子戈）——🔣（中山王方壺）

上列各字,省去的都是重複的部分。重複部件的省略,儘管有可能違背構形本旨,但並不影響字形特徵,一般說來,凡不構成字形區分的重複部件,最終都被省去。

3. 偏旁類化。有一部分形聲字,本來形符部分很複雜,後來利用偏旁類化的辦法,達到省簡的目的。如:

［雞］ 🔣（雞魚鼎）——🔣（粹976）——🔣（前二・二八・五）——🔣（小篆）

［耤］ 🔣（前六・一七・五）——🔣（令鼎）——🔣（小篆）

［鳳］ 🔣（乙18）——🔣（粹839）——🔣（小篆）

［蛛］ 🔣（邾伯鬲）——🔣（小篆）

以上所列各字,"雞"本來是象形字,後加"奚"聲,原象形部分成爲形符,又類化從"隹",以致省簡。"耤",原象人持耒而耕作,後加"昔"聲,原來部分遂成爲形符,又類化爲從"耒"。"鳳、蛛"原都爲象形,加聲符後,原象形部分成爲形符,進而類化爲從"鳥"、從"虫"。這些字的形符都是由具體的象形、會意字因加注聲符而轉化來的,開始都比較繁複,後來都改用字形較簡單的類形符,以簡代繁。

4. 偏旁更換。利用可通用的形符或聲符,以筆劃少的偏旁更換筆劃繁的偏旁,也是古文字中常用的方法。如:

［型］ 🔣（邾大宰匜）——🔣（信陽簡）

［城］ 🔣（班簋）——🔣（邾韶尹鉦）

[廟] ▨（虢季子白盤）——▨（中山王方壺）

[盨] ▨（季盨鼎）——▨（仲釞父盨）

"型、城"的形符本來分別是"田、章"，含義都比較具體，筆劃也較繁，改從"土"之後，含義更趨抽象，筆劃大爲省簡。"廟"、"盨"二字則是以筆劃少的聲符，替換筆劃繁的聲符。現代漢字仍然利用這種方法構成新簡化字。

5. 筆劃、偏旁借用。利用同字內部或異字之間的筆劃或偏旁的相同或相近處，相互依借，以求得書寫的省減。這是古文字省簡的特殊手段。如：

[重] ▨（爵文）——▨（鼎文）——▨（井侯簋）

[疒] ▨（乙2141）——▨（瘌簋·瘌所從）——▨（盟書·疾所從）——▨（小篆）

[踦] ▨（篆文）——▨（璽彙1684）

[喜] ▨（天亡簋）——▨（伯喜父簋）

[亲] ▨（中伯壺蓋）——▨（中伯簋）

[無] ▨（大盂鼎）——▨（□叔樊鼎）

"重"字"人"與"東"本分書，後與"東"中劃合而爲一，互相借用。"疒"，《說文》："倚也，人有疾病象倚箸之形。"甲骨文從"人"從"▨"（象床几形），正如《說文》所釋，到後來所從"人"身與"▨"豎劃相合，省去一劃。"踦"戰國印文藉助一個"口"旁；"亲"所從"辛"與"木"橫劃相重合；"無"所從"㯱"上部借"大"之橫劃。以上各例都是借筆劃或偏旁而達到省減的目的。

此外，古文字中的"合書"也是一種省減方式，這種方式是通過兩字互借

偏旁或筆劃,再加上重文符號標示,以求得書寫的簡便。如:

☒(曹公子戈・公子)　　☒(盟書・子孫)

☒(蔡侯鐘・大夫)　　☒(令瓜君壺・至于)

☒(盟書・邯鄲)　　☒(盟書・之所)

☒(新鄭二年戈・工帀)　　☒(中山王大鼎・寡人)

　　以上各例,都是典型的合文省簡。"公子",將"公"所從之"口"與"子"頭部合併;"子孫"借"孫"所從之"子",加合文符號,指明"子"乃合省;"大夫",借"夫"中之"大",合省"大";"寡人",借"寡"字所從之"人",合省"人";"至于"、"之所"、"工帀(師)"合用一橫,"邯鄲"則共用"邑"旁。"合文"省簡與同字內部借用筆劃或偏旁省簡是一致的,祇是"合文"跨越了兩個字和書寫單位,因此,需要加標誌符號。

　　古文字的省簡方式是多樣的,還可能歸納出其他諸種。總之,"省簡"是通過對字形的某一結構部分的省略或改造達到便於書寫的目的。"省簡"減少了原字的筆劃結構,提高了書寫效率。繁複的古文字形體,經過"省簡",日趨簡單,增強了漢字的符號性,它們原來的構形本義,有時因為省簡而無法知曉,"省簡"後的漢字是更加抽象的約定俗成符號。"省簡"同時也造成了異體分歧。一般說來,古漢字繁簡兩種字形,要有相當長的共存時期,這時的簡體就是異體。當簡體取得了正式地位(或者被淘汰)之後,異體並存的現象方告結束,繁體(或已被淘汰的簡體)祇作為一種歷史形態而存在。由於省簡後的字形更加抽象及其客觀上導致的異體的增多,因此,"省簡"也是有限度的,它要兼顧使用的簡便和字形的區分的清晰這兩個方面。古漢字形體的"省簡"事實上還受到其他因素的制約,它與字形發展的其他規律相互補充,共同影響字形的發展。過分地突出"省簡"在漢字形體發展中的作用,並試圖人為地把它推向極端,以為漢字越簡越好,簡得越快越好,是不合乎漢字形體發展歷史事實的。

(三) 區分

作爲一個符號系統,漢字形體一方面不斷趨向簡便,另一方面字形符號間的區別性特徵也越來越明顯,簡便實用與清晰易辨是漢字形體發展的雙重原則。隨着漢字的不斷分化孳乳,字形的日趨符號化和新字的大量產生,漢字字形符號的數量因之而激增,這樣,字形符號總量的控制和符號之間的區別就成爲一個重要問題。"區分"就是保證字形沿着既便利又清晰的方向發展的重要規律之一。解決了字形的區分問題,衆多的符號才不至於因數量局限而適應不了記錄漢語的需要,也不至於漫無邊際地滋生而無規律可循。從古文字看,漢字字形的"區分",主要依靠偏旁和點劃兩種手段,下面分別述之。

1. 偏旁區分法

偏旁區分法,即利用不同偏旁的標指,或相同偏旁的組合變化,使形音義相近或字形相近的字互相區別。漢字發展過程中,一個字常孳乳出一個乃至多個新字,最常用的辦法,是附加形旁。如字義引申造成新詞的分化,開始時在書寫形式上仍是相同的,爲了在字形上得以區分,於是就采取加附形旁的辦法,造出相應的新字。"冓"即"遘"的初文,本義爲"交遇",引申義有"交合"的"媾"、"遇見"的"覯"、"和解"的"講"等。將這些義項單獨分立出,每個義項用一個字形表示,這個字形一般就是在原字的基礎上附加形符構成的。這種方式,既反映出不同字的同源關係,又將它們相互區分開來。如"冓"的各引申義項,都是利用這種方法孳乳新字的,如:

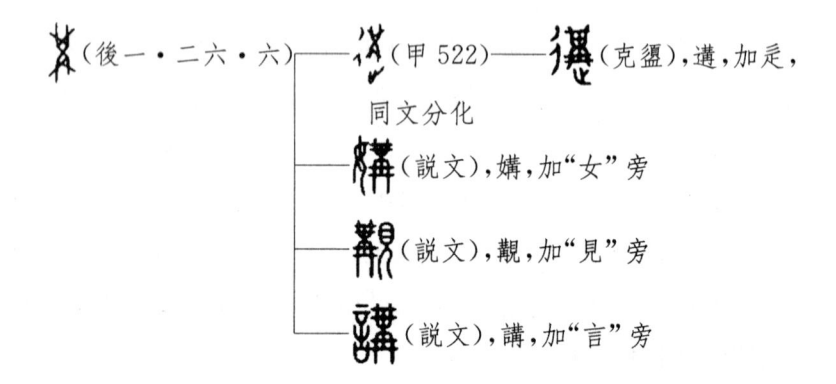

𠀐(後一·二六·六)——𠀐(甲 522)——𠀐(克𣪘),遘,加辵,
　　　　　　　　　　　　　同文分化
　　　　　　　　　　　　　𠀐(説文),媾,加"女"旁
　　　　　　　　　　　　　𠀐(説文),覯,加"見"旁
　　　　　　　　　　　　　𠀐(説文),講,加"言"旁

還有因同音假借而造成一字多義的現象，在字形上無法使假借義項之間以及它與本義、引申義區分開來，也是采用附加偏旁的辦法構成能區別的新字的。如"䜌"曾借爲"欒"（欒書缶）、"變"（變人朕壺）、"蠻"（兮甲盤）、"鑾"（頌鼎），這樣，多種借義包含在同一字形中，就難於分別了，於是都加上相應的形旁區分，構成不同的新字：

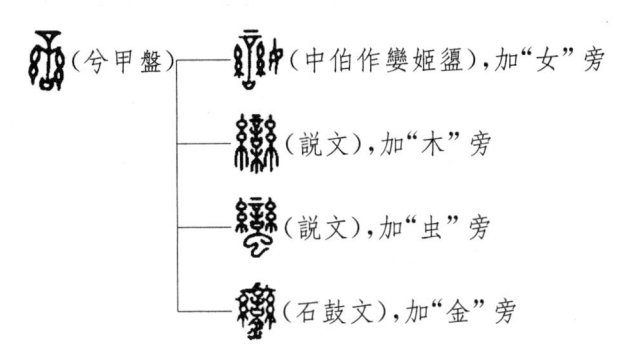

▨（兮甲盤）——▨（中伯作變姬匜），加"女"旁
　　　　　　——▨（說文），加"木"旁
　　　　　　——▨（說文），加"虫"旁
　　　　　　——▨（石鼓文），加"金"旁

引申和假借導致的新字分化，基本上是利用附加形旁，新産生的字都是形聲字。春秋戰國時代，形聲字已占漢字的 60% 左右，其後又有發展，到《說文》時達 80% 以上。形聲字的激增，表明漢字構形由以形表意向記音的飛躍，同時也充分體現了"區分"在漢字構形中的作用。形聲字大都是利用偏旁的區分和標示來構造的，偏旁區分使同聲符的字形成區別特徵，達到專字專用的目的，這是西周晚期以後字形發展的重要途徑。① 有學者曾談到漢字的"繁化規律"，所謂"繁化"主要指的是附加偏旁所造成的一種現象，作爲字形發展的一般"規律"是不妥當的，它實質上是"區分"規律在漢字形體上的反映。

有一些字構形部件基本相同，它們之間的區分，則依靠偏旁位置的相對變化。如"好、毓、保"三字，在甲骨文中的區分是："好"作▨（鐵一一二·一），"女、子"平行，"子"在"女"前；"毓"作▨（粹二九四）、▨（粹二三七）、▨（後一·二〇·一一），"子"在"女"（人）後下方，倒寫或順寫；"保"作▨（京津一一

---

① 黄德寬：《論形符》、《古漢字形聲結構的動態分析》，分别刊於《淮北煤師院學報》1986年第1期、1987年第1期。

七),與▢相近,但是"保"之"人""子"平列。這三個字在甲骨文中完全是靠偏旁位置的相對變化來區分的。

又如"⿰"("制服"之本字,《説文》:"⿰,治也。")和"印"(抑),分別作▢(福二八)和▢(乙一四三),其區分在於"又"的位置的不同,前者在右上方,後者在左上方。而"竝"與"替"的差別則更爲細微,二"立"作▢(中山王譻壺),就是"竝",二立一上一偏下作▢(中山王譻鼎),則爲"替"。《説文》:"替,廢,一偏下也。"講的就是"替"構形上的這一特點。過去對"一偏下"難以理解,從古文字看,就很明瞭了。篆文的"替"增加了"曰",區分特徵更加明顯,二"立"就隨之並齊且發生訛變。

現代漢字中許多字還是利用偏旁位置的相對變化來區分的,如"呆"與"杏","項"與"貢","杏"與"呆","吟"與"含","柑"與"某",等等。

2. 筆劃區分法

所謂筆劃區分法,即利用筆劃的有無、筆劃形態的差別,來構成形近字的區分。利用筆劃來造成區分的,古文字中也爲數不少。這種方式可能出現得更早,大致有三種情況。

一是利用筆劃相對長短來區分,如:

"三"與"气",甲骨文"三"三橫長短差別不多,而"气"中間一橫較短,分別作▢(前六・二・三)、▢(菁五・一),與▢(甲二八三三)、▢(陳一三三),兩字的區別特徵在中間一劃的長短,後來"气"逐漸變作▢(洹子孟姜壺)和▢(篆書),區別性特徵越來越明顯。

"十"是現代漢字的通行寫法,而甲骨文"十(鐵一七六・一)、十(後二・九・一)、十(乙二一四九)"則都不是"十",橫長豎短的是"七",橫短豎長的是"甲",橫長豎上長下短的是"七十"合文,而"十"則作▢(前一・五・五)"。西周金文"十"由▢(䣄尊)變爲▢(虢季子白盤),再變作▢(申鼎)。"七"秦小篆作▢,中豎劃作曲筆,隸書作▢(武威醫簡八五甲),這種寫法得以定型。"甲"金文仍作▢(休盤)、▢(頌鼎),或寫作甲骨文"上甲"之▢(弭弔簋)、▢(戍方鼎),秦篆作▢,秦簡作▢(睡虎地簡二三・四),成爲定型寫法。

"十、七、甲"三字經過逐步調整,其區分更加明晰。

"上、下"同由兩橫構成,而上橫短下橫長則爲"上",作 ═(臣辰盉)、═(虢弔鐘),上橫長下橫短則爲"下",作 ═(長由盉)、═(虢弔鐘)。"二"也是兩橫,但差不多長。到春秋蔡侯盤"上"作 ⊥,"下"作 ⊤。這樣,"上、下、二"之間的區別也更趨明顯。

甲骨文中這些利用筆劃相對長短變化來構成不同字的區分,是相當嚴格的,但是它們的特徵性是不明顯的,後來變爲"气、甲、上、下"等形式,相對來說,都是朝着增大區分特徵的方向發展。

二是利用筆劃相對變位來區分,如:

甲骨文中的 ᛍ(甲七三二)、ᛎ(前三·二三·六)、ᛏ(甲二一二三),前兩形 丨 與 X 相分者爲"十五",後一形 丨 與 X 相連者爲"五十",均爲合文,位置也有別。

甲骨文 ⊞(菁一·一)、⊞(前六·一一·一),與 ⊞(鄴三下·四二·五)、⊞(後二·三六·四),中間 ╋ 與四周相連的爲"田",中間 ╋ 與四周不連者爲"上甲微"之"甲"。

甲骨文 ⸲(懷 1582)、⸲(合 34573),與 ⸲(甲二一一)、⸲(乙八八九三),斜劃著上者爲"乇",即"砳"(磔)的本字,斜劃著下者爲"力"。

甲骨文 ⸲(甲二三六七)、⸲(鐵三七·二),與 ⸲(前七·三二·三)、⸲(後一·二二·五),手持握 丨 短而偏上出者爲"父",長而下延者爲"尹"。

甲骨文 ⸲(合 19932)、⸲(合 34103),與 ⸲(合 14439)、⸲(合 11230),前者 丨 劃與豕體相連,爲"豭"的象形字,後者 丨 劃與豕體分離,爲"豕"字,即"豛"的本字。《說文》:"豛,去陰之刑也。"

諸如此類,都是筆劃位置的細微差別和相對變動而形成形近字的區分。這種相對區分的字,越往後來,字形相差越遠,越易辨認。

三是利用筆劃標誌來區分。在不同的字上附加標誌性筆劃,不僅是爲了避免形近相混,而且用這個辦法還可以孳乳新字。如:

"田"與"甲"甲骨文本利用筆劃位置的相對差別來區分,爲了突出二字的分別,又在"甲"上加一小橫或在方角處加一斜劃,作爲"上甲"的專用字,這樣二字之間就更不易相混了。

"保"、"毓"在甲骨文中利用偏旁位置的不同來區分其形體,金文"保"字右下加一斜劃作 ⿰(大保簋)、⿰(保卣),後又在左邊加一筆作 ⿰(司寇良父簋)、⿰(陳侯錞),區分標誌更爲明顯。

"肉"與"月"形體本來分別甚明,但春秋以後逐漸訛變相混,在戰國文字中,遂將"月"(夕)的殘缺處加一筆,在"肉"的右肩上加一筆作 ⿰(彙考 288,"肌"所從),就形成了二字的區分標誌。

以上都是形近字附加筆劃區分的典型例子,利用附加筆劃區分孳乳新字的,如:

"百"本借"白"爲之,寫作 ⿰(前六·四二·八),後加一折角筆劃作 ⿰(林一·八·一三),分化出"百"字。"月"與"夕"也是相對區分,早期甲骨文"月"作 ⿰(鐵九九·一)、⿰(鐵一四五·四)、⿰(菁五·一),"月"中加一筆即爲"夕",作 ⿰(佚六〇)、⿰(鐵一六·一)、⿰(鐵一〇九·四),後來又顛倒過來了。"寅"、"黄"二字皆借"矢"形,增"一"作 ⿰(甲七〇九)爲"寅",增"口"或"曰"作 ⿰(乙四五三四)、⿰(前七·三二·三),或 ⿰(林一九·五)、⿰(前一·五二·二)則爲"黄"。"夫"由"大"上附"一"標誌高度而來。"女",古文字中可以是"女",也可以是"母",又借爲"如"、"毋",後來"女"形專職用,加兩點則爲"母",加橫作 ⿰(上博一·緇衣 12)者爲"毋",遂形成固定的區分標誌。這些利用筆劃區分孳乳的新字,大都是指事字。"女"加"口"則爲"如"。值得注意的是,這類加"口"區分的字,在古文字中並不是表示字義的形旁,而是一個純粹的區別符號,古文字中多有其例,如"否"、"台"、"右"、"高"、"啓"等。

3. 變形區分法

有些古文字形體是利用字形本身的變化來區分的,可稱之爲"變形區分法"。如:

甲骨文"兄"與"祝"的差別,"兄"作 ⿰(甲二二九二)、⿰(鐵一二一·三)、

🧍(拾二·一五),腿部伸直,"祝"作 🧎(甲八〇一)、🧎(乙七七五〇),曲腿作跽跪之形,後又采用附加偏旁"示"的辦法造成區分,寫作🧎(甲七四三)、🧎(前七·三一·一)、🧎(續六·一一·六)。

以"大"爲基礎,通過變形,就形成了一組互相區分的字:

🧍(大禾方鼎)、🧍(大祝禽鼎),《説文》:"大,天大地大人亦大,故象人之形。"

🧍(井侯簋)、🧍(天棘爵),《説文》:"天,顛也……从一大。""天"爲"大"形而突出其首,後衍一橫。

🧍(亞爵),《説文》:"夭,屈也,从大象形。"

🧍(矢尊)、🧍(鼎文),《説文》:"矢,傾頭也,从大象形。"

🧍(函交匜)、🧍(交鼎),《説文》:"交,交脛也,从大象交形。"

🧍(目夫癸爵),《説文》:"屰,不順也。"从大倒置。①

許慎分析這類字,多指出其"从大象形"的特點,這是很正確的。這實際上是説明這些字是以"大"爲基礎而變形的象形字。

他如甲骨文中的"豕"作🐖(續一·三五·九)、🐖(續一·四二·三),"犬"作🐕(甲一〇二三)、🐕(乙三八五三),前者肥身拖尾,後者瘦身翹尾,也是靠形體的相對變化來區分的。"人"作🧍(甲八五四)、🧍(鐵一九一·一),"尸"作🧍(後一·一三·五)、🧍(粹一二二三),差別僅在腿部直與微曲的變化。

"變形區分"的方法,是利用客觀事物、動作形態的相似性和特徵性來對比構成字形的。利用相似性,在構形時可以因利乘便,減少符號選取的難度;利用特徵性,則可以將形體相似而含義不同的字區分開來。這類字在結構分類上都應歸屬於象形字。

"區分"是制約漢字形體發展的一條重要規律。上述表明,不僅甲骨文字形區分的手段已經相當嚴格和豐富,而且整個漢字形體的發展也是逐步

---

① 《説文》:"屰","从干下屮,屰之也",誤説字形,故不從。

加强區別特徵的。漢字作爲一個既有密切聯繫,又有明顯分別的井然有序的系統,不能不說得力於這一規律的調節作用。"區分"避免了形近訛混,使同形同音異義字得以分化區別,最終確立了漢字專字專用的秩序,我們應該充分認識它對漢字形體發展的影響。過去没有很好研究這一規律,衹注意到"簡化、繁化、規範化"等現象,這是不够的。實際上,如果没有"區分"這一規律的制約,所謂"簡化"、"規範化"就失去了方向。所謂"繁化",本來衹是附加偏旁(或裝飾成分)區分所造成的一種現象,而且與"簡化"的提法相矛盾,它並不是貫穿於漢字發展的始終,對字形的發展不具有普遍的意義。而從漢字形體發展的實際來看,"區分"則是一條不應忽視的規律,它與其他規律共同制約着漢字形體的發展。

(四)劃一

"劃一"指字形發展的漸趨統一。文字的性質決定其形體符號必須簡易明瞭、相對單一和固定,否則就無法傳於異時,流於異地,充當語言交流的物質媒介。古漢字還處於發展完善之中,其他各種規律對它的制約作用,使它不能完全單一穩定,常有不"劃一"的現象發生。因此,形體"劃一"是一個動態發展概念,在形體不"劃一"中逐步"劃一",在形體"劃一"中又逐步變得不"劃一",由此適應着文字的發展。

漢字的形體"劃一"包括兩個方面:一是字形的劃一,消滅同一字的不同寫法;二是結構的劃一,淘汰因結構的差異而造成的歧異形體。

古文字階段,發展中的漢字形體不劃一的現象極爲普遍。如甲骨文有些字,出現頻率高,同文異體也甚多,僅《甲骨文編》所録"翌"的異體達一百餘種。[1] 修訂本《金文編》正編字頭 2 420 個,重文即達 19 357 個,是字頭的八倍多,平均每個字就有八個以上的異文。[2] 而貨幣文字中,僅一個"陽"就有三百六十餘種寫法,加上省作"昜",訛作"易"的,達五百種之多。[3]《侯馬

---

[1] 《甲骨文編》卷四·五"羽"下一部分到卷四·七"翌"之下,北京,中華書局 1965 年版。
[2] 中華書局 1985 年影印本。
[3] 商承祚:《先秦貨幣文編》卷九·第 136—139、141—142 頁;卷十四·第 190—220 頁,北京,書目文獻出版社 1983 年版。

盟書》爲同一時代和同一地域的作品，"復"就有異形五十幾種，"敢"有異形九十餘種。① 這些表明古文字形體不劃一的普遍性。形體不劃一的現象，總結起來，有以下諸種情況：

1. 正反無別，造成異形的：

[每] （鐵二〇〇·三）——（粹三四〇）

[光] （明藏二五八）——（京津二九二一）（甲三九一）

[年] （前七·一五·三）（鐵一九七·一）——（粹八六九）（乙六四二二）

[史] （前一八三·四）（後二·二〇·一〇）——（前一八三·四）（粹一二四四）

[臣] （甲二八五一）（甲二九〇四）（林二·二七·七）——（前四·一五·四）（鐵一七五·一）（菁三·一）

[象] （前三·三一·三）（前四·四四·二）——（後二·五五·一）（乙九六〇）

[犬] （乙三八五三）（甲二九二八）——（乙五八一）（乙六一四一）

2. 筆劃多少無別，造成異形的：

———

① 參看《侯馬盟書》字表部分"復""敢"字，北京，文物出版社1976年版。

〔册〕▯（乙四六二九）▯（乙一七一二）▯（鐵一六五·三）▯（甲一六六三）

〔彭〕▯（甲一五一二）▯（甲一七九七）▯（甲二三六八）▯（前五·三四·一）▯（甲二六四〇）▯（燕八〇二）

〔㕸〕▯（前五·一·五）▯（明藏一四二）▯（前一·三五·五）▯（存一九九）▯（甲二七二〇）

〔東〕▯（甲四三六）▯（甲八一六）▯（甲一九二九）▯（明藏七三二）▯（前六·二六·一）▯（前六·五七·七）▯（燕四〇三）

〔網〕▯（甲三一一二）▯（乙三九四七反）▯（前六·三八·二）▯（乙五三二九）▯（後二·八·一二）▯（明藏一九八）

〔尞〕▯（甲一四四）▯（前四·八·一）▯（後一·二四·九）▯（佚五七九）▯（粹四三三）▯（掇二·四六二）▯（明藏四一九）▯（金三五四）▯（拾一·三）

3. 實虛無別，造成異形的。上文我們談到"變實爲虛"是"趨易"的手段之一，這是從發展來看，在同一時代的文字材料中，虛實無別也是較常見的，下列各例虛實兩種寫法，都是處在同一時代平面的：

〔咸〕▯（咸父乙簋）▯（咸敦鼎）——▯（乙一九八四反）▯（前

一·四三·五)■(佚八一五)

[季] ■(季鼎)——■(嬴季尊)■(井季卣)

[光] ■(鼎文)■(觶文)——■(光簋)■(光父爵)

[舉] ■(舉鼎)——■(丁舉鼎)

[伐] ■(父乙鼎)■(且癸爵)■(爵文)——■(鼎文)

[步] ■(子且辛尊)■(父癸爵)——■(爵文)

[正] ■(卯卣二)■(乙亥鼎)■(盂鼎)——■(衛簋)■(駒父盨)

[定] ■(侯馬一九八·一二)——■(侯馬一六·一五)

4. 正側無別,造成異形的:

[黽] ■(黽父丁爵)——■(甲九八四)■(乙六六七〇)

[奚] ■(甲七八三)■(乙一二一六反)——■(戩四九·三)■(京津四五三五)

[俑] ■(父乙盤)■(父乙簋)■(父辛爵)■(鼎文)——■(亞壺)

[何] ■(爵)——■(父乙卣)■(戍簋)

[競] ■(鼎文)——■(■鼎)■(卣)■(父戊匜)

[係] ■(父乙簋)——■(續二·一八·七)■(掇一·一二一)

由於合體字組合的差異，也有諸種結構不劃一的情況，如：

1. 偏旁位置變動無常：

[男] ▨(鐵一三二·二) ▨(前八·七·一) ▨(林二·二二·一二) ▨(京津二一二)

[攻] ▨(攻敔臧孫鐘) ▨(攻敔王光劍) ▨(攻敔王夫差劍) ▨(鄦王晉戈) ▨(璽彙0150) ▨(陶彙4·93)

[期] ▨(沇兒鐘) ▨(吳王光鑑) ▨(齊侯敦)

[杞] ▨(杞伯鼎) ▨(杞伯簋) ▨(杞伯鼎) ▨(杞婦卣)

[嬴] ▨(楚嬴匜) ▨(榮有司爯鬲) ▨(榮有司爯鼎) ▨(鬍伯盤) ▨(伯衛父盉) ▨(季嬴霝德盉) ▨(嬴霝德簋) ▨(鄎子匜)

[昜] ▨(趙孟壺) ▨(蔡侯龖盤) ▨(蔡侯龖尊)

[初] ▨(旂鼎) ▨(盂爵) ▨(䋣大子鼎) ▨(王中嬀匜) ▨(弔尃父盨) ▨(華母壺) ▨(夆弔匜) ▨(王孫壽甗)

2. 同功能偏旁通用無別：

[牢] ▨(甲三九二) ▨(甲五四〇) ▨(寧滬一·五二一) ▨(寧滬一·五二二)

[牝] ▨(戩二三·一〇) ▨(餘四·二) ▨(戩四三·五) ▨(甲

三〇二二) 🖼(前六・四六・六) 🖼(粹三九六)

[逐] 🖼(甲二三一八) 🖼(前三・三二・二) 🖼(粹九三一) 🖼(拾六・八) 🖼(前六・四六・三) 🖼(前五・二八・四)

甲骨文中這些字均爲同字異體,但有可能因涉及的對象不同,含義上稍有差別。這些異形最後都得到劃一處理,選擇一個代表性字形取代其他。

在古文字形聲字中,義近形旁而通用的例子相當普遍,如:

[造] 🖼(頌鼎) 🖼(頌鼎) 🖼(頌簋) 🖼(頌簋) 🖼(郜造鼎) 🖼(羊子戈) 🖼(郜大司馬戟) 🖼(申鼎) 🖼(敔戈) 🖼(高密戈) 🖼(曹公子戈) 🖼(宋公欒戈) 🖼(宋公得戈) 🖼(璽彙 0131)

[哲] 🖼(師望鼎) 🖼(弔家父匜) 🖼(番生簋) 🖼(小篆)

[謀] 🖼(陶錄四・四三・一) 🖼(中山王舋鼎)

"造",除聲符"告"相對穩定外,形符分歧甚爲突出,很能說明問題。形聲字的聲符有時也可以互換,從而形成異體,如:

[麓] 🖼(粹六六四)——🖼(前二・二三・一)(聲符"鹿"與"录"換)

[盨] 🖼(狁盨鼎) 🖼(季盨鼎)——🖼(仲叡父盨)(聲符"妻"與"齊"換)

[雉] 🖼(前七・二四・一)——🖼(後二・六・四)(聲符"矢"

與"夷"換）

［寶］ ▨（呂仲爵）——▨（齊縈姬盤）（聲符"缶"與"保"換）

［聞］ ▨（中山王鼎）——▨（小篆）（聲符"昏"與"門"換）

［關］ ▨（子禾子釜）——▨（鄂君啟舟節）（聲符"丱"與"串"換）

3. 偏旁相同者多少無別：

［眾］ ▨（鐵七二·三）▨（鐵二三三·一）——▨（乙一九八六）

［逐］ ▨（前三·三二·二）——▨（佚九七七）

［燮］ ▨（合 18178）▨（合 18793）▨（合補 6455）

［喪］ ▨（佚五四九）▨（前六·五三·七）——▨（甲九〇七）——▨（河三七二）▨（林二·一八·二）——▨（甲七三七）

［春］ ▨（拾七·五）——▨（鐵二二七·三）

［莫］ ▨（甲二〇三四）▨（前四·九·二）——▨（甲二六八七）

4. 同字異構並存。同一字利用不同的構字方法創造,導致同字異構的並存使用,如：

［聞］ ▨（餘九·一）▨（邾王子鐘）——▨（中山王鼎）（前者象形,後者爲形聲）

［上］ ▨（上官鼎）——▨（中山王壺）（前者指事,後者形聲）

［鑄］ ▨（命瓜君壺）──▨（上官鼎）（前者會意，後者形聲）

［寶］ ▨（甲三七四一）──▨（作父丁尊）（前者會意，後者形聲）

［鳳］ ▨（菁五・一）──▨（前四・四二・六）（前者象形，後者形聲）

上述諸種現象，反映出古漢字字形變化複雜，分歧較大。歷史地看，它們均是漢字不定型、不完善的表現，是發展階段的漢字所必然難以避免的現象。

但是，文字作爲社會交際工具的性質，要求它必須形體劃一，分歧太大，不便利用，勢必影響其功能的充分發揮，因此，趨向劃一是所有文字符號發展的共同規律。漢字形體經過異形分歧、淘汰、選擇，最後歸於劃一，這個過程是漫長的，直到秦代才初步完成。當然，古漢字形體分歧也是相對的，在一個小的範圍内，它還是比較規整劃一的。尤其是西周中期以後的金文，字形規整劃一的趨向十分明顯，當時很可能有過文字整理的工作。春秋以降，漢字發展迅速，使用範圍日廣，尤其是六國紛爭，更加劇了漢字的異形分歧。所以，秦統一之後，文字的規範劃一，就成爲當務之急，與車同軌和統一度量衡放在同等重要的地位。① 秦施行"書同文字"是通過政府行政的手段，通過外力促進文字的規範劃一。許慎《説文・敘》對這一問題有所記載："諸侯力政，不統于王，惡禮樂之害己，而皆去其典籍，分爲七國，田疇異畝，車涂異軌，律令異法，衣冠異制，言語異聲，文字異形。秦始皇帝初兼天下，丞相李斯乃奏同之，罷其不與秦文合者，斯作《倉頡篇》，中車府令趙高作《爰歷篇》，太史令胡毋敬作《博學篇》，皆取史籀大篆，或頗省改，所謂小篆者也。"經過這種工作，漢字到秦基本上規整劃一了。但是，從秦漢民間實用的文字來看，異體分歧仍很嚴重。可以看出當時漢字規整劃一工作並不是做得很徹

---

① 《史記・秦始皇本紀》，第239頁，北京，中華書局1982年版。

底,到東漢以後,異形分歧就不太突出了。這與隸書正體的確定、漢代文字學的興起與許慎《説文》的出現並流傳都有一定的關係。

秦代規整劃一文字,是以小篆爲依據的。上文我們已指出在秦統一之前,小篆就通行於秦,李斯等人祇不過是進行了統一的整理,頒布爲規範字形,以劃一六國文字而已。如果以秦篆與它之前的文字相比,秦篆的劃一程度是相當之高的,如"陽"、"復"、"造"等字,在秦篆中字形都趨向定型劃一,並最終確立其正體寫法。現存的秦權量詔版刻石上的文字,都是官方使用的標準字體。從這些文字材料看,秦篆基本上結束了上述異形分歧的局面,字形書寫方向定型,不再正反並用,筆劃多少也是一定的,合體字的偏旁位置確定,多種異體並存的祇選取一種作正體,諸如此類,表明秦官方文字的使用合乎規範、高度劃一。但實際上,這並不是一件輕而易舉的事。根據近年來出土的材料看,秦民間用字並沒有完全做到徹底劃一。因爲這個時期,正是篆書向隸書過渡的時期,源於手寫體的隸書因處於發展之中,還不可能完全劃一定型。可以説,秦代確立的正體——小篆,祇是古文字形體發展的一個終結,是古文字的最後規整劃一,而秦漢之際的隸書,則是古文字的餘續,同時又是今文字的開端,正處於發展過程之中,不可能完全受劃一規律的束縛。隸書的規整劃一,應該是它發展到定型之時。

我們的基本看法是:趨易、省簡、區分、劃一等發展規律,共同制約着漢字形體的發展,它們互爲補充、相互影響、相輔相成,使漢字字形符號系統朝着簡便、實用、明晰、單一的方向演進。正是它們的合力作用,才使漢字始終作爲一個相對穩定的動態系統,忠實恪盡它記録漢語的職責,使之幾千年來穩健、和諧地發展着。掌握這些基本規律,對漢字形體演變的種種現象就可以予以合理的解釋。

三　隸變及其對漢字形體的影響

在漢字發展史上,隸書占有極其重要的地位,它是古今漢字的分水嶺。關於"隸書"的產生和命名問題,衆説歧出,意見不甚統一。許慎《説文·敘》:"秦燒滅經書,滌除舊典,大發隸卒,興役戍,官獄職務繁,初有隸書,以趣約易。"這個說法當本於班固。《漢書·藝文志》云:"是時(秦末)始造隸書矣,起於官獄多事,苟趨省易,施之於徒隸也。"因"施之於徒隸",故曰隸書。另一種說法則認爲隸書即徒隸所作之書,謂程邈得罪,繫於獄中,去大篆之繁複,而造成了一種新字體,這就是"隸書"。① 或以爲隸書即"佐書",許慎說王莽時"佐書即秦隸書"。段玉裁《説文》注:"左書,謂其法便捷,可以佐助篆所不逮。"還有其他一些意見,反映了不同時代不同學者的看法。對於"隸書"名稱本意的探究雖然是一個重要問題,但是,從漢字形體發展的角度來說,我們更應關注的則是由古文字向隸書演進的發生及其對漢字形體產生的深刻影響。

(一) 隸變與隸書的基本特徵

"隸變"即古文字形體向隸書的過渡和演變。對隸書特徵的概括,前人主要依據的是漢代刻石,如魯孝王刻石、嵩山太室神道石闕銘、石門頌摩崖、華山廟碑、曹全碑、張遷碑等,都是前人推重的銘刻。拿這些石刻上的隸書與篆文相比,隸書呈現出明顯的不同於篆書的特徵,其字形約易,筆劃平直,帶有波磔和分背之勢。成熟的隸書又叫"八分","八"就是"背",即指隸書撇捺向左右拓翻的姿勢而言。對這種書體的來源,前人較一致的看法是:隸書將秦篆易圓爲方,增損而得,其後又漸生波磔之勢。也有少數人認爲起源更早,不是由秦篆簡易而成,但缺乏更明細的考察。

近年來,隨着考古發現,公元前 309 年的青川木牘、公元前 278—前 217 年的睡虎地秦墓竹簡上的隸書文字重見天日,②使我們可以確認,隸書的產生遠在秦統一之前,不是由小篆易圓爲方,苟趨簡易而成的,而是直承戰國文字。與同時期六國文字作進一步的比較,可以看出六國文字祇是結構上的草簡,均

---

① (東漢)蔡邕"程邈删古立隸文"(《聖皇篇》);(西晉)衛恒"下邽人程邈爲衙吏,得罪始皇,幽繫雲陽十年,從獄中作大篆,少者增益,多者損減,方者使圓,圓者使方,奏之始皇,善之,出以御史,使定書。或曰:邈所定乃隸字也"(《四體書勢》)。

② 青川木牘 1979 年發現於四川青川戰國墓,是秦武王二年"更修《爲田律》"的條文,詳《文物》1982 年第 1 期;睡虎地秦簡 1975 年底發現於湖北雲夢睡虎地,共有一千餘支,大部分是秦法律和文書。參見文物出版社 1977 年綫裝本《睡虎地秦墓竹簡》,本章引用秦簡字形皆依據此書圖版。

不具備隸書的明顯特徵,而同期的秦刻款文字也無明顯的隸書筆勢,祇有秦墨書簡牘才清晰地顯示出隸變的淵源和綫索。從青川木牘到秦簡等排列成序的墨書材料,完全可以說明隸書起源於戰國時期的墨書手寫體,而這種形態的字體目前祇發現於秦的統轄區之內,因此,我們可以進一步推論,隸書是由戰國時秦墨書手寫體發展而來的。青川木牘的字形表明,隸書已經有一個較長時間的孕育和發展了。這樣看來,隸書的發生與戰國文字的草率寫法,墨書與竹簡的流行以及文字適用範圍的擴大都有一定的關係。

根據青川木牘等早期隸書,我們看到篆隸最主要的差異是在形體(筆劃形態)上,而不是在結構的繁簡上。隸變的過程,實際就是篆書形態逐步消失,隸書特徵日趨明顯的過程。隸變的特徵主要表現在平直而帶波磔之類筆劃的出現以及結體和筆劃組合方式的改變。下面從三個方面對隸變及其特徵作些具體分析。

首先,隸書的典型筆劃漸具雛形。如隸書的長橫劃,典型寫法是逆鋒入筆,平過提出,一波三折,形如"蠶頭燕尾",這類具有波勢的長橫在秦簡中已較爲常見,如:

上(南郡守騰文書9)首(秦律雜抄7)芝(秦律雜抄15)革(秦律雜抄27)壱(秦律雜抄28)羊(秦律十八種38)

以上各字中所含有的長橫,均呈現明顯的"波勢",西漢中期以後成熟的隸書,如定縣竹簡等長橫的寫法與秦簡長橫的寫法有着相承的關係。①

成熟隸書"捺"的寫法是重按提出,筆劃肥厚,形如"帚眉"。秦簡"捺"以及近於"捺"的右行斜筆,都已具備這種典型特徵。如《秦律十八種》以下各字:

文(1) 食(2) 之(3) 戌(4) 御(12) 入(16) 吏(22) 毋(82) 養(72) 久(104) 金(117) 郪(120) 廷(118)

---

① 定縣漢簡參閱《從定縣漢墓竹簡看西漢隸書》一文,刊於《文物》1981年第8期。

這類"捺"或近似捺的筆劃,在成熟隸書中得到進一步的鞏固,成爲隸書特徵性筆劃之一。

秦簡中"撇"筆雖然不如成熟隸書重筆挑出那麼明顯,但是筆劃外揚,與捺相呼應,已初具成熟隸書兩相分背之勢。如:

舍(秦律十八種12)見(秦律十八種27)春(秦律十八種51)

必(秦律十八種102)可(秦律十八種102)光(秦律十八種168)

或(效律60)坒(效律20)橐(秦律雜抄27)

秦簡中還出現了長筆劃,這些長筆劃瀟灑自如,是早期隸書的重要特徵。在長沙馬王堆3號漢墓帛書和1號漢墓竹簡、銀雀山漢簡、鳳凰山168號漢墓簡牘等西漢早期文字材料中,①這類長筆又有所發展,書寫時肆意拖出,頗具誇張的情趣。如:

今 幾 巳 夢 都 傳 可 人

(以上見《睡虎地秦簡》)

今(老子甲後三五五)笑(老子乙前三上)見(老子乙二二八下)

去(老子乙前一下)氣(老子乙前二下)參(春秋事語九一)奇(縱橫家書二〇九)李(老子乙前五下)辟(老子乙前一〇下)學(老子甲後一七七)子(老子甲後一七三)

(以上見《馬王堆帛書》)

---

① 《馬王堆漢墓帛書》(壹、叁),北京,文物出版社1975、1978年版;《長沙馬王堆一號漢墓》,北京,文物出版社1973年版;銀雀山漢簡,見《文物》1974年第12期圖版肆;銀雀山漢簡《孫臏兵法》,北京,文物出版社1975年版;《湖北江陵鳳凰山168號漢墓發掘簡報》,刊於《文物》1975年第9期,圖版叁、肆;《銀雀山漢墓竹簡》(壹),北京,文物出版社1975年版。

[亍](331) [亍](610) [如](35) [如](116) [也](248) [也](75)
(88) [可](846) [可](193) [可](37) [可](858) [夫](844) [夫](895) [華]
(106) [華](809) [華](810) [得](219) [得](257) [得](335) [于](228) [于]
(260) [于](278)

（以上見《銀雀山漢簡》）

儘管西漢中期隸書走向成熟以後，字形更注意方整，而較少保存這種長筆，但從秦到西漢早期的簡帛隸書材料來看，這類長筆劃帶有普遍性，是隸變過程中出現的典型筆劃，值得重視。

其次，解散篆法，字體形態風格與篆書明顯不同。篆書是由勻稱的曲綫篆引而成的圓轉迴環的"內向型"結構，早期隸書則是以平直筆劃爲主組成的初具波挑和分背之勢的"外向型"結構，前者結體嚴謹，後者結體疏放，在總體特徵上形成明顯的分別。將青川木牘、秦簡上的文字與小篆作一對比，這種分別很容易看出來：

（以上《青川木牘》文字與小篆對比）

（以上《睡虎地秦墓竹簡》文字與小篆對比）

前人用篆書的"平直方正"化來説明隸變的特徵，其依據主要是秦代詔版權量上的文字，而這些文字基本上還屬於篆書的系統，隸變的特徵並不明顯。從秦漢竹簡帛書等早期隸書來看，"平直方正"還不是最有代表性的隸變特徵，直到西漢中期以後，這種特點才分明起來。早期的隸書，使用了較多直劃的組合構成了與曲綫型篆書的區別，但其結體的總體特徵是"亦方亦圓"，既與篆書有別，又與成熟的隸書有別，這正是隸變的過渡性特徵。

再次，筆劃組合方式的變更。篆書的寫法是由"畫成其物，隨體詰屈"的描繪方式發展而來的，那種以匀稱的環曲的綫條篆引而出的字形，尚具有明顯的象徵性。隸變的一個重要方面，是進一步發展了春秋晚期以來"解散篆法"的草率寫法，逐漸將筆劃組合確立爲一種基本的書寫方式，反映在字形上就是對原來以象形爲基礎而形成的書寫方法的改進，使漢字書寫變爲純粹的筆劃組合。據此，我們分析某些字筆劃組合方式的細微變化，就可以從微觀上看清隸變的一些重要特徵。如：

"牛"："牛"是牛頭正面形象的綫條化，其寫法是兩角兩耳加中間一劃，甲骨文需五筆或六筆寫成，作❦(甲二九一六)、❦(甲五二五)，金文較普遍的寫法是四筆，作❦(叔卣)，小篆沿襲不變。以上各種寫法，上兩曲筆都是以中劃爲中心對稱的，隸變後寫作：牛(長沙西漢墓木封匣)、牛(睡虎地二五·四四)、牛(天文雜占一·二)、牛(宜牛犧鈴)，其定型寫法作牛(張景碑)，由四筆組成，與小篆以前的字形相比，筆劃的組合、連接方式很不相同。

"木"：甲骨文作❦(甲六〇〇)、❦(甲二五二〇)、❦(明藏六一九)，象樹木之形。金文到小篆，寫法都是五筆構成，以中劃爲對稱，作木，隸變之始形作木(馬王堆帛書·老子甲84)、木(馬王堆帛書·老子乙前五上)，筆劃與小篆相等，但行筆方向不同，進而上兩筆變爲一劃，作木(馬王堆一號墓竹簡二九二)，定型寫作 木(李孟初神祠碑)，由四劃組合而成。

"子"：甲骨文及金文均象童嬰之形，作❦(甲二二六三，"季"所從)，甲骨文也有將兩手連爲一筆的寫法，作❦(前五·四〇·五，"季"所從)，但金文沒有延續下來。小篆承金文不變，"子"上部本爲頭的象形綫條化，作環形。隸變的形體作❦(馬王堆帛書·老子甲後一七三)、子(定縣竹簡一三)，進而作子(西陲簡五七·一八)、子(禮器碑)，三筆寫成，解散上部的環形，兩手變爲一劃,象形意味喪失殆盡。

"之":甲骨文作✍(前四·三四·七)、✍(前七·一四·三)、✍(京津四一三),爲指事字,从✍,表示人的行走,"一"代表所到的位置。小篆訛作✍,隸變作✍(馬王堆帛書·老子甲四)、✍(馬王堆帛書·老子甲後一七九)、✍(銀雀山漢簡·孫臏一)、✍(銀雀山漢簡·孫臏二)、✍(銀雀山漢簡·孫臏二八),定型隸書作 ✍ (居延簡甲七一三),其組合方式發生了根本性的變化。

隸變在筆劃組合方式上的變化,是一個漸變的過程,其源頭有的可以追溯到戰國時期,其定型或早或遲,隸變完成之時,即它的定型之時。隸變導致的筆劃組合方式的變更,富有普遍性。通過對篆隸字形的比較分析,可以發現,在行筆方向、筆劃構成、筆劃間的連接方式等方面,幾乎沒有一個漢字不是經歷這種變更的,因而,這種變更是隸變最主要的變革之一。

以上對隸變及其特徵的簡略分析顯示,隸變改變了古漢字的字體形態,使漢字形態在總體上形成了古今兩大系統。

(二)隸變對漢字體系產生的影響

隸變對漢字體系產生的深遠影響,主要有以下三個方面:

1. 隸變使漢字書寫筆劃化

早期圖形文字還沒有形成完整的書寫符號系統,主要是以物繪形,沒有固定的書寫要求。西周中期以後漢字綫條化的確立是一大進步,但仍保留了"依類象形"、"隨體詰屈"的基本特徵。隸變通過解散篆體,使篆引的圓勻綫條,變成了"點、橫、豎、撇、捺"等筆劃樣式,使依類象形爲基礎的漢字字形,變爲純抽象的筆劃組合,這就是所謂的"筆劃化"。"筆劃化"實現了漢字字形演變的飛躍,產生了現代漢字的筆劃系統,奠定了沿用至今的現代漢字的書寫基礎。

漢字基本筆劃樣式的形成是漸變式的,是隸變過程中多種元素的高度抽象和聚合。作爲一種基本筆劃,就其來源而言可能是多方面的,但是一經形成,它就完成了質的蛻變,祇是作爲組合字形的最小書寫單位而存在。如果不詳細考察不同字的歷史,我們對各種筆劃曾經有過的豐富內涵就會一無所知(實際上對於一般的使用者,也沒有知道的必要)。如"點、橫、豎、撇、捺"等五種基本筆劃,每一種都是由多種元素經過隸變抽象聚合而成的。

"點":在隸書中,"點"作爲一種基本筆劃運用,其形態上沒有根本的差別,衹是所處的位置不完全相同。如:

炎 爲 主 夜 戈 次 大 心

對照小篆,這些字中的各個點劃原來或形態不同,或本不作"點"。倘若進一步追溯每個字的原型,我們還可以進而發現:"炎"中的四點原象火焰騰升之形;"爲"字的四點,是"象"足與尾的訛變;"主"上一點爲火主之形;"夜"左邊一點是指稱腋下的指事符號;"戈"肩一點原爲戈杆上的一部分……每一個字中的點,都是一個不同的元素,隸變後揚棄了它們的原型,使之抽象聚合爲一種基本筆劃。

"橫":"橫"有各種變體,我們衹分析最常見的橫劃,如:

天 上 玉 正 興 木 牛

這些字中的"橫",與"點"一樣,隸變前它們的形態並不完全相同,其原型也各異。"天"上一橫爲人首的訛形,下一橫是兩隻手臂的連寫;"上"本爲長短兩劃,是抽象的指事符號;"玉"三橫,本爲三片相連的玉;"正"上一橫是由方城訛變而來,下一橫是足跡部分的訛變;"興"的下部兩手訛爲一橫,兩臂成爲撇捺;"木"上兩枝變爲一橫;"牛"一橫爲左角,一橫爲兩耳。可見,同一橫劃,若求其來源,則有多種解釋,隸變使它們成爲同一形態。

"豎":也有各種變形,僅以長豎爲例,其來源就十分複雜。如:

神 中 命 千 奉 木

這些字隸變前各字中的長豎劃形態並不一致,除"中"的中劃爲標竿,"木"之樹幹作直劃外,其他幾個字的豎劃本來都不是直劃。"神"的直劃原象閃電虯曲之形;"命"中直豎是人手臂與跽跪之腿部的連寫拉直;"千"中直劃是人體之形；"奉"下直劃是手臂的變化。同一直劃則來源於不同的元素。

"撇捺"：這兩種基本筆劃經常在同一字中相對出現，構成隸書的分背之勢，可以放在一起觀察，如：

使 大 奉 朱 分 令 友 人 大 水

這些字中的"撇"與"捺"也都是隸變過程中由不同的元素抽象聚合而成的。如果對照原型，這兩種筆劃有的在原字中已具備撇捺的筆勢，隸書衹是進一步鞏固和發展了它，如"大、朱、分、令"等字，就是從本來相對稱的近似撇捺的兩筆發展成爲撇捺的，但是它們代表的涵義並不相同。"大"是人的兩腿分立之形，"朱"是"木"之根鬚形，"分"的撇捺是表示分背的指事符號，"令"上撇捺代表的是房舍的頂部。而"使奉友人水"中的撇捺則是隸變過程中逐漸訛變而來的，篆書寫作 使 奉 友 人 水，不用分析，其本來含義就能一目了然。

通過上面五種基本筆劃的分析，我們看到每種筆劃都包含了多種元素，有着高度的抽象性和聚合性。漢字筆劃系統的形成，也就確立了漢字的基本書寫單位和符號形式，不同筆劃歷史上曾有過的各種內涵，衹是作爲沉澱於深層的要素而存在。隸變後筆劃系統的確立，也就最終改變了漢字形體的性質，破壞了以象形爲基礎的古文字形體，字形成爲一種完全以抽象的筆劃爲基本單位組合排列的符號，這些符號所代表的音義，衹是歷史內容的承襲和人們約定俗成的結果。至此，漢字形體從根本上擺脫了原始面貌，進入書寫筆劃化的新的歷史階段。

2. 隸變造成漢字字形大量訛混

在筆劃系統確立的過程中，很多字形發生了整體或局部的訛混現象，這是漢字筆劃化所造成的必然結果。僅就偏旁部件而言，訛同、訛異的情況就十分複雜。

不同偏旁的訛同現象，在隸變中經常發生，如"馬、爲、魚、鳥、燕、焦、無"

等字中的四點，皆因隸變訛混而趨同。

"爲"字四點，前面我們已說過是"象"足與尾的訛變，其訛變過程如下：石鼓文尚作󰀀，以手役象之形，秦詔版作󰀀，下部已開始訛變，秦簡作󰀀（睡虎地秦簡三二·一四）、󰀀（睡虎地簡二三·一）等形，訛變更爲劇烈，馬王堆帛書《老子》甲本作󰀀（一〇一）、󰀀（一八四），乙本作󰀀（二上）、󰀀（七三下），《天文雜占》作󰀀，至此，"爲"與本來形體相比，已面目全非。這種變化主要發生在秦系文字中，隸變完成了訛變的過渡和定型。

"魚"，是象形字，甲骨文、金文基本上保存了象形之意，金文也有訛作󰀀（伯魚父壺）、󰀀（毛公㫃鼎）、󰀀（番生簋）形的，尾部訛變爲"火"，隸變承此，進而訛"火"爲四點。秦簡作󰀀（睡虎地簡一〇·五），馬王堆《老子》乙本作󰀀，尚未大變，馬王堆一號漢墓竹簡訛作󰀀，訛變告成。"燕"四點訛變與此相似。

"鳥"：本象鳥形，小篆尚作󰀀。馬王堆《老子》甲本作󰀀，乙本作󰀀，銀雀山漢簡《孫子》作󰀀，鳥足部漸訛爲四點，定縣漢墓竹簡定型作󰀀（"鳴"所從）。"烏、焉"所從四點訛變同理。

"無"：本是"舞"的古字，甲骨作󰀀（鐵一二〇·三）、󰀀（京都三〇八五）、󰀀（前六·二一·一），金文作󰀀（姬鼎）、󰀀（史頌簋）、󰀀（頌簋），春秋金文或訛作󰀀（子璋鐘）、󰀀（曾姬無卹壺），秦簡承襲了這種訛變式樣，帛書《老子》甲本作󰀀，定縣漢簡即訛爲󰀀，居延漢簡已訛爲󰀀，進而作󰀀（熹·公羊·宣六年）。定縣漢簡下作六點，正是由"林"下部訛來，居延漢簡變爲五點，已與原型徹底脫離聯繫。

"焦"：金文從"火"，帛書《老子》乙本卷前佚文作󰀀，居延漢簡作󰀀，"火"漸訛爲四點。"火"在下部訛爲四點，主要是爲結構的平穩，如"烝、然、烈、照、熱、熙"等字都發生了較一致的訛變，"火"在不同的部位還訛爲其他不同的樣式。

再如從"󰀀"頭的"春、舂、奉、泰、奏、秦"等一組字，上部本互有差異，隸變後訛同歸一。

"春"：甲骨文作✿(鄴三下·四六·七)、✿(京津四二六五)，金文作✿(伯春盉)，雙手持杵以舂，會意字。秦簡作✿(睡虎地秦簡一二·五〇)，尚承原形，又作✿(秦律51)，新出長沙漢印作✿，表明其時已訛變完成。"秦"訛變與此同類。

"春"：本爲形聲字，秦簡作✿(睡虎地簡一〇·四)，帛書《老子》甲本作✿，乙本作✿，流沙簡訛爲✿，"春"上部的訛變很難尋出綫索。

"奉"：金文作✿✿✿(散盤)，从廾丰聲，泰山刻石作✿，下又加"手"。馬王堆帛書《春秋事語》作✿，承篆文而有所訛變，《老子》乙本作✿(二一五上)、✿(一二下)，武威漢簡則訛成✿。

"泰"：小篆作✿，馬王堆《老子》甲本作✿，銀雀山漢簡《孫臏》作✿，武威漢簡作✿，表明其時訛變已完成。

"奏"：小篆作✿，秦簡作✿(睡虎地簡八·一三)、✿(雲夢秦簡語書13)，石門頌已作✿，進而作✿(華山廟碑)。

在以上各字例中，✿✿✿✿本來代表不同含義，形體上差異明顯，通過訛變成爲一種書寫樣式，從而也使得這些字的構形理據難以明瞭。

同一偏旁訛變爲不同的偏旁樣式也甚爲常見。相同偏旁，由於所處位置不同，受到結構平衡律的制約，就會向不同的方向訛變，加之不同位置，隸變時筆劃連接方式往往會發生不同的變化，這樣，同一偏旁就可能訛變爲不同的樣式，如偏旁"火"、"人"的訛變就很能説明問題。

"火"在字的下部一般變爲四點，而在其他部位，則又變成另外的樣式。如：

"光"：甲骨文作✿(甲三九一)，金文作✿(宰甾簋)、✿(獻伯簋)，上从"火"，下从"人"。帛書《老子》乙本卷前佚文作✿，"光"上之"火"變作"✿"。

"赤"：上从"大"下从"火"，甲骨文作✿(後二·一八·八)、✿(撫續二九一)，金文作✿(麥鼎)、✿(元年師兑簋)，帛書《天文雜占》訛變作✿，《相馬經》作✿，"火"變爲"川"。

"尞"：甲骨文作✿(後一·二四·七)、✿(佚九二八)，金文作✿(郘伯叡篷），从"木"从"火"，小篆作🔲，隶变作烹(魏元丕碑)，下部"火"先讹爲四點，再讹爲"小"。他如"票"小篆作🔲，漢印作🔲(漢印徵)，讹變與此相似。"尉"，小篆作🔲，隶變作尉(一號墓竹簡二六八)、尉(武粱祠堂畫家題字)，也讹"火"爲"小"。

以上各字都从"火"，但同一"火"旁，在不同的位置，則分別讹變爲"灬 𡿨 小小"等不同式樣。

"人"在古文字中也有多種變形，但其基本字形主要爲跽跪🔲(乙九〇七七)和直腿🔲(甲七九二)兩種類型。經過隶變之後，"人"由於所處的位置不同，在不同字中則發生了不同的變化。

有的"人"讹變後其原來形體特徵蕩然無存，如"並"字，甲骨文作🔲(珠九一四)、🔲(後二·三四·三)、🔲(戬三三·一三)，馬王堆一號漢墓竹簡作🔲(一號墓竹簡二一七)，武威簡作🔲，"人"變爲點和豎劃。又如上文"疒"的讹變。

有讹"人"爲"卜"的，如"臥"，由🔲變爲臥(老子乙前九四上)、臥(相馬經一三下)，"咎"由🔲變爲咎(憙·易·睽)、咎(正直殘碑)，均是其例。

有讹"人"爲"丨"的，如"弔"，本作🔲。隶變作弔(吳毅朗碑)、弔(許阿瞿墓誌)。

有讹"人"爲"㇇"的，如"令"由🔲(甲五九七)變爲🔲(老子甲後三五五)、令(憙·公羊·宣十二年)，再定型作令。

有讹"人"爲"ク"的，如"危"由🔲變爲危(春秋事語三二)、危(相馬經二三上)、危(石門頌)。

有讹"人"爲"匕"的，如"死"由🔲變爲死(睡虎地簡一〇·五)，"北"由🔲變爲北(天文雜占三·五)北(禮器碑陰)。

如此之類的偏旁讹變，在隶變過程中普遍地發生，使漢字的偏旁系統得到了重新的組合和調整，從而大大減少了漢字偏旁的種類和筆劃的樣式。讹變是漢字筆劃化導致的結果，正是因爲讹變的廣泛發生才會有現代漢字的出現。

3. 隸變對漢字構形理據的破壞

從早期圖形文字到篆書，漢字經過了漫長的發展變化，雖然形有訛混，義有更革，音有變異，不過其構形的理據性依然存在，這就是爲什麼《說文》可以根據小篆形體來"說文解字"的原因所在。由於隸變，漢字構形的理據性被徹底破壞了。隸變祇注意如何確立簡便明瞭的筆劃系統，通過筆劃化的歷程，漢字形體上的訛同變異成爲相當普遍的事實。這樣，漢字的理據性祇取決於習慣的沿襲和約定俗成的認可，至於字形本身已經無理據可言了。儘管我們可以說某字是象形、指事、會意、形聲結構，這完全是從歷史來源，憑藉有關史料而立論的，如果就隸變以後的字形直接觀察，一般我們已難以看出其構形的理據性了。漢字構形的理據性和形象性，隸變之後遭到了根本的否定，它祇是作爲一種約定俗成的筆劃組合式的符號系統而被使用。因此，古今漢字在構形上有質的區別。象形、指事這類結構類型，隸變後已失去了生命力，會意結構祇能構成極少數抽象會意字，祇有和語言密切相關的形聲結構方式，仍有較強的再生力，使漢字朝着以形聲爲主的方向不斷發展。即便如此，隸變後形聲字形符的作用也變得極爲微弱，它作爲一個純粹的區別性符號，與記音的聲符相配合，構成以表音爲主的符號形式。在一定意義上，我們說隸變後的漢字是不象形的象形系統，現代漢字就是形聲文字，也不是毫無道理的。古今漢字是既有密切聯繫，又有質的差別的兩個符號系統，而隸變則是促使這兩個系統實現轉變的重要契機。

第五章　古文字基本構形單位

一　偏旁、部首和古文字基本構形單位

從構成單位分析，漢字可分爲獨體字與合體字兩類。獨體字本身就是不可再行分割的基本單位，合體字則可以分成若干個獨體，是由不同的基本單位構成的字。如 󰋪(甲七九二)、󰋫(乙五八一)不能再進一步切分，它們都是獨體字；󰋬(甲八二八)、󰋭(鐵三六·三)，可以進一步切分爲 󰋪、󰋮、󰋯、󰋫 四個基本單位，每個字都是由兩個基本單位組成的，都是合體字。漢字結構類型中的象形字一般是獨體字，會意和形聲字一般是合體字，指事字一部分是由獨體字符加標示符號構成或由純抽象符號組合而成。

通過分析漢字構成歸納整理出的最基本的構形單位，就是偏旁。偏旁可以分爲兩類：一類是僅與字義發生關係的符號，一類是僅用作記錄字音的符號，前者稱爲形符（形聲字的形旁）和意符（構成會意字的各個部分），後者稱聲符（聲旁）。掌握古漢字的基本偏旁，是辨認和考釋古文字的捷徑。偏旁分析法考釋文字，就是建立在對漢字偏旁系統的掌握上。

偏旁與部首既有聯繫也有區別。部首是將若干形體上有某一共同特徵的字歸納爲一部，標示出這個體現共同特徵的結構單位位於其首，統攝部類諸字，這個標示符號就叫部首。部首的出現，是爲了將紛繁複雜的漢字有條理、有系統地組織起來，即所謂"分別部居，建類一首"。偏旁和部首適用於

不同的需要，偏旁是分析文字結構所得出的最基本的構形單位；部首則是用以統歸編排漢字的有特徵的形體單位，前者是文字學的，後者是字典編纂學的。《説文》分小篆爲540部首，統屬9 353字，是最早將所有漢字分部歸類的。《説文》部首與漢字基本偏旁有一致的地方，很多都是構形的基本單位；也有不一致的地方，如"歈、麻、麤、熊、瀕"等部首大於偏旁，可以再分爲若干獨體；而 ㇒(丿)、㇏(乀)、丿(厂)、㇙(乁)等則已經分析到筆劃，明顯小於偏旁。《説文》以後的歷代字書，主要依據《説文》部首而不斷調整改進，到明代梅膺祚的《字匯》進而將部首歸納爲二百十四部，更加突出了部首作爲字典編纂和文字檢索的功能了。

　　古文字偏旁是依據文字構造規則分析出的基本構形單位，構成古文字的基本單位包括形聲字的形符、聲符，以及會意字和指事字中的基本字符。基本構形單位一般是獨體字，是漢字孳乳浸多的基礎，全部漢字都是由基本構形單位按照不同的構形方式組成的，因此，掌握了古文字基本構形單位，對學習古文字和辨析古文字形體結構來說也就抓住了關鍵。

　　古文字基本構形單位既包括形符、意符，又包括聲符，還有少數抽象符號。聲符的情況雖然相對而言較爲複雜，但從形式上來看，所有聲符也都是由基本構形單位及其組合來擔當的，祇是在文字結構中其功能分工有別而已。抽象符號有些來源於漢字體系形成時對早期刻畫符號的借用，有些祇是構形的輔助材料。基於這樣的認識，本章在介紹基本構形單位時，我們堅持以形體爲依據，祇將古文字基本構形單位作爲一個完整的系統來觀察，而不是根據它們在漢字系統中擔當的角色再行分類討論，對抽象符號則不作介紹。

二　古文字基本構形單位例析

　　古文字基本構形單位大約150個左右。[1] 高明曾對古文字的形旁進行

---

[1] 日本學者島邦男《殷虚卜辭綜類》按照甲骨文形體特點，歸納出164部，大體相當於基本形體；姚孝遂師進一步歸爲149部，另設"其他"一類，這些歸納大體上也是基本形體。參看姚孝遂主編《殷墟甲骨刻辭類纂·序》和《部首表》，北京，中華書局1989年版。

過整理分類,總結出 110 多個形旁,並分析其形體演變。① 隨着漢字的發展,古文字的基本構形單位不僅參與了歷代新產生的漢字的構造,而且各個形體本身也經歷了一系列的發展演變。本章我們着重分類介紹古文字基本構形單位,必要時也簡略分析其在不同階段呈現出的書寫形態及其變化,以便更好地瞭解古文字的形體結構及其歷史發展。

（一）與人體相關的基本構形單位

早期漢字的構造,"近取諸身,遠取諸物",與人體相關的基本構形單位在漢字結構中得到了充分的表現,如"人、儿、大、女、匕、立、卩、子、長、老、丮、欠、尸、疒、身、頁"等,都以獨體或構形單位出現在古文字中。

(1)〔人〕　《説文》:"𠆢,天地之性最貴者也,此籀文,象臂脛之形。"甲骨文作 𠆢(甲七九二),象人側視之形。這個形體可以表"人"及與人有關的意義,在不同的古文字中因位置不定,形或有小變,到隸書在左側者作亻(春秋事語 57,"仁"所從)、亻(熹·春秋·僖廿八年,"伯"所從),在上部作𠆢(魯峻碑,"企"所從),分化爲兩種。

(2)〔儿〕　《説文》:"儿,仁人也,古文奇字人也,孔子曰:在人下故詰屈。""在人下故詰屈",疑當爲"人在下故詰屈",此説形甚是。"儿"即"人",因處於字形下部之故,遂由 𠆢 漸變爲 ⺃(秦簡"兒"所從)和 儿(小篆"兄"所從),隸書則作 一(定縣竹簡"見"所從)。古文字中,从"儿"與从"人"本無差別。

(3)〔大〕　《説文》:"大,天大地大人亦大,故大象人形。""大"本爲"人"正面之象形,古文字中凡从大的字都與人有關。如"亦",《説文》"从大象兩亦之形",即"腋"之本字,指事字。"夾",《説文》:"持也,从大挾二人。"

(4)〔女〕　《説文》:"女,婦人也,象形,王育説。"甲骨文和早期金文"女"作 𡚦、𡚦形,雙手前抱屈膝之形。西周以後,其形體逐漸變化,一是將屈膝變得

---

① 高明:《古文字的形旁及其形體演變》,《古文字研究》第四輯,北京,中華書局 1980 年版。本章的編寫對高文多有參考。

越來越直並逐步發展成一橫,二是雙臂之形訛變得無以辨識,如:👤 — 👤 — 👤 — 女。凡从"女"之字,都與女性有關。

(5)〔匕〕《説文》:"匕,相與比敍也,从反人。匕亦所以用比取飯,一名柶。"甲骨文 ⺄、⺁ 用於"祖妣"之"妣",正反無别,與"人"形近。金文作 ⺄、⺄,隸變之後作匕。許慎説此形"从反人"即謂象人形而反書,又説"匕亦所以用比取飯"。後説乃指"柶",《説文》:"柶,匕也。""匕"本象匕之形。匕、柶是一字分化,"匙"與"枇"也當爲一字分化(加"是"聲)。這裏許慎糅合了兩種解説,而以"反人"説爲主。

(6)〔立〕《説文》:"立,住也,从大立一之上。"徐鉉等曰:"大,人也;一,地也,會意。""立"爲一人站立形,"一"指事標誌,此字當爲因形指事。金文"立"既用作站立之"立",又用作"位",如常見的"即立(位)"、"立中廷",都寫作"立"。"位"是從"立"分化而來的,由"人"站立引申指站立之處("位"),在"立"旁再加一"人",遂分化出"位"字。古文字"竝"作 𠀤(前六·五〇·五)、𠀤(甲六〇七),正會兩人並立之意。

(7)〔卩〕《説文》:"卩,瑞信也,守國者用玉卩,守都鄙者用角卩,使山邦者用虎卩,土邦者用人卩,澤邦者用龍卩,門關者用符卩,貨賄用璽卩,道路用旌卩。象相合之形。"甲骨文作 ⺄(乙九〇七七)、⺄(燕三七七),象人跽跪之形。如古文字从"卩"的"卽"作 ⺄(甲七一七)、"印"作 ⺄(乙一一一)。許慎以卩爲"節"的初文不確,《説文》从卩諸字的解説都受此影響。

(8)〔子〕《説文》:"子,十一月陽氣動,萬物滋,人以爲偁,象形。"許説牽强附會,不足爲據。李陽冰曰:"子在襁褓中足併也。"意謂"子"象小兒在襁褓中之形,故兩足相併,兩手上舉。《説文》:"𠔃,古文子,从巛象髮也。𡿧,籀文子,囟有髮,臂脛在几上也。"甲骨文作 ⺄(前三·四·一)、⺄(甲一八六一)和 ⺄(甲二二六三,"季"所从)、⺄(前五·四〇·五,"季"所从)兩形。如"孫",《説文》:"子之子曰孫,从子从系,系,續也。"甲骨文作 ⺄(京津四七六八)、金文作 ⺄(乃孫作且己鼎)、⺄(己侯簋)。𡿧(甲一八六一)爲"子"正面象形,爲《説文》籀文所本,从"囟"上有毛髮,《説文》:"囟,頭會匘蓋也,象形。"

如"孳",《說文》:"汲汲生子也,从子兹聲。"金文作▨(訣鐘)、▨(叨孳簋),从"▨"正與籀文"子"相同。

(9)[長]《說文》:"▨,久遠也。从兀,从匕,兀者,高遠意也,久則變化,亾聲。厂者,倒亾也。"許慎分析"長"形皆誤。甲骨文作▨(後一·一九·六)、▨(林二·二六·七)等形,象長髮人手持杖之形,引申爲"年長"之"長"和"長短"之"長"。金文作▨(長子鼎)、▨(長子鼎)、▨(臣諫簋),戰國文字作▨(庶長畫戈)、▨(囗年上郡守戈)、▨(陶彙5.384)等形,爲小篆▨所本。隸書作▨(定縣竹簡三三)、▨(熹·詩·僖十年)。古文字从"長"之字有"張"、▨(令簋)和▨(厵羌鐘)、▨(中山王譽鼎)等。

(10)[老(耂)]《說文》:"▨,考也,七十曰老。从人毛匕(化),言須髮變白也。"許說不確。甲文作▨(合21054)、▨(鐵七六三)、▨(庫六三七)、▨(乙八七一二)等形,象老者倚杖形。戰國期間其形體變化甚大,分別有▨(陶錄2·407·1,"耆"所从)、▨(璽彙334,"耆"所从)、▨(十四年陳侯午敦,"孝"所从)等形,隸書變爲▨("考"所从《熹·書·洛誥》)、▨(居延簡甲一四〇三,"壽"所从)兩形。

(11)[丮(丸)]《說文》:"▨,持也。象手有所丮據也。"許說甚是。甲骨文▨(乙五四七七)、▨(後二·三八·二)等形更明瞭可見,後分化爲丮、丸兩種寫法。如"執",甲骨文作▨(前四·二三·五),《說文》:"▨,種也。从坴丮,持亟種之。《書》曰:我埶黍稷。"會手持中或木種植之意,其後分化出"藝"字。

(12)[尸(尾)]《說文》:"厂,陳也,象臥之形。"按"尸"也爲人形,屈體,故許慎謂象人之臥形。其形體由甲骨文到隸書,大體變化如下:▨—▨—▨—▨—▨。如"尾"字,《說文》:"▨,从到毛在尸後,古人或飾系尾,西南夷亦然。"甲骨文作▨(乙四二九三),爲隨形附麗的象形字,"古人或飾系尾"之說甚確。《說文》另列"尾部"。

(13)[欠]《說文》:"▨,張口气悟也,象气從人上出之形。"許說可參考，甲骨文作〇，象張口哈氣之形，是一個突出特徵的象形字。從西周金文到隸書，其變化軌跡如下：〇—〇—〇—〇—〇—〇。如"吹"字，《説文》："吹，嘘也，从口从欠。"甲骨文作〇（甲二九七四）、〇（乙一二七八反），金文作〇（吹方鼎）、〇（虞司寇壺），隸書作〇（武威簡·士相見一二）。

(14) [疒] 《説文》："疒，倚也。人有疾病，象倚箸之形。"許慎解釋甚是，當有所本，從小篆字形已看不出"象倚箸之形"。甲骨文作〇正合《説文》析字形之旨，金文作〇〇等形。戰國文字形體變化明顯，人身與爿（牀）部分混合，實現借用筆劃省簡，作〇〇〇〇〇等形，隸變則作〇。凡以"疒"爲意符構成的字，大都與疾病有關。

(15) [身(𠂤)] 《説文》："身，躬也，象人之身。""身"之分析已見前文。甲骨文和西周金文"身"字形象突出，作〇，戰國時期已多有變化，作〇等形，隸書則作〇。《説文》列从"反身"之𠂤部，下收"殷"字，曰"作樂之盛稱殷"，許慎以會意説"殷"之形意。古文字"殷"所从與"身"無別。金文作〇（保卣）、〇（盂鼎）等形，象人身有疾，持藥石以療治之，疑是"慇"的本字，《説文》："慇，痛也。"小篆作〇，隸書作〇（華山廟碑）、〇（熹·論語·爲政）。

(16) [勹] 《説文》："勹，裹也，象人曲形，有所包裹。"《説文》本部收字來源複雜，有的字从"勹"，有的則與"人"形無關，祇是由於形體演變而歸於"人"一類。"匍、匐"二字皆从〇（盂鼎中"匍"所从）、〇（癲鐘中"匐"所从），本象人匍匐之形，後加注聲符"甫"、"畐"，形成"匍匐"二分別文。《説文》"匍，手行也"，"匐，伏地也"，"伏地手行"，正是其本意。"俯"，古文字加注"勹"聲，"頫"則以"勹"爲聲符。"勻""旬"二字所从"勹"，甲骨文本作〇（乙七七九五）、〇（前四·二九·六）、〇（林一·一·一）、〇（寧滬一·四五〇）、〇（甲一四七八）、〇（京津四七二六）等形，皆讀爲"旬"，其後"旬"加"日"形作〇（王來奠新邑鼎）、〇（王孫鐘），小篆"勻、旬"雖也从〇，實際上是形近混同。"句"，隸變後也从"勹"，篆書尚作〇，《説文》分析爲"从口丩聲"，與人形〇本無關係。"句"甲骨文作〇（前八·四八），金文作〇（屚比盨）、〇（殷句壺)、㕣(句它盤)(0317頁),戰國文字作㕣(太句脰官鼎),秦文字作㕣(睡虎地秦簡·爲史51),隸書作㇕(縱橫家書二一三)、句(熹·詩·著首題)。

(17)[頁] 《說文》:"頁,頭也,从百、从儿。古文䭫首如此。""頁"是一個突出特徵的象形字,象人身整體,而突出其頭部。許慎以爲就是"稽首"的象形。"百"、"䭫"、"頁"都表示"頭",其含義本無差別,祇是"頁"保留了身體部分,《說文》分爲三部,隸變後"頁、首"兩部一直沿襲。

(二)表示人體所屬部分的基本構形單位

除與人整體有關的形體,古文字取形人身局部,也構成了一組基本構形單位,如"咼、歺、肉、又、奴、𠬪、爪、攴、殳、止、足、辵、目、耳、鼻、臣、口、心、舌、言、音"等。

(1)[咼(冎)] 《說文》:"冎,剔人肉置其骨也,象形,頭隆骨也。""冎"本象骨架之形,甲骨文作㔾,金文作㕣,戰國文字作㕣,篆書作冎,隸書作咼。"冎"即咼,是"冎"的分化字形;"骨"則是後起分別文,加注形符"肉",《說文》:"骨,肉之覆也,从冎有肉。""骨"戰國楚文字作𦨶(包山263)、𦨶(仰天15),秦文字作骨(睡虎地秦簡·答問75),小篆作骨,隸書或省作骨(武威簡·特牲五一),定型作骨(魏上尊號奏)。

(2)[歺(歹)] 《說文》:"歹,列骨之殘也,从半冎。"字形象"骨"之半。甲骨文作歺(京津二四六〇)、歺(乙八八一二)。"奴",《說文》:"奴,殘穿也,从又从歺。"單列爲部首,統"叡、叡"等四字。"奴"見於甲骨文,作奴(寧滬一·七〇)、奴(甲一六五〇)、奴(甲二一五八)等形。"死",《說文》:"死,澌也,人所離也。"單立爲部首,統"薨、薧"等三字。小篆"死"形體作死,甲骨文作死(甲1165)、死(花東102),金文作死(大盂鼎)、死(毛公鼎),戰國文字略有變化,作死(包山054)、死(郭店·忠信)。許慎以會意說之,"人所離"意謂人死後魂魄離體也,"死"當是"屍"的本字。古之葬者,厚衣之以薪,《說文》謂"葬""从死在茻中",可證"死"即"屍"也。分化出"屍"之後,"死"遂爲"死亡"義之專字。

(3)[肉] 《說文》:"肉,胾肉,象形。"甲骨文"肉"一般寫作𠕎(乙一八八），或作◯(前一・二九・四，"膏"所从，)，與甲骨文"口"相近，西周之後又與"月"相近，戰國文字遂有 ◯(包山255)、◯(璽彙1566，"脅"所从)，加符號丿以示區別。隸變之後，在下部作"肉"，如"臠胬裁"，餘皆混同"月"。

(4)[又(寸、ヨ、扌)] 《説文》："⺕，手也，象形，三指者，手之列多，略不過三也。"甲骨文"又"與小篆相近，因所處位置不同，戰國文字形體開始分化。《説文》謂"⺕"爲指事字，"⺕"爲"拳"的象形。小篆固定爲"又、寸、ヨ、手"等幾種樣式。如"隻"，《説文》："鳥一枚也，从又持隹。持一隹曰隻，二隹曰雙。"許慎所説乃後起義，甲骨文作◯(甲二三二)，會以手捕鳥之意，皆用作"獲"，本爲"獲"的初文，"獲"是加注形符的後起形聲字。"秉"，《説文》："禾束也，从又持禾。"甲骨文作◯(後二一〇一四)，金文作◯(秉父乙簋)，戰國文字作◯(隨縣5)，小篆作◯，隸書作◯(馬王堆・一號墓竹二七九)。"寺"，《説文》："廷也，有法度者也。从寸之聲。"許説字義非"寺"之本義。古文字作◯(冰伯寺簋)、◯(郜季簋)、◯(吳王光鐘)、◯(郭店・緇衣3)，金文"寺"从"又""之"聲，即"持"之初文。侯馬盟書等出現於"又"上加一劃之"寸"的寫法，如◯(侯馬九八：五)；戰國楚簡依然作◯(望山M1簡)。"持"則是在"寺"上加注"手"，成爲記録本義的專用字。

(5)[奴(舁)] 《説文》："疎手也，从ナ从又。""揚雄説奴从兩手。"甲骨文本作◯(甲一二八七)、◯(乙二四二四)、◯(乙三七八)形。《説文》又立◯部，謂"◯，共舉也"。"奴"、"舁"等基本構形單位，隨着古文字形體的變化書寫樣式也有所改變，如"兵"、"興"兩字：《説文》："兵，械也，从奴持斤并力之皃。"甲骨文作◯(後二・二九・六)、◯(京津一五三一)、◯(佚七二九)，金文作◯(戒簋)，戰國文字作◯(庚壺)、◯(畬志盤)、◯(包山81)，小篆作◯，隸書作◯(馬王堆・老子甲二六)、◯(曹全碑)、◯(衡方碑)。《説文》："興，起也。从舁从同，同力也。"古文字"興"乃以手同力抬"凡"(盤)，或加"口"以示呼號協同之意。甲骨文作◯(甲一四七九)、◯(甲二〇三〇)、◯(寧滬一六〇三)，金文作◯(父辛爵)、◯(興鼎)、◯(殷句壺)，戰國文字作◯(璽匯3290)、◯(包山159)，小篆作◯，隸書作**興**(熹・儀禮・鄉飲酒)、**興**(張遷碑)。

(6)［𠬞］《說文》："𠬞,引也。从反収。"雙手反攀之形,"攀"之古文。《說文》或體作"攀","从手樊聲"。又《說文》:"棥,藩也。从林从爻。""樊"是在"棥"上疊加聲符"𠬞"構成的形聲字,金文作 (氏樊君鼎)、 (樊君鬲)、 (樊君盆),戰國文字作 (集粹),小篆作 ,隸書作樊(石經論語殘碑)。

(7)［爪(爫)］《說文》:"爪,丮也。覆手曰爪,象形。"甲骨文作 ,覆手之形甚明。《說文》又立" "部,謂"物落上下相付也,从爪从又"。如《說文》:" ,并舉也。从爪冓省。"甲骨文作 (甲一○○八)、 (乙一七一○)、 (乙一七一二)(191頁),會以爪抓提一物形,故有再舉之意。又作"偁",會人以手提物。"稱"爲後起分化字。金文作 (再簋)、 (仲再簋),戰國文字作 (貨系4200)、 (包山244)、 (郭店·成之22)。又如"受",《說文》:"相付也,从𠬪,舟省聲。"甲骨文作 (鐵一四八·一)、 (前三·三○·六),从"舟"不省,一手持舟(盤)付予另一手,會"相付"之意。"受"、"授"本同,後分化爲二。金文作 (尊文)、 (父乙卣),戰國文字作 (包山33反)、 (包山147)、 (郭店·唐虞21),小篆作 ,隸書作 (睡虎地簡一○·八)、 (老子甲後二三七)、 (定縣竹簡六○),從隸書可追溯小篆形體省略之綫索。

(8)［攴］《說文》:"攴,小擊也,从又卜聲。"甲骨文作 (摭續一九○),會手持鞭杖撲擊之意。隸變後作攵,與"文"相近。如从"攴"的"牧"字,《說文》:"養牛人也。从攴从牛。"甲骨文作 (甲三七八二)、 (乙一二七七)、 (乙七一九一),會人以手持鞭放牧之意。金文作 (柳鼎)、 (牧師父簋)、 (鬲攸比鼎),戰國文字作 (隨縣145)、 (郭店·性自47),小篆作 ,隸書作牧(馬王堆·老子甲一三六)。

(9)［殳］《說文》:"殳,以杸殊人也。……从又几聲。"甲骨文作 (甲一○四三,殷所从),金文作 (趙曹鼎),會以手持工具之形,由古文字从"殳"各字看,所持之物或可因用而變,含義並不確定。《說文》乃就小篆 而言,其字非省聲。作偏旁常與"攴"換用。如"段",《說文》:"段,椎物也,从殳耑省聲。"古文字本會手持工具於厂上鍛鑿之意,以兩點示鑿落之物,當是"鍛、碬"的本字。金文作☒(段簋)、☒(段金糧尊)、☒(段金糧簋),戰國文字作☒(八年相邦鈹)、☒(秦陶1351)、☒(秦陶1352),小篆作☒,隸書作☒(孫臏八)、☒(武威簡·有司三〇)。

(10)[止(夂、夊)]《説文》:"止,下基也,象艸木出有址,故以止爲足。"許説"☒"象艸木出有址,然後引申爲"足",非是,本象人足。早期作☒(子且辛尊,"步"所從)、☒(甲六〇〇)、☒(甲六三四),隸定寫作止、止、少(步)。又"夂",《説文》:"☒,从後至也,象人兩脛後有致之者。""夊",《説文》:"行遲曳夊夊。象人兩脛有所躧也。"許説强爲分别,古文字皆是"止"朝下之形,作☒(佚六六五,"各"所從)、☒(甲六三九,"各"所從),小篆和隸書在字的上部分别作☒和☒,在字的下部小篆則作☒,隸作☒,因所處字形結構中部位差異而形體稍變。許慎雖然依據小篆分爲三部,其實質則相同,都是人脚之形,表示有所行動之意。如"出",《説文》:"出,進也,象艸木益滋上出達也。"許慎根據小篆訛變之形説構形之理,故誤。"出"本爲會意字,甲骨文作☒(前七·二八·三)、☒(後一·二九·四),會脚從凵(坎,半地穴房屋)中走出之意。與"出"構形相對,"各"則是"走進、來到"之意,甲骨文作☒(乙一二)、☒(乙四)、☒(佚六六五)、☒(甲四〇四)、☒(甲六三九)。再如"夏",《説文》:"夏,中國之人也。从夊从頁从臼。臼,兩手;夊,兩足也。""夏"的構形來源待考,《説文》小篆形體傳承秦文字☒(秦公簋),金文又作☒(邛伯罍)、☒(邛伯罍)(5-0898)等形,戰國文字作☒(十鍾)、☒(鄂君啓舟節)、☒(璽彙3444),或省爲从日从虫、从日从頁等形。隸書作☒(熹·春秋·僖廿一年)。

(11)[足]《説文》:"☒,人之足也,在下,从止口。""☒"有人説象足頸。"足"本象人膝蓋以下之腿足之形。甲骨文作☒(甲1640),金文作☒(免簋),戰國文字作☒(包山036)、☒(郭店·尊德)、☒(上博四·曹15)、☒(璽彙1871)等形。

(12)[疋]《説文》:"☒,乍行乍止,从彳从止。"本象人行於道途之形。甲骨文有☒(後二·一四·一八)、☒(甲二二一一)、☒(乙三〇〇二),當是其本。

(13) [目]《說文》：“目，人眼，象形，重童子也。”段注謂“重童以象之”。甲骨文作▱（鐵一六·一）、▱（甲二一五），象眼目之形，戰國文字其形多變。因在字形結構中所處位置不同，隸變後在上多變爲▱（漢印徵，“罣”所从），在側旁與下部則作▱（老子甲後一八五，“瞻”所从）。从“目”之字多與省視、察看有關，如“省”，《說文》：“省，視也。从眉省，从中。”又：“眚，目病生翳也。从目生聲。”“省、眚”本一字分化，古文字作▱（甲三五七）、▱（京都二七七）—▱（省觚）、▱（散盤）、▱（揚簋），从目生聲，是個形聲字。“生”作▱（乙七二八九反）、▱（師遽簋）、▱（師害簋），會草木上出生長之意也。又如“眔”，《說文》：“眔，目相及也。从目从隶省。”甲骨文作▱（京津二一七七）、▱（甲八五三）、▱（甲一六二九），金文作▱（小臣䚄簋）、▱（令鼎）、▱（矢方彝）。據古文字形，其字从目會零涕之意，或以爲是“涕”的本字。“相”《說文》：“省視也。从目从木。《易》曰：地可觀者莫可觀於木。《詩》曰：相鼠有皮。”甲骨文作▱（乙四〇五七）、▱（前七·十七·四）、▱（前七·三十七·一），金文作▱（相侯簋）、▱（折尊）、▱（庚壺），戰國文字作▱（考古與文物1997.1）、▱（陶彙5·394），隸書▱（孫臏二三）、▱（熹·易·說卦）。

(14) [耳]《說文》：“耳，主聽也，象形。”甲骨文作▱（鐵一三八·二）、▱（後二·一五·一），象耳之形。从“耳”之字或表示“耳”，或表示“聽聞”，如“取”，《說文》：“捕取也。从又从耳。《周禮》‘獲者取左耳’，《司馬法》曰‘載獻聝’，聝者耳也。”會意。甲骨文作▱（甲五二七）、▱（甲二〇二），金文作▱（衛盉）、▱（九年衛鼎），戰國楚文字作▱（包山89）、▱（包山231），小篆作▱，隸書作▱（銀雀山·孫子三七）。又如“聞”，《說文》：“聞，知聞也。从耳門聲。”甲骨文作▱（餘九·一）、▱（甲一二八九），象人作聽聞之狀。戰國時期或作“䎽”，从耳昏聲。

(15) [自]《說文》：“自，鼻也，象鼻形。”甲骨文作▱（乙九二一）、▱（甲二三三九），正象鼻形。“鼻”是後起形聲字，加注“畀聲”。如“辠”，《說文》：“犯法也。从辛从自。言辠人戚鼻苦辛之憂。秦人以辠似皇字，改爲罪。”因人有罪,乃以辛(刑具)劓鼻,引申爲犯法。戰國文字作☐(郭店·老甲5)、☐(郭店·五行35)、☐(中山王礜鼎),秦文字作☐(睡虎地秦簡·效律1),小篆作☐,隸書作☐。

(16)[臣] 《說文》:"顄也。象形……,☐篆文臣,☐籀文从首。"許慎乃以爲"頤"之初文,故列於此。從甲骨文、金文字形看,實象梳比之形。如"姬",《說文》:"姬,黃帝居姬水以爲姓,从女臣聲。"甲骨文作☐(合34217)、☐(前一·三五·六),金文作☐(懌季邍父卣)、☐(商尊)、☐(伯壺),戰國文字作☐(曾姬無恤壺)、☐(禾簋)、☐(包山176),隸書作☐(熹·春秋·僖廿五年)、☐(魏正始石經)。

(17)[口(曰)] 《說文》:"口,人所以言食也,象形。"甲骨文作☐(甲二一五)、☐(甲一一九三),象張口之形。古文字"口"形不僅指人口之"口",也表示器具、房舍等,還作爲分化區別符號,其後合而爲一,皆作"口"形。如"古",《說文》:"故也,从十口,識前言者也。""古"本在"盾"上加"口",以示堅固之意,乃"固"的本字,"故"是其假借義。甲骨文作☐(甲一八三九)、☐(甲二一二四)、☐(乙三七七四)(卷三·二)(94頁),金文作☐(古伯尊)、☐(史簋)、☐(師旂鼎),戰國文字作☐(包山15)、☐(郭店·六德22)、☐(貨系437),《說文》作☐,隸書作☐(禮器碑)、☐(孔龢碑)。"同",《說文》:"會合也。"古文字从"凡"从"口",會衆言之意。甲骨文作☐(甲三九一六)、☐(京都三〇一六),金文作☐(沈子它簋)、☐(宅簋),戰國文字作☐(包山126)、☐(包山127),小篆作☐,隸書作☐(曹全碑)。"谷",《說文》:"泉出通川爲谷,从水半見出於口。"甲骨文象水出山谷之形,作☐(前二五四)、☐(前四一二五),金文作☐(啓卣)、☐(啓尊)、☐(格伯簋),戰國文字作☐(郭店·老甲6)、☐(璽彙3141),小篆作☐,隸書作☐(老子甲一五九)。

"曰",《說文》:"☐,詞也,从口乙聲,亦象口氣出也。"單列爲部。"曰"是"口"的分化字,古文字从"口"从"曰"每無別,或本从"口",其後从"曰"。如:"曹",甲骨文从"口",☐(前二·五·五),後从"曰"作☐(曹公子戈)、☐(趙曹鼎);"曾",本爲象形字,其後加"口"作☐(曾子仲宣鼎)、☐(曾伯文簋),再從"曰"作▯(曾伯霥匜)、▯(曾姬無卹壺);"曶",金文作▯(曶尊)、▯(史曶爵)、▯(師害簋)、▯(大師小簋),從"口",小篆作▯,隸書作▯(樊敏碑)。

(18)[心]《説文》:"▯,人心土藏,在身之中,象形。""土藏"是以五行與五臟相配而附會其詞。甲骨文作▯(合 14022 正)、▯(合 6928 正),象人心肌形。金文作▯(師望鼎)、▯(散盤)、▯(王孫鐘),戰國文字作▯(璽彙 44999)、▯(陶四 033)、▯(郭店·五行 10)、▯(望山 M1 簡)、▯(包山 236)、▯(郭店緇衣)、▯(雲夢日甲),小篆作▯,隸書作▯(定縣竹簡五五)。隸變後"心"作偏旁因在字形結構中位置不同而發生了不同的變化。

(19)[舌]《説文》:"舌,在口所以言也,別味也。"甲骨文"舌"作▯(合 17455)、▯(合 9472 反)。

(20)[言]《説文》:"▯,直言曰言,論難曰語,从口辛聲。"甲骨文作▯(甲四九九)、▯(乙七六六)、▯(前五·二〇·三)、▯(庫一二五〇),"言"是在"舌"上加一横而構成的因形指事字。

(21)[音]《説文》:"音,聲也,生於心有節於外謂之音……从言含一。""音"是从"言"分化而來的指事字,二字初本無別,後分爲二。

(三)與動物生物有關的基本構形單位

(1)[馬]《説文》:"怒也,武也,象馬頭髦尾四足之形。"甲骨文作▯(合 27966)、▯(合 27945)等形,象馬之形,古文字"馬"雖變化不一,但頸部鬃髦,是其特徵。其後形體逐步省減演變,形成各種異體,詳見第四章。

(2)[豕]《説文》:"▯,彘也,竭其尾故謂之豕,象毛足而後有尾。"甲骨文作▯(合 10237)、▯(合 22437)、▯(合 19883),正突出"豕"之肥腹短尾之形。

(3)[羊]《説文》:"羊,祥也。从▯象頭角足尾之形,孔子曰:牛羊之字,以形舉也。"甲骨文作▯(合 14395 正)、▯(合 1216)、▯(合 29534),象正視羊頭角之形,取象羊頭之形以代表"羊"。

(4)[犬]《説文》:"▯,狗之有縣蹏者也,象形,孔子曰:視犬之字,如畫狗也。"甲骨文作▯(合 23689)、▯(合 24413),象"犬"側視之形,瘦腹尾上曲,與"豕"肥腹尾下垂相區别。金文腹部變爲單綫,戰國各國書寫或有差異。

(5)〔鹿〕 《説文》:"🦌,獸也,象頭角四足之形,鳥、鹿足相似,从匕。"甲骨文作🦌(合28334)、🦌(佚三九二)、🦌(佚三八三),象有枝角之鹿形。"从匕"乃就小篆而言,謂🦌與🦌足相近。又《説文》:"麂,鹿子也。从鹿弭聲。"鹿子無角,古文字與从"鹿"無别。

(6)〔牛〕 《説文》:"牛,大牲也,……象角頭三封尾之形。"古文字"牛"象牛頭之形,以牛頭代表"牛"。甲骨文作🐂(甲五二五)、🐂(甲二九一六),金文作🐂(鼎文)、🐂(鼎文)。

(7)〔虍(虎)〕 《説文》:"虍,虎文也。象形。"又:"虎,山獸之君,从虍,虎足象人足,象形。"以虎頭代表"虎"和象虎側視之形,在古文字構形中無别。甲骨文"虍"作🐅,金文作🐅🐅,象虎頭之形;甲骨文"虎"作🐅(合10216)、🐅(乙二六〇六)、🐅(甲一四三三),象虎全形;此外,甲骨文"虎方"之"虎",作"人"戴"虍"頭形,爲"虎方"之專名。金文和戰國文字中,"虎"作🐅和🐅,頗疑乃沿襲"虎方"之"虎"。

(8)〔龍〕 《説文》:"龍,鱗蟲之長,能幽能明,能細能巨,能短能長,春分而登天,秋分而潛淵。从肉飛之形,童省聲。"許慎説形不確。甲骨文作🐉(前四·五三·四)、🐉(京津一二九三)、🐉(鐵一〇五·三)、🐉(燕三四)等形,象龍之形。

(9)〔魚〕 《説文》:"魚,水蟲也,象形,魚尾與燕尾相似。"甲骨文"魚"作🐟🐟,金文作🐟,戰國文字作🐟🐟,如"漁"从"魚"作🐟(甲一〇八五)、🐟(拾二·五)、🐟(遹簋)、🐟(井鼎)、🐟(石鼓文·汧殹)、🐟(睡虎地秦簡·日甲138)、🐟(老子甲後四二九)等形;"鮮"从"魚"作🐟(鮮父鼎)、🐟(散盤)、🐟(璽彙1305)、🐟(石鼓文·汧殹)、🐟(睡虎地秦簡·日甲74)、🐟(熹·詩·抑)等形。

(10)〔虫(虵、蟲)〕 《説文》:"虫,一名蝮,博三寸,大如擘指,象其卧形。物之微細,或行或毛,或蠃或介或鱗,以虫爲象。"甲骨文作🐍(燕六三一)、🐍(乙八七一八)、🐍(京都一二四九)、🐍(後二·八·一八),與"它"是同一字。

《說文》又云:"㐌,虫也,从虫而長,象冤屈垂尾形,上古艸居患它,故相問無它乎?……蛇,它或从虫。""虫"、"它"本同字分化。又"蚰"、"蟲",《說文》單列兩部,曰"蚰,蟲之總名也,从二虫","蟲,有足爲之蟲"。古文字从"虫"與从"蚰"或"蟲"並無差別。

(11) [黽] 《說文》:"黽,鼀黽也,从它象形,黽頭與它頭同。"甲骨文作 ▨,金文作 ▨▨,所象之形,未必皆屬"鼀黽"之類。

(12) [貝] 《說文》:"貝,海介蟲也,居陸名猋,在水名蜬,象形。古者貨貝而寶龜,周而有泉,至秦廢貝行錢。"許說一指"貝"之原義,一指其貨幣之意。甲骨文作 ▨(前五·一〇·二)、▨(前五·一〇·四)、▨(甲七七七),其爲海貝實物象形。

(13) [鳥] 《說文》:"鳥,長尾禽總名也,象形,鳥之足似匕。"甲骨文作 ▨(乙七九九一)、▨(乙六六六四)、▨(甲三四七五)。"鳴",《說文》:"鳥聲也。从鳥从口。"其字本象公雞打鳴之形,加"口"以示意,其後公雞類化爲"鳥"。甲骨文作 ▨(前五·四六·四人名)、▨(前五·四六·五)、▨(前五·四六·六),金文作 ▨(王孫鐘)、▨(蔡侯申鐘)、▨(蔡侯申殘鐘),秦系文字作 ▨(石鼓文·作原),小篆作 ▨,隸書作 鳴(熹·詩·匏有苦葉)。

(14) [隹] 《說文》:"隹,鳥之短尾總名也,象形。"與"鳥"並無區別。甲骨文作 ▨ ▨ ▨,金文作 ▨ ▨,戰國文字作 ▨ ▨ ▨,隸變後作 隹。

(15) [羽] 《說文》:"羽,鳥長毛也,象形。"甲骨文有 ▨,爲"雪"所从,疑當爲"彗"之省形,可能本與鳥羽無關。其後專用爲鳥羽字。又,甲骨文"翌日"之"翌"作 ▨ ▨ ▨,或曰象鳥之羽翼之形,借作"翌"。《說文》:"翊,飛皃。从羽立聲。"

(16) [革] 《說文》:"革,獸皮治去其毛。革,更之。象古文革之形……▨,古文革。"甲骨文"革"作 ▨ ▨,金文作 ▨ ▨ ▨ ▨,戰國文字作 ▨,隸書作 革。

(17) [角] 《說文》:"角,獸角也,象形。角與刀魚相似。"段注:"此龜頭似蛇頭,虎足似人足之例。"許慎分析字形往往就小篆相近形體作比較說明。

甲骨文作🅐(乙二〇四八)、🅐(粹一二四四)、🅐(菁一·一),本象牛角。如"解"从牛从角从手會意,作🅐(後二·二一·五)可證。

(四) 與植物有關的基本構形單位

這一組基本構形單位,主要有"屮、木、竹、禾、來、黍、米"等。

(1)〔屮(中、艸)〕《說文》:"屮,艸木初生也。象丨出形,有枝莖也。古文或以爲艸字。"列爲一部,收"屯、每、毒、芬、尣(坴)、熏"等。又列"艸部",曰:"艸,百芔也,从二屮。"又分"茻"部,曰:"茻,眾艸也。从四屮。"下收"莫、莽、葬"三字。"屮、艸、茻"作偏旁,古文字無別。

(2)〔木(林)〕《說文》:"🅐,冒也,冒地而生……从屮下象其根。"甲骨文作🅐(甲六〇〇)、🅐(甲二五二〇)、🅐(明藏六一九)等形,與小篆同,象樹木枝幹根鬚之形。又"林",《說文》:"平土有叢木曰林。从二木。"單列一部,收"無、鬱、楚、槑、麓、森"等字。

(3)〔竹〕《說文》:"竹,冬生艸也。象形。下垂者,箁箬也。""竹"象竹枝葉下垂之形。金文作🅐 🅐 🅐 🅐,戰國文字作🅐 🅐 🅐 🅐,隸書从"竹"之字作🅐。

(4)〔禾〕《說文》:"🅐,嘉穀也,二月始生,八月而孰,得時之中,故謂之禾……从木从𠂹省,𠂹象其穗。"甲骨文"禾"作🅐(甲三九二)、🅐(拾二·九)、🅐(京都二九八三),象禾穀之莖葉根鬚形和垂穗之貌。

(5)〔來(麥)〕《說文》:"來,周所受瑞麥來麰。一來二縫,象芒束之形。天所來也,故爲行來之來。《詩》曰:詒我來麰。"甲骨文"來、麥"二字作🅐(京津二)、🅐(寧滬一·一七一)和🅐(佚四二六)、🅐(戩一〇八)、🅐(前4.40.7)等形。"來"本象麥之形。《說文》:"🅐,芒穀,秋種厚薶,故謂之麥。"

(6)〔黍〕《說文》:"黍,禾屬而黏者也,以大暑而種,故謂之黍。从禾雨省聲。"甲骨文作🅐(甲二九九九)、🅐(甲三〇三四)、🅐(佚五三一),本象黍之形,或从"水"作🅐(後一·三一·一二)、🅐(存下一六九),金文或作🅐(仲戲父盤),从"禾"从"水"。

(7)〔米〕《說文》:"🅐,粟實也,象禾實之形。"甲骨文作🅐(甲九〇三)、

⿲(鐵七二·三)、⿲(後一·二五·九),象粟米實形。

（五）與衣食住行相關的基本構形單位

這組基本構形單位,包括"糸、衣、巾、宀、鼎、豆、缶、皿、酉、壴、癶、車、舟、厂、广、宀、穴、京、囗、邑、户、彳"等。

(1) [**糸(絲、系、素)**] 《説文》:"糸,細絲也,象束絲之形。"甲骨文作⿰(乙一二四)。又曰:"絲,蠶所吐也,从二糸。"甲骨文作⿰(後二·八·七)。此外,"系"、"素"也單列爲部,曰"系,繫也","素,白緻繒也"。許慎所分四部,古文字每互用無別。

(2) [**衣**] 《説文》:"⿱,依也,上曰衣,下曰裳,象覆二人之形。"許説謂⿱象二人,爲望形生義。甲骨文作⿱(鐵一二·二)、⿱(後一·三一·一)、⿱(前六·四四·六)等形,乃象衣之斜領兩袖。"初",甲骨文作⿰(後二·一三·八),以刀裁剪製衣,會初始之意。隸變之後,"衣"居側旁或下部寫法略異,或將"衣"分置上下。

(3) [**巾(巿)**] 《説文》:"巾,佩巾也,从冂丨,象糸也。"甲骨文作巾(前七·五·三)、巾(京津一四二五)。又《説文》:"巿,韠也。上古衣蔽前而已,巿以象之……从巾,象連帶之形。"單立一部。戰國文字,"巾"或加一飾筆。⿰(仰天湖簡4,"布"所从)、⿰(郭店·老甲14,"幣"所从)、⿰(包山203,"常"所从)。

(4) [**皀(食)**] 《説文》:"皀,穀之馨香也。象嘉穀在裹中之形,匕所以扱之。"許説依據小篆,不確。甲骨文作⿰(甲八七八)、⿰(存下七六四)、⿰(京津四一四四),本象盛食之器,或以爲即"殷"的本字,⿰(不殷簋)、"簋"都是後起字。甲骨文"即"、"既"所从。食器上加蓋則是"食"字,甲骨文作⿱(甲一二八九)、⿰(甲一六六〇)、⿱(乙六三八六反)、⿱(乙三三一七)。《説文》:"食,一米也,从皀亼聲。或説亼皀也。"許慎就小篆説字形,勉爲其難。

(5) [**鼎**] 《説文》:"鼎,三足兩耳,和五味之寶器也……木於下者爲鼎象,析木以炊也。籀文以鼎爲貞字。"甲骨文象形。⿰乃鼎足訛變,非析⿰爲⿰也。甲骨文"鼎"也用爲"貞"字。

(6) [豆] 《说文》："豆,古食肉器也,从口象形。"甲骨文作❏(乙七九七八反)、❏(後一·六·四),金文作❏(豆閉簋)、❏(周生豆),象豆之形。

(7) [缶] 《说文》："缶,瓦器所以盛酒漿,秦人鼓之以節謌。象形。"甲骨文作❏ ❏,或以爲从❏(器)❏(午)聲。金文作❏ ❏,戰國文字作❏,隸書作缶。

(8) [皿] 《说文》："皿,飯食之用器也。象形。"甲骨文作❏ ❏,象器皿之形。金文作❏ ❏ ❏ ❏等形,戰國文字作❏ ❏ ❏ ❏等形,隸書作皿。在古文字中,"皿"可指各種盛器,並非僅作飯食用器。

(9) [酉] 《说文》："酉,就也,八月黍成可爲酎酒,象古文酉之形。"甲骨文作❏(乙六二七七 朱書)、❏(前六·五·三)、❏(甲二四一八),乃盛酒之器象形,用爲"酒"。如甲骨文酒祭之字作❏(乙六六六四)、❏(甲五一九),酒尊之"尊"作❏(甲三三八九)、❏(粹二三二)、❏(明藏五二五)。

(10) [豈] 《说文》："豈,陳樂立而上見也,从中从豆。"本象陳鼓之形,許說不確。甲骨文作❏(甲一一一一)、❏(甲二二九五)、❏(乙一八八九反),爲陳鼓之形,下置架座,上有裝飾,中圓者爲"鼓"側面之象。

(11) [㫃] 《说文》："㫃,旌旗之游㫃蹇之皃。从中曲而下垂㫃相出入也,讀若偃。古人名㫃字子游。"商代金文作❏,甲骨文作❏ ❏ ❏ ❏,象旌旗及其游之形。兩周金文和戰國文字中多有變化,作❏ ❏ ❏ ❏ ❏等形,小篆作❏,隸書作㫃。

(12) [車] 《说文》："車,輿輪之總名……象形。"甲骨文"車"作❏,本象車之全形,金文作❏,其後作車,省簡爲一輪。

(13) [舟] 《说文》："舟,船也。古者共鼓、貨狄刳木爲舟,剡木爲楫,以濟不通。象形。"甲骨文作❏(甲六三七)、❏(乙九三〇)、❏(前七·二一·三)、❏(佚九六八),象舟之形。古文字"舟"與"盤"形近,如"般"甲骨文作❏(甲一八三三)、❏(乙九六二反),後訛从"舟"。从"月"从"舟",或相訛混,如"朝"、"俞"、"朕"、"服"等,小篆皆从"舟",隸書皆从"月"。

(14) [厂] 《说文》："厂,山石之厓巖,人可居,象形。厈,籀文从干。"象山崖陡峭之形。金文"原"、"厚"作🄿(雍伯原鼎)、🄿(趠鼎),皆从"厂"會意。前者乃泉從山崖而出,是"源"的本字;後者藏酒山崖之下使酒味醇厚,以會"厚"之意。

(15)[广] 《說文》:"因厂爲屋也,象對刺高屋之形。从厂,讀若儼然之儼。"甲骨文作𠆢(乙一四〇五,"龐"所從)、𠆢(粹一二二九,"龐"所從)、𠆢(金七〇九,"龐"所從),正合許說。古文字从厂从广,每互通無別。

(16)[宀] 《說文》:"𠆢,交覆深屋也,象形。"甲骨文作𠆢(乙五八四九)、𠆢(乙八八一二)、𠆢(京津四三四),正象屋頂牆體之形。

(17)[穴] 《說文》:"𠆢,土室也,从宀八聲。"甲骨文作𠆢(拾五·七,"突"所從)、𠆢(佚七七五,"突"所從),象所居之室穴形,从宀,从"八"示洞穴之深。

(18)[亯(京、高)] 《說文》:"亯,崇也,象臺觀高之形。从冂,口與倉舍同意。"又"京"部曰:"京,人所爲絕高丘也。从高省,丨象高形。"許慎謂"亯""从高省",由甲骨文看亯與"京"本相同,作𠆢(鐵九三·四)、𠆢(甲二一三二)、𠆢(後二·三九·一一),象高臺上之建築,"高"則是由"京"分化派生而來。

(19)[口] 《說文》:"口,回也,象回帀之形。""口"範圍之意,"國、囿、圂、囤、因"雖皆从之,意各有別也。

(20)[邑] 《說文》:"邑,國也,从口,先王之制尊卑有大小,从卪。"許慎以爲"从卪(節)"體現尊卑之制,不確。甲骨文作𠆢(甲二九八七反)、𠆢(前七·五·一)、𠆢(林一·一八·四),指人口聚集之都邑,故从卪从口。口,代表行政區域,如"國、正(征)、衛"皆从口。金文作𠆢,與甲骨文相承,戰國則多有變化,作𠆢𠆢等形,隸變在側旁則作𠆢。

(21)[戶(門)] 《說文》:"戶,護也,半門曰戶,象形。"又曰:"門,聞也,从二戶,象形。"《說文》列爲兩部。甲骨文"戶"作𠆢(甲五八九)、𠆢(後二·三六·三)、𠆢(乙一一二八反),"門"作𠆢(甲五二七)、𠆢(甲八四〇)、𠆢(前四·一六·一),象單、雙門之形。

(22)［彳(行)］《説文》："彳,小步也。象人脛三屬相連也。"又曰："行,人之步趨也。"《説文》分列"彳、行"爲二部。"行"甲骨文作⾏(甲五七四)、⾏(後二·二·一),本象通衢之形,如"衛"所從。省"行"則作彳(京都二一一三,"得"所從)。許説二字之形不確。

(六) 與勞動戰爭工具有關的基本構形單位

這一組基本構形單位有"刀、斤、网、力、辰、戈、我、戊、戉、矢、弓"等,"聿"雖爲文具,也附列於此。

(1)［刀］《説文》："刀,兵也,象形。"甲骨文作ㄅ(甲三〇八五)、ㄅ(掇一·四六三)、ㄅ(甲三一六四),金文有作ㄅ(子刀父癸鼎),爲人手所執之刀。

(2)［斤］《説文》："斤,斫木也,象形。"象斫木之斧斤器形。甲骨文作ㄅ(坊間四·二〇四)、ㄅ(前八·七·一),象斤及其柯柄之形。金文作ㄅ ㄅ ㄅ等形,戰國文字作斤 彳 刂等形。

(3)［网］《説文》："网,庖犧所結繩以漁,从冂,下象网交文。"甲骨文作网(乙三九四七反)、网(後二·八·一二)、网(庫七三七),象捕鳥打魚之網形。從金文到隸書,其形體演變如下：网—网—网—网。

(4)［力］《説文》："力,筋也。象人筋之形。"許説"象人筋",非。甲骨文作ㄅ(甲二一一)、ㄅ(乙八八九三),象耒耜之形,爲農用器具。古文字"男"、"加"、"爭"("耕")皆从"力"。

(5)［辰］《説文》："辰,震也……从乙、匕象芒達,厂聲也。……从二。二,古文上字。"許説此字牽強附會,不可據。甲骨文作ㄅ(菁五·一)、ㄅ(鐵二七二·四)、ㄅ(甲二三〇八),本象人持器具勞作之意,或認爲是"蜃"之本字。古文字"農"、"蓐"从"辰",蓋"辰"與農事相關也。其形體兩周以下發展如下：ㄅ—ㄅ—ㄅ—ㄅ—辰。

(6)［聿(聿)］《説文》："聿,手之疌巧也,从又持巾。"單列一部,收"肄、肅"二字。又曰："聿,所以書也,楚謂之聿,吳謂之律,燕謂之弗,从聿一聲。""一聲"之説不可信。甲骨文"聿(筆)"作 ㄅ ㄅ ㄅ,金文作 聿 聿 聿,戰國文字作❏❏❏，小篆作❏與甲骨文、金文同，象以手執筆之形，如"書、畫"所從。《説文》分爲兩部，似不必要。"筆"爲後起注形形聲字。

(7)［戈］《説文》："❏，平頭戟也。从弋一横之，象形。"甲骨文作❏❏❏，晚期作❏，象勾兵之形。金文作❏❏❏等形，戰國文字作❏❏❏，隸書作❏。

(8)［我］ 甲骨文作❏(乙七七九五)，本象斧鉞而有齒刃形。金文作❏(我鼎)、❏(毛公旅鼎)、❏(曶鼎)，戰國文字作❏(石鼓文・而師)、❏(郭店・成之29)、❏(郭店・老甲31)，小篆作❏，隸書作❏(老子甲後一七九)。古文字中，"我"借作第一人稱代詞，或多作聲符，如"娥、義"等。《説文》以小篆爲據分析字形，故支離淩亂。

(9)［戊］ 甲骨文、金文作❏(甲九〇三)、❏(甲一一九五)、❏(司母戊鼎)、❏(父戊尊)，象斧鉞之形，古文字多借用爲天干用字。《説文》分析字形不可據。戰國文字作❏(郭店・老甲34)、❏(包山59)、❏(璽彙0703)，小篆作❏，隸書作❏(熹・春秋・莊)。

(10)［戌］ 《説文》："戌，斧也。"許慎據小篆分析字形，不確當。甲骨文作❏(合7693)、❏(合7703)、❏(花東206)，象斧鉞之形，斧身作圓形。其字形與"戊"小異。"鉞"是其後起分化字。

(11)［矢］ 《説文》："❏，弓弩矢也，从入，象鏑栝羽之形。"甲骨文作❏(甲三一一七)、❏(掇一・二〇四)、❏(鐵一二八・一)、❏(後一・一七・四)、❏(甲三七三六)等形，象矢有簇、桿、栝之形。兩周作❏❏❏等形。

(12)［弓］ 《説文》："❏，以近窮遠，象形。"甲骨文作❏(乙三四二二)、❏(乙六四〇四)、❏(乙一九四五)、❏(乙一三七)，象弓著弦之形。"引"作❏(鐵一五九・一)、❏(寧滬二・一〇六)、❏(後一・一八・七)，在"弓"上加一筆劃，爲指事字。兩周作❏❏❏等形。

(七)與山川自然神靈之物有關的基本構形單位

這組形符涉及地理、天文、礦物、神鬼之類，包括"山、阜、自、土、石、玉、金、田、水、川、火、雨、雲、日、月、鬼、示"等。

(1)〔山〕 《説文》:"山,宣也,……有石而高,象形。"甲骨文作 ⛰ (合集 5949)、⛰ (合集 6571 正)、⛰ (合集 20217),商金文作 ⛰ (父丁觚)等形,象山峰聳立之形。其後山峰形綫條化爲三豎。

(2)〔自〕 《説文》:"阜,大陸山無石者,象形。"甲骨文作 ｜(菁三・一)、｜(甲三三七二)、｜(甲二三二七)、｜(乙五三八四),金文或作 ｜(散盤,"陵"所從)、｜(柳鼎,"陽"所從),象山崖陡峭而有阪級形,或曰象山形側置狀。"陟、降、陰、陽"等皆从"阜",隸變後其形作"阝"。

(3)〔𠂤〕 《説文》:"小阜也,象形。""堆"是其後起派生字。在古文字中,"𠂤"常用作"師旅"之"師"和"師次"之"次"。

(4)〔土〕 《説文》:"土,地之吐生物者也,二象地之下地之中,物出形也。"甲骨文作 ◯(菁二・一)、◯(前五・二三・二)、◯(前六・三〇・一),象地上所立崇拜之靈石,是"社"的本字,又指土地之"土";或以爲象地上土塊之形。

(5)〔石〕 《説文》:"石,山石也。在厂之下,口象形。"甲骨文"石"作 ▽(英 1846)、▽(合 33916)、▽(合 7698)、▽(合 22099),金文作 ▽(己侯貉子簋)、▽(西庫圓壺)、▽(高奴權),戰國楚簡作 ▽(包山 080)、▽(郭店緇衣)。甲骨文作三角形者,與"殸"(磬)所從磬形相同,"石"本當指石磬;又加"口"形作 ▽,遂有"石"形。

(6)〔玉〕 《説文》:"玉,石之美……象三玉之連,丨其貫也。"甲骨文作 ▽(前六・六五・二)、▽(乙七八〇八)、▽(庫二一一)、▽(甲三六四二)等形,與許説可相印證。金文作 王 王,與"王"形近,戰國文字或在下兩橫之間加一短斜劃或對稱加兩斜劃,與"王"字相分別。

(7)〔金〕 《説文》:"金,五色金也……从土,左右注象金在土中,今聲。"金文作 ▽(利簋)、▽(叔卣)、▽(史頌簋),从土中有餅形銅料,"亼"爲其聲。戰國文字"金"或寫作 ▽(十四年陳疾午敦)、▽(中山王方壺)、▽(璽彙 0363)、▽(郭店・五行 20)、▽(包山 105)等形。

(8)〔田〕 《説文》:"田,陳也,樹穀曰田。象四口,十,阡陌之制也。"甲骨文作田(前六・一一・一)、田(鐵八五・一)、田(粹一五四五)、田(粹一五四四),象田畝阡陌縱橫之形,後以縱橫劃分之"田"爲定形。

(9) [水(く、巜)] 《説文》:"水,準也,北方之行,象衆水並流,中有微陽之气也。"這是以陰陽五行説字形,不可據。甲骨文作(甲九○三)、(前四・一三・五)、(佚九二一),象流水之形。又《説文》:"く,水小流也。"乃"水"省形;又《説文》分列 巜 部,謂"水流澮澮也",皆水流象形,古文字與"水"無别。

(10) [川] 《説文》:"川,貫穿通流水也。"甲骨文、金文作,象河川之形。甲骨文災害之"災"或作(後一・一三・一一)、(甲一八三七)、(甲二一八九)等形,象河川阻塞而氾濫成災之意,即小篆 所從,甲骨文則從"才"聲。

(11) [火] 《説文》:"火,燬也,南方之行,炎而上,象形。"甲骨文、金文本作,本象火苗火焰之形,其後作—火—火—火,逐步變爲綫條。如"炎",甲骨文作(粹一 一九○),金文作(召尊);"赤",甲骨文作(後二・一八・八)、(乙二九○八),金文作(此鼎);"焚",甲骨文作(後二・九・二),金文作(多友鼎)。"火"在不同的結構部位,變化也不盡相同,如"光"字上部作,"赤"字下部近似四點。凡在字的下部隸變後"火"多作灬。

(12) [雨] 《説文》"雨,水从雲下也,一象天,冂象雲,水霝其間也。"甲骨文作(鐵三二・三)、(後二・一・一二)、(乙九○六七),天降雨之象形,一象徵天,爲雨,連寫作,再變爲(子雨卣)(子雨己鼎),復加一飾劃作(番生簋"電"所從)、(頌壺"霝"所從)。

(13) [雲] 《説文》:"雲,山川气也。从雨,云象雲回轉形。云,古文省雨。"甲骨文作(菁4.1)、(前七・四三・二),本象天空卷雲之形,其後加"雨"分化出"雲",先秦"云"則多借爲言説之"云"。

(14) [日] 《説文》:"日,實也,太陽之精不虧。从囗一。象形。""日"象太陽之形,甲骨文因刀刻之故而作方形,中加一劃,以與形近字區别(如甲文"丁"作方形與"日"相近)。西周金文到隸書,大體發展演進如下: ⊖—
⊖—⊖—⊖。"日"本義爲"太陽",引申爲"白晝"、"全天",又泛指"時間"。

(15) [月(夕)] 《説文》:"⊅,闕也,太陰之精象形。""⊅,莫也,从月半見。""月"本象半"月"之形,本義指"月亮",引申爲"一月"之計時。"夕"從"月"派生而來,與"晝"相對指"夜",又指"傍晚"。甲骨文中"月"、"夕"字形加一短豎劃相對區別,如 ⅅ、ⅅ 爲月,⊅、⊅ 則爲夕;⊅、ⅅ 爲月,⊅、ⅅ 則爲夕。作爲構形單位,"月"、"夕"每互用無別。"明"從"月",由"明"字的發展可以觀察"月"的形體變化,甲骨文"明"作 ⊙(乙六六七二)、⊙(乙六九二一)、⊙(乙七〇三〇),金文作 ⊙(矢方彝)、⊙(矢尊)、⊙(服尊),戰國秦文字作 ⊙(商鞅方升),隸書作 ⊙(睡虎地秦簡‧日乙 206)、⊙(石門頌)。"外"從"夕",甲骨文"卜"用作"外",金文作 ⊅(靜簋)、⊅(毛公䎱鼎)、⊅(外弔鼎),戰國文字作 ⊅(故宮 477),戰國楚文字作 ⊅(包山 199),秦文字作 ⊅(睡虎地秦簡‧日乙 8),《説文》小篆作 外,古文作 ⊅,隸書作 外(熹‧公羊‧宣三年)。

(16) [鬼] 《説文》:"⊙,人所歸爲鬼。从人,象鬼頭。鬼陰气賊害,从厶。"甲骨文作 ⊙(菁五‧一)、⊙(甲三三四三)、⊙(乙七一五七),許説依據小篆字形,不足據。從西周金文到隸書,其形體發展如下: ⊙—⊙—⊙—鬼。

(17) [示] 《説文》:"示,天垂象見吉凶,所以示人也。从二(二,古文上字)。三垂,日月星也,觀乎天文以察時變。示,神事也。"許説字形依據小篆,不確。甲骨文作 ⊤(後一‧一‧二)、⊤(甲二八二)、⊤(前二‧三八‧二)、⊤(林一‧一八‧一〇)等形。其本義爲何,説法不一,或以爲是生殖崇拜之像,或以爲象神主木表之形。"示"表示與神鬼祭祀相關之義,如"神、祖、祭"等皆从"示"。

三 古文字基本構形單位的功能及其發展

本章所列舉的衹是古文字較爲常用的基本構形單位,這些構形單位大都包含在《説文》540 部之中,我們基於古文字材料,對《説文》的劃分進行了必要的歸併和調整，並糾正了許慎對一些字形的不準確分析。

　　基本構形單位作爲漢字結構的基本成份，是構成合體字的基礎材料。在漢字結構中，其主要功能是充當形聲字的形符、聲符和會意字的意符，還有一些則是指事字構成所依託的基本字符。值得注意的是，在長期使用過程中，基本構形單位逐步形成了功能分工，主要是作爲形符和意符使用，雖然它們也同時可以作爲聲符使用，但這不是其主要功能。形聲字的聲符，除這些基本構形單位可以充當外，主體大多則是合體字。據我們的初步統計，古漢字的基本聲符已有 500 多個。古漢字階段，以基本構形單位爲主構成的形符系統和聲符系統的形成，表明形聲結構發展到較爲完善的階段。

　　與整個漢字形體發展趨勢相一致，基本構形單位在使用中也是不斷發展變化的，其發展變化主要表現在形體和功用兩個方面。就形體而言，所有基本構形單位，都經歷了古漢字各個階段的演變，逐步發展成爲定型的書寫樣式。有些構形單位，因爲出現在合體字結構的不同位置，而形體也因結構的需要變爲不同的書寫樣式，如"心"、"火"、"水"等發生的不同變化。就功用而言，不同的基本構形單位不僅有充當形符或聲符的功能分工，而且實際使用中常常會因爲習慣或對字義的某些理解，而出現義近形符通用、音近聲符換用和形近混用等現象，這些現象的發生，對字形結構的辨識和分析會產生一定的影響，應該引起注意。

第六章 甲骨文

一 甲骨文概説

(一) 甲骨文及其新發現

甲骨文,主要指的是河南安陽小屯殷墟出土的龜甲和獸骨(牛骨)上所刻的文字,它是殷商王室及其族屬占卜活動的記錄,又稱卜辭、殷契、甲骨刻辭、龜版文、龜甲文字、龜甲獸骨文字等等。

自 1899 年甲骨文被發現以後,經早期甲骨學者的收集、整理和研究,甲骨文的重大價值引起了學術界的高度關注。[①] 從 1928 年 10 月至 1937 年抗日戰爭爆發,當時的中研院歷史語言研究所先後對殷墟進行了 15 次大規模科學發掘,這個時期的考古工作對深入認識殷墟遺址具有重大意義。這 15 次發掘中有 12 次獲得了帶字甲骨,新獲甲骨總數達 24 900 餘片。這些甲骨都有明確的層位和坑位記載,學術研究價值較前期的零散收集和私人發掘所得材料不可同日而語。

1950 年起,殷墟發掘、研究和保護基地逐步有計劃地建立,1958 年中國科學院考古研究所在安陽設立工作隊,次年設立工作站。1973 年,考古所對小屯南地進行發掘,新發現甲骨 5 300 多片,其中帶字甲骨 4 589 片,整理成

---

① 關於甲骨文的發現、研究情況及其對古文字學的影響,第一章我們已簡略介紹,這裏祇對重要的新發現做一些補充説明。

《小屯南地甲骨》一書發行。① 1991年,在殷墟花園莊東地又發現了一個甲骨窖藏坑,集中出土甲骨1 583片,其中大版和完整的龜甲達755版。這批甲骨有刻辭的卜甲684片,卜骨5片,共計689片,有刻辭的完整龜甲約300版。在內容與文例等方面,花園莊甲骨都提供了以前難以瞭解的許多重要信息,是甲骨文的又一次重大發現。2003年,其整理研究成果《殷墟花園莊東地甲骨》一書出版。② 此外,在殷墟小屯村中村南陸續發現的一些甲骨,最近也已整理出版。③

關於西周甲骨文,20世紀40年代就曾被提及,50年代以來零零星星有多次發現,④如陝西長安張家坡西周遺址、⑤山西省洪趙縣坊堆村周代遺址、⑥北京昌平白浮村周初燕國墓⑦等發現的西周甲骨,使人們對西周甲骨的認識越來越明晰。

1977年7月至8月、1979年5月,在陝西岐山鳳雛村發掘西周時期建築基址時,先後兩次發掘了兩個窖穴,一個在西廂二號房的東南角,編號為H11,另一個在西廂二號房的北端偏西,編號為H31。兩個窖穴共出土卜甲和卜骨17 275片,其中卜甲16 371片,卜骨678片,有字甲骨共292片。周原甲骨的發現立即引起了學術界的高度重視,許多學者參與了研究,取得了可喜的成績。⑧

繼周原甲骨發現之後,1979年9月至1980年春,在陝西省扶風縣齊家

---

① 中國社科院考古所編:《小屯南地甲骨》,北京,中華書局1980年版。
② 中國社會科學院考古研究所編著:《殷墟花園莊東地甲骨》,昆明,雲南人民出版社2003年版。
③ 中國社會科學院考古研究所編:《殷墟小屯村中村南甲骨》,昆明,雲南人民出版社2012年版。
④ 何天行:《陝西曾發見甲骨之推測》,《學術》第一輯,1940年;參看王宇信等《甲骨學一百年》第八章,北京,社會科學文獻出版社1999年版。
⑤ 陝西省文物管理委員會:《長安張家坡西周遺址的重要發現》,《文物參考資料》1956年第3期。
⑥ 李學勤:《談安陽小屯以外出土的有字甲骨》,《文物參考資料》1956年第11期。
⑦ 北京市文物管理處:《北京地區的又一重要考古收穫》,《考古》1976年第4期。
⑧ 可參看陳全方《陝西岐山鳳雛村西周甲骨文概論》(刊於《四川大學學報叢刊》第10輯《古文字研究論文集》)、徐錫臺《周原甲骨文綜述》(三秦出版社1987年版)、王宇信《西周甲骨探論》(中國社會科學出版社1984年版)、陳全方等著《西周甲文注》(學林出版社2003年版)。

村發現有字西周甲骨6片,加上無字者共22片,其中有一版較完整的有字龜甲。① 1991年,邢臺南小汪發掘,於H75灰坑中也獲得一片西周有字卜骨。② 2008年9月至12月,陝西省考古研究院與北京大學考古文博學院在周公廟遺址新發現卜甲共計7 000餘片,其中有刻辭的甲骨688片,占卜主體等級很高,內容十分重要。其年代爲西周初年,甚至可以早到武王克商之時。③

50年代以來,除上述出土的西周甲骨以外,零星發現的還有北京琉璃河燕都遺址的3片(刻有8字),北京房山區鎮江營西周燕文化遺址的1片(有6個數字組成兩行筮數),以及陝西扶風強家遺址的1片(有3字)。西周甲骨的陸續發現,使學者初步瞭解到殷商與西周甲骨的異同,對西周歷史文化和語言文字研究具有重大意義。

自19世紀末葉到目前爲止,總共發現了多少片甲骨尚未能得出確切的統計數據,各家統計數據少的約10萬片,多的達15萬片左右。④ 已發現的甲骨,主要收藏於海内公私諸家,也有不少爲域外所收藏,如英、法、德、比利時、瑞典、瑞士、美國、加拿大、俄羅斯、日本、韓國等都收藏有甲骨,使用殊爲不便。郭沫若主編、胡厚宣任總編輯編纂完成的《甲骨文合集》和彭邦炯等編纂的《甲骨文合集補編》,收集了國內外已公布的資料和各家所藏,總計約著錄甲骨六萬五千餘片。⑤

大量甲骨文字的發現,表明殷商時期漢字就已經發展到比較成熟的階段。從構形和運用看,甲骨文具備了象形、會意、指事、形聲等基本構形方

---

① 陝西周原考古隊:《扶風縣齊家村西周甲骨發掘簡報》,《文物》1981年第9期。
② 參看簡報《邢臺南小汪周代遺址西周遺存的發掘》,《文物春秋》1992年增刊《河北省文物研究所參加第三屆環渤海國際學術討論會論文報告集》。
③ 2009年3月14日,由北京大學考古文博學院與陝西省考古研究院聯合舉辦的"周公廟考古工作彙報暨新出西周甲骨座談會"在北京大學賽克勒博物館舉行。北京大學考古文博學院雷興山、董珊代表周公廟考古隊分別介紹了近年來周公廟遺址的田野考古工作及2008年度西周甲骨的初步整理情况。
④ 王宇信、楊升南主編:《甲骨學一百年》,第52—55頁,北京,社會科學文獻出版社1999年版。
⑤ 郭沫若主編:《甲骨文合集》,北京,中華書局1978—1982年版;彭邦炯等:《甲骨文合集補編》,北京,語文出版社1999年版。

式,同音通假運用比較普遍,能較爲準確地記錄語言,已經成爲一種便於書寫和辨認的成熟的文字符號系統。可見,甲骨文字之前,漢字可能已經經歷了較長時期的發展。

(二) 甲骨的修治、占卜、體例和内容

甲骨文是占卜的記錄。利用龜甲占卜,既是一種古老的習俗,又是一種迷信的行爲,我國新石器時代就已經普遍存在。占卜所使用的甲骨,主要是龜甲和牛肩胛骨,還有少數人頭骨、鹿頭骨、羊骨等。

龜甲獸骨使用前要經過整治,龜甲先要將腹甲、背甲鋸開銼磨,占卜主要用腹甲,背甲較少使用。獸骨主要是牛的肩胛骨,骨臼一般要鋸去骨首突出的部分,並對骨面和邊緣進行削刮打磨,以便利用。

甲骨修治好以後,由占卜的史官保存,需用時取出。占卜時先進行鑽鑿,使鑽鑿處變薄,然後用文火在鑽鑿處施灼,甲骨正面就會呈現兆紋,這就是"卜兆"。王或史官根據卜兆來判斷所占問事情的吉凶。占卜的有關事項以及應驗情況記刻在卜兆邊上即"卜辭"。卜兆旁邊還刻有"一、二、三"等數字,即"兆序";兆旁刻記的"小告"、"一告"、"二告"、"三告"、"不午黽"等,是"兆記"。

甲骨卜辭有一定的格式,最完整的形式包括四個部分,即前辭(敘辭、述辭)、命辭(貞辭)、占辭、驗辭。

(1) 前辭:記錄占卜的時間和占卜者的名字,有時包括地點(如後期的卜辭)。

(2) 命辭:記錄占卜貞問的事情,或稱爲"貞辭"。

(3) 占辭:是根據卜兆作出的判斷吉凶禍福的詞語。

(4) 驗辭:是將占卜後應驗的情況記錄下來。

以上四個部分就構成了一條完整的卜辭,如《合集》137 正這條卜辭:

癸丑卜,爭貞:旬亡囚(憂)? 王固曰:㞢(有)❋(祟)、㞢❋。甲寅,允㞢(有)來❋(艱)。ナ(左)告曰:㞢(有)往芻自❋,十人㞢(又)二。

並不是每一條卜辭都有這麽完整的形式,最常見的是簡省形式,如"癸亥卜,王,(前辭)吉(占辭)"、"羽(翌)乙亥其雨?(命辭)"、"己亥卜,宁貞,(前辭),御于南庚?(命辭)"、"貞,(前辭),业(侑)于南庚?(命辭)"等,都是省略形式。

　　有一部分紀事刻辭與這種格式無關。如(1)甲橋刻辭:刻在龜腹甲反面的甲橋上;(2)背甲刻辭:刻在龜背甲的反面;(3)甲尾刻辭:刻在龜腹甲尾部右邊;(4)骨臼刻辭:刻在牛胛骨首;(5)骨面刻辭:刻在牛胛骨寬面下方的一端。這些部位所刻的紀事刻辭,記錄的不是占卜的直接內容,一般是甲骨來源、修治人員以及修治後交付的保管人等記錄。此外,還有一類表譜刻辭,如干支表、祀譜、家譜等,也不屬於卜辭,也與卜辭格式無關。

　　殷墟甲骨文内容十分豐富,主要有以下幾個方面:

　　(1)祭祀:對祖先與自然神的祭祀、求告;

　　(2)天時:占卜風雨陰晴水災及天變等;

　　(3)年成:農作物收成與農事等;

　　(4)征伐:殷商與方國之間的戰爭;

　　(5)王事:時王的田獵、遊止、疾病、生子等;

　　(6)旬夕:對今夕來旬吉凶禍福的卜問。

　　殷墟甲骨文保存了殷商社會文化多方面的豐富史料,因此,有人說甲骨文是殷商王室的檔案。此外,還有一些非王卜辭,則記錄了與王室關係密切的一些殷商重要家族的占卜活動。

　　(三)殷墟甲骨的分期與斷代

　　殷墟甲骨是商代盤庚遷殷到帝辛滅亡這一歷史時期的遺物,目前可以肯定最早的甲骨是武丁時期的,最遲的是帝乙時期的,武丁以前和帝辛的卜辭是否存在,學者尚未能得出明確的結論。根據史籍記載,從盤庚遷殷到帝辛共273年,經歷了盤庚、小辛、小乙、武丁、祖庚、祖甲、廩辛、康丁、武乙、文丁、帝乙和帝辛,共八代十二王。通過對比研究,證明史籍記載的世系與卜辭中反映的世系一致,有些出入,應以卜辭爲準。時代跨度二百餘年,内容又十分豐富複雜的卜辭,要進行深入的研究並發掘其巨大的史料價值,就必然要落實到哪一片甲骨是哪一王之物,這就產生了甲骨分期與斷代的必要。

分期與斷代工作是深入進行甲骨文研究的基礎性工作。運用甲骨文材料研究殷代晚期社會政治、經濟、文化以及語言文字的發展,都需要建立在科學的分期與斷代基礎之上。1917年,王國維發表《殷卜辭中所見先公先王考》一文,根據卜辭中的稱謂和世系所進行的斷代工作,是甲骨斷代研究的發端;1933年,董作賓發表了劃時代的《甲骨文斷代研究例》,對甲骨的分期斷代問題提出了比較系統的方法。董作賓將殷墟全部甲骨文分爲五個時期:

(1) 盤庚、小辛、小乙,武丁;(二世四王)

(2) 祖庚、祖甲;(一世二王)

(3) 廩辛、康丁;(一世二王)

(4) 武乙、文丁;(二世二王)

(5) 帝乙、帝辛;(二世二王)

董作賓總結出了十個分期斷代的依據:(1) 世系;(2) 稱謂;(3) 貞人;(4) 坑位;(5) 方國;(6) 人物;(7) 事類;(8) 文法;(9) 字形;(10) 書體。董作賓分期斷代的依據比較系統科學,其五期分類影響深遠。其後,又有一些新的意見,如胡厚宣《戰後南北所見甲骨錄·序例》併五期爲四期,即將三期與四期合爲一期。陳夢家《殷虛卜辭綜述》則分爲九期:即將二、三、四、五這四期分爲一王一期,加上早期(武丁)共爲九期,並在此基礎上再分爲早期(武丁—廩辛)、中期(康丁—文丁)和晚期(帝乙—帝辛)。

董作賓提出十項甲骨斷代的標準,歸納起來關鍵的有七項:

(1) 稱謂: 卜辭中祭祀祖先時常稱祖某、父某、母某、兄某,根據上述殷王世系,從這些稱呼中就可以判斷它屬於哪一王。世系是確定稱謂的基礎,稱謂則是最根本的斷代依據。稱"祖某"的情況要複雜一些,稱"高祖"的祇有夔、王亥,又省爲"高祖"、"高",稱"祖"則有多種可能。日本學者島邦男根據稱謂製作了一個五期稱謂表,頗爲便用。[①] 稱謂可以得到較爲具體的時段,但是也有困

---

① 參看[日]島邦男《殷虛卜辭綜類》,第556頁,東京,汲古書院1977年版。

難的一面,如祖甲稱武丁爲"父丁",武乙稱康丁爲"父丁",帝乙稱文丁爲"父丁",祇憑"父丁"還難於做出絕對判斷,這時可以輔之以其他手段。

(2) 貞人：一般說來,每個王朝有特定的卜人,可根據稱謂確定某貞人屬某王時期,將同版已知時代的貞人與未知時代的卜人相互繫聯,可以得出同時期的一批貞人,即所謂貞人組群(集團)。在沒有稱謂的情況下,利用繫聯的貞人進行甲骨斷代就成爲可靠的依據。根據研究的結果,卜辭中出現的貞人有 128 個。①

(3) 形體：不同的時期、不同的書寫者,往往形成個人的書寫風格特徵,通過世系與貞人確定一些卜辭的年代,尋找出體現不同時代刻寫者個性特徵的典型字,就可以作爲斷代的依據。甲骨文字的形體在二百多年間也在不斷地發展變化,從而形成時代的特徵,如干支用字、"王"、"貞"等出現頻率高的字,不同時代變化相當明顯。文字形體的個人書寫特徵和時代特徵,構成了甲骨分期斷代的一個基本依據。

(4) 文例：甲骨文的文例,也會形成一些差異和發展變化,如前辭形式的變化,特殊辭例(紀事刻辭)和專門詞語的使用等,經過研究總結,尋找出其時代特點後,也可作爲幫助判定甲骨時代的依據。比如：第一、二期前辭完整,第三期可以省略貞人名,第四期不僅貞人名省略,商王親自占問的較多,有時將地點置於前辭,如"癸亥卜在向貞王旬亡囗"(粹 1456)。一些特殊辭語,如"受祐"、"不受祐"使用也有變化,一期多出現"帝受我祐"、"帝不我其受祐",二、三期多作"王受祐",四期稱"受祐"、"不受祐",五期則稱"余受祐"等等。

(5) 人物、方國、事件：根據已確定年代的卜辭,可以確定卜辭中的一些人物、方國活動的時代和一些重要事件發生的年代,因此由已經明確的方國、人物和事件,也可以幫助判定卜辭的時代,如望乘、婦井、沚等都是第一

---

① 可參看董作賓《甲骨學五十年》(臺北藝文印書館 1955 年版)、陳夢家《殷虛卜辭綜述》(科學出版社 1956 年版)、饒宗頤《殷代貞卜人物通考》(香港大學出版社 1959 年版)、島邦男《殷墟卜辭研究》(日本汲古書院 1977 年版)、貝塚茂樹和伊藤道治《甲骨文斷代研究的再檢討》(刊於《東方學報(京都)》第二十三冊,1953 年)。

期的。不過,這祇是一種輔助性手段,方國和人物可能有異代同名的問題,有些事件或延續較長時間或不同時期類似事件亦有可能發生。

(6) 地層、坑位: 經科學發掘的材料,地層和坑位關係明確,這爲出土於不同地層、坑位的甲骨科學確定年代提供了可靠的基礎。尤其是成坑出土有意儲存的甲骨,其同坑者年代不會相差太遠,如殷墟小屯 YH127 坑,共發現甲骨編號一萬多片,都是第一期的。當然,同坑卜辭,也可能會包括早於該地層坑位之前的甲骨。

(7) 鑽鑿形態: 不同時代的甲骨,在鑽鑿形態方面也會有所變化,細緻研究這種變化,也可以爲分期斷代提供參考。

上述這些依據,基礎性的是世系、稱謂、貞人、坑位四項,這是直接標準,[1]其他標準都是輔助性的。甲骨的分期斷代一般需要綜合運用這些手段。董作賓提出的五期劃分學說極富開創性,但五期說也存在一些問題,如一部分四期卜辭和一期卜辭在內容上多相關聯,董氏爲了解釋這些難以理解的現象,曾提出晚商"文武丁復古"的論點,此説未能令人信服。另外,他把甲骨卜辭類型的劃分和王世的推斷對應了起來,現在看來也並非那麼簡單。

甲骨的分期斷代研究,在董作賓之後日趨嚴密和深入。陳夢家首先提出有關卜辭分組分期的學說。1951 年,陳夢家根據"卜人"(即貞人)繫聯和字形特徵,將所謂"文武丁卜辭"分爲自組、午組、子組等幾組不同的卜辭,從發掘坑位和卜辭關係上論證了其時代應屬於武丁時期。[2] 日本貝塚茂樹等也較早地注意到了這個問題,並提出"王族"卜辭和"多子族"卜辭問題,也將其劃爲武丁時代。[3] 李學勤是較早涉足卜辭分類與斷代的學者之一,並在這方面有很重要的建樹。1957 年,他撰文指出:"卜辭的分類與斷代是兩個不同的步驟,我們應先根據字體、字形等特徵分卜辭爲若干類,然後分別判定

---

[1] 董作賓:《甲骨學六十年》,臺北,藝文印書館 1965 年版。
[2] 陳夢家:《甲骨斷代學》,《燕京學報》第 40 期,1951 年;《考古學報》第 5、6、8 期,1951—1954 年,後收入《殷虛卜辭綜述》,北京,中華書局 1988 年版。
[3] 貝塚茂樹:《中國古代史學的發展》,日本東京弘文堂書店 1946 年版;貝塚茂樹、伊藤道治:《甲骨文斷代研究的再檢討》,刊於《東方學報(京都)》第二十三册,1953 年。

各類所屬時代。同一王世不見得衹有一類卜辭,同一類卜辭也不見得屬於一個王世。"①1981年,李學勤撰文進一步闡述其觀點,強調把甲骨卜辭的分類與斷代分開來做。② 他的意見引起學術界的重視。與此同時,裘錫圭和林澐也各自撰文,分別闡述了他們對甲骨分期的意見。③ 在1986年的第六屆中國古文字研究會學術年會上,李學勤宣讀了《殷墟甲骨分期的兩系說》一文,通過對殷墟甲骨出土地點及分類特徵的考察,認爲有的甲骨組類主要出於小屯村北,有的組類主要出於小屯村中和村南,故殷墟甲骨的發展可能同時存在兩個系統:一個系統是村北系列,另一個是村南系列。④ 隨後李學勤、彭裕商又發表了《殷墟甲骨分期新論》、⑤《殷墟甲骨分期研究》,⑥系統論述了他們關於殷墟卜辭分期的觀點。黃天樹亦有著作闡述"兩系說"。⑦ "兩系說"將殷墟王卜辭劃分爲七個大的組類,即陳夢家所分出的自組、賓組、出組、何組、黃組,再加上李學勤提出來的歷組和無名組,各甲骨分組的内部還可以再劃分出若干小類。這些卜辭的分組"都是甲骨組,不是卜人組,衹是在命名上大多數的組借用了卜人集團中一個卜人的名字,如賓組、自組等。歷組衹有一個卜人歷,所以稱爲歷組,意即歷所卜的一組甲骨,並不是一人成爲一組。無名組和非王無名組則全無卜人"。⑧

"兩系說"有助於把衆多的原始材料按照分類的標準和出土情況進行有機聯繫,從而使相關的研究工作更加切合實際,是殷墟甲骨斷代研究的深化。目前"兩系說"還衹是理出了大致的分類框架,尚有待依靠基礎整理工作的全面展開和出土資料的進一步檢驗。根據甲骨分期研究的新成果,殷

---

① 李學勤:《評陳夢家〈殷虛卜辭綜述〉》,《考古學報》1957年第3期。
② 李學勤:《小屯南地甲骨與甲骨分期》,《文物》1981年第5期。
③ 裘錫圭:《論歷組卜辭的時代》,《古文字研究》第六輯,北京,中華書局1981年版;林澐:《小屯南地發掘與殷墟甲骨斷代》,《古文字研究》第九輯,北京,中華書局1984年版。
④ 李學勤:《殷墟甲骨分期的兩系說》,中國古文字研究會第六屆年會論文(1986年),後收入《古文字研究》第十八輯,北京,中華書局1992年版。
⑤ 李學勤、彭裕商:《殷墟甲骨分期新論》,《中原文物》1990年第3期。
⑥ 李學勤、彭裕商:《殷墟甲骨分期研究》,上海,上海古籍出版社1996年版。
⑦ 黃天樹:《殷墟王卜辭的分類與斷代》(繁體),臺北,文津出版社1991年版;《殷墟王卜辭的分類與斷代》(簡體),北京,科學出版社2007年版。
⑧ 李學勤、彭裕商:《殷墟甲骨分期研究》,第27頁,上海,上海古籍出版社1996年版。

第六章 甲骨文 137

墟時期各類型甲骨卜辭的發展進程及所處時代，大體上可以總結爲下表：①

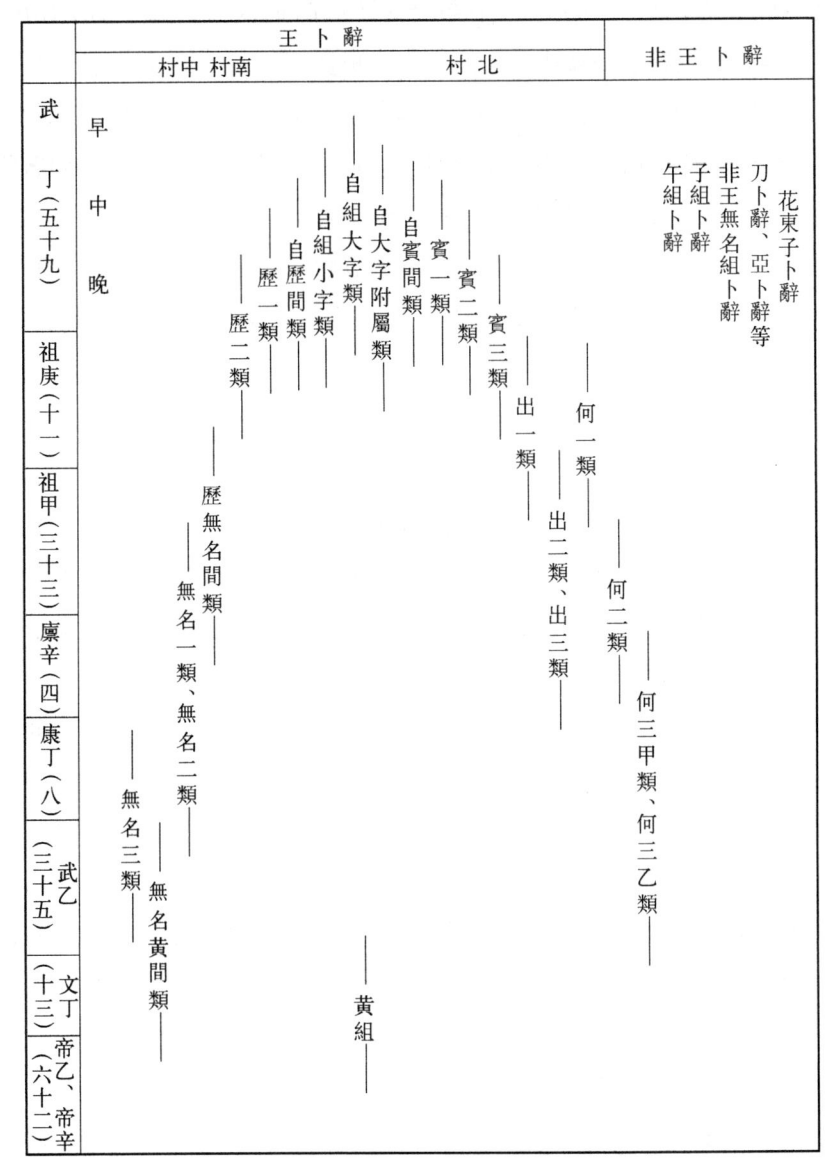

	王卜辭		非王卜辭
	村中 村南	村北	
武丁（五十九）	早 中 晚	自組大字類／自組小字類／自歷間類／歷一類／歷二類 — 自大字附屬類 — 自賓間類 — 賓一類 — 賓二類 — 賓三類	花東子卜辭／子組卜辭／午組卜辭／非王無名組卜辭／刀卜辭、亞卜辭等
祖庚（十一）		出一類 — 何一類	
祖甲（三十三）	歷無名間類	出二類、出三類 — 何二類	
廩辛（四）	無名一類、無名二類		
康丁（八）	無名三類	何三甲類、何三乙類	
武乙（三十五）	無名黄間類		
文丁（十三）		黄組	
帝乙、帝辛（六十二）			

注：表中有關王卜辭的部分參考了黄天樹先生《殷墟王卜辭的分類及各類所占年代總表》，商王世系及在位年數參考了《今本竹書紀年》。本表裏各類卜辭前後連綫的長短不代表出土卜辭數量的多少。

――――――――――

① 本表選自王蘊智《殷商甲骨文研究》（科學出版社 2010 年版）第 143 頁，以下論述亦多參考該書。

如上表所示，從甲骨占卜的性質上來區別，殷墟甲骨大致可劃分爲王卜辭和非王卜辭兩大部分。王卜辭乃是不同時期以商王爲中心所作出的占卜記錄，這是整個殷墟甲骨文的大宗。根據甲骨出土情況、卜法文例、書寫風格及占卜内容等特徵，整個王卜辭從𠂤組類甲骨開始，又大致演繹出兩條綫索：一是小屯村北出土的甲骨，它由𠂤組的𠂤賓間類發展到賓組、出組、何組、黃組；另一條綫索是小屯村中、村南出土的甲骨，它由𠂤組的𠂤歷間類發展到歷組、無名組。黃組是整個殷墟甲骨的共同終結。在殷商武丁至帝乙、帝辛 200 餘年間，各類殷墟王卜辭的發展綫索可簡單地列如下式：

（村北）𠂤組→𠂤賓間組→賓組→出組→何組→黃組

（村南）𠂤組→𠂤歷間組→歷組→無名組→無黃間組→黃組

非王卜辭大都屬於與王室有血緣關係的家族首領人物的占卜記錄，這一部分所見甲骨多出現於武丁中晚期。從占卜主體和占卜内容上看，非王卜辭大致可劃分出子組卜辭、非王無名組卜辭、午組卜辭、花東子卜辭、刀卜辭、亞卜辭等主要類型。

同屬於殷墟王卜辭的兩系甲骨，它們之間所存在的差異是多方面的。首先如上所述，兩系甲骨在出土地點上彼此不同。其次，兩系甲骨的數量不是平均的，村北系甲骨的著錄數量目前已高於村南系四倍以上，僅賓組卜辭就占了整個殷墟卜辭數量的一半還多。結合出土坑位情況，可以看出商王的占卜重心應是在小屯村北的宫殿、宗廟區一帶。從卜材、卜法習慣上看，村北系一般龜骨並用，村南系則以胛骨爲主。村北甲骨的前辭文例中一般都署有貞人名，根據貞人的繫聯，村北系的甲骨大致可劃分爲𠂤組、賓組、出組、何組、黃組等五大類。村南系的歷組和無名組甲骨，主要是依據文字契刻風格及其相關的人物、事項、稱謂、鑽鑿型態等内在關係劃分出來的。

殷墟王卜辭的起點出自𠂤組大字類，賓組晚期與出組卜辭有一段交叉並存關係，甚至與較晚的何組卜辭也有一段並存的現象。歷組向無名組發展時經歷了歷無名間類的過渡，無名組與黃組之間也經歷了無名黃間類的過渡,無名組與歷組以及稍晚的黃組都有一段交叉並存期。這兩系七大組類王卜辭的發展,彼此間參差不齊、相互疊合。處於同一時期的不同組類的甲骨,在占卜文例、人物、事類等方面都存在着許多內在的聯繫。

二 甲骨文選釋

（一）殷墟王卜辭選釋

1. 㠯組卜辭

㠯組卜辭即最早由董作賓提出的所謂"文武丁卜辭"。陳夢家在《殷虛卜辭綜述》中首次根據貞人組定名爲"㠯組卜辭"。學者依據貞人、坑位、文法、書體、字形及占卜內容等特點,將㠯組卜辭分爲以下五個亞類:㠯組大字類、㠯組大字附屬類、㠯組小字類、㠯賓間類、㠯歷間類。大字附屬類卜辭與大字類有同版現象,二者有一段重合的時間,另外大字類在人物以及占卜事類方面與小字類的聯繫相對多一些。㠯賓間類和㠯歷間類直接繼承了㠯組類的一些作風,又分別與村北系的賓組一類和村南系的歷組一類卜辭相銜接。㠯組卜辭的下限不晚於武丁中期或中期偏晚。㠯組卜辭目前見於各家著録的約3 500餘片。

㠯組大字類主要出土於小屯村北,有少量在村中、村南。占卜材料以骨爲主,兼用龜甲。其時代大致在武丁執政的前期,應是殷墟時代最早的甲骨卜辭。主要貞人是𠆯,商王有時親自占卜。另有"𠤏"可能也是貞人。占卜內容主要是關於祭祀方面的,也有少量的戰爭、田獵、求雨類卜辭以及個別卜旬辭。前辭形式主要有"干支卜"和"干支卜,某"。驗辭多與前辭、命辭分離,獨立成行或成列。用辭寫作"用"(《合集》19813 正)、"不用"(《合集》21267)。卜辭字形稍大,筆劃圓潤,多施以肥筆。各條卜辭分布疏散,行款參差環繞,不甚整齊規範,卜辭間或有半包圍狀或封閉狀界欄。

㠯組小字類龜骨並用,主要出於村北,數量明顯多於㠯組大字類。貞人除𠆯與王以外,還有㠯、𠁩、𠂤、㣤等。本類王貞卜辭較多,占辭習作"余曰"或

"ㄓ固曰",未見"王固曰"的形式。出現較多背甲刻辭,甲尾署辭也明顯多於自組大字類,常見有"某入"、"某來"等形式的署辭。兆辭有"二告友"、"二告"、"不❄黿"等,習用語有"肩興ㄓ疾"("肩興又疾"、"ㄓ疒肩興"),驗辭多用"允某"形式("允不"、"允雨"、"允雀")等。與大字類相比,自組小字類卜辭行款佈局比較規整,字形體小劃細,結體上也不盡相同。

自賓間類卜辭出於小屯村北,龜骨並用。占卜者除王以外,祇有貞人"蟲"。特殊習語有"叀燕吉"(《合集》12523)、"🕺[叀]吉"(《合集》12937)。字體秀逸,字形偏長,用筆工飭。一些字的結體開闊適度,婉轉流暢。

自歷間類卜辭主要出於小屯村中與村南,龜骨並用,卜辭不署貞人名。本類與自組甲骨有同坑出土的記錄,有與自組格式相似的甲尾刻辭,二者的鑽鑿形態近同,還有同時、同事、同卜等現象。與歷組卜辭也有密切的聯繫,存在共版現象;有些用字習慣與歷組卜辭一致,如求年用"禾"不用"年"、祭祀動詞多用"又"不用"ㄓ"等。字形筆劃柔潤含蓄,風格與歷組一類比較接近。

(1)《合集》19813 正

[釋文]

(1) 庚寅卜,夨:二牛,示壬?

(2) 辛卯卜,夨:示壬,二牛?

(3) 丙申卜,夨:祉(延)爯(稱)工,馬用,大丁? 三

第1、2辭干支相連,卜問內容相同,皆貞問是否用兩頭牛牲向商先王示壬致祭。第3辭卜問是否延遲舉行"稱工"的典禮,並向先王大丁獻馬牲爲祭。

此版屬自組大字類,爲一較完整的牛肩胛骨,骨臼部分未作切口。骨面上文字稀疏,行款排列無序,表現爲殷墟早期卜辭的特徵。如"爯、馬、祉"諸字象形性較強,"卯"字兩豎筆外側的封閉性筆劃近乎方形,"丁"字作圓形,"申"字主幹筆劃勾曲圓轉,是自組大字類多見的寫法。

第六章 甲骨文

(2)《合集》19777

[釋文]

(1) 己巳卜,王:虫(侑)殳后以丙?

(2) 己巳卜……

(3) 己巳卜……

(4) 庚午卜,王:方至,今日?

本版屬自組大字類,係商王親卜,第 1 辭卜問是否把丙族人貢納的人牲殳向過世的王后致以侑祭。"丙"是當時身世顯赫的貴族首領,商代青銅器中鑄有此氏族名的有一百多件。第 4 辭問當日敵方是否來侵。

此版諸字用筆柔潤、渾厚。"午"字作肥碩的串珠之形;"方"字作 形;"王"字作 形,其中表示斧鉞的結構作填實狀;"虫"字作 形。這些寫法僅見於早期自組大字類。

(3)《合集》14116

[釋文]

(1) 貞:帚(婦)鼠冥(娩),余弗其子? 四月。

(2) 壬申卜:多冒無(舞),不其从雨?

第 1 辭卜問婦鼠生育。貞卜生育在此類卜辭中較爲多見。第 2 辭卜問"多冒"們舉行舞蹈祭儀,是否會求得順雨。

此版屬於自組小字類。其字形小巧端正,書風清秀。其中如"貞(鼎)"字方耳而高足;"申"字左右兩側的筆劃斜向而短直;"不"字無上橫,字形下部形似植物根狀的三劃作曲折的彎筆。

(4)《合集》21052

[釋文]

(1) 癸酉卜：自今至丁丑其雨？不。二
(2) 自今至丁丑不其雨？允不。一　二
(3) 癸酉卜：貞万叩囚凡又疾？十二月。一　二　三

此版屬𠂤組小字類。第 1、2 兩辭是對貞卜辭,皆有驗辭,其中第 2 辭省略前辭。此版上的兩條卜辭不像賓組常見在龜版上處於對稱位置的對貞卜辭,應該是對貞卜辭的早期形式。

此版爲一龜版之殘,三辭皆作下行而左狀,走向一致,行款佈局比較規整。

(5)《合集》10951

[釋文]

(1) 壬午卜：王其逐才(在)萬[鹿]隻(獲)？允隻(獲)五。一 二 二告

(2) 壬午卜：王弗其隻(獲)才(在)萬鹿？一

(3) 壬辰卜，王：我隻(獲)鹿？允隻(獲)八豕。一

(4) 壬辰……不其……

(5) 丁未卜：王其逐，才(在)蚰鹿隻(獲)？允隻(獲)七。一月。一

(6) 戊午卜：更壱罕(擒)？允罕(擒)二……二月。二 五 七 八

(7) 戊午卜：更壱弗其罕(擒)？一 二

此版屬於自賓間類。用刀簡潔明快，筆劃剛中帶柔，其書風爲賓組卜辭所沿襲傳承。卜辭涉及田獵之事，田獵時間從第 1、2 辭的"壬午"、第 3 辭的"壬辰"、第 5 辭的"丁未"到第 6、7 辭的"戊午"，歷時 36 日。所涉獵物爲鹿和豕，狩獵方法包括逐、壱(涉陷阱)兩種，所涉田獵地名有萬和蚰。參與田獵的除了商王之外，另有部族首領更。

(6)《合集》20510

[釋文]

(1) 壬子……甲寅[易日]?

(2) 癸丑……不(否)? 三

(3) 辛未卜：王一月辜徜(通),受又(佑)? 三

(4) 乙亥卜：生月王辜徜,受又? 二 三

(5) 丙子卜：王二月辜徜,受又? 三

此版屬於自歷間類。第1辭殘,卜問是否"易日"變天,殷墟早期戰爭類卜辭多有卜問天氣之辭。第3—5辭卜選商王何時攻打通方能受到福佑,三辭的占卜時間依次是辛未、乙亥、丙子日。

該版字形潦草而多曲折之筆；筆劃柔潤含蓄,與歷組一類卜辭的書寫風格比較接近。

(7)《合集》34010

[釋文]

(1) 丁丑卜：□丁且(祖)一牢？

(2) 辛巳卜：王步，壬午易日？

(3) 不易日？

(4) 辛巳卜：王步，乙酉易日？

(5) 不易日？

(6) 壬午卜：王步，癸未易日？

(7) 癸未不易日？

(8) ……易日？

此版屬於自歷間類。第1辭卜問是否向祖丁貢納一頭圈養的牛爲祭牲。"丁祖"是"祖丁"的倒稱，這種寫法在自歷類、歷一類及同時期的非王卜辭中都可見到。後幾辭兩兩對貞，卜問翌日商王出行時是否會變天。"王步，干支易日"是此類和歷一類卜辭常見的句式。

2. 賓組卜辭

賓組甲骨卜辭主要出土於小屯村北。賓組中所見貞人多，跨越時間長，記録内容豐富，主要爲商王武丁中後期時的甲骨遺物。該類甲骨占殷墟出土甲骨卜辭總數的一半以上，在殷墟王卜辭中占有十分重要的地位。依據文字的契刻風格及相關的人物、事項、稱謂、鑽鑿形態等内在關係，賓組卜辭可再劃分爲賓一、賓二和賓三等三個亞類。① 賓組卜辭甲骨併用，所見甲骨大版和長辭較多。目前見於各類著録中賓一類約8 900餘片，賓二類約24 000餘片，賓三類約5 700餘片。②

賓組卜辭的主要祭祀稱謂有祖乙、父甲、父庚、父辛、父乙、兄丁、母庚等。其中父乙、母庚是時王武丁對先父小乙及已故母親的尊稱。在自組卜辭中所見的昜(陽)甲、盤庚稱謂，在賓組中多稱父甲、父庚。習見於自組的

---

① 賓二類一般又稱爲典賓類，參看黃天樹《殷墟王卜辭的分類與斷代》，北京，科學出版社2007年版。

② 王蕴智：《殷商甲骨文研究》，第165頁，北京，科學出版社2010年版。

兄丁、兄戊在本組也比較常見。

　　從卜辭所見人物來看，賓一類的人物多與𠂤賓間類相同，有些人物如子𧧏、雀、𢎥、白舄、婦鼠等還見於𠂤組小字類卜辭。賓二類中也有一些與𠂤賓間類、𠂤組小字類、賓一類相同的人物，另有一些人物則祇與賓三類相同。賓一類與武丁中期偏早時的𠂤賓間類有一段並存期，其下限與武丁中晚期的賓二類也有一段交叉現象，一部分賓三類卜辭與後來的出組一類、何組一類相銜接。

　　(1)《合集》6654 正、反

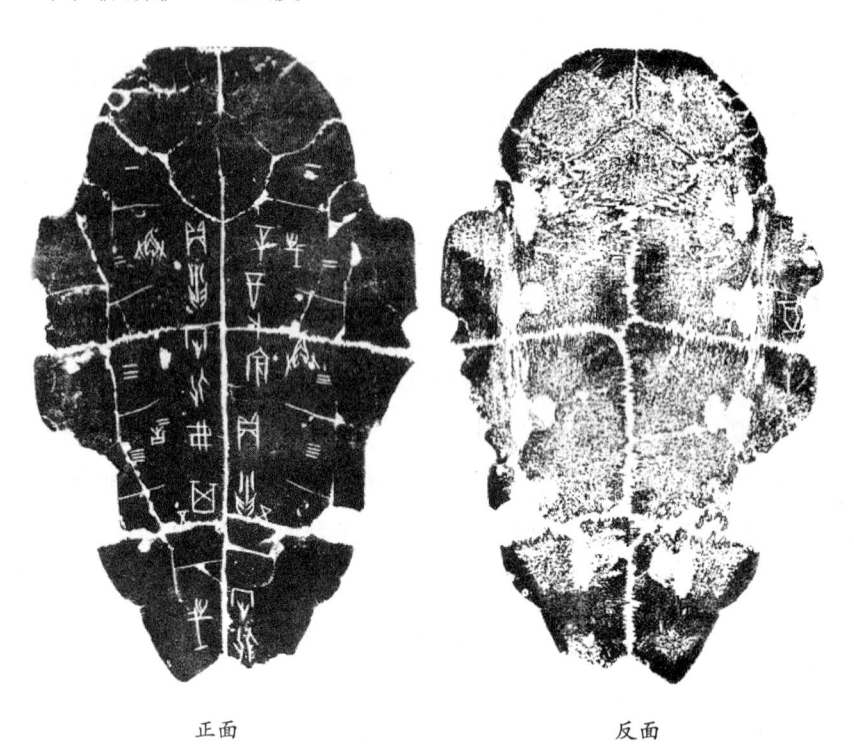

正面　　　　　　　　反面

[釋文1]（正面）

(1) 辛酉卜，賓貞：斧正化戋𦎫？一 二 三 四 五

(2) 貞：斧正化弗其戋𦎫？一 二 三 四 五 二告

[釋文2]（反面）

奠(鄭)來十。

第六章　甲骨文　149

　　此版屬賓一類卜辭。由貞人賓主持占卜,正面兩辭對貞反復占卜了五回,卜問夅正化這個將領是否會打敗"𢀛"部族。委命夅正化攻打𢀛的戰爭一度是商王武丁關注的焦點,相關的占卜頻頻見於賓一類卜辭。本版反面右側甲橋上有記事刻辭,大意是鄭人向商王貢納十版龜甲。文字契刻用筆整飭,筆劃瘦挺而內斂。

　　(2)《合集》6834 正

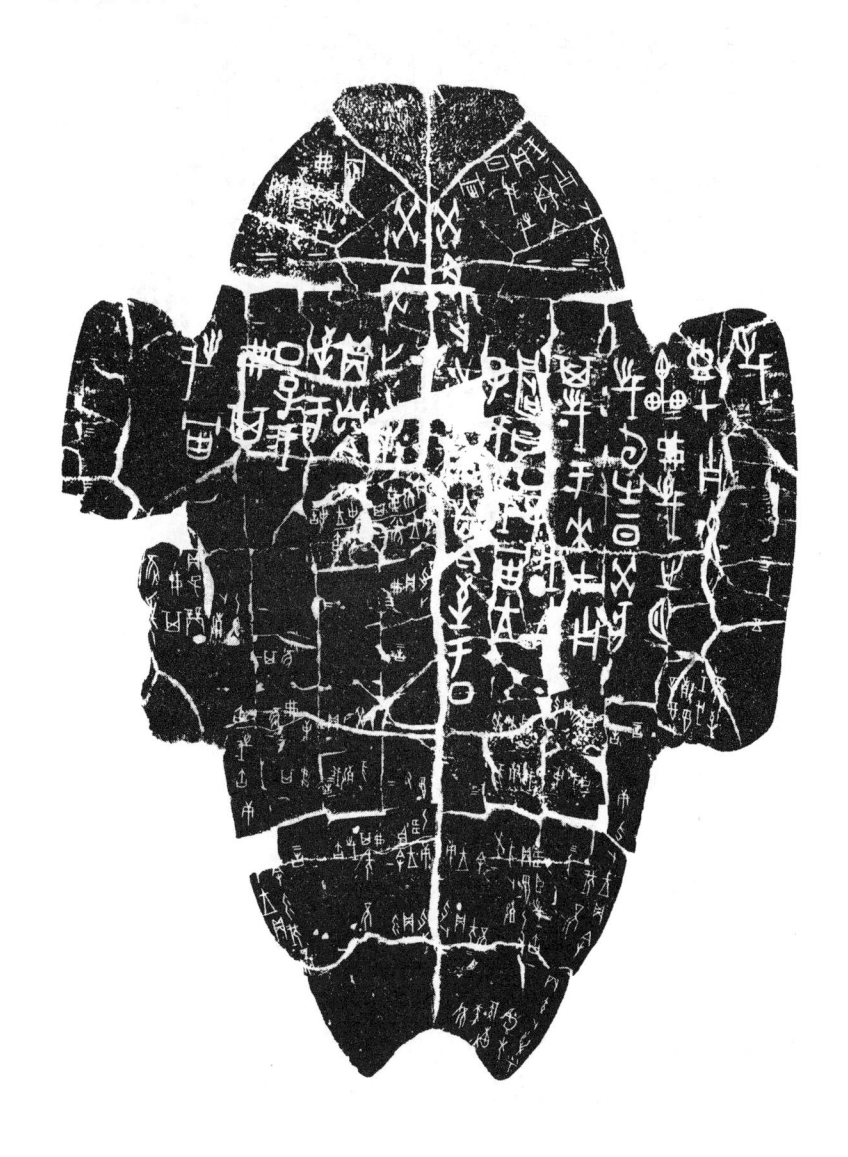

150 古文字學

[釋文]

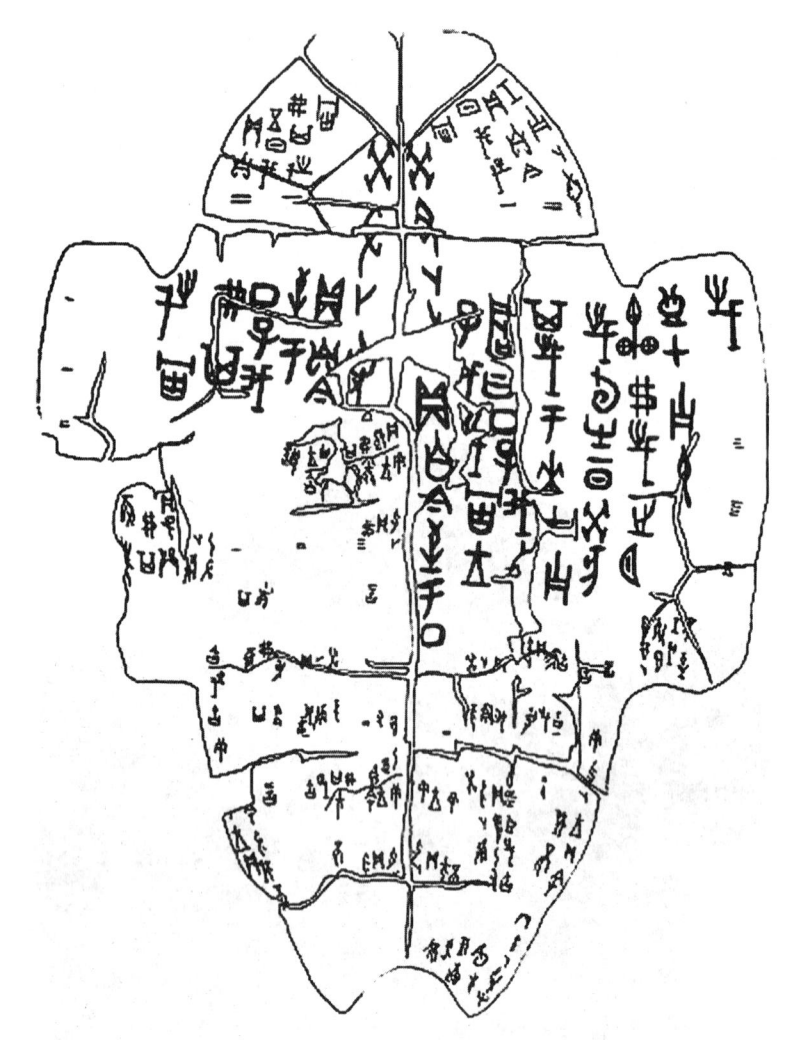

(1) 壬子卜，爭貞：自今日我戋𢦏？

(2) 貞：自五日我弗其戋𢦏？

(3) 癸丑卜，[爭]貞：自今至于丁巳我戋𢦏？王固(占)曰：丁巳我母(毋)其戋，于來甲子戋。旬㞢(又)一日癸亥𢦏弗戋，之夕𡆥(向)甲子允戋。一 二

(4) 癸丑卜，爭貞：自今至于丁巳我弗其戋𢦏？一 二

(5) 庚申卜，王貞：余伐不？三月。一

(6) 庚[申卜],王貞：余弓(勿)伐不？一 二告

(7) 庚申卜,王貞：余伐不？一

(8) 庚申卜,王貞：余弓伐不？一

(9) [庚]申卜,[王]貞：隻(獲)缶？二告

(10) 庚申卜,王貞：雀弗[其]隻缶？一

(11) 雀弗其隻缶？

(12) 辛酉卜,殼：翌壬戌不至？二告。

(13) 癸亥卜,殼貞：我史𢦏缶？二告。

(14) 癸亥卜,殼貞：我史女(毋)其𢦏缶？二告。

(15) 癸亥卜,殼貞：翌乙丑多臣𢦏缶？

(16) 翌乙丑多臣弗其𢦏缶？

(17) 乙丑卜,殼貞：子齎弗其隻先？二告。

(18) 丙寅卜,爭：乎嬴、芳(敖)、侯專求(咎)𢻻？

(19) 貞：弖弗其由(堪)王事？二告。

此版屬賓組一類卜辭,所卜皆與戰爭有關。第1、2辭卜問從壬子當日開始,商王的軍隊是否五天之後能夠打敗𢀛方。第3、4辭卜問從當天癸丑到來日丁巳是否能夠打敗𢀛。第3辭辭末的占辭和驗辭內容很長,占辭爲商王所作的占斷,大意是：從當天癸丑到丁巳不能打敗𢀛人,在未來的甲子日能夠打敗𢀛方。驗辭表明在此後一旬的癸亥日,商王的軍隊沒有取勝,但當天晚上到次日甲子,真的戰敗了𢀛方。此辭爲大字塗朱,表明是商王特別授意而作,以示紀念。本版5—19辭分別由商王、殼、爭等人主持占卜,討伐對象還涉及"不"(亦作𢻻)、"先"和"缶",擬委派參戰者有弖、史、多臣、子齎、嬴、敖、侯、專、雀等將領。

(3)《合集》559 正、反

[釋文1](正面)

(1) □子卜,殼貞：五百寇□？

(2) 貞：五百寇弓(勿)用？

《合集》559 正

(3) □丑卜，㱿貞：五百……

(4) 癸丑卜，㱿貞：五百寇用？旬壬戌㞢用寇百。三月。

(5) 甲子卜，㱿貞：告，若？

(6) 戊辰卜，㱿貞：王🍀土方？

(7) 癸巳卜，亘貞：㞢？七月。

(8) 癸巳卜，亘貞：曰……

(9) 小告

[釋文 2]（反面）

(1) 王固(占)曰：其用。

(2) 王固曰：丙戌其雨，不[吉]。

此版屬賓組二類卜辭。刻辭直書下行，書風雄偉硬朗，用筆舒展流暢，

《合集》559 反

筆劃勁直挺拔。其中如貞、殷、旬、辰、巳(子)、丑、戌、戍和地支子字等皆爲賓二特徵字形。本版由貞人殷卜問商王是否命令"五百寇"征伐土方。有關令"多寇"征伐舌方的卜辭還可參見《合集》537—562 諸版。

(4)《合集》6057 正、反

[**釋文 1**](正面)

(1) 王固曰：㞢(有)希(祟)，其㞢來娩(艱)。气(迄)至七日己巳，允㞢來娩自西。戉友角告曰：舌方出，犠(侵)我示篓田七十人五。

(2) 癸未卜，殷[貞：旬亡田(憂)]？一

《合集》6057 正

(3) 癸巳卜,殼貞:旬亡田? 王固曰:虫[祟],其虫來婎。乞至五日丁酉,允虫來[婎自]西。沚馘告曰:土方圍于我東啚(鄙),[戋]二邑。舌方亦愛我西啚田。

(4) 癸卯卜,殼貞:旬亡田? 王固曰:虫祟,其虫來婎。五日丁未允虫(有)來婎,歔卭(御),[夆(逸)]自昌(弘)圍六[人]……一

(5) □□卜,□[貞:旬亡田]? 五月。

[釋文 2](反面)

(1) 王固曰:虫祟,其虫來婎。乞至九日辛卯允虫來婎自北。蚁妻妦告曰:土方愛我田十人。

(2) ……虫來[婎]……虫來[婎]……乎……東啚,戋二邑。王步自餓,于醅后……夕昱(向)壬寅王亦冬(終)夕𝌀。

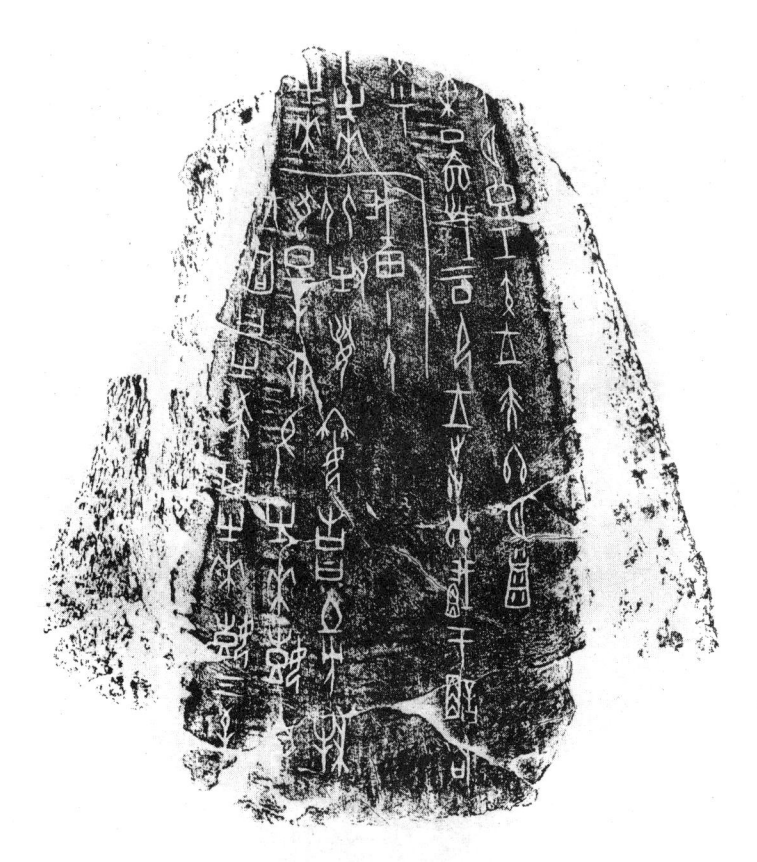

《合集》6057 反

　　此版屬賓組二類,是一牛胛骨的骨扇部分。最早著錄於羅振玉的《殷虛書契菁華》一書,在《合集》6057中著錄了完整的拓片和照片。此版爲貞旬卜辭,命辭後多附占辭和驗辭(反面也刻有占辭和驗辭)。從此版內容來看,商王正逢多事之秋,其中的驗辭主要反映了商王朝與土方國和𡍦方國之間的衝突。賓二類的一些骨面卜旬辭習慣附記較長的占辭和驗辭,而且多用帶有"其㞢來嬉(艱)"的熟語,附記不吉祥的事情。正面第1辭中記己巳日敖友角這個人前來報告,說𡍦方出動兵力,侵犯了商王的"示𥂥田",擄掠走七十五個人。第3辭中,沚𢦔這個部族首領過來報告說:土方侵犯商王的東部疆界,摧毀了兩個邑落;𡍦方亦同時出動,侵犯了西疆的領土。第4辭記丁未這天昌地的牢獄中有六人逃亡。所有發生的這些蓋爲"㞢來嬉"之事,故特意銘刻並涂朱,以圖日後雪恥。

(5)《合集》1520

[釋文]

(1) 甲戌。

(2) 甲戌卜,貞:翌乙亥㞢于祖乙三牛?㞢見尸牛?十三月。

(3) 丁丑。

(4) [己]卯。

此版屬組賓三類卜辭。甲戌卜問翌日乙亥是否用三牛㞢祭祖乙,是否用㠱所獻的"尸牛"作祭品。其字形刻寫筆劃銳利,凸顯棱角。

3. 歷組卜辭

歷組卜辭主要指村南系列的王卜辭,以貞人琞(歷)爲代表。小屯村南甲骨主要是牛肩胛骨,少用龜甲,在其前辭文例中一般不署貞人名(歷組僅有 20 多片署名爲貞人"琞")。

今所見殷墟村南系列的甲骨卜辭,大致可以歸納爲兩部分。第一部分是 1973 年經科學發掘出土的甲骨,著録於《屯南》和《屯南補遺》;①第二部分是非經科學發掘的甲骨,這部分主要見於《合集》、《補編》、《懷特》、《英國》諸大型著録書中,數量遠多於《屯南》一書。從內容上來看,兩部分卜辭所記録的稱謂、人物、事項、方國、地名等有大量相同的地方,可相繫聯的卜辭比比皆是;從字形看,二者書寫風格是較爲一致的;此外,尚有大量同文的例子,據統計,同文者有百餘片,彼此可綴合者有 20 餘例。近年來(1986—2004),小屯村中、村南也發現了歷組卜辭 160 多片。②

學術界一般分歷組卜辭爲兩類,即歷組一類(父乙類)和歷組二類(父丁類)。歷一類卜辭最有代表性的稱謂是"父乙"、"兄丁",前辭多作"干支卜"或"干支貞",用詞多作"兹用"、"不用"、"不"、"用"、"幺用"等。有骨面署辭,其主要的特點是倒刻,刻辭位置或在骨版切角一側下端,或在此處的背面。卜辭附記月份,在卜辭末尾作"某月"、"才(在)某月卜"、"才某地,某月(卜)"等形式。占卜內容主要有祭祀、卜雨、卜旬、商王田遊等,卜問天氣的包括易日、啓、雨、征雨、風等,有些與祭祀內容同卜。本類中還有較多征討召方的卜辭,亦有少量田獵卜辭。

歷組二類在村南系列卜辭中所占數量最多,常見稱謂是"父丁",卜辭的前辭作"干支貞"、"干支卜"或"干支卜,貞"形式,以"干支貞"爲多。用辭通常作"兹用"或"不用",附記占卜時間和地點的不太普遍。歷組二類的署辭

---

① 中國社會科學院考古研究所安陽工作隊:《屯南補遺》,載《1973 年小屯南地發掘報告》,《考古學集刊》第 9 集,北京,科學出版社 1995 年版。
② 劉一曼、曹定雲:《三論武乙、文丁卜辭》,《考古學報》2011 年第 4 期。

多正刻於卜骨有切角一側的卜骨下端邊緣,沿骨邊緣豎行。祭祀類卜辭的比重遠大於其他占卜内容,也有較多的方國、戰爭類卜辭,卜問内容包括:方國侵擾、卜選將帥、"隻衆"或"收衆"、告祭於祖靈保佑、對敵作戰等。其中,對召的戰爭卜辭數量較多。

關於歷組卜辭的時代,一種觀點認爲屬於武丁晚期到祖庚時期,①另一種觀點認爲屬於武乙、文丁時期。② 諸家爭論較大,至今尚未達成一致意見。

(1)《合集》32727

---

① 這個觀點由[加拿大]明義士在《殷虛卜辭後編·序》首次提出,重新著文主張這個觀點的有李學勤《論"婦好"墓的年代及有關問題》(《文物》1977 年第 11 期)、《小屯南地甲骨與甲骨分期》(《文物》1981 年第 6 期),裘錫圭《論"歷組卜辭"的時代》(《古文字研究》第六輯,北京,中華書局 1981 年版),林澐《小屯南地發掘與殷墟甲骨斷代》(《古文字研究》第九輯,北京,中華書局 1984 年版)等。
② 可參看陳夢家《殷虛卜辭綜述》(第 135—136、142 頁)以及肖楠(劉一曼、曹定雲)《論武乙、文丁卜辭》(《古文字研究》第三輯,北京,中華書局 1980 年版)、《再論武乙、文丁卜辭》(《古文字研究》第九輯,北京,中華書局 1984 年版)、《三論武乙、文丁卜辭》(《考古學報》2011 年第 4 期),以及張永山、羅琨《論歷組卜辭的年代》(《古文字研究》第三輯)等論著。

[釋文]

(1) 癸丑貞：王步乙卯？

(2) 丙辰貞：王步丁巳，于朝？

(3) 丙辰貞：王征？允。丁巳涉。

(4) 辛酉卜：剛于父乙……

此版字形端莊，書風屬於歷組一類。第3辭附有以"允"字開頭的驗辭。內容涉及王步(出行)，其中"剛"祭父乙，這種祭祀多與軍事、田獵活動相聯繫。

(2)《合集》33835

[釋文]

(1) 乙未卜：其雨乙巳？乙巳不雨。二

(2) 丁酉[卜]：乙巳其雨？

(3) 丁酉卜：己亥其雨？二

(4) 丁酉囗：己……二

此版屬歷組一類卜辭。字形小巧，婉轉，溫雅，是成套卜辭的第二版。卜辭從上向下刻寫，與村南系列常見刻寫順序相反，這種做法多見於歷組一類卜辭。

(3)《屯南》663

[釋文]

(1) □子卜：今日,王逐? 一

(2) 乙酉卜：才(在)蒆,丙戌,王毖,弗正? 一

(3) 乙酉卜：才(在)蒆,丁亥王毖? ……又四十八。

(4) 丙戌卜：才(在)蒆,丁亥,王毖? 允𢦏(擒)三百又四十又八。一

(5) 丁亥□：毖[𢦏(擒)]? 允。

(6) ……骨三骪……

此版屬歷一類。第5辭驗辭反映商王陷麋的收穫情況,共捕獲三百四十八頭麋鹿,是目前村南系列所見狩獵所獲最大的數目。第6辭骨面署辭,倒書。

(4) 合集 32384

[釋文]

乙未,酒祉品田十匚三匚三匚三示壬三示癸三大乙十大丁十大甲十大庚七小甲三[大戊……中丁]三祖乙……

此片屬歷組二類。上兩片由王國維綴合,下一片由董作賓綴合,此三片之綴合於殷先王世系的研究至關重要。① 該片占卜乙未日選祭直系先王,使用"酒、祉、品"三種祭法,從上甲六示②直到祖乙(後有殘損),非直系的祇有"小甲"(合文作"米"形)列入,不合常例。據此片合文報乙(刂)、報丙(冈)和報丁(コ)的排列順序,王國維訂正了《史記·殷本紀》所載殷先王世系中"報丁"次序的誤排。

(5)《合集》32087

---

① 郭沫若:《卜辭通纂》,第332—333、625—626頁,收入《郭沫若全集·考古編》第二卷,北京,科學出版社2002年版。
② 六示之"示壬""示癸",《史記·殷本紀》作"主壬"、"主癸",示、主為一字分化。

[釋文]

甲午貞：乙未酌高且（祖）亥……大乙羌五、牛三，且（祖）乙［羌］……小乙羌三、牛二，父丁羌五、牛三，亡蚩（害）？丝（兹）［用］。

此版屬歷組二類。僅有一辭，其字數較多，是村南系列卜辭中不多見的長篇卜辭。此辭卜問是否在乙未向諸先王致祭，祭祀對象中有大乙、祖乙、小乙，三者的廟號皆爲"乙"，與祭日"乙"相對應。另有先王高祖王亥和先父武丁，此二者的祭日不爲"乙"，他們的用牲數量爲"羌五、牛三"，多於小乙的"羌三、牛二"。辭末有用辭，說明商王實施了這一占卜。

(6)《合集》33694

[釋文]

(1) □□[貞]：……三[牛]……

(2) 癸酉貞：于上甲？

(3) 于南兮？

(4) 于正京北？

(5) 癸酉貞：日月又(有)食，隹(唯)若？

(6) 癸酉貞：日月又食，非(非)若？

(7) 乙亥貞：又(侑)伊尹？

(8) 乙亥貞：其又伊尹二牛？

(9) ……王……出

此版屬歷組二類。第5、6辭有"日月又食"，食，蝕也。此二辭卜問這一現象是吉利("唯若")還是不吉利("非若")。此版和《合集》33695、《屯南》379"日月又食"的占卜記録互見，且均爲同日所卜。

(7)《屯南》9＋25、《屯南》636

[釋文 1]（《屯南》9＋25）

(1) 癸卯貞：……兀(盤)至于…… 二

(2) 癸卯貞：[射]㭒以羌，其用叀(惠)□乙？ 二

(3) 甲辰貞：射㭒以羌，其用自上甲兀至于□□，叀乙巳用伐□？

(4) 丁未貞：㞢以牛，其用自上甲兀大示？ 二

(5) 己酉貞：㞢以牛，其用自上甲三牢兀？ 二

(6) 己酉貞：㞢以牛，其用自上甲，兀大示叀牛？ 二

(7) 己酉貞：㞢以牛，[其]□自上甲五牢，兀大示五牢？

(8) [庚]戌，□：[㞢]……牛……叀……

[釋文 2]（《屯南》636）

(1) □□[貞]：射以羌其用自上甲兀(盤)至于父丁，叀(惠)甲辰用？ 一

(2) 一

《屯南》9+25(拓片)　　　　　《屯南》636(拓片)

(3) 甲辰貞：射以羌其用自上甲乙至于父丁，叀乙巳用伐册？一

(4) ……皐以牛，□用自上甲五牢，[乙]大示五牢？

《屯南》9+25 和《屯南》636 爲同文卜辭，均屬於歷二類，前者的兆序爲"二"，後者爲"一"。上文諸辭中的"以"字是貢納、致送的意思，多指商王的部屬、臣屬方國等向其進貢物品。《屯南》9+25 第 1、2、3 辭是卜問用射弅貢納的羌俘向上甲至於父丁致乙（衁）祭（取牲血以祭）的時間。第 4、6、7 辭，卜問用皐貢納的牛牲向上甲爲首的直系先王（大示）致乙祭和用牲數量。《屯南》636 第 1、3 辭卜問用羌向上甲至於父丁致乙祭。此版右側有兩列卜辭豎行後橫行，這種刻寫方式，也偶見於賓組和出組。

4. 出組卜辭

出組是因本類甲骨卜辭所見貞人群中的卜官"出"而得名。該組類甲骨主要是商王祖庚、祖甲時代之物，過去董作賓曾按"五期分法"將它們劃爲第二期。出組卜辭多爲非科學發掘所得，有少部分爲殷墟科學發掘，皆出自村北，少見於村南。如 1928 年第 1 次在村北發掘得出組甲骨 24 片，1929 年第 3 次發掘在村北得出組甲骨 82 片。該組卜辭屬於繼賓組之後的又一種村北系王卜辭類型。

根據字形、貞人、稱謂和事項等特徵，出組卜辭可分爲三個亞類：出一類、出二類、出三類。此三類在貞人、稱謂、事項和字形等方面既存在連續過渡的情況，又存在各相鄰類型之間的共存現象。

出一類貞人有"出、大、兄、祝、逐"等五人，與出二類共見的貞人是"出"和"大"。出二類貞人有"旅、即、出、大、吳、喜、洋、羞、中、陟"等，與出三類共見的貞人是"即"和"旅"。出三類貞人有"旅、行、即、尹、豕、逐"等。

從稱謂上看，出組一、二、三類卜辭中都有"父丁"、"母辛"的稱謂。從字形、人物等方面來看，出一類又和賓三類接近，二者還有同卜之例，所以其上限可能在武丁末期。出一類未見"兄庚"稱謂，説明其下限可能未及祖甲時期。出二類常見"兄庚"的稱謂，這是祖甲對其故兄祖庚的稱呼。出三類也

多見"兄庚"的稱謂,內容上有系統的周祭卜辭,字形偶有幾版和出一類相近,如有些"王"字寫法和出一類相同,但與出二類明顯不同。出三類有些字形與時代較晚的何組周祭卜辭相近,其時代晚於出一和出二類,大致在祖甲晚期。由此可知,出一類、出二類和出三類之間是順承關係,出二和出三類之間有相互交叉的部分。①

(1)《合集》23712

[釋文]

(1) 丙申[卜],出貞:祚(作)小㓞日叀(惠)癸?八[月]。

(2) 丁酉卜,祝貞:其品后才(在)丝(兹)?八月。一

(3) 貞:其品后于王出?一

(4) 戊申卜。

---

① 王蘊智:《殷商甲骨文研究》,第278頁,北京,科學出版社2010年版。

此版屬出組一類。字形方正,筆劃剛健。特徵字如"貞(鼎)"字體略寬,鼎腹及其下方的兩個斜筆有一定間距。"叀"字結構對稱,底部無表示紡磚底座的構件。"王"字無上橫,字形較矮。"于"字中豎筆直。"其"字微高,兩側的豎筆上方有兩個短筆橫跨其上。凡封閉性綫條皆作方形,凡轉角處皆用折筆。從內容上看,本版為已故王后小孕(又稱韋孕、后孕)擇選干日廟號,時間在當年的八月,此卜事還可與相關材料(如《合集》23717等)進行繫聯。

(2)《合集》23717

[釋文]

(1) 己酉卜,祝貞:秦年于高且(祖)? 四月。

(2) 辛卯卜,大貞:洹引,弗辜邑? 七月。

(3) 丁酉卜,□□:……小㓞老? 八月。二告

(4) 己巳卜,大貞:翌辛未魚,益嚣?

(5) 甲申卜,出貞:翌□□子弖其屮(侑)于匕(妣)辛冏歲(劌),其……

(6) □巳。

此版屬出組一類。第1辭卜問是否向高祖致求年祭。所占卜的時間是"四月"。第2辭卜問洹水之事,卜問是否會沖毀邑落。第4辭是出組卜辭常見的占卜內容,或認爲與卜問水患有關。①

(3)《合集》24501

[釋文]

(1) 丁丑卜,□曰貞:翌戊□其田,亡巛(災)? 往不冓雨?

(2) 丁丑□,□曰貞……

(3) 庚寅卜,王。七

---

① 李學勤、彭裕商:《殷墟甲骨分期研究》,第131頁,上海,上海古籍出版社1996年版。

(4)□申卜,王□貞:翌辛酉其田,亡𤉲?

(5)□□卜,王曰□:……田辛……

此版出組二類卜辭。主要占卜田獵事,由商王親自主持占卜。諸辭末的"亡𤉲(災)"是田獵卜辭的習慣用語,何組、無名組中的田獵卜辭辭末或作"亡𢦔"。

(4)《合集補編》7257

[釋文]

(1) 癸丑卜,行貞：今夕亡囚(憂)？才(在)🌱。一

(2) 癸丑卜,行貞：王其步自臭于🌱,亡巛(災)？一

(3) 甲寅卜,行貞：王其田,亡巛？才二月。才自(師)🌱。一

(4) 乙卯卜,行貞：今夕亡囚？才二月。一

(5) 乙卯卜,行貞：王其田,亡巛？才……

(6) 辛亥卜,行貞：今夕亡囚？才囗。一

(7) 壬子卜,行貞：王其田,亡巛？才二月。一

(8) 壬子卜,行貞：今夕亡囚？才囗月。才臭。一

此版屬出組二類卜辭。共有三個主題：第一是卜夕,即第1、4、6、8辭卜問當日夜晚是否沒有災殃；第二是第2辭卜"王步"；第三是卜田獵,即第3、5、7辭,卜問田獵是否沒有災禍。這三種卜辭干支交錯且相接續,可知卜夕辭、王步卜辭、田獵卜辭這三種主題是相關聯的,大約商王從事的一些田獵和軍事活動是交替展開的。

(5)《英國》2041

[釋文]

(1) 乙酉卜,旅貞:王其田于□,往來亡巛? 才一月之乙酉彡于且乙……

(2) □未卜,旅貞:王其田于□,來亡巛? 才二月。

此版屬出組三類。爲田獵卜辭,但田獵地名空刻。辭末的周祭是用來記録時間的,這種辭式僅此一例,在周祭制度比較發達的黄組卜辭中亦未見。不過商末的記事刻辭中倒有類似的用法。

5. 何組卜辭

"何組卜辭"由該組貞人"何"而得名。何組卜辭主要出於小屯村北,龜骨並用,多用龜甲。何組卜辭上承出組卜辭,下接黄組卜辭,與村南系列的無名組卜辭時代大致相當。

依據稱謂、字形、貞人等特徵,何組卜辭大致可劃分爲何組一類、何組二類和何組三類。大體説來,何組一類卜辭從武丁晚期到廩辛時期,貞人有何、戠、叩、彭、口、圂、專、紈等,存在"何"與賓組貞人"史"同版占卜的現象。何組二類卜辭大致在祖甲晚期和廩辛時期,貞人有何、寧、口、量、壴等。何組三類卜辭爲何組卜辭中時代最晚者,大致在廩辛、康丁至武乙中期。貞人以狄爲主,"何"在此類少見。何組的三個亞類卜辭在時間上並不是簡單的順承關係,其中何組一類與何組二類有共時關係,何組二類與何組三類有共時關係。

(1)《合集補編》9539

[釋文]

(1) 丙寅卜,戠貞:王往于夕祼,不冓雨? 宁叀(惠)吉? 一

(2) 宁叀吉? □往于夕祼。允不冓雨。四月。

(3) 丁卯卜,何貞:王往于夕祼,不冓雨? 允衣(卒)不冓。一

(4) 貞:王往于夕祼,不冓雨? 宁叀吉? 二

(5) 己巳卜,何貞:王往于日,不冓雨? 宁叀吉? 允雨,不冓。四月。

(6) ……允不菁雨。四月。二

(7) □□□,何貞:□往于夕□,□菁雨?

(8) ……菁雨?往于夕祼。允不菁雨。四月。

此版由《合集》27861、27862、27863、27864四版綴合而成。① 此版諸辭卜問商王參與"夕祼"和祭日時是否遇到下雨。此版用筆勁瘦,折筆及棱角婉轉,布局密集、緊湊,爲何一類典型的書寫風格。

(2)《合集》26975

[釋文]

(1) 庚戌……辛亥…… 一

---

① 蔡哲茂:《甲骨綴合集》第32組,臺北,樂學書局1999年版。

(2) 庚戌卜,何貞:匕(妣)辛歲(劌),其叙荖? 二
(3) 庚戌卜,何貞:其于來辛酉? 三
(4) 庚申卜,何貞:翌辛酉虢其隹? 一
(5) 庚申卜,何。二

(6) 庚申卜,何。三

(7) 庚申卜,何。四

(8) 庚申卜,何。五

(9) 甲申。乙酉。丙戌。丁亥。戊子。己丑…… 六

(10) 乙巳。丙午。丁未……

此版是較爲典型的何組二類卜辭,諸字形精美、規矩。其中的典型字如:"何"字肩後部的下拉筆劃向下長伸,不再摹寫人形手部;"辛"字有上橫,字形結構左右對稱;"酉"字作細頸、寬肩、直壁、錐底之酒器形;"申"字作縱向之形,其字主幹筆劃上附着的短筆取折筆,外側取平行豎筆,字形輪廓近長方形;"來"字中豎上部有斜向的短斜筆爲飾。該版骨面中部縱列刻有練習性干支字。

(3)《合集》27146(拓片、摹本)

[釋文]

(1) 戊午卜,狄貞:隹(唯)兇于大乙集?大吉。

(2) 戊午卜,狄貞:隹兇大丁集?吉。

(3) 戊午卜,狄貞:隹兇于大甲集?

(4) 戊午卜,貞:王宁(寍)?

(5) [戊]午囗,[狄]貞:王弜宁?吉。

(6) 乙丑卜,狄貞:王其田,衣(卒)入亡巛(災)?一

(7) 己巳卜,貞:王其田,亡巛?一

(8) 己巳卜,狄貞:[王]其田,不冓雨?二

(9) 己巳卜,狄貞:其冓雨?三

(10) 己巳卜,狄貞:王其田,叀(惠)辛亡巛?一

(11) 己巳卜,貞:王其田,叀壬亡巛?

(12) 己巳卜,狄貞:王其田,叀乙亡巛?三

(13) 庚午卜,狄貞。

(14) 庚午卜,狄貞:王其田于利,亡巛?吉。二

(15) 庚午卜,狄貞:王其田,叀乙亡巛?吉。一

(16) 庚午卜,狄貞：叀戊亡〼？ 二

(17) 壬申卜,狄貞：王其田,衣(卒)亡〼？ 吉。一

(18) 戊寅卜,貞：王其田,亡〼？ 一

(19) 戊寅卜,貞：王其田,不雨？ 吉

(20) 戊寅卜,貞：王其田,亡〼？ 一

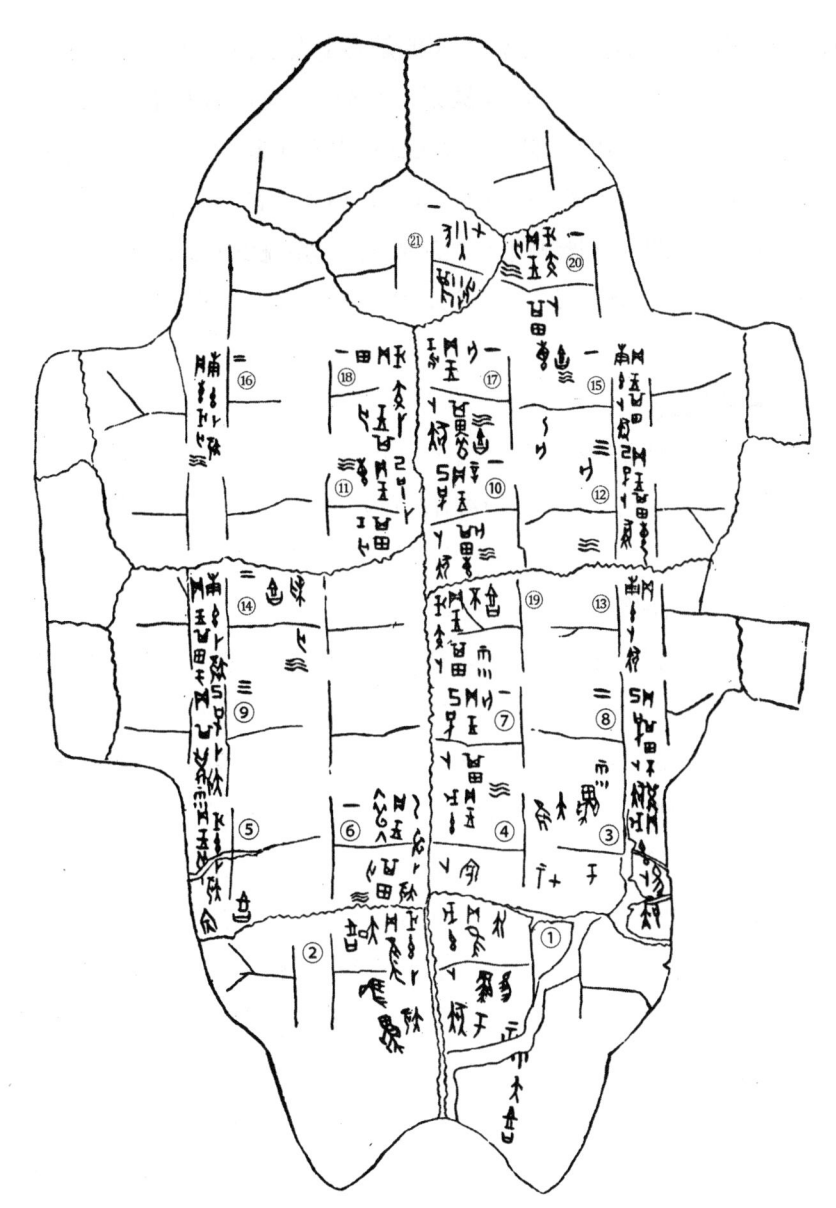

(21) 甲申卜……[逐]麋？一

1934年殷墟第9次發掘於侯家莊王陵區得"大龜七版"，有腹甲6版，背甲1版，此版是其中之一。這些龜版卜辭主要由貞人狄主持占卜，其內容相關、時間接續、字形相同。此版內容涉及田獵和祭祀。第1—5辭與祭祀活動有關，不過第1—3辭中的"集"祭亦關係田獵。"集"是一種用獵物向祖靈致祭的儀典,1—3辭用以卜選致集祭對象,卜選的是先王大乙、大丁和大甲。第4、5辭卜問商王是否賓臨於祭典,該祭祀缺刻。第3辭刻寫在龜甲邊緣,"戊"至"隹"由裏向外,邊緣空間不足,因此"咒"以後之辭折而向裏。此版卜甲其餘所記皆爲田獵卜辭,卜問内容包括是否田獵(第6、7、18、19辭),卜選田獵日(第10、11、12、15、16辭),卜問天氣狀況(第8、9、20辭),卜選田獵地(第14、17辭),卜問獵物品種或田獵手段(第21辭)。各辭末的"亡巛"是田獵卜辭占卜習語。

6. 無名組卜辭

無名組卜辭是繼歷組卜辭之後出現的又一村南系甲骨卜辭類型。該組類除了卜旬和晚期田獵卜辭的前辭作"干支卜,貞"或"干支貞"外,其前辭格式皆作"干支卜",未見貞人。占卜內容包括祭祀、田獵、征戰、卜旬等主題,尤以田獵卜辭的比例爲高。

按照稱謂系統、字形特徵、鑽鑿形態、占卜事類等特徵,學者又將無名組卜辭細分爲歷無類、無一類、無二類、非典型無二類、無三類、無黃類等亞類型。

歷無類卜辭是歷組和無名組之間的過渡。此類卜辭主要有三套稱謂系統,其中第一套稱謂是"父丁"和"兄己"、"兄庚",應是祖甲稱呼其父武丁及其二位兄長孝己、祖庚;第二套稱謂是"父己"、"父庚"、"父甲"、"父戊"、"母己"、"毓祖丁"、"兄辛",應是康丁之稱呼其父、母、祖父武丁及其兄廩辛,時代明顯晚於前面一套;第三套稱謂有"中宗祖丁"和"祖甲"、"父辛",應是武乙稱其曾祖武丁、祖父祖甲、父親廩辛。這三套稱謂系統表明該類卜辭時間跨度是祖甲、廩康、武乙三代。

無一和無二類有相同的稱謂系統、鑽鑿形態、人物和事類、同文卜辭、習語等,其多數屬康丁至武乙時的遺物。無一、無二類卜辭有兩套稱謂系統,第一套出於康丁,如無一類卜辭稱謂有父甲、祖丁、妣辛、父庚、父己、母己、母戊、中己、中宗祖乙、祖乙、毓祖丁、兄辛等,無二類所見廟號稱謂有父庚、父甲、父己、祖丁、母己、母戊、兄辛等;第二套出於武乙,如見於無一類的稱謂有父丁、祖甲,無二類的稱謂有父丁、祖甲,父丁和祖甲有時見於同版。無一、無二類卜辭時代範圍大致是康丁至武乙時期。

無一類多數使用左肩胛骨,卜字中表兆枝的筆劃右行,吉字多作ఆ形。無一和無二類卜辭的差異可能出自左卜、右卜不同分工的刻寫習慣。非典型無二類卜辭的字形特徵、文例特點與典型的無二類有一定的差別,可能是無二類刻手的早期作品,其數量較少。

無三類很多字形寫法與無二類近似,字形小巧,結構緊湊,善用折筆,筆劃較粗,筆端常出鋒。無黃類在無名組中時代最晚,是無名組向黃組過渡的一小類卜辭。無三類和無黃類的占卜內容以田獵爲主,主要是武乙的遺物。

(1)《合集》32454

[釋文]

(1) 癸卯……

(2) 弜祉登。

(3) 癸卯卜,羌甲歲一牛。

(4) 牢。一

(5) 甲辰卜,其又㸚歲于毓祖乙。一

(6) 于高祖乙又㸚歲。一

(7) □□卜,其又歲于大戊二牢。兹用

此版屬歷無類。此版占卜舉行"又(侑)㸚、歲"祭,祭祀對象有太戊、高祖乙(祖乙)、羌甲、毓祖乙(小乙)。

(2)《屯南》68

[釋文]

(1) 弜卻。

(2) 弜又。

(3) 丙申卜，登竝酓祖丁眔父丁。

(4) ……[竝]……登

此版屬歷無類。祭祀對象是祖丁和父丁(武丁)。

(3)《合集》30812

182　古文字學

[釋文]

(1) 弜乙亥酯？

(2) 乙亥其酯，又(有)正？

(3) 弜乙亥酯？

(4) 叀乙未酯，又正？吉。

(5) 弜乙未酯？

(6) 叀乙未酯，又正？吉。

(7) 弜乙未酯？

此版爲左肩胛骨之殘，屬於無一類，卜問舉行祭祀的具體時間。

(4)《合集》28314

[釋文]

(1) 丁亥卜，翌日戊王叀盂田……兹用。王埻狐三十又七。引吉。

(2) ……戋。

此版爲典型的無二類田獵卜辭，有占辭"引吉"。

(5)《屯南》2139

[釋文]

(1) 癸丑,貞:[旬亡田(憂)?]

(2) 癸亥,貞:旬亡田?

(3) 癸酉,貞:旬亡田?

(4) 癸□,[貞:旬亡田?]

(5) 癸巳,貞:旬亡田?

(6) 癸卯,貞:旬亡田?

(7) 癸丑,貞:旬亡田?

(8) 癸亥,貞:旬亡田?

此版卜旬,連續占問各旬是否有憂患。

(6)《合集》33522

[釋文]

(1) 壬辰□,貞:王□田,亡𢦔(災)?

(2) 丁酉卜,貞:王其田,亡𢦔?

(3) 戊戌卜,貞:王其田,亡𢦔?

(4) 壬寅卜,貞：王其田,亡𡿧？
(5) 乙巳卜,貞：王其田,亡𡿧？
(6) 戊申卜,貞：王其田,亡𡿧？

此版屬無黃類。卜問在壬辰等六天,王將田獵,是否沒有災禍。

7. 黄組卜辭

黄組卜辭乃由貞人"黄"而得名,屬於帝乙、帝辛時期,最早可上溯至文丁時期。黄組卜辭占卜制度、刻辭文例、書寫風格等方面,都在何組和無名組卜辭的基礎上有明顯的發展。

黄組卜辭書體"嚴整",行款排列匀整,字形細緻精巧。黄組記貞人的卜辭很少,王親貞卜和不帶貞人的情況則很多。黄組貞人有"黄、永、䣄、✧"等人,這些貞人之間沒有同版關係。

黄組卜辭在占卜習語、辭例等方面表現出明顯特點,如："亡㕁"、"亡𡿧(災)"、"亡尤"這三個占卜習語,使用頻率很高且有規律,"亡㕁"用於卜旬、卜夕,"亡𡿧"用於田行卜辭,而"亡尤"則出現在祭祀類卜辭中,各有所指,互不混用。此外,黄組卜辭還有"舍巫九备"、"不嘗㕁"、"亡𢔽才㕁"、"自上下于𦥑①示余受又="、"亡每"、"弗㕁"等習語,出現在卜辭中的位置及卜辭事類也極有規律。

(1)《合集》37408

[釋文]

(1) 壬辰王卜,貞：田𢦏往來亡災？王𡆥(占)曰：吉。才(在)十月。丝(兹)孚。隻(獲)鹿六。一

(2) 乙巳王卜,貞：田曹往來亡災？王𡆥曰：吉。丝孚。隻(獲)鹿四,麋一。

(3) 戊戌王卜,貞：田羹往來亡災？王𡆥曰：吉。丝孚。隻(獲)鹿四。

(4) ……卜,貞：□□往來……𡆥曰：吉。……鹿□。

此版記載在壬辰等四個不同的日子,王卜問在四個不同的地點田獵,占

---

① 即"徹"字,參陳劍：《釋甲骨金文的"徹"字異體——據卜辭類差異釋字之又一例》,《出土文獻與古文字研究》(第七輯),第1—19頁,上海,上海古籍出版社2018年版。

卜顯示皆"吉",結果得到靈驗("茲孚"),並且都有捕獲。

(2)《合集》36482

[釋文]

(1) 甲午王卜,貞:祚(作)余酻(酒),朕奉(禱)氙(迄)余步比侯喜正(征)人方。上下甝(徹)示受(授)余又=(有佑),不甾(緩)戋(捷),肩告于大邑商,亡徣(害)才畎(憂)。王囸(占)曰:吉。才(在)九月。遘上甲壹,隹(唯)十祀。

(2) 甲午王卜,貞:其于西宗美示?王囸曰:引吉。

此版的信息比較完整,占卜的時間爲十祀九月甲午,正當祭上甲時。第1辭王占卜的事項爲"步",聯合攸侯喜征伐人方,希望受到所有神靈的保佑,

使戰爭取得勝利,並將所有這些行動和希望告祭於大邑商,使祭祀活動順利進行。這是在十祀征人方開始時,商王舉行的占卜和祭祀活動。黃組中類似辭例的卜辭還有 10 多片,大都爲征人方的祭祀卜辭。由占卜日期看,起碼還有另外一次征人方的記録(如《合集》36498),也有征伐盂方的記録(如《合集》36511)。第 2 辭似乎爲選擇祭祀地點的占卜。①

---

① 參陳劍:《釋甲骨金文的"徹"字異體——據卜辭類組差異釋字之又一例》,復旦大學出土文獻與古文字研究中心編:《出土文獻與古文字研究》(第七輯),第 1—19 頁。

(3)《合集》36518+存補 5.146.1①

[釋文]

(1) 乙巳,王貞:啓乎(呼)祝曰:盂方收[人],其出伐屯自高。其令束迨[于]高,弗每(悔)? 不甾(緩)戋(捷)? 王固(占)曰:吉。

(2) 其令束迨方,每(悔)。吉。才(在)九月。

---

① 林宏明:《甲骨新綴第 546—549 例》,先秦史研究室網站,2014 年 12 月 10 日。

此版是有關與盂方戰爭的占卜，卜辭所述事件表明盂方出動，攻伐商之屯自高地。王命令與盂方東會戰於高。王占卜此戰"無悔"，不會遇到災禍，得到吉兆。①

(二) 殷墟非王卜辭選釋

"非王卜辭"是相對於"王卜辭"而言的。"殷墟卜辭大多數是王室卜辭，這些卜辭以商王爲占卜中心。此外也存在少數非王室的卜辭，這些卜辭的占卜中心不是商王，在稱謂系統和家庭成員方面也均與王室卜辭不同，故稱非王卜辭"。②

根據出土地、字形、文例特徵、占卜内容、稱謂、人物、事項等方面的依據，當前所見非王卜辭大致可以分爲十種類型：1. 子組卜辭(431片，另附5片)；2. 非王無名組(YH251、330卜辭，329片)；3. 午組卜辭(262片)；4. 花園莊東地子卜辭(559片)；5. 圓體類(138片)；6. 劣體類(193片)；7. 刀卜辭(22片)；8. 侯家莊南小圓坑卜辭(33片)；9. 屯西類(11片)；10. 後岡等其他零星卜辭(37片)。至今所見非王卜辭的數量計約2 015片。③

就甲骨文例、占卜内容和書寫風格而言，非王卜辭遠不及王卜辭規範。各類非王卜辭都帶有自己的一些特點，有些還呈現出較強的隨意性，它們有不同的專職占卜人員，有不同的占卜、刻辭習慣，應是一些王室同胞貴族占卜活動的遺物。現在看來，除去小屯西地類等一些零星偏晚的材料，殷墟非王卜辭的時代大多屬於武丁時期。

非王卜辭與王卜辭同時並存的現象，表明在王朝占卜機構之外，還有其他占卜機關的存在。值得注意的是，非王卜辭與王卜辭、非王卜辭各類之間也有一定的内在聯繫，如非王無名組與賓組、非王無名組與子組卜辭有共版現象，其中的一些卜辭在占卜事類和人物稱謂等方面可互爲印證。

---

① 參陳劍：《釋甲骨金文的"徹"字異體——據卜辭類組差異釋字之又一例》，復旦大學出土文獻與古文字研究中心編：《出土文獻與古文字研究》(第七輯)，第1—19頁。
② 李學勤、彭裕商：《殷墟甲骨分期研究》，第313頁，上海，上海古籍出版社1996年版。
③ 王蘊智：《殷商甲骨文研究》，第409頁，北京，科學出版社2010年版。以下介紹多參考該書。

1. 子組卜辭

子組卜辭是指占卜機構以子、余、我、䎨、㹜等卜人爲主體的一批卜辭，其字形細小而修長，筆劃柔曲而秀潤。占卜活動主要涉及祭祀、貢納、出入、卜夕和卜旬、征戰、田獵、休咎等內容。

子組卜辭的主人爲"子"，他可能是與商王武丁同宗同輩的一位貴族族長，或爲商先王小辛之後。"子"這個家族頗爲龐大，據統計，子組卜辭共見116人，其中已故37人（含男性15人，女性22人），生人79人（含男性63人，女性16人）。① 子組卜辭所見女性受祭對象較多，有后妣、妣辛、妣己、母庚、龍母、中母己等。男性受祭對象相對較少，主要有大甲、祖乙、伊尹、父辛、兄丁等。

子組卜辭有一些典型字例，如"貞"字鼎足的兩豎筆底端帶有短橫，習作貞形，"子"字首部扁圓，兩臂對稱上舉作 形，"午"字中豎上有規整的兩圓點，寫作I形。于(丂)字繁寫，右側有曲綫外廓等。

(1)《合集》21784

[釋文]

(1) 己巳。庚午。辛未。壬申。癸酉。甲戌。乙亥。丙子。丁丑。癸未。甲乙。

(2) 癸卯卜，貞……

(3) 爭……囚？

第1辭是未完成的干支表。第2、3兩辭是典型的賓組字形（"爭"爲賓組貞人名）。賓組、子組共版的現象還見於《合集》21643，這兩版卜辭與《合集》21538甲乙、《合集》21539、《合集》21543、《合集》21758、《合集》21544等互證，表明子組確屬於武丁時期。

(2)《合集》21727

[釋文]

(1) 乙丑子卜，貞：今日又(有)來？一

---

① 常耀華：《殷墟非王卜辭研究》，北京，綫裝書局2006年版。

(2) 乙丑子卜,貞：翌日又來？

(3) 乙丑子卜,貞：自今四日又來？一

(4) 乙丑子卜,貞：自今四日又來？

(5) 乙丑子卜,貞：庚又來？一

(6) 丙寅子卜,貞：庚又(有)史(事)？

(7) 癸酉卜,㲋貞：至罙亡囧(憂)？

(8) 罙？二

(9) 癸酉卜,㲋貞：至罙亡囧(憂)？

(10) 丙戌子卜,貞：我亡乍口？

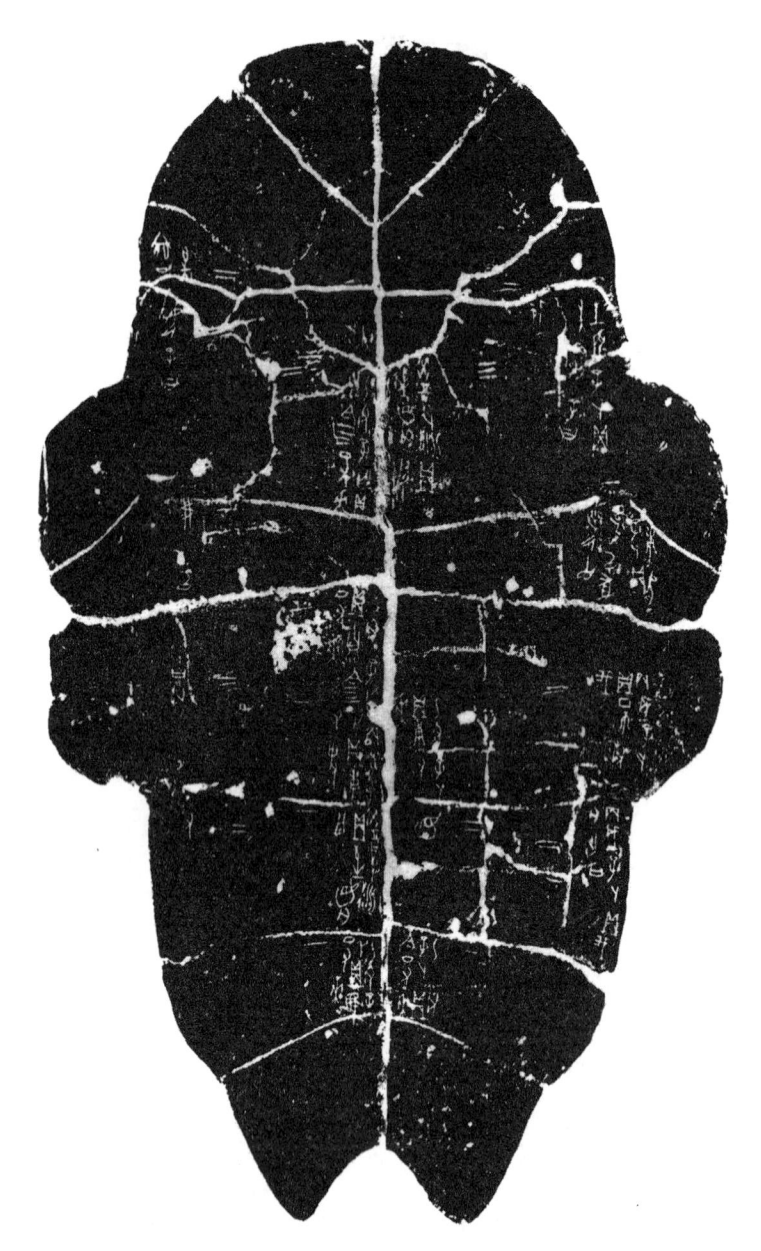

(11) 又？二

(12) 丙戌子卜,貞：丁不劦我？

(13) 叶劦？二

(14) 壬辰子卜,貞：帚䘒子曰𢻻？

(15) 帚妥子曰豐?

(16) 庚申子卜,貞: 隹(唯)以象若直?

(17) 弗以?

本版主要爲6件事占卜。第1—5辭卜問什麼時間"有來"。第6辭卜問庚(辰)日事。第7—9辭卜問至罗地有無禍患。第10辭卜問有無乍口,李學勤認爲這裏的"乍(作)"當讀爲"詛",《詩·大雅·蕩》有"侯作侯祝",毛傳:"作、祝,詛也。""作口"即詛言,指詛咒的話,卜辭是問有沒有受到詛咒,或有人詛咒應如何去禳解。① 第12、13兩辭卜問丁日是否到我地芻草,第14、15是卜名之辭,卜問爲帚妌之子取名爲戠、帚妥之子取名爲豐是否合適。

2. 午組卜辭

午組卜辭是以"午"來稱謂的一組卜辭。不署貞人可視爲午組卜辭的特徵之一。以前在界定午組卜辭概念時或認爲有"午"、"允"、"夻"等卜人,如今學術界多傾向於午組卜辭中的"午"應是"卸"(表御祭之名)的省寫,實際上並無"午"這個卜人。

1937年,第15次發掘時午組卜辭與非王無名組卜辭同出,二者在時代上應有重合。② 小屯南地甲骨中,午組卜辭出於H102、H107(與自組同出),地層屬於小屯南地早期,其年代約在武丁中期或略偏晚。

午組內容多爲祭祀卜辭,也有卜問休咎、出入、田獵、戰爭等卜辭。午組稱謂系統較爲獨特,男性稱謂包括祖乙、祖丁、祖辛、祖戊、祖己、祖庚、祖壬、祖癸、父乙、父丙、父丁、父戊、父己、父辛、父丂、入戊、入己、入乙、兄己、兄癸、子庚、戈子等,女性稱謂主要有妣乙、妣丁、妣戊、妣庚、妣辛、妣壬、妣癸、妣己、高己妣、母戊、母辛、母庚等。該組卜辭在用字習慣和用語方面也有獨特之處。

---

① 李學勤:《甲骨卜辭與〈尚書·盤庚〉》,《甲骨文與殷商史》新一輯,北京,綫裝書局2008年版。

② 彭裕商:《非王卜辭研究》,《古文字研究》第十三輯,北京,中華書局1986年版。

(1)《合集》22044

[釋文]

(1) 丁未卜：自且(祖)乙于且壬宰，刟？一 二 三
(2) 己酉卜：虫(侑)歲(劇)于且□六……一 二 三
(3) 己酉卜：叀牛于石甲？一 二 三
(4) 己酉卜。
(5) 庚戌卜：虫歲下乙？

(6) 庚戌卜,貞:多羌自川?

(7) 庚戌卜,貞:羌于美? 一 二

(8) 辛□卜:興后戊? 一 二 三

(9) 辛□卜:興且庚? 一 二 三

(10) 辛亥卜:興且庚?

(11) 辛亥卜:興后戊?

(12) 辛亥卜:興□? 一 二 三

(13) 辛亥卜:興子庚? 一 二 三

(14) 辛亥卜:帝往一※羊?

(15) 辛亥卜:翌用于下乙?

(16) 丙辰卜,貞。

(17) 丙辰卜:疒?

此版甲尾折斷,基本完整。第6、7辭占問多羌行動地點,第16、17辭占問疾病,其餘各辭皆卜問祭祀對象或選用何種犧牲。

(2)《合集》22074

[釋文]

(1) 癸[巳][卜]:出(侑)歲(劌)[于]且(祖)戊……牛一? 一 二 三

(2) 癸[巳卜]:來□歲□且[戊]……[牛]……一 二 三

(3) 癸巳卜:出歲于且戊牢三? 一

(4) 癸巳卜:牢五不用?("不"字倒刻)一

(5) 癸巳卜:卯匕(妣)辛豕五? 一 二 三

(6) 癸巳卜:尞(燎)于束征? 一 二 三

(7) 甲午卜:卯父己? 一 二 三

(8) 甲午卜:卯于入乙? 一 二 三

(9) 甲午卜:允卯于匕至匕辛? 一 二 三

(10) 甲午卜:允卯于入乙至父戊牛一? 四 五 六

(11) 乙未卜:卯于匕乙? 一 二 三

(12) 叀犾。一 二

(13) 乙未卜：钔于匕辛匕癸？一 二

(14) 叀羊。一 二

(15) 乙未卜：叀狌？一

(16) 乙未卜：弓(勿)？

此版也較完整。連續三天占問祭祀對象和用牲,涉及祖戊、妣辛、父己、入乙、父戊、妣乙、妣癸等多位先人。"入乙",或以爲讀"内乙"。

3. 非王無名組類

非王無名組卜辭主要出土於殷墟第 15 次發掘的 YH251、YH330 兩灰坑中,這批甲骨可能是同一個家族的遺物,其"内容多述婦人之事","可能是嬪妃所作",①或稱其爲"婦女卜辭"。② 由於不是王室卜辭且不記卜人,所以又被稱爲"非王無名組卜辭"。③ 還有學者把以前已經區分出來的"非王卜辭"區分成甲、乙、丙三種子卜辭,把這種卜辭稱爲"甲種子卜辭"。④

非王無名組卜辭存在時間約在一、兩年之内,推測其年代應在武丁中期,或略早於午組。卜辭内容較爲簡單、整齊,占卜主題多爲祭祀和休咎,也涉及卜年成、房舍建築、生育、擇婚等内容。所祭對象以女性祖先爲多,有六妣:妣庚、妣丁、妣己、妣戊、妣辛、中(仲)妣;男性祭祀對象有父丁和父辛等。

卜辭行款疏密不均,刻寫無定則,筆劃不太流暢,有時表現出較大的隨意性。有一些特殊的用字用語習慣,如表生育順利的奻(嘉)常簡寫作"力",祭名卸(御)字所從午旁有時作豎筆之形,或簡寫爲"午","疒"字有時省掉爿旁;表示災禍之類的語詞,用"亡囚"、"又求"、"不求"等。

(1)《合集》22282、22283、22284

[**釋文 1**](《合集》22282)

(1) 乙卯卜,貞:子攺亡疒? 一

(2) 唶。一

(3) 先[夋(後)]束(刺)? 一

(4) 二 二

[**釋文 2**](《合集》22283)

(1) 乙卯卜,貞:子攺亡疒? 二

(2) 乙卯卜,貞:唶? 二

---

① 陳夢家:《殷虛卜辭綜述》,第 167 頁,北京,科學出版社 1956 年版。
② 李學勤:《論帝乙時代的非王卜辭》,《考古學報》1958 年第 1 期。黄天樹:《婦女卜辭》,《中國古文字研究》第一輯,長春,吉林大學出版社 1999 年版。
③ 李學勤、彭裕商:《殷墟甲骨分期研究》,第 321 頁,上海,上海古籍出版社 1996 年版。
④ 林澐:《從子卜辭試論商代家族形態》,《古文字研究》第一輯,北京,中華書局 1979 年版。

《合集》22282

(3) 乙卯卜,貞:🀄?二

(4) 甲子卜:先夋(後)朿(刺)?二 二

(5) 先匕(妣)牛?

(6) 丁示。一 二

(7) 母?一

(8) 帚(婦)?一

[**釋文 3**](《合集》22284)

(1) 祐中(仲)母虎?一

(2) 祐匕(妣)庚豕?一

(3) 乙卯卜,貞:子改亡疒?三

(4) 乙卯貞:嘼?三 三

(5) 乙卯卜,貞:子🀄?三

(6) 甲子卜:先夋(後)朿(刺)?三

(7) 先匕牛?

(8) [丁]示?三

《合集》22283

(9) 朿(刺)求。

此三版爲成套卜辭,爲子改、子𠂤等人之疾患對妣庚、仲母等先人進行占卜祈禱。本類卜辭中關於"子改"、"改"、"改弟"的卜辭可以聯繫者有15版。辭中的"朿"是祭祀時的用牲方式。

《合集》22284

4. 花東非王卜辭

1991年出土於殷墟花園莊東地H3的一批甲骨,其占卜主人也是一個稱"子"的貴族。該"子"與子組卜辭中的占卜主體"子"是兩位不同的王室貴族首長。花東卜辭中的"子"擁有一個規模較大的占卜集團,出現的貞人就近20個。花東中習見"子祝"一語,"子"主持祭祀活動見於30餘版卜甲,還有近30版卜甲上出現"子(占)曰"一語。這些情況在舊有的非王卜辭中很少見到,反映出花東之"子"的地位可能要高於其他非王卜辭的主人。

　　關於花東卜辭主人"子"的身份,花東甲骨的發掘者認爲"子"是沃甲之後。① 也有學者認爲"子"是武丁遠親的從父或從兄弟;②或認定"子"可能是武丁的太子孝己;③或以爲是武丁的親子,有可能就是賓組卜辭中的"子狀"。④ 關於花東卜辭的時代,花東甲骨的整理者依據H3的地層關係、陶片及周圍主要遺存,判斷花東H3的時代屬於殷墟文化一期晚段,即大致相當於武丁早期。但亦有學者提出不同看法,認爲花東H3的時代應屬於武丁晚期,早不過武丁中期。

　　在全部花東卜辭中,祭祀內容占有較大的比重。其受祭對象以妣庚出現頻率最高(占48.96%),其次爲祖乙(占15.73%)和祖甲(占13.16%)。⑤花東卜辭的主人"子"時常染疾,如患目疾(《花東》446)、首疾(《花東》304)、口疾(《花東》149)、心疾(《花東》181)、腹疾(《花東》240)等,故在該類卜辭中,多見爲其祛除疾患而舉行禳祓之祭的占卜。

　　花東卜辭中有較多的田獵卜辭,所見地名30餘個,田獵出行地計10餘處,有些應是殷人重要的田獵區域,多見於王卜辭,如阞、葵二地。有些地方如斝、🅇(🅇京)、🅇、狀等地,還分別兼具狩獵、農墾、行館、祭祀等功能。狩獵活動的參加者有"子"、"多尹"和一般家臣。"子"可以在商王室的直屬地從事田獵活動,這種情況在其他非王卜辭中比較少見。

　　花東卜辭中另一常見的事類是關於貢納。花東卜辭的主人"子"經常向

---

　　① 中國社會科學院考古研究所:《殷墟花園莊東地甲骨・前言》,第26—30頁,昆明,雲南人民出版社2003年版。
　　② 朱鳳瀚:《讀安陽殷墟花園莊東出土的非王卜辭》,收入王宇信、宋鎮豪、孟憲武編《安陽殷商文明國際學術研討會論文集》,北京,社會科學文獻出版社2004年版。
　　③ 楊升南:《殷墟花東H3卜辭"子"的主人是武丁太子孝己》,收入王宇信、宋鎮豪、孟憲武編《安陽殷商文明國際學術研討會論文集》,北京,社會科學文獻出版社2004年版。韓江蘇:《殷墟花東H3卜辭主人"子"研究》,第489頁,北京,綫裝書局2007年版。
　　④ 姚萱:《殷墟花園莊東地甲骨卜辭的初步研究》,第40—55頁,北京,綫裝書局2006年版。
　　⑤ 乃俊廷:《論殷墟花園莊東地甲骨卜辭與非王卜辭的親屬稱謂關係》,《花園莊東地甲骨論叢》,臺北,聖環圖書股份有限公司2006年版。

時王武丁及其配偶婦好進獻。貢納品有牛、豕、魚(《花東》26)等犧牲，也有各種玉器(《花東》37、193、490)、絲織品(《花東》37)、鬯(《花東》37)和妾(《花東》265)等。另外"子"還呼多臣、多御正、多賈等"見(獻)"物於丁(武丁)或婦好。作爲回報，商王武丁有時也會饋贈"子"一些禮物，包括人臣(《花東》410)等。

從文例方面來看，花東卜辭的前辭形式多種多樣，其前辭分別有"干支卜"，"干支卜，貞"，"干支卜，某貞"，"干支某卜"，"干支卜，在某"，"干支夕卜"，"干支昃"，"干卜"，"干"，"某貞"，"貞"，"夕"等形式。花東卜辭中占辭和用辭較爲常見，卜辭的行款也複雜多變。其契刻方式與王卜辭、子組卜辭亦不盡相同，但這些組合形式同樣有一定的規律可循。主要有迎兆而刻、先迎兆再轉向刻、順兆而刻、先順兆再轉向刻、背兆而刻、先背兆再轉向刻、向兆而刻、先向兆再轉向刻及其他等九類。

花東卜辭在書寫風格上頗有自己的特點。其書風柔婉秀麗，筆劃纖細圓潤。不少字的寫法象形意味較重，如"首"字作✦(《花東》304)，"車"字作✦(《花東》416)，"射"字作✦(《花東》2)，耳作✦(《花東》275)，戉作✦(《花東》206)，阱字作✦(《花東》14)或✦(《花東》289)，壴作✦(《花東》11)，眔作✦(《花東》14)，䍙作✦(《花東》286)，鬯作✦(《花東》26)，戴作✦(《花東》124)，爵作✦、✦(《花東》349)，等等。

花東刻辭中一些字的結構和寫法明顯區別於同時期其他類型的甲骨刻辭，對時代偏後的出組、無名組乃至黃組卜辭具有一定的影響。如"祝"字加"示"旁，"王"字上部追加飾橫，"戈"字下部向外撇出，下部橫筆上移，"癸"字四邊斜筆出頭等。花東不少常用字有多種異體，象形和會意結構類型的字居多，有些字形不見於其他類別的卜辭。

(1)《花東》3

[釋文]

(1) 丙卜：✦又(有)由女，子其告于帚(婦)好，若？一

(2) [丙]卜：丁不祉(延)椃(虞)？一

《花東》3（拓本）

204　古文字學

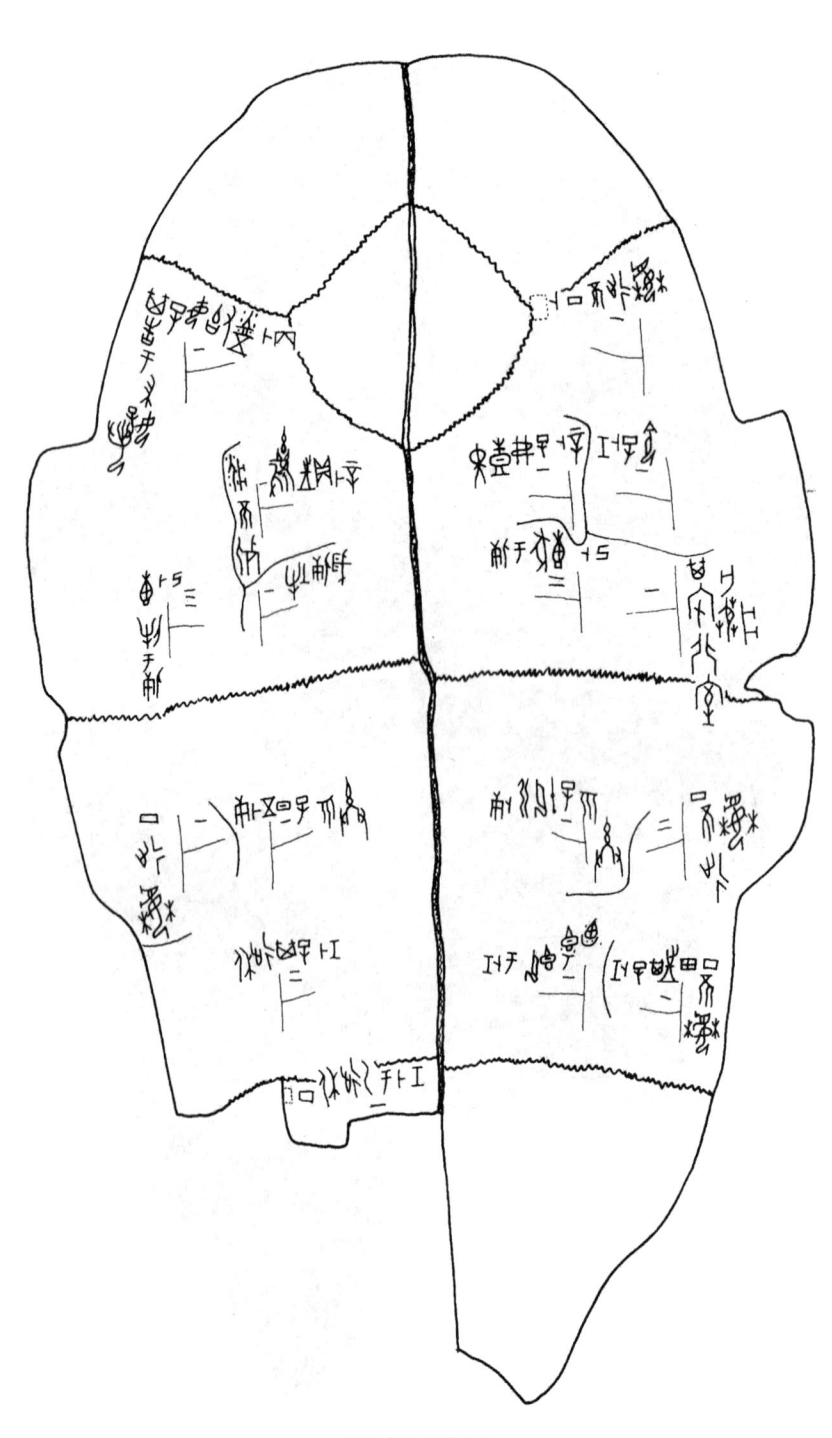

《花東》3（摹本）

(3) 丁征楼？一

(4) 丁不征楼？二

(5) 歲(劌)匕(妣)庚牡？一

(6) 己卜：叀豕于匕庚？一

(7) 己卜：叀牝于匕庚？三

(8) 庚卜：五日子鹹人？一

(9) 庚卜：弜卲(禦)子鹹人？一

(10) 辛卜，貞：往鳶，疾不死？一

(11) 辛卜：子弗艱(艱)？一

(12) 壬卜：于乙征休丁？一

(13) 壬卜：子其征休？二

(14) 壬卜：子其往田，丁不楼？一

(15) 壬卜：于既旹廼……一

(16) 壬卜：子令？一

(17) 其宅北室亡孼？一

本版中每條卜辭附一個卜兆，且多有界劃綫將不同的卜辭及其粘附的卜兆隔離開。卜辭的行款走向與粘附卜兆之間的組合關係則有如下數種：(1) 單列橫行迎兆而刻，如第 2、5、13、16 辭；(2) 單列橫行順兆而刻，如第 6、8、11 辭；(3) 單列背兆而刻，如第 3 辭；(4) 復列背兆而刻，如第 17 辭；(5) 迎兆單列橫行而下，如第 1、9、10、14 辭等。其中第(1)和(5)種是花東卜辭中最常見的兩種行款形式。

(2)《花東》14

[釋文]

(1) 乙酉卜：子又之阢南小丘，其麑隻(獲)？一 二 三 四 五

(2) 乙酉卜：弗其隻(獲)？一 二 三 四 五

(3) 乙酉卜：子于翌日丙求阢南丘豕，冓(遘)？一 二 三 四

(4) 以人冓豕？一 二

《花東》14（拓本）

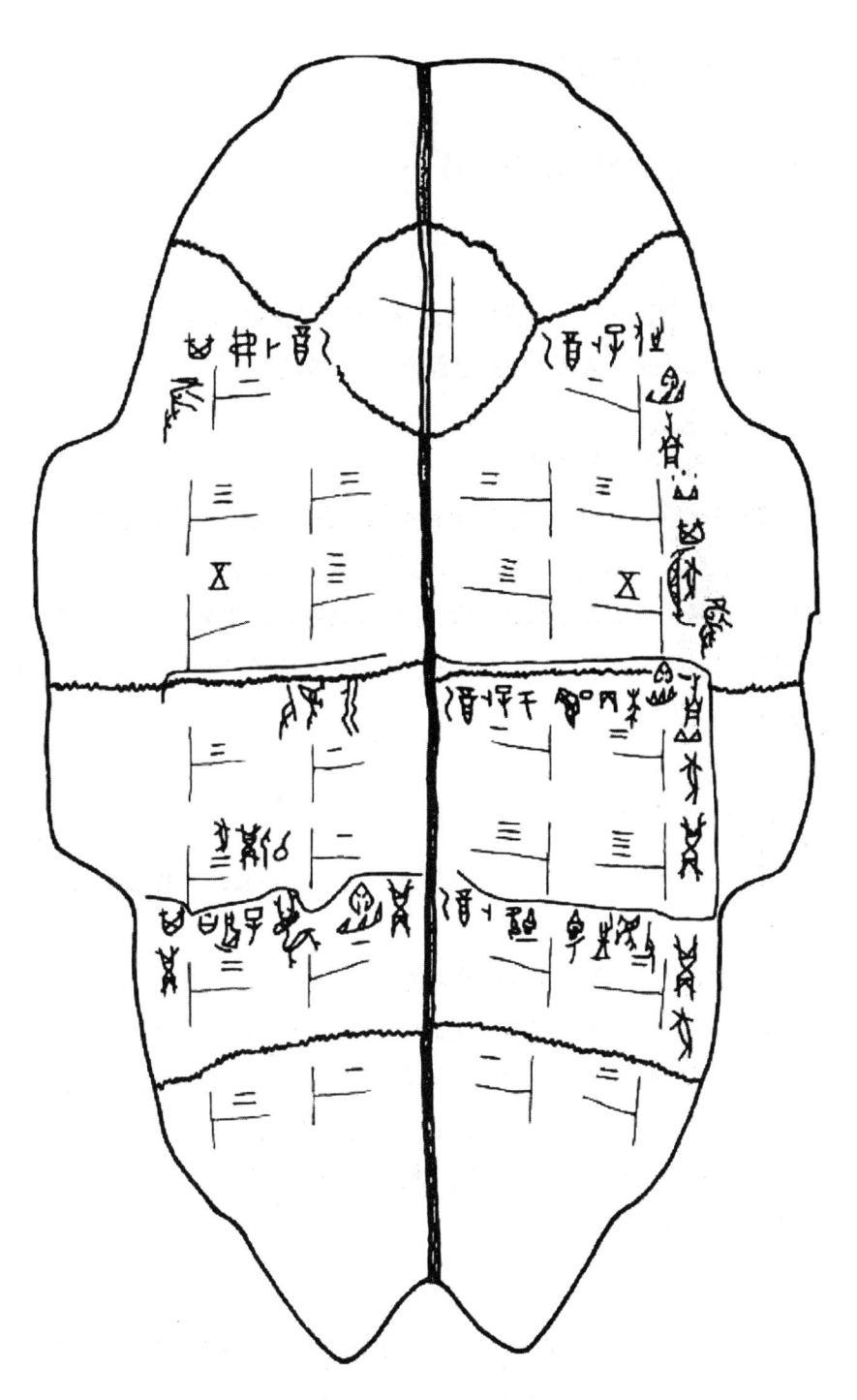

《花東》14（摹本）

(5) 乙酉卜：既兮往敔，蕁豕？一 二

(6) 弜敔？一 二

(7) 蕁阤鹿？子囫(占)曰：其蕁。一 二

(8) 一 二

(9) 一 二

本版貞問子往"阤南小丘"捕獵之事。結合《花東》3 第 14—15 辭、《花東》35 第 2 辭，可推知他們在田獵之前或先舉行兮祭。

(三) 西周甲骨卜辭選釋①

自 20 世紀 50 年代以來，西周甲骨不斷發現，再現了西周甲骨文的面貌。隨着研究的進展，對西周甲骨的認識也日漸深入。目前已經公布的西周甲骨，其大宗還是出土於陝西岐山鳳雛村的周原甲骨。周公廟遺址新發現的 7 000 餘片(有刻辭的 688 片)甲骨正在整理之中，尚待公布。本節選釋的祇是已公布的周原甲骨。

(1)《周原》H11：1

[釋文]

癸子(巳)彝文武帝乙宗，貞：王其卲祭成唐(湯)𩫞，御，𠬝二女，其彝血牷三、豚三，囟又(有)正。

本片是周原出土甲骨中字數最多的一片。李學勤、王宇信認爲：②"癸巳彝文武帝乙宗"意爲癸巳日居於文武帝乙的宗廟；"彝"爲居處之義；"文武帝乙"即帝辛之父帝乙；"卲"即"邵"，讀爲"昭"；《説文》"𠬝，治也"，文獻多作"服"，"𠬝二女"即御祀由"二女"執事；"其彝"之"彝"應指御祀所陳宗彝，"血牷三、豚三"爲其内容，《周禮》、《禮記》均有"血祭"之稱，是一種以牲血爲祭品的祀典；"囟"讀爲"思"或"斯"。

---

① 本節所用照片皆選自《周原甲骨文》一書，曹瑋編著，夏商周斷代工程叢書，北京，世界圖書出版公司北京公司 2002 年版。

② 李學勤、王宇信：《周原卜辭選釋》，《古文字研究》第四輯，北京，中華書局 1980 年版。

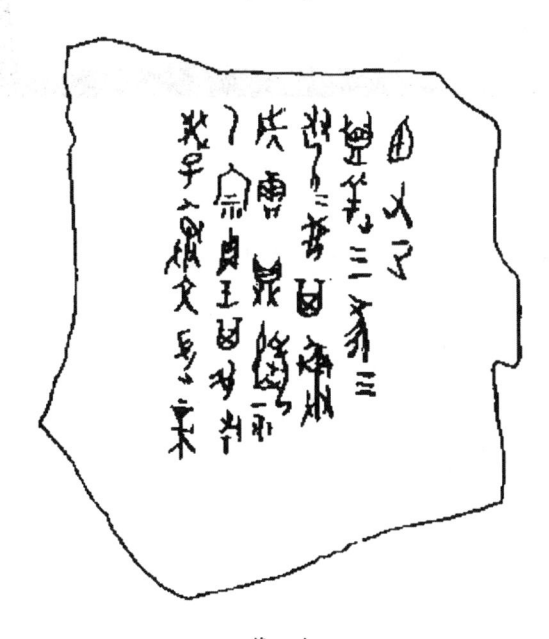

照　片

摹　本

(2)《周原》H11∶7

[釋文]

八七八七八五

此片是由八七八七八五諸數組成的八卦符號。依照陽奇陰偶之法,是爲離下坎上,即既濟卦。《周易》曰:"既濟,亨小,利貞,初吉終亂。"

(3)《周原》H11∶84

[釋文]

貞:王其秦又(侑)大甲,晉周方白(伯),蓋,囟正,不ナ(左)于受又(有)又(佑)。

"王"爲商王,"大甲"是商代的先王,"周方伯"即周文王,《史記·周本紀》:"公季卒,子昌立,是爲西伯。西伯曰文王。"H11∶82片亦有"典晉周方白(伯)",在辭中爲被典册的對象。"于",或以爲是"王"字訛誤。

第六章 甲骨文 211

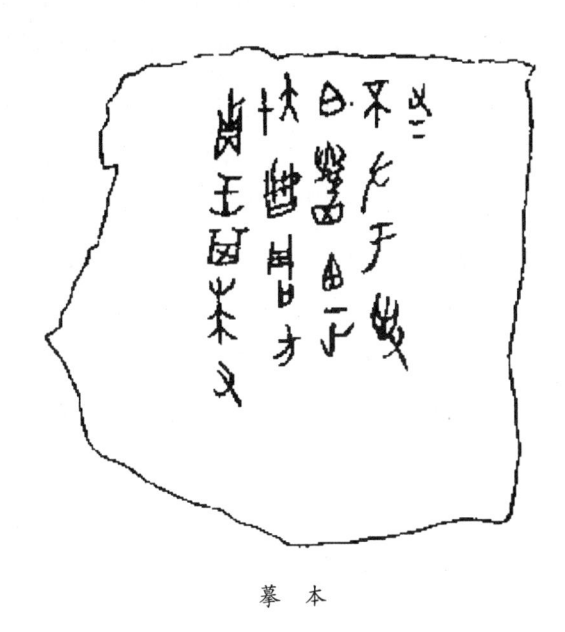

照 片

摹 本

第七章　商周金文

一　商周金文概説

（一）中國古代青銅器

中國青銅時代，一般指商初至戰國末年，約 1 400 年的漫長歷史。從考古材料看，目前發現的時代最早的青銅器是甘肅馬家窑和馬廠文化遺址出土的銅刀（約公元前 3000—前 2300 年）。河南偃師二里頭類型文化遺址和墓葬中出土了爵、錐、小刀，其年代大致與傳説的夏代相當。這與典籍所謂"昔者夏后開使蜚廉采金於山川，而陶鑄之於昆吾"、①"昔夏之方有德也，遠方圖物，貢金九牧，鑄鼎象物，百物而爲之備，使民知神、姦"②以及"禹收九牧之金，鑄九鼎，象九州"③等記載可相印證，可以説中國的青銅器在夏代就已經出現了。因此，有人認爲"中國的青銅器時代，略當歷史上的夏、商、周下至春秋戰國之時，也與中國奴隸制的發生、發展和瓦解相終始"。④

中國青銅器是青銅時代歷史、文化和藝術的記録，是認識和研究這一時代的寶貴資料。青銅器奇特的造型、神秘的紋飾、精湛的鑄造藝術和内容豐

---

① 見《墨子·耕柱》。
② 見《左傳·宣公三年》。
③ 見《漢書·郊祀志》。
④ 郭寶鈞：《中國青銅器時代》，第 3 頁，北京，三聯書店 1963 年版。

富的銘文,吸引了歷史學、考古學、科技史、藝術史和語言文字學等不同領域的專家學者來從事研究工作。早在宋代,我國就形成了與青銅文化密切相關的專門學問——金石學。

青銅器是一個含義豐富的名詞,以青銅爲主要原材料製造的一切禮器、兵器、生產工具、生活用具等都可統稱作青銅器。對品類繁複的青銅器,過去曾分爲禮器和樂器兩大類別。隨着對青銅器認識的深入,人們又提出了一些新的分類,如容庚將青銅器分爲食器、酒器、水器、樂器等四大部類,[1]杜廼松則分爲十二類。[2] 按照用途來劃分,青銅器大體有以下各類:

(1) 食器:包括炊煮器、盛食器、取食器,主要有鼎(鼐、鼒、鬲)、鬲、甗、簋(金文作"殷")、簠(金文作"匿",典籍稱"胡"、"瑚"、"匡")、盨、敦、豆、匕、禁、俎等。

(2) 酒器:包括飲酒器、盛酒器、提取酒的器皿,主要有爵、角、斝、觚、觶、尊、兕觥、卣、盉、方彝、罍、壺、杯、斗、勺等。

(3) 水器:包括盛水和注水器,主要有盤、匜、盂、鑒(鑑)、缶、鑐、瓿、洗等。

(4) 樂器:包括鐃、鐘、鉦、鐸、句鑃、鈴、錞于、鼓等。

(5) 兵器:包括戈、矛、戟、鉞、矢鏃、刀、劍、匕首、殳、弩機、冑等。

(6) 車馬器:包括軎、轄、衡、鑣、轂、當盧、軛等。

(7) 日用器具:包括農具和日用工具,主要有犁鏵、鏟、鐝、鋤、鐮、錛、斧、鑿、刻鏤刀、削、鋸、銼、錐、鉆、鈎等。

(8) 其他:貨幣、璽印、符節、尺、升、量、釜、鉼、權、鏡、帶鈎等。

(二) 金文的主要内容

"金文"指青銅器上鑄刻的文字,因古代稱青銅爲"金"而名。《禮記·祭統》:"夫鼎有銘,銘者自名也,自名以稱揚其先祖之美,而明著之後世者也。"這幾句話道明了銅鼎上所鑄銘文的功用和性質。從出土的大量銅器來看,

---

[1] 容庚、張維持:《殷周青銅器通論》,北京,科學出版社1958年版。
[2] 杜廼松:《中國古代青銅器簡說》,第72頁,北京,書目文獻出版社1984年版。

青銅器銘文主要是用來記錄作器者或作器者的先祖因功受賞的事迹，或某些值得誇耀的業績和重要事件，以便傳於後世子孫。

實際上，我們今天所能看到的金文包括從殷商到戰國乃至秦漢的銘文，從古文字研究的視角出發，本章我們介紹的主要是商周時代的金文。在商周這一個漫長的歷史時期，金文記載的内容、體例格式和文字形體都發生了很大的變化，其内涵遠比《祭統》所説的豐富、複雜。由於商代金文數量有限，戰國時代金文的重要性日益下降，因此，本章所介紹的商周金文則以西周、春秋金文爲主。

大約從商代中期以後，青銅器上開始出現銘文。商代銘文字數很少，多爲族氏名、被祭祀的父祖名，或作器者私名，如1976年殷墟5號墓出土銅器有銘文"司(后)母辛"、"婦好"，是商王武丁的配偶。商代後期，始出現較長的記事銘文，如戍嗣子鼎有30字，四祀㓝其卣有44字。這些銘文反映了商人對上帝、祖先的祭祀，上對下的賞賜，商王對方國的征伐，對臣下的宴享等等，是研究殷商文字與歷史文化的重要資料。商代金文字體形象性强，綫條多首尾尖、中間粗，肥筆和填實多，字體風格雄渾有力，峻拔恣肆，比甲骨文更顯得大氣磅礴。

西周金文在商代基礎上有顯著的發展與進步。西周初期金文字體承商代遺風，西周中期以後，筆劃粗細均衡，銘文排列整齊，布局合理，晚期金文風格秀麗，字體規整柔美。西周長篇銘文大爲增加，如大盂鼎有291字，史牆盤有284字，散氏盤有375字，毛公鼎多達497字。銘文内容也十分豐富，記載了很多重大歷史事件，反映了西周政治、經濟、軍事、文化、外交的方方面面，對西周歷史文化和語言文字研究具有重大價值。西周金文内容大體有以下幾類：

(1) 記述重大歷史事件。西周早期重大歷史事件見載於金文的，如利簋記武王滅商在甲子日，可與《尚書·武成》、《逸周書·世俘》相參證；天亡簋記武王會同三方，到太室山舉行祭天大禮；何尊記成王五年遷都成周，成王在京室訓誡宗室子弟，廷告於天，以洛邑爲"中國"，與《尚書·召誥》的記載一致。《史記》記武王"封召公奭於燕"，成王、周公"封康叔爲衛君"、"封叔虞於唐",亦爲傳世器沬司徒送簋、新出器克罍、克盉、叔夨方鼎等銘文所證實。

中甗等中組器銘記中奉昭王之命巡視南國,打通道路,爲南征作準備。史牆盤說"宖魯昭王,廣敝楚荆,唯宊(煥)南行"。古本《竹書紀年》記昭王十六年,今本《竹書紀年》記昭王十九年兩次伐楚,與金文内容相合。班簋敘述穆王命毛班主持繁陽、蜀、巢等地的軍務,率領周王室賜封的部落首領、步兵、車兵"伐東國痟戎"。"痟戎"即徐偃王。周穆王伐徐戎,見於《史記·秦本紀》、《趙世家》,金文證明其爲信史。彧簋記穆王時彔伯彧率軍在河南葉縣附近的棫林、猷(胡)、堂師追襲淮戎,俘獲敵虜及各種兵器甚多。

周人與淮夷、南夷的戰爭,一直延續到西周晚期。虢仲盨、無曩簋、禹鼎銘都記厲王時伐淮夷、南夷。宣王時的師袁簋記王命師袁"率齊師、曩、賚、棘、眉、左右虎臣征淮夷",這與《詩·江漢》的描寫相符。淮夷在沉重的打擊下表示臣服,宣王時的駒父盨蓋說"南淮夷……厥取厥服……不敢不□[敬]畏王命,逆見我,厥獻厥服"。玁狁是西北的部族,曾長期與周爲敵。多友鼎記玁狁侵犯京師鎬京、筍、龔、棐、楊、郗(漆),厲王派武公部下多友與玁狁交戰,繳獲大量兵、車、物品;虢季子白盤記子白在洛水以北搏伐玁狁,斬首五百人,俘虜五十人。這與《詩·采薇》、《六月》、《出車》各篇所描述的與玁狁的戰事可相互印證。

(2) 反映西周禮儀制度。西周的祭祀禮儀在金文中多有反映,如作册麥方尊記邢侯在宗周莽京觀見康王,王在辟雍,乘舟爲大禮,射大禽以供祭祀之用。作册令方彝記昭王命周公子明保掌管政府的内政與外務,並命其作册夨令將此事祭告於周公之廟;册命之後,明保用牲於先王宗廟京宫、康宫;明公賜亢師鬯、稌、牛,①命其作禱祭。鮮簋記穆王三十四年,王在莽京禘祭昭王,祼王,贛(貢)裸玉三品。銘中的禘爲大祭,所祭是其父昭王,與殷商甲骨文所見主要禘上帝有别。

有些銘文記載了西周的册命制度。如康王時的宜侯夨簋記王改遷虞侯

---

① 蔣玉斌:《令方尊、令方彝所謂"金小牛"再考》,《中國文字研究》第13輯,第75—83頁,鄭州,大象出版社2010年版。

矢於宜地的册命,大盂鼎記王對盂的册命和訓誡,穆王時趞鼎記載内史宣讀王之命書、賞賜等,這些銘文可證明一些傳世文獻對西周册命制度的記錄是可信的。

(3) 反映西周土地、法律制度。很多金文反映了西周的土地制度,如:旗鼎記昭王之后王姜賜旗三田,裘衛諸器記載的土地交易,曶鼎記載的土地賠償,都無疑説明西周中期以後,田地在貴族手裏已經成爲可以交换的商品,不僅田地與田地可以互相交换,田地還與車馬、皮毛、布帛、衣物、玉器、糧食等其他物品交换。

法律訴訟制度在西周金文中也有所反映。如曶鼎第二段記述曶通過其小子(家臣)觀向執政大臣起訴效父的代理人限,儠匜記載牧牛的一件財産起訴案等,都反映了西周的法律訴訟制度。

(4) 體現周人的思想觀念。如周人崇天、尚德、孝敬等主要觀念,在許多金文中都得到鮮明的體現。

東周時期,周王室逐漸没落,勢同諸侯,而晉、齊、秦、楚等諸侯國則日益强大,其時重要銅器多爲諸侯國所製作。春秋金文初多繼承西周晚期風格,稍後則逐漸形成了各自的特點。

秦人處宗周故地,深受周文化影響,銅器銘文風格規整穩重,與西周銘文一脈相承。晉與周、鄭、虢、衛關係密切,故文字風格也甚爲接近。晉文公在城濮之戰中大敗楚軍,又與諸侯爲踐土之盟,尊王攘夷,成爲一代霸主,周襄王賞賜優渥,子犯編鐘詳記其事。齊爲春秋五霸之一,國勢較强。齊頃公時大臣國差(佐)所作罐爲工師倌所鑄。器鑄工師之名,以此罐爲早,開物勒工名之風氣,可見齊工官制度的完善。楚爲南方大國,楚及其周圍的陳、蔡、江、黄在文字上同屬一系。河南淅川出土的王子午鼎銘文字秀美,頗多裝飾意味,是鳥蟲書的濫觴。安徽壽縣出土的蔡侯申諸器字體頎長秀麗,風格與王子午鼎相近。吴、越雄踞東南,一度虎視華夏,吴、越之器多鳥蟲書,風格鮮明。

戰國時代,文字使用範圍擴大,載體多樣,文字異形,言語異聲,地域風格明顯。戰國金文日趨於實用和衰落,"物勒工名",刻款爲容量、重量、工匠和監造者居多，像中山王鼎、圓壺等銘文，是少有的長篇巨制。

（三）金文研究的新進展①

20世紀中葉以來，全國各地新發現數量相當可觀的有銘青銅器，據統計從1985年到2007年新出銅器銘文即多達二千餘件，其中有些器物銘文十分重要。繼中國社會科學院考古研究所編《殷周金文集成》之後，《新出殷周金文集錄》（劉雨、盧岩編著，中華書局2004年版）、《新出殷周金文集錄二編》（劉雨、嚴志斌編著，中華書局2010年版）、《新收殷周青銅器銘文暨器影彙編》（鍾柏生、陳昭容、黃銘崇、袁國華編著，臺北藝文印書館2006年版）等集錄新出金文的大型資料書先後出版。

西周青銅器銘文的斷代研究，是一項重要而複雜的基礎性工作。20世紀30年代，郭沫若出版《兩周金文辭大系圖錄考釋》在金文斷代和分域研究方面取得了劃時代的成就。② 50年代，陳夢家發表了系列論文《西周銅器斷代》，根據器形、紋飾、銘文諸要素對西周青銅器進行了深入的斷代研究。③ 60到80年代，唐蘭先後發表的《西周銅器斷代中的"康宮"問題》、《論周昭王時代的青銅器銘刻》，以及撰寫的《西周青銅器銘文分代史徵》等論著，對西周金文斷代研究有重要貢獻。④ 其後，李學勤對若干西周代表性器物年代問題的研究，⑤王世民等《西周青銅器分期斷代研究》（文物出版社1999年版），體現了青銅器斷代研究所取得的新進展。

在金文字詞考釋方面成就突出的，有楊樹達和裘錫圭等。楊樹達的《積微居金文說》（科學出版社1959年版）對金文字詞的訓釋多有精闢之見。裘錫圭的金文考釋，重視語言文字的緊密結合，字形分析溯源及流，縱橫比較，

---

① 關於金文與古文字研究的一般情況，第一章我們已作了簡要介紹。這裏就金文研究的新進展略做些補充。
② 見《郭沫若全集·考古編》第七、八卷，北京，科學出版社2002年版。
③ 見《考古學報》1955年第9期至1956年第3期，中華書局將其匯總爲《西周銅器斷代》（上、下）一書於2004年出版。
④ 見《唐蘭先生金文論集》，北京，紫禁城出版社1995年版；《西周青銅器銘文分代史徵》，北京，中華書局1986年版。
⑤ 可參看李學勤《新出青銅器研究》、《夏商周年代學札記》、《中國古代文明研究》、《文物中的古文明》等著作。

其説多精審可信。① 近年來,戰國文字研究的突破,促進了不少金文疑難字的釋讀,一批年輕學者也取得了引人矚目的成績。海外學者的金文研究,以日本學者白川靜成績最爲突出,其所著《金文通釋》對千餘件金文匯集衆説,權衡折衷,時有新見。

金文工具書的編纂取得新的進展。容庚第四版《金文編》修訂本出版之後,反映 1985 年以來金文新見新釋字成果的,有嚴志斌編著的《四版〈金文編〉校補》(吉林大學出版社 2001 年版)、董蓮池編著的《新金文編》(作家出版社 2011 年版)和陳斯鵬等編著的《新見金文字編》(福建人民出版社 2012 年版)等。近年來,金文研究者還嘗試運用電子信息手段編製各種金文引得,構建金文資料庫,這些工作爲金文研究提供了更爲便捷的手段。

二 商周金文選釋

作爲古文字研究對象的商周金文,不僅是商周這一漫長歷史時期珍貴文化遺存,而且也是漢語言文字在這個時期使用和發展的真實記録。我們選編殷商、西周、東周各個時期的代表性銘文共 37 篇,通過這些選文大體上反映出金文的概貌和歷史發展。各篇金文由所附銘文拓片或摹本、簡介、釋文和注釋構成。所選銘文拓片主要出自《殷周金文集成》(簡稱《集成》),注釋主要參考陳夢家《西周銅器斷代》(簡稱《斷代》,中華書局 2004 年版)、唐蘭《西周青銅器銘文分代史徵》(簡稱《史徵》,中華書局 1986 年版)、馬承源主編之《商周青銅器銘文選》第三、四册(簡稱《銘文選》,文物出版社 1988、1990 年版)以及王輝《中國古文字導讀——商周金文》(簡稱《商周金文》,文物出版社 2006 年版)等書。凡銘文注釋引用上述四書者,一般不再作詳注,讀者可按照篇目查核原著。有的銘文拓片或注釋編者也酌情參考了其他相關著録和研究論著,一般皆隨文注明。

---

① 見《裘錫圭學術文集》第三卷《金文及其他古文字卷》,上海,復旦大學出版社 2012 年版。

(一) 商代金文

1. 婦好方鼎

[簡介] 婦好方鼎銘文選自《集成》01337號。該器1976年於河南省安陽小屯村殷墟5號墓出土,現藏於河南省博物館,中國社會科學院考古研究所借陳。鑄銘文2字。

[釋文]

帚(婦)[1] 㚸(好)[2]。

[注釋]

[1] 帚:讀"婦",商王配偶,用字與殷墟卜辭同。《說文》:"婦,服也,從女,持帚灑掃也。"

[2] 㚸:商王妃之名,字從女從子,與後世"好"字同形,從二"女"則爲求

得字形對稱。"婦好"見於殷墟卜辭,是武丁的配偶,廟號爲"辛",故同墓所出有鼎銘"司母辛"者。

2. 小臣俞尊

[簡介] 小臣俞尊銘文選自《集成》05990號。清道光年間出土於山東壽張縣梁山下,現藏美國舊金山亞洲美術博物館。該尊又名小臣俞犀尊、小臣俞犧尊。有銘文4行27字,合文1。

[釋文]
丁巳,王省[1]夔食(京)[2],
王易[3]小臣[4]俞夔貝[5]。
隹(唯)[6]王來[7]正(征)人(夷)方[8],隹(唯)

王十祀又五[9]。彡(肜)[10]日。

[注釋]

[1] 省：省視,巡察。

[2] 蘷仺(京)：地名,未詳。"蘷",或釋"夔"。後一字與"京""高"上部相同,象樓觀建築之形,《集成》釋文括注"京"字,《銘文選》未釋。

[3] 易：讀"賜",金文賞賜之"賜"多借"易"。

[4] 小臣：商代地位較高的一種官職,多見於殷商金文和卜辭。

[5] 蘷貝：蘷地之貝。"貝"字象貝殼形,在春秋以前,貝曾被用作貨幣。《説文》："貝,海介蟲也……古者貨貝而寶龜,周而有泉,至秦廢貝而行錢。"

[6] 隹：讀"唯"。

[7] 來：指歸來。《戰國策·秦策二》"使者未來",高誘注："來猶還也。"本銘指王征夷方歸來。

[8] 正(征)人方：人方,商帝乙、帝辛時期方國,即典籍所記之東夷或淮夷。帝乙"正(征)人方"事見於卜辭。

[9] 隹(唯)王十祀又五：此爲計年之語,置於銘文最後,商代金文皆如此。祀,殷人稱年曰祀。《爾雅·釋天》："夏曰歲,商曰祀,周曰年。"邢昺疏引孫炎曰："(商曰祀)取四時祭祀一訖也。"不過,西周仍有沿此習慣者,如大盂鼎："隹王廿又三祀。"《尚書·洪範》："惟十有三祀,王訪于箕子。"王,當指帝乙。"王十祀又五",即帝乙十五年。

[10] 彡：讀"肜",商代祭名,爲周祭之一種。卜辭有"肜夕"、"肜日"之祭。

3. 四祀邲其卣

[簡介] 四祀邲其卣銘文選自《集成》05413號。該器傳 20 世紀 30 年代出土於河南安陽小屯殷墟,現藏北京故宫博物院。器外底有銘文 8 行 42 字,蓋、器内底各 4 字。又稱亞貘卣。又見《商周金文録遺》275。銘文提到祭祀"文武帝乙",則時王爲其子帝辛,器作於帝辛四年四月。另有二祀、六祀邲其卣,皆爲同人所作相鄰年份之器。二祀、四祀二件邲其卣張政烺疑僞,

222 古文字學

外底銘

蓋銘

于省吾以爲不僞,今從于説。1991 年陝西岐山縣北郭鄉樊村出土亞𠨭其斝(《文物》1992 年第 6 期),證明商代確有名"𠨭其"之人。

[釋文]

乙巳,王曰:"䏍(尊)[1]

文武帝乙[2]宜[3]。"

才(在)召[4]大廊(庭)[5],遘(遘)[6]

乙[7]。羽(翌)[8]日丙午,䏍[9]。

丁未,煮(?)[10]。己酉,王

才(在)梌(榆)[11],𠨭其[12]易(賜)[13]貝。

才(在)四月,隹(唯)

王四祀[14]。羽日。

(器外底銘)

亞貘父丁[15]

(蓋、器内底銘)

[注釋]

[1] 䏍:或釋"奠",从酉从𠬞,象雙手奉尊之形,與"尊"爲一字,或从阜(𨸏),奉獻登祭之義益明。銘中用爲祭祀名。

[2] 文武帝乙:即帝乙,帝辛(紂)之父,其名又見於周原甲骨 H11:1 "彝文武帝乙宗"。"文武"爲冠於王名前的美稱。帝本指上帝,殷末,時王稱亡父亦曰帝。《史記·殷本紀》:"帝乙立,殷益衰。"

[3] 宜:用牲法。殷卜辭《掇》1·550:"辛未貞,禾于河,尞三宰,宜牢。"或曰宜指酒肴,《詩·鄭風·女曰雞鳴》毛傳:"宜,肴也。"

[4] 召:地名。殷卜辭《前》2·22·1:"乙巳卜貞,王迟于召……"

[5] 廊:字从广,聽(聽)聲,讀爲庭。

[6] 遘:祭名。《鄴》三 1·32:"才(在)正月,遘于妣丙……"一説:"遘",遇到。

[7] 乙:即文武帝乙。

[8] 羽：卜辭或作翊，从立。《説文》作昱，云：" 明日也。"丙午正是乙巳的"次日"。典籍通作翼，《尚書·武成》："越翼日癸巳。"銘中又用爲祭名。

[9] 䙴：《説文》："獸名。从禸，吾聲。讀若寫。"《禮記·曲禮》："器之溉者不寫，其餘皆寫。"鄭玄注："寫者，傳己器中乃食之也。"字下部不很清楚，遣小子簋此字作䙴，則應隸作䙴，銘文用爲祭名或祭法。

[10] "未"下一字不能確認，有學者隸作"煮"。《説文》："䰞，孚也。煮，䰞或从火。"鈕樹玉校録："宋本作'孚也'，蓋即亨譌，《繫傳》、《韻會》宣作烹，俗。"庚兒鼎作䰞，形近。《周禮·天官·亨人》："職外内饔之爨亨煮。"銘文中用爲祭名或祭法。

[11] 桼：讀爲榆，地名。殷卜辭《粹》979："乙酉卜貞，王其田榆，亡戋(災)。"

[12] 叨其：器主。"叨其易貝"爲被動句式，叨其是被賜貝的對象，主語是王，但已省略。

[13] 易：今通作賜，典籍多作錫。《公羊傳·莊公元年》："王使榮叔來錫桓公命。錫者何？賜也。"

[14] 隹(唯)王四祀：此指帝辛四年。

[15] 亞貘：族氏名。父丁，叨其之父，爲祭祀對象，丁爲其日名，表示在此日祭祀，用日名也是商人的禮俗。

(二) 西周金文

1. 利簋

[簡介] 利簋銘文選自《集成》04131號。利簋於1976年3月在陝西臨潼縣零口公社西段大隊發現，現藏臨潼縣文化館。該器出土於青銅器窖穴，同出器物六十餘件。利簋器銘文前一部分記武王征商，後一部分記利受賞而鑄器，當是克商後不久所作。此器當是西周武王時期最早的一件銅器。

[釋文]

珷(武)[1]征商,隹甲子朝[2]。歲(歲)
鼎(貞)[3],克聞[4],夙(夙)又(有)商[5]。辛未[6],
王在𤉢𠂤(師)[7],易又(右)事(史)[8]利
金[9]。用乍(作)旜公[10]寶䷜彝[11]。

[注釋]

[1] 珷:字作珷,从"王",爲武王的專稱。西周金文中文王、武王的文武,往往从王作玟珷,見於盂鼎、何尊、宜侯夨簋等器,是爲周文王和武王創造的專名字。

[2] 甲子朝:武王征商時間,與典籍《逸周書·世俘解》、《尚書·牧誓》記載同,《世俘》作"甲子朝",《牧誓》作"甲子昧爽"。或以爲其時爲公元前

1075 年陰曆 2 月 5 日。①

[3] 歲鼎：歲，歲祭；鼎，用爲"貞"，與卜辭同。歲祭時貞問伐商之事。

[4] 克聞："克聞於上帝"的省語。《尚書·康誥》："我西土惟時怙，冒聞于上帝，帝休，天乃大命文王殪戎殷，誕受厥命。"(按，文王當爲武王)"冒聞于上帝"，即上聞於天帝。此銘指貞問的內容上帝已經得知了，意即征商能得到上帝福佑。

[5] 夙有商：夙，早晨。《詩》"豈不夙夜"、"夙夜匪解"，由"早"引申爲凡爭先之稱。《戰國策·齊策》"早救之"，高注"早"爲"速"。有，擁有、占有之意，即武王很快占有商都，取得勝利。《詩·大雅·大明》："涼彼武王，肆伐大商，會朝清明。"毛傳："不崇(終)朝而天下清明。"

[6] 辛未：爲甲子日克商後的第七天。

[7] 𠂤：地名。𠂤，即闌字，又作䦉(亞古父己簋)、䦊(戍嗣鼎)、䦋(宰梂角)、䦌(闌卣)、䦍(監鼎)等形，當爲一字之異。或以爲"𠂤"即殷墟卜辭"師"字，銘文中用爲住次之"次"。

[8] 易又事：易，賜；事，與吏、史同一字分化，"又事"即右史，史官，爲利的職務，當因分管占卜之事有功而被賞賜。

[9] 金：銅。

[10] 𣄰公：𣄰，應爲《說文》"旃"字或體，此處讀爲"檀"，檀公是利的父親。《左傳》成公十一年："昔周克商，使諸侯撫封，蘇忿生以溫爲司寇，與檀伯達封於河。"這個"利"可能就是檀伯達，利和達，一名一字，可以相應。

[11] 隣彝：隣，後來作"尊"。隣彝是彝器的通稱。

2. 保卣

[簡介] 保卣蓋銘文選自《集成》05415.1 號。保卣傳 1948 年河南洛陽出土，現藏上海博物館。器、蓋同銘，7 行 46 字。另有同銘器物保尊，現藏河南博物院，見《集成》06003 號。《斷代》斷爲武王器，《史徵》、《銘文選》斷爲成

---

① 唐蘭：《西周青銅器銘文分代史徵》卷一上·武王，第 8 頁，北京，中華書局 1986 年版。

王器,從其所記史實來看,應爲成王器。

[釋文]

乙卯,王令保[1]及[2]

殷東或(國)五侯[3],征(誕)[4]

兄(貺)[5]六品[6],蔑曆[7]于

保,易(賜)賓[8]。用乍(作)文

父癸宗寶障彝。遘(遘)[9]

于四方,迨(會)[10]王大祀,祓(祐)[11]

于周[12]。才(在)二月既望[13]。

[注釋]

[1] 保:官名,即太保召公奭。《史記·周本紀》:"成王既遷殷遺民……召公爲保,周公爲師,東伐淮夷,殘奄,遷其君蒲姑。"

[2] 及:《説文》又部:"及,逮也。从又从人。"本義爲逮捕。在本銘中作連詞,義爲和、與,《左傳》隱公元年:"生莊公及共叔段。"

［3］殷東國五侯：《漢書·地理志》：“殷末有蒲姑氏，皆爲諸侯，國此地。至周成王時蒲姑氏與四國共作亂，成王滅之，以封師尚父，是爲太公。”陳夢家以爲“殷東國五侯”“即蒲姑與四國”，“四國或是四國多方，並非一定四個國。五侯應指蒲姑、商奄、豐白、東夷等五國”。① 唐蘭以爲“指原來屬殷的東國，現在周王朝新封的五個侯……殷東國五侯當指衛、宋、齊、魯、豐五國的諸侯”。②

［4］延：即《詩經》、《尚書》中所習見虛詞“誕”，在動詞前，義近於“乃”。

［5］兄：或讀“貺”，《爾雅·釋詁》：“貺，賜也。”《詩·彤弓》：“中心貺之。”或讀“荒”，《釋名·釋親屬》：“青、徐人謂兄爲荒也。”《尚書·盤庚(中)》“無荒失朕命”，孔安國傳：“荒，廢。”

［6］六品：唐蘭以爲“六份禮品”，“但是品還有等級差別的意義”。陳夢家曰：“品可以指玉、田、臣、匜(即所毆獲之俘虜)。此所貺的六品，很可能指臣隸，猶《左傳》定四分魯公以‘殷民六族’。”《銘文選》曰：“品指種族而言。……古人以氏族爲社會組織之紐帶，族之所聚亦稱爲國，六品即六國。六國除東國五侯以外，尚包括殘殷。”

［7］蔑曆：金文常語。蔑，表彰、嘉許、贊美之意。③ 曆，經歷、閱歷，引申爲功績。蔑曆即贊許功績或家世，可以被君長嘉許，也可以是自己誇耀自己。“蔑歷于保”即王稱讚保的功績。

［8］易賓：陳夢家曰：“應解爲五侯易賓於保，當指王錫保以侯伯賓貢之物。”唐蘭曰“賓是典禮中的儐相，《說文》作‘儐，導也’，也作擯。王在接見諸侯時要有賓來贊禮”，“此當是召公與殷東國五侯助祭被命後，召公的僚屬曾在這次典禮中爲儐相的人所做的銅器”，他進而將器名改爲賓卣、賓尊，認爲作器者不是保。

---

① 陳夢家：《西周銅器斷代》(上)"保卣"，第 7—9 頁，北京，中華書局 2004 年版，本器下引陳說皆出於此。

② 唐蘭：《殷周青銅器銘文分代史徵》卷二上·成王"賓尊、賓卣"，第 64—68 頁，北京，中華書局 1986 年版，本器下引唐說皆出於此。

③ 張光裕：《新見智簋銘文對金文研究的意義》，見《雪齋學術論文二集》，第 177—183 頁，臺北，藝文印書館 2004 年出版。

[9] 遘：遇見，引申爲會見。

[10] 裕：即《説文》"會"字古文"祫"，"會王大祀"即四方諸侯參與周王舉行的大祭。

[11] 祓：即祐，《説文》："助也。""祐於周"，即在成周助祭。

[12] 周：指西土岐周、宗周。①

[13] 既朢：既，已也。朢，《説文》："朢，月與日相朢，以朝君也。"《釋名》："朢，月滿之名也。月大十六日，小十五日。日在東，月在西，遥相朢也。"金文既朢，或謂指十六日，或謂指十五六日以後至二十二三日。

3. 何尊

---

① 陳夢家：《西周銅器斷代》(上)，第366頁，北京，中華書局2004年版。

[簡介] 何尊銘文選自《集成》06014號。何尊1963年出土於陝西寶雞市賈村,現藏寶雞青銅器博物院。器腹底有銘文12行122字。《史徵》、《銘文選》斷爲成王器,李學勤則斷爲康王器。①

[釋文]

隹(唯)王初鄉(遷)[1]宅于成周[2],復禀(禀)[3]

珷(武)王豊[4],祼[5]自天[6]。才(在)四月丙戌,

王誥(誥)[7]宗小子[8]于京室[9],曰:"昔才(在)

爾考公氏,克逑[10]玟王。肆(肆)[11]玟

王受兹[大令(命)[12]]。隹(唯)珷王既克大

邑商[13],則廷[14]告于天,曰:'余其

宅兹中或(國)[15],自之[16]辥(乂)[17]民。'烏

虖[18]!爾[19]有[20]唯小子亡(無)戠(識)[21],睍(視)[22]于

公氏,有庸[23]于天,徹(徹)令(命)[24],苟(敬)

享戈(哉)!助[25]王羋[26](恭)德,谷(欲)天臨[27]我

不每(敏)[28]。王咸[29]誥(誥)[30],啊易(賜)貝卅朋[31],用乍(作)

𢆶公寶障彝。隹(唯)王五祀。

[注釋]

[1]鄉:字從邑,卿聲,多數學者以爲通"遷",《說文》遷字聲旁𠧧作𠧨。遷宅,即遷都。但《銘文選》隸定此爲𨝹,以爲呂是聲符,燕是意符,乃"壅"的本字,取義於燕的銜土營巢,讀爲營成周之營,壅宅即營宅,營造洛邑,而不是東遷洛邑。李學勤則以爲讀爲祭名"禋","宅"訓居,"宅于成周"即居於成周。

[2]成周:李學勤指出,從文獻上看,成周爲武王所計劃,成王時建成,西周二百多年間祇處於陪都地位,西方鎬京則是主要都邑,王常居於鎬,成周乃爲東方的陪都。

---

① 李學勤:《何尊新釋》,《新出青銅器研究》,第38頁,北京,文物出版社1990年版。本器下引其説皆出此文。

[3] 宙：字跡不清，疑是稟字，訓承受。《銘文選》隸爲再，讀作偁，稱譽、稱揚。

[4] 豊：與豐古多混淆，讀禮。李學勤讀醴，指酒。

[5] 祼：指灌祭。《銘文選》釋福，指祭祀散福之胙肉。

[6] 天：天室。

[7] 顜：即誥，以上告下，《説文》誥字古文作𧧺，《汗簡》引作𦩻，唐蘭以爲肉旁與舟旁並是𠂂形之誤，《玉篇》有𧪯字，應是顜字之誤。《尚書·酒誥》："文王誥教小子。"

[8] 宗小子：同宗的小子，宗子是大宗嫡子，宗小子則是小宗之子。或説小子指未成年人。

[9] 京室：成周的宗廟，用來祭祀太王、王季等周的遠祖。《詩·大雅·思齊》："思媚周姜，京室之婦。"《詩·大雅·下武》："三后在天，王配于京。"

[10] 逨：唐蘭隸作迷，以爲通來，《爾雅·釋詁》："來，勤也。"張政烺隸作逑，讀爲弼。① 陳劍讀仇，訓匹，引裘錫圭説："這種'匹'字其實本應作'匹配'講。古人於臣對君的關係，也用'仇'、'匹'、'妃(配)耦(偶)'等語，古書中例子甚多。"②

[11] 緯：古書中作肆，語辭，表承接。《尚書·湯誥》："肆台小子。"《尚書·無逸》："肆中宗之享國，七十有五年。"

[12] 大令：兩字殘缺，以意補。《尚書·康誥》："天乃大命文王，殪戎殷，誕受厥命越厥邦厥民。"本銘中指取代商王統治。

[13] 大邑商：指商的都城。甲骨文中多見，或作"天邑商"，《尚書·多士》："肆予敢求爾于天邑商。"

[14] 廷：唐蘭讀莛，《離騷》"索瓊茅以筳篿兮"，筳篿是折竹卜。《銘文選》讀侱，《廣韻》："侱，敬也。"李學勤據《廣雅·釋詁二》"廷，歸也"訓歸。

---

① 張政烺：《何尊銘文解釋補遺》，《張政烺文集——甲骨金文與商周史研究》，第 222 頁，北京，中華書局 2012 年版。

② 陳劍：《據郭店簡釋讀西周金文一例》，《甲骨金文考釋論集》，第 20 頁，北京，綫裝書局 2007 年版。

[15] 中或: 即中國,指周王朝的中心區域,亦即成周。《史記·周本紀》:"此(成周)天下之中,四方入貢道里均。"

[16] 自之: 自,用;之,是。"自之"猶"自時"。《書·召誥》:"旦曰: 其作大邑,其自時配皇天。毖祀于上下,其自時中乂。"孔傳"其用是大邑配上天而爲治","其用是土中大致治"。

[17] 辟: 或作辤,《金文編》:"《説文解字》:'辥,治也。'《虞書》曰:'有能俾辥。'是壁中古文乂作辥。辥與辤形似而訛。《書·君奭》之'用乂厥辟'即毛公鼎之'□辤㐌辟';《康王之誥》之'保乂王家'即克鼎之'保辤周邦'也。"典籍作乂,《爾雅·釋詁》:"治也。"

[18] 烏虖: 嘆詞,典籍或作嗚呼、於乎、嗚虖等。

[19] 爾: 你。

[20] 有: 或。

[21] 亡識: 即無識,《荀子·法行》:"怨人者窮,怨天者無識。"楊倞注:"不識知天命也。"李學勤以"無"爲語首助詞,"識"讀爲記志之"志"。

[22] 眡: 从見氏聲,爲"視"之異體。《爾雅·釋詁》:"視,效也。"《尚書·太甲(中)》:"王懋乃德,視乃厥祖。"孔傳:"言當勉修女德,法視其祖而行之。"

[23] 庸: 唐蘭以爲从⊓从爵,⊓象覆蓋之物,有爵指有爵禄。《銘文選》讀"恪",或作窓,《説文》:"窓,敬也。"《尚書·盤庚》:"先王有服,恪謹天命。"李學勤讀"毖",訓勞。裘錫圭疑从同聲,是訓功訓勞的"庸"的本字。

[24] 礻令: 即徹命。《説文》"徹"字古文作𢾭,此省彳。"徹命"即達命。《左傳》昭公二年:"徹命於執事",杜預注:"徹,達也。"

[25] 助: 協助。

[26] 龏: 通恭,敬也。

[27] 臨: 護視。《詩·小雅·小明》:"明明上天,照臨下土。"《大盂鼎》:"故天異臨子,法保先王,匍有四方。"①

---

① 謝明文:《説臨》,《出土文獻與古文字研究》(第六輯),第101—108頁,上海,上海古籍出版社2015年版。

[28] 每：讀敏，聰敏。

[29] 咸：畢，結束。

[30] 彛（誥）：訓誥。

[31] 朋：計量貝的單位，或以爲一朋爲五貝，或以爲一朋爲十貝。

4. 大盂鼎

［簡介］　大盂鼎銘文選自《集成》02837A 號。該器鑄造於西周康王二十三年。清道光初年陝西郿縣禮村出土，現藏中國國家博物館。該器銘文291 字，合文 5，記載了周康王對盂的訓誥和賞賜。此篇銘文堪與《尚書》之

《酒誥》、《康誥》媲美,具有十分重要的價值。

[釋文]

隹(惟)九月,王才(在)宗周[1],令(命)[2]盂。王若曰[3]:"盂,不(丕)顯[4]玟(文)王,受天有[5]大令(命)。在[6]珷(武)王嗣[7]玟(文)乍(作)邦[8],朋(闢)

厥匿[9],匍有三(四)方[10],畯(畯)正厥(厥)民[11]。在雩(于)[12]卸(御)事[13],敝[14]

酉(酒)無敢𩰹(醻)[15],有顧(祡)[16]羞(蒸)[17]祀,無敢醾(擾)[18],古(故)[19]天異[20](翼)臨[21]

子[22],灋[23]保先王,口有三(四)方。我聞殷述(墜)令(命)[24],隹(惟)殷[25]邊侯田(甸)雩(與)殷正百辟[26],率肄(肆)于酉(酒)[27],古(故)喪自(師)巳(也)[28]!女(汝)妹(昧)辰[29]又(有)大服[30],余隹(惟)即朕[31]小學[32],女(汝)

勿𢦏[33]余乃辟一人[34]。今我隹(惟)即井(型)𩵋(廩)[35]于玟(文)王正德[36],若玟(文)王令(命)二三正[37]。今余隹(惟)令(命)女(汝)盂召𢦏(榮)[38],苟(敬)雝德巠(經)[39],敏朝夕入讕(諫)[40],享奔走[41],畏天畏(威)[42]。"王曰:"盂[43],令(命)女(汝)盂井(型)[44]乃嗣且(祖)南公[45]。"王

曰:"盂,迺(乃)[46]召夾[47]死(尸)嗣(司)[48]戎,敏諫罰訟[49],夙夕召[50]我一人[51]羞(烝)[52]三(四)方。雩(粵)[53]我其遹省[54]先王受[55]民受疆土。易(賜)女(汝)鬯[56]一卣、冂[57]衣、巿[58]、舄[59]、車、馬。易(賜)乃

且(祖)南公旂,用狩(狩)。易(賜)女(汝)邦嗣(司)[60]三(四)白(伯)[61],人鬲[62]自

馭[63]至于庶人[64]六百又五十又九夫,易(賜)尸(夷)嗣(司)王臣[65]十又三白(伯),人鬲千又五十夫。極𥨪遷自

厥土[66]。"王曰:"盂,若[67]苟(敬)乃正[68],勿灋(廢)[69]朕令(命)。"

盂用

對王休[70],用乍(作)且(祖)南公寶鼎。隹(唯)王廿又三祀[71]。

[注釋]

[1]宗周:宗周之稱,多見於《詩》、《書》,傳箋皆以爲即鎬京(又稱鎬)。《詩·大雅·文王有聲》:"考卜維王,宅是鎬京。"《尚書·多方》:"王來自奄,至于宗周。"陳夢家以爲"據西周金文,宗周與豐、鎬不同地,而宗周乃宗廟所在之地","武王時之周爲宗周,當時未營成周,故宗周應指岐周"。大盂鼎出土於岐山可證。據《詩·文王有聲》,文王作邑於豐,武王作邑於鎬。故宗周,在岐山,宗廟所在,即武王時的周;鎬京,王宮所在,在豐水之東;豐,王及臣工所居,在豐水西。①

[2]令:即命。令、命爲一字分化,本無別。

[3]王若曰:金文常語,也見於《尚書·大誥》。這是史官代宣王命用語,即"王如此説"。

[4]不顯:金文常語。不,即"丕",二者同源分化。丕,大也。顯,顯赫。"丕顯"常用來稱讚有功德的先王,如《書·文侯之命》:"丕顯文武,克慎明德。"

[5]有:當假爲"佑"或"祐","天有"即"天佑"。令,即"命"。指文王受天佑之大命而滅殷商。《尚書·多方》:"昊天大降喪於殷,我有周佑命。"《詩·我將》"維天其右之"(《周禮》"羊人"疏引作"祐"),《詩·小宛》"天命不又",《易·無妄》"天命不佑",《尚書·君奭》"天惟純佑命",可見"天佑之命"是當時的成語。

[6]在:句首助詞,一般用於回顧歷史告誡後人之時。與"在昔"、"昔在"意義相同。《尚書·洪範》"聞在昔鯀陻洪水",《尚書·無逸》"我聞曰:昔在殷王中宗,嚴恭寅,畏天命"、"其在祖甲,不義惟王"等。"在珷王",即"昔在武王"。

[7]嗣:繼也。

---

① 陳夢家:《西周銅器斷代》(上),第371—374頁,北京,中華書局2004年版。

[8] 乍邦：乍，即作。"作邦"，猶興邦。

[9] ▨㝁（厥）匿：▨，即闢，《説文》"闢，開也"，重文作▨。《荀子·解蔽篇》："是以闢耳目之欲。"楊倞注："屏除也。"經傳皆以"辟"爲之，《小爾雅·廣言》："辟，除也。"㝁，即"厥"。《説文》："㝁，……讀若厥。"匿，當讀爲"慝"。《爾雅·釋詁》："慝，惡也。""闢厥慝"，即除其惡。

[10] 匍有三（四）方：匍，《詩·大雅·生民》"誕實匍匐"，《經典釋文》匍作"扶"。《詩·穀風》"匍匐救之"，《禮記·檀弓》引作"扶服救之"。匍、扶可通借。"有"同上，借作"佑"，《禮記·哀公問》"不能有其身"，鄭玄注"有，猶保也"，即"佑"。"匍有四方"，即"扶佑四方"。或曰"匍"讀"敷"，徧也，普也。

[11] 眈（畯）正㝁（厥）民：眈（畯），讀爲"駿"，大也。正，整治也。

[12] 雩：于。

[13] 御事：御，治也。《國語·周語》"百官御事"，"御事"泛指百官。

[14] 叡：發語詞。

[15] ▨（酖）：據形分析，當爲形聲字，或以爲从焭聲省。《説文》："焭，火光也，从炎舌聲。"或疑即"酖"的本字，《説文》："酖，樂酒也。"《詩·大雅·抑》"荒湛于酒"，鄭箋："湛樂于酒。""湛"通"酖"。

[16] 祡：字从▨，甲骨文作▨（合集 27740），▨（合集 27742），又加"此"聲，當爲《説文》之"祡"，此處讀爲"祡"。《説文》："祡，燒祡（柴）樊燎以祭天神，从示此聲。"

[17] ▨：即"登"字，也是一種祭祀，或讀爲"烝"。《爾雅》："冬祭曰烝。"

[18] 醿："擾"字異體，从"酉"，專指爲酒所困擾。

[19] 古：通"故"。

[20] 異：假爲"翼"，輔佑。《左傳》昭公九年"翼戴天子"，杜注："佑也。"《國語·楚語》"求賢良以翼之"，注："輔也。"

[21] 臨：臨視，垂睞。

[22] 子：指代天子，即天帝之子。

[23] 瀕：《爾雅·釋詁》"常也"，恒久之義。

[24] 述令：墜命。述，金文用作"遂"。"遂"與"墜"同聲相通。

[25] 殷：指殷商。《尚書·酒誥》"今惟殷墜厥命"，注："墜失天命。"

[26] 隹(惟)殷邊侯田(甸)雩(與)殷正百辟：指殷商外服諸侯和朝中諸官。侯，侯服；田，甸服；正，正長；百辟，百官。

[27] 率肄(肆)于酉(酒)：肄，習也；或讀"肆"，恣肆。《尚書·酒誥》："文王誥教小子、有正有事，無彝酒。"孔傳："教之皆無常飲酒。""彝"通"肄"。

[28] 古(故)喪自(師)巳(也)：自，師，軍隊。喪師，指亡國之災。《詩·大雅·文王》："殷之未喪師，克配上帝。"巳，或讀"已"，語氣詞，屬上讀；或屬下讀為發語詞"巳"；或讀為祭祀之"祀"。疑即語氣詞"也"字。

[29] 妹辰：即昧辰，"妹"通"昧"，謂童蒙知識未開之時。

[30] 又(有)大服：擔任重要官職。

[31] 朕：我、予也。

[32] 小學：貴胄學校。

[33] 𢏕：或釋"剋"，字从匕从𧰼，所从之動物或釋"象"，或釋"兔"。𣪠或𣪠，乃"牝"字異體，讀為"比"。《論語·為政》"君子周而不比"，注："阿黨為比。"

[34] 余乃辟一人：乃，你。辟，君。余、乃辟、一人，即王之自指，相當於卜辭"余一人"。

[35] 井(型)𪾢(𥞤)：型𥞤，效法秉承。𪾢，"𥞤"字異體。

[36] 正德：純正德性，指以德治國。

[37] 二三正：指眾官員。"二三"，約數，泛指各位。

[38] 召𢦏(榮)：召，即紹，繼也。𢦏，"榮"的古字，人名。

[39] 苟(敬)雝德巠(經)：雝，和也。德巠，巠即經，常也。"德經"成語，又作"經德"。《尚書·酒誥》"經德秉哲"，注"常德持智"，陳曼簠"肇勤經德"。凡常道常德皆曰經。

[40] 敏朝夕入讕(諫)：敏,勉。入,内、納。󰀀,从𨳿柬聲,即諫字。《説文》："𨳿,和説而諍也。"

[41] 享奔走：享,《尚書·洛誥》"汝其敬識百辟享",孔傳："奉上謂之享。"與此同意。奔走,即盡心盡職奉事,也是西周常語,如《詩·周頌·清廟》："駿奔走在廟。"

[42] 畏天畏：後一"畏"字,讀作"威"。金文"威"均作"畏"。《詩·周頌·我將》"我其夙夜,畏天之威",例與此同。《尚書·大誥》"天明畏",《康誥》"天畏棐忱","畏"皆讀爲"威"。

[43] 󰀁：其字不識。所从󰀁,舊釋"而",或以爲金文"𫆟"的古字。此句中似表示感嘆語氣。

[44] 井：讀"型",效法。

[45] 嗣祖南公：即盂作爲嫡孫繼承其祖父南公。

[46] 迺：乃,副詞。《尚書·大禹謨》"迺武迺文"。

[47] 召夾：《一切經音義》卷十二引《三蒼》云："夾,輔也。"禹鼎"夾召先王",師詢簋"用夾召厥辟",皆謂輔佐其君。

[48] 死嗣："死"讀"尸",尸,主也。嗣,即司,掌管。"死司"金文常語,如康鼎"王命死司王家",蔡簋："死司王家。""迺(乃)召夾死(尸)嗣(司)戎",即乃協助主掌軍務。

[49] 敏諫罰訟：敏,審。󰀂,諫,慎。《尚書·康誥》"克明德慎罰",《多方》"罔不明法慎罰"。《説文》："婡,謹也。从女束聲,讀若謹敕數數。"謹,慎也。

[50] 召：輔。

[51] 我一人：即"余一人"、"予一人"。

[52] 羣：讀"烝"。《爾雅·釋詁》："烝,君也。""烝四方",即君臨四方。

[53] 雩：同"粵",發語詞。與"曰"、"聿"同。

[54] 遹省：《爾雅·釋詁》："遹,述也。"《説文》："述,循也。"𪔽鐘："王肇遹省文、武勤疆土。"省,視,察。

[55] 受：所受也。"先王受民受疆土"，指文王、武王所受之人民和疆土。《尚書·洛誥》"文武受民"，《立政》"相我受民"，與此語相似。

[56] 鬯：祭祀所用的香酒。《說文》："以秬釀鬱艸，芬芳攸服，以降神也。"

[57] 冃：即冃(冕)。

[58] 市：韍韡，蔽膝。

[59] 舄：履。

[60] 邦嗣(司)：邦主。

[61] 白：伯，即領頭的。

[62] 人鬲：鬲，典籍或作"黎"、"厤"。《尚書·梓材》"厤人"即人鬲。或疑"鬲、厤、隸"古本相通，《國語·魯語》"子之隸也"，注："隸，隸役也。"《周禮·禁暴氏》："凡奚、隸聚而出入者，則司牧之，戮其犯禁者。"奚隸指女奴、男奴。

[63] 馭：駕車者。

[64] 庶人：衆人，奴隸。

[65] 尸(夷)嗣(司)王臣：臣服的夷族頭領。

[66] 徝寏遷自叕(厥)土：徝，極，指所賜土地的終點。寏，指所賞賜之地。

[67] 若：乃。

[68] 正：政。

[69] 灋：讀"廢"。

[70] 對王休：金文常語，又作"對揚王休"，指稱揚王之美德。

[71] 隹(唯)王廿又三祀：即康王二十三年。

5. 小臣謎簋

[簡介]　小臣謎簋器銘選自《集成》04239.2號。小臣謎簋，或稱白懋父簋，傳1930年河南省汲縣出土，現藏臺北故宮博物院。共兩器，器、蓋同銘，8行64字。《斷代》斷爲成王器，《史徵》斷爲昭王器，《銘文選》斷爲康王器。

[釋文]

敔[1]東尸(夷)大反,白(伯)懋父[2]

以[3]殷八自(師)[4]征東尸(夷)[5]。唯

十又一月,遣自䧹[6]自(師),述[7]

東陕[8],伐海眉[9]。雩(粵)厥(厥)復[10]

歸,才(在)牧[11]自(師)[12],白(伯)懋父承

王令(命),易(賜)自(師)遂征自五

齵[13]貝[14],小臣謎蔑歷,眔

易(賜)貝,用乍(作)寶隨彝。

[注釋]

[1] 叡：發語詞，《說文》迲字或體作徂，籀文作遣，遣通叡。《尚書·費誓》："徂茲淮夷，徐戎並興。"或訓爲"往昔"。

[2] 白懋父：陳夢家曰："《逸周書·作雒篇》'俾康叔宇于殷，俾中旄父宇于東'，孫詒讓《周書斠補》謂中旄父即康叔之子康伯髦、《左傳》昭十二之王孫牟；郭沫若以爲亦即此簋之白懋父。金文'懋'字從心從埜，與《說文》野之古文相同。據《左傳》之文，王孫牟事康王，而《史記》說康叔、冉季是武王幼弟，在成王時康叔子是否成人，甚是疑問。至於康伯與中旄父，一稱伯一稱仲，當非一人。中旄父、康伯髦、王孫牟、白懋父是否完全一人，是很難確定的。其中祇有髦、牟一人之說，因時代相同，比較可靠。"

[3] 以：統帥，《左傳》僖公二十六年："凡師，能左右之曰以。"

[4] 殷八師：西周初的兵制，禹鼎有西六師、殷八師。

[5] 東尸(夷)：指處於東部山東地區的夷族。

[6] 䍙：此從《銘文選》隸定，該字殘泐，但另一篇銘清晰，作䍙，唐蘭以爲下從象聲，象、相音近，即河亶甲居相之相，今河南省內黃縣境。

[7] 述：《說文》："述，循也。"

[8] 陕：唐蘭疑讀滕，即周滕國，在今山東省滕縣一帶。陳夢家曰："述東陕當指沿泰山山脈或勞山山脈的北麓。《廣雅·釋詁》'陞，阪也'，《爾雅·釋詁》'滕，虛也'。陞或滕與陕同音相假。東陕與海眉皆非專地名，乃指一帶區域。"

[9] 海眉：海隅、海濱。陳夢家曰："乃指齊之海隅，古萊夷之地。"

[10] 復：返回。

[11] 牧：牧野。《尚書·牧誓》："王朝至於商郊牧野。"《詩·閟宮》："于牧之野。"

[12] 自(師)：此處相當於"次"，駐次。

[13] 嵎：唐蘭曰："即隅，以斥鹵之地，所以從鹵。"《尚書·堯典》"宅嵎

夷",馬融注:"海隅也。"

[14] 白(伯)懋父承王令(命),易(賜)自(師)遂征自五齵貝:陳夢家曰:"(此句)是説白懋父奉成王之命賜貝於凡從征於五齵之殷八師。此五齵即五隅或五峒,乃指海眉之諸峒(大約掖縣以東海岸上)。"《銘文選》以"征自五齵貝"爲自"東夷五齵地方征(徵)收來的貝"。

6. 啓卣

[簡介] 啓卣銘文選自《集成》05410.1號。啓卣1969年山東省黃縣歸城小劉莊出土,現藏山東省博物館,同出之器尚有啓尊和觶等。器、蓋同銘,5行39字,見《集成》05410.1(器銘)、05410.2(蓋銘)。《史徵》斷爲昭王器,《銘文選》斷爲孝王器。

[釋文]

王出獸(狩)[1]南山[2],沝[3]逊山谷,

至于上侯[4]滰川[5]上。啓從

征,善(謹)不驫(擾)[6]。乍(作)且(祖)丁寶旅

隣彝,用匄[7]魯福[8],用

夙夜事。戊簸[9]。

[注釋]

[1] 獸:"狩"的本字。《公羊傳》桓公四年"冬曰狩",何休注:"狩,猶獸也。"

[2] 南山:唐蘭以爲是成周南山,《左傳》昭公二十六年"守闕塞",服虔注:"南山伊闕是也。"

[3] 沝:唐蘭讀搜,以爲在此指山谷中搜索鳥獸。

[4] 上侯:地名,亦見於師俞尊。唐蘭以爲即《漢書·地理志》河南郡緱氏縣,今河南省偃師縣緱氏鎮。

[5] 滰川:地名,或釋湸水。

[6] 驫:唐蘭讀擾,昏亂之義,《左傳》襄公四年"德用不擾",杜預注:"德不亂。"

[7] 匄:祈求。

[8] 魯福:魯,嘉、善。魯福猶大福,墻盤曰"宏魯昭王","宏""魯"同義連用。

[9] 戊簸:啓的族名。戊簸氏之器傳世有戊簸卣、戊簸父癸甗及戊簸父辛卣等。戊簸卣現藏上海博物館,爲晚商器。

7. 長由盉

[簡介] 長由盉銘文選自《集成》09455號。長由盉1954年陝西長安縣斗門鎮普渡村西周墓出土,現藏中國國家博物館,同出該墓的銅器有鼎、甗、簋、盤、鐘等。器蓋有銘文6行56字,重文2。《斷代》、《史徵》、《銘文選》皆斷爲穆王器,但王輝認爲此銘爲追述前事,作器時間當已在恭王時。

[釋文]

隹(唯)三月初吉[1]丁亥,穆王[2]

才(在)下淢[3]应(居)[4]。穆王卿(饗)[5]豊(醴),即[6]
井(邢)白(伯)大祝[7]射[8]。穆王蔑長
由[9],以遷[10]即井白,井白氏祇(眂)彊(寅)[11]不
姦[12],長由蔑歷,敢對揚天
子不(丕)杯(顯)[13]休,用肇乍(作)䵼彝。

[注釋]

[1] 初吉:古代月相紀時名稱之一。諸家解釋不一:(1)指朔日,即初一,此乃定點説;(2)指朔日至上弦(初八),此乃分段説。王國維:"古者蓋分一月之日爲四分:一曰初吉,謂自一日至七八日也;二曰既生霸,謂自八九日

以降至十四五日也；三曰既望，謂十五六日以後至二十二三日；四曰既死霸，謂自二十三日以後至於晦也。"①

[2]穆王：昭王子穆王滿，王輝認爲此爲死謚，是長由追述往事。

[3]下淢：地名。《詩·大雅·文王》"築城伊淢"，毛傳："淢，城溝也。"又見於師旋簋"在淢应"，王輝以爲即《漢書·地理志》之棫陽，今陝西鳳翔縣南。

[4]应：當爲周王行宮之專用字。唐蘭釋"位"；陳夢家以爲"立、异同音，故《廣韻》職部昱、翊、廙、翼等字俱作與職切。是金文之应即《説文》之'廙，行屋也'，屋假作廃"；《銘文選》釋"居"，謂"金文作应或立，从尸當是从厂之誤。居有都邑之義。……《尚書·盤庚》'盤庚遷於殷，民不適有居'，殷爲商都，所謂'不適有居'是民不樂其都"。

[5]卿：象兩人相嚮就食之形，爲饗之初文，本義爲饗食，引申爲嚮。

[6]即：就也。王輝讀依，《廣韻》："依，助也。"

[7]大祝：官名，專司祝告祈禱之事。《周禮·春官·大祝》："大祝掌六祝之辭，以事鬼神示，祈福祥，求永貞。"

[8]射：燕饗時舉行射禮。根據《周禮》所記，射禮包括祭祀前所行之大射、朝聘時所行之賓射、燕飲時所行之燕射和選士之鄉射等四種。

[9]長由：人名。《説文》："由，鬼頭也，象形，敷勿切。"唐蘭釋鬼。

[10]逨：讀"弼"，或讀"仇"，輔助。《銘文選》隸作"迷"，讀"勑"，勞也，指周穆王對井伯所命的勞功之事。

[11]祇寅：大敬。《易繫·辭下》"無祇悔"，王弼注："祇，大也。"《爾雅·釋詁》："寅，敬也。"唐蘭釋"彋"爲"彌"，訓"縫"。王輝釋"氏彋"爲"視引"，以爲彋从弓寅聲，殆"引"字異體，《説文》："引，開弓也。"

[12]不姦：不僞，誠信。《廣雅·釋言》："姦，僞也。"

[13]不环：典籍皆作"丕顯"，"丕"，大也。

---

① 王國維：《生霸死霸考》，收入《觀堂集林》卷一，北京，中華書局1959年版。

8. 彧簋

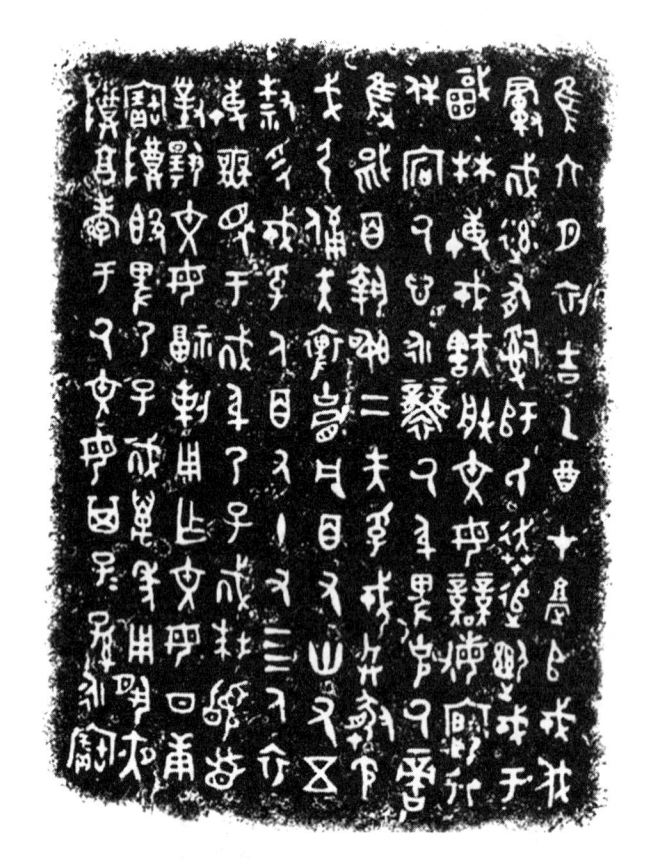

[簡介] 彧簋銘文選自《集成》4322.2 號。彧簋 1975 年 3 月陝西扶風縣法門鄉莊白村西周墓出土,現藏扶風縣博物館。器、蓋同銘,11 行 136 字。諸家皆斷爲穆王器。彧又見於彧鼎、彧方鼎二器,或稱彔彧、伯彧、彔伯彧,是彔國首領。

[釋文]

隹(唯)六月初吉乙酉,才(在)堂[1]𠂤(師),戎[2]伐

馭[3]。彧達(率)有嗣(司)[4]、師氏[5]奔[6]追䢿(襲)[7]戎于

臧林[8],博(搏)戎䭾[9]。朕文母競[10]敏龏行,

休宕[11]氒(厥)心,永襲[12]氒(厥)身,卑(俾)[13]克氒(厥)啻(敵)。

隻(獲)馘[14]百,執噝(訊)[15]二夫,孚(俘)戎兵[16]斁(盾)[17]、矛、

戈、弓、備(箙)[18]、矢、裨[19]、胄[20],凡百又卅又五

叔(敦)[21];孚(捋)[22]戎孚(俘)[23]人百又十又四人。衣(卒)

博(搏)[24],無㞷(憼)于戎身[25]。乃[26]子𢦏拜頴(稽)首,

對揚文母福剌(烈)[27],用乍(作)文母日庚

寶隣簋。卑(俾)乃子𢦏萬年,用夙夜

隣享孝于氒(厥)文母,其子子孫孫永寶。

[注釋]

[1] 臺:與《說文》堂字籀文相似而微異,唐蘭直接釋堂,此銘中指𢦏伐淮夷的駐地。《說文》:"鄧,地名。从邑,堂聲。臺,古堂字。"古地名字从邑與不从邑無別,王輝認爲鄧應即堂,亦即春秋楚地堂谿。《史記·楚世家》:"(楚昭王)十一年……夫概敗,奔楚,封之堂谿。"《正義》:"《地理志》云:堂谿故城在豫州郾城縣西八十有五里也。"

[2] 戎:淮戎,淮夷,淮水流域之夷族。𢦏方鼎:"王用肇事(使)乃子𢦏遫(率)虎臣禦伐灘(淮)戎。"彔𢦏卣:"肇淮夷敢伐內國。"

[3] 𢦏:地名,所在不詳。

[4] 有嗣(司):古設官分職,各有專司,因稱職官爲有司。《尚書·立政》:"惟有司之牧夫。"

[5] 師氏:官名,職司教育公卿子弟及保衛王室安全。《周禮·地官·師氏》:"凡祭祀、賓客、會同、喪紀、軍旅,王舉則從,聽治亦如之。使其屬帥四夷之隸,各以其兵服守王之門外。"

[6] 奔:《說文》:"走也。"

[7] 鄧:諸家或釋"禦",或釋"絕",字形皆不合。裘錫圭原釋"闌"(攔),後改讀爲"襲"。① 晉侯鮇盨:"甚(湛)樂于遼(原)迎(隰)。""隰"與"襲"音近。《春秋》襄公二十三年:"齊師襲莒。"杜預注:"輕行疾止,不戒以入曰襲。"此字當即"襲擊"之"襲"的本字,"襲"乃借字,其後借字行而本

---

① 裘錫圭:《說簋的兩個地名——棫林和胡》,《古文字論集》,第386頁,北京,中華書局1992年版。本銘注釋所引裘說皆出該文,不另注。

字遂廢。

[8] 臧林：地名，或說即棫林，唐蘭以爲棫林"在周原一帶，所以從周。……《左傳》襄公十四年記晉國伐秦，'濟涇而次……至於棫林'，是棫林在涇水之西。……當在今扶風、寶雞一帶"。《銘文選》也主張棫林在涇西，但又說"淮夷似不可能到達宗周深遠的腹地，或是另一地名"。裘錫圭則說棫林在河南葉縣東北，《左傳》襄公十六年記晉以諸侯之師伐許，"夏六月，次于棫林。庚寅，伐許，次于函氏"。杜預注："棫林、函氏，皆許地。"從當時形勢來看，裘說較可信。

[9] 戎獸：獸即胡，周厲王胡自稱其名爲"獸"可證。唐蘭以爲"戎胡"就是"戎"。《銘文選》釋爲"搏擊戎於胡地"。裘錫圭以爲此胡在河南郾城縣，《史記·楚世家》記楚昭王二十年"滅胡"，正義引《括地志》云："故胡城在豫州郾城縣界。郾城在葉縣之東，棫林亦在葉縣之東。二者相距甚近。"

[10] 競：強幹。《左傳》宣公元年："故不競於楚。"杜預注："競，強也。"敏：敏捷。《說文》："敏，疾也。"窶行：義不詳。

[11] 宕：讀爲"蕩"。《左傳》襄公二十九年："美者蕩蕩！"孔穎達疏："蕩蕩，寬大之意。"王輝讀"拓"，"休宕厥心"意謂"休美開拓爻之心胸"。

[12] 襲：《爾雅·釋詁》："及也。""永襲乎身"謂母之美德永遠沿及其身。

[13] 卑：讀"俾"，使也。

[14] 聝：《說文》："聝，軍戰斷耳也。《春秋傳》曰：'以爲俘聝。'從耳，或聲。馘，聝或從首。"古時戰爭中割取左耳或首級以計殺敵之功。《詩·頌·泮水》："矯矯虎臣，在泮獻馘。"

[15] 訊：即"訊"字，象虜獲戰俘，以繩索捆縛之，故從糸，加口則表示訊問。銘文中指戰俘。《詩·小雅·出車》："執訊獲醜。"

[16] 戎兵：兵器總稱。《尚書·立政》："其克詰爾戎兵。"叔夷鐘："余易(賜)女(汝)馬車戎兵。"

[17] 瞂：從十，豚聲，"盾"之注音形聲字。十，即盾的象形本字。豚、盾

古音相通,《釋名·釋兵》:"盾,遯也。"

[18] 備:本作葡,箭袋,典籍通作"箙"。《說文》:"箙,弩矢箙也。从竹,服聲。《周禮》:'仲秋獻矢箙。'"

[19] 裨:唐蘭曰:"當指甲。《說文》:'革,雨衣,一曰衰衣。'古代的甲,是用皮革製成鱗甲形的小片連綴起來的(漢代帝王死後穿的玉柙,即所謂金縷玉衣,就摹仿武士的甲,所以稱柙),與蓑衣之形相近,所以可以稱裨。"

[20] 胄:《說文》:"兜鍪也。从冃,由聲。䩱,《司馬法》胄从革。"即頭盔。

[21] 叙:甲骨文常見,《說文》作敖,唐蘭説讀如"款",訓件。

[22] 孚:讀"捊",《說文》:"捊,取易也。"有順勢取得之意。

[23] 戎孚(俘):指被淮戎所俘。

[24] 衣(卒)博(搏):"衣"即"卒"字,義為完畢、結束。鄎王職戈萃字作衺,寡子卣誶字作詠可證。"博",讀爲"搏"。"卒搏"意爲戰鬥結束。

[25] 無旻于戜身:"無旻"即"無愍",指戰爭中戜身無憂患傷病。①

[26] 乃:你的。"乃子戜",對其母而言,是説"你的兒子戜"。

[27] 刺:功業,典籍作"烈"。

9. 永盂

[簡介] 永盂銘文選自《集成》10322號。永盂1969年陝西藍田縣洩湖鎮出土,現藏西安市文物考古所。器腹內有銘文12行123字,重文2。唐蘭斷爲共王器,《銘文選》從之。

[釋文]

隹(唯)十又二年初吉丁卯[1],益公[2]

內(入)即[3]命于天子。公迺出氒(厥)

---

① 陳劍:《甲骨金文舊釋"尤"之字及相關諸字新釋》,第59—80頁,北京,綫裝書局2007年版。

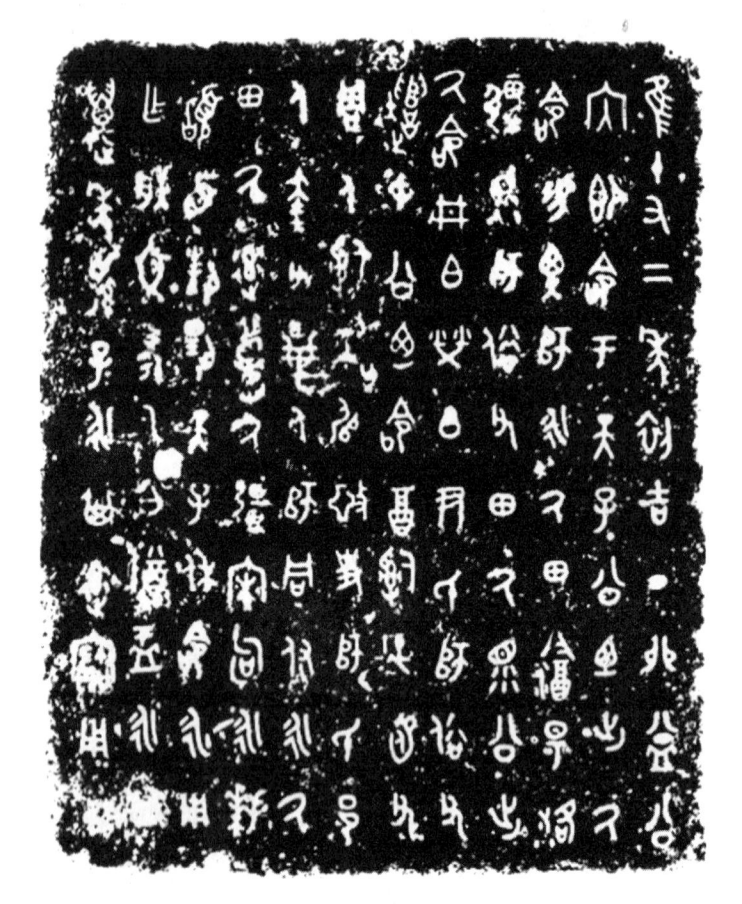

命[4],易(賜)畀(畁)[5]師永氒田淦(陰)昜(陽)洛[6],
疆眔[7]師俗父[8]田[9]。氒眔公出
氒命[10]：井(邢)白(伯)、燮(榮)白(伯)、尹氏、師俗父、
遣中(仲)[11]。公迺命酉(鄭)[12]嗣(司)徒𤔲父、
周人嗣(司)工眉(𡇌)[13]、致史、師氏、邑
人奎父、畢[14]人師同[15],付永氒
田。氒率履氒疆,宋句[16]。永拜
頴(稽)首,對揚天子休命,永用
乍(作)朕文考乙白(伯)障盂。永其
邁(萬)年孫孫子子。永其遹(率)寶用。

[注釋]

[1] 隹(唯)十又二年初吉丁卯：本銘有年份、月相而無月份，唐蘭以爲是遺漏了，並考證此爲共王十二年十一或十二月份。①

[2] 益公：還見於益公鐘、休盤、乖伯簋、王臣簋、申簋蓋，爲共、懿時人，其身份可能是司徒。

[3] 即：就。即命：遵從王命，《易·訟》九四："不克訟，復即命渝。"此謂接受天子對盂的册命。

[4] 氒：厥，指王。公迺出氒命：本句意爲益公傳達和貫徹王命。

[5] 畀：象箭形，唐蘭以爲即《周禮·夏官·司弓矢》八矢之一的庫矢，讀爲畀，《爾雅·釋詁》："畀，予，賜也。"

[6] 溓昜洛：地名，又見於敔簋，作"隂陽洛"。溓郭沫若讀爲陰。

[7] 眔：及、至。

[8] 師俗父：即師俗，見師晨鼎，又稱伯俗父。

[9] 易(賜)畀(畀)師永氒田溓(陰)易(陽)洛，疆眔師俗父田：賜予師永的田方位在陰陽洛，具體疆界則與師俗父田接壤。

[10] 氒眔公出氒命：與益公一起傳達王命而付諸實施者。

[11] 邢伯、榮伯、尹氏、師俗父、遣仲：皆王朝卿士，邢伯見共懿時器豆閉簋、師虎簋，榮伯見共王時器裘衛盉，尹氏見共王時器休盤，遣仲見共王時器宁鼎。尹氏本西周時對史官之長的尊稱，不是指具體的人，所以西周晚期銘文中也有尹氏。

[12] 酉：讀鄭。圅父是諸侯國鄭的司徒。

[13] 屖：即展，用爲人名。此字又見於史密簋，讀爲殿。

[14] 畢：豐鎬附近地名，大約在今陝西長安縣韋曲鎮西北。相傳文王、武王、周公旦都葬於畢。《史記·周本紀》正義引《括地志》云："周文王墓在雍州萬年縣西南二十八里畢原上也。"

---

① 唐蘭：《永盂銘文解釋》、《〈永盂銘文解釋〉的一些補充》，收入故宮博物院編《唐蘭先生金文論集》，北京，紫禁城出版社 1995 年版。本銘注釋所引唐說皆出自此兩文，不另注。

[15] 師同：又見師同鼎，是共懿孝時畢地人。

[16] 乎率履乎疆，宋句：率領踏察勘定田界的是宋句。①

10. 史墻盤

[簡介] 史墻盤銘文選自《集成》10175號。1976年陝西扶風縣法門鄉莊白村一號銅器窖藏出土，現藏陝西扶風周原博物館，同出尚有㫒觥、癲鐘、

---

① 吳鎮烽：《金文研究札記》，《人文雜誌》1981年第2期。

豐尊等 103 器。史墻盤內底銘文 18 行 284 字,合文 3,重文 5,銘文前段頌揚文、武、成、康、昭、穆及時王七代周王的功德,後段記述微氏家族六代事迹。諸家皆斷爲共王器。

[釋文]

曰[1]古文王,初敫(甕)龢[2]于政,上帝降懿德[3]大甹[4],匍有上下[5],迨[6]受萬邦,髃[7]圉武王,遹[8]征[9]四方,達(撻)[10]殷畯民[11],永不巩(恐)狄虐,岢伐尸(夷)童[12]。憲聖成王[13],左右[14]毅(柔)燮(會)剛鯀[15],用肇(肇)罙(徹)[16]周邦。𤔲(淵)懿(哲)[17],

康王,分(遂)尹意(億)彊(疆)[18]。弘(宏)魯[19]卲(昭)王,廣馘[20]楚荆(荆),隹(唯)

㝨[21]南行。祇覿[22]穆王,井(型)帥[23]宇誨[24]。齈(申)寧天子[25],天子圉屖[26]文武長刺(烈),天子髻(眉)無匄[27],麘祁上下[28],亟獄(熙)逗(宣)慕(謨)[29],昊趨(昭)[30]亡(無)罺(斁)[31]。上帝司夓九保[32],受(授)天子

羀(綰)令[33]厚福豐年,方縊(蠻)[34]亡(無)不稃見[35]。青(靜)幽[36]高且(祖)[37]才(在)散(微)[38]需(靈)[39]處。雩武王既戈殷[40],散(微)史剌(烈)且(祖)

迺來見武王,武王則令周公舍[41]㝨(宇)[42]于周,卑(俾)處[43]。甬(通)叀(惠)[44]乙且(祖)遝匹[45]氒辟[46],遠猷[47]匐(腹)心[48]。子殷[49]㽀(粦)

明[50],亞且(祖)且(祖)辛、斆[51]屎(毓)[52]子孫,蘩(繁)猶(褎)[53]多孥(釐)。檣(齊)角龏(燃)

光[54],義(宜)[55]其寴(禋)祀。害(舒)屖(遲)[56]文考乙公遽(競)竷(爽)[57],㝅(得)屯(純)[58]

無諌[59],農(農)嗇(穡)[60]戊(越)[61]䁹(歷)[62],隹(唯)辟[63]孝昚(友)[64],史墻夙夜不

彖(惰)[65],其日蔑歷,墻弗敢取(沮)[66],對揚天子不顯

休令,用乍(作)寶障彝,剌(烈)且(祖)文考弋(翼)[67]寵(寵)[68]受墻爾䜣福襃(懷),猶(祓)录(録)[69],黃耈[70]彌生[71],龕(勘)事[72]髟辟,其萬年永寶用。

[注釋]

[1] 曰:語首助詞。"曰古文王"與《尚書·堯典》"曰若稽古帝堯"句式相似,這大概是周人敘述古事時常用於開頭的套語。①

[2] 敉(瀁)龢:敉,與"瀁"同,同窖出土瘋鐘即作"瀁"。《說文》:"瀁,弭戾也。讀若戾。"《詩·大雅·桑柔》:"民之未戾,職盜爲寇。"《尚書·康誥》:"今惟民不靜,未戾厥心。"戾皆訓定。或從《爾雅·釋詁》:"戾,至也。""龢",即"和"。唐蘭曰:"戾和即致和。《書·君奭》'唯文王尚克修和我有夏',致和、修和,意義相近。"師詢簋銘作"盤瀁于政",與此同,爲周時常語。

[3] 懿德:美德。《詩·大雅·烝民》:"民之秉彝,好是懿德。"

[4] 大屏:《說文》省作"粤",讀屏,輔佐。《尚書·顧命》:"建侯樹屏。"《荀子·儒效》:"周公屏成王而及武王。"又班簋、番生簋有"粤王位",孫詒讓釋粤,《說文》:"粤,定息也。從血,粤省聲。"或說大粤即大定,亦通。

[5] 匍有上下:讀爲"敷",普遍。大盂鼎作"匍有四方",《尚書·金縢》作"敷佑四方","上下"、"四方"均指宇内。或讀"匍"爲"撫",亦通。《銘文選》以爲"上下"指貴族中尊卑的等級。

[6] 迨:讀"合",典籍或作"翕"。《尚書·皋陶謨》:"翕受敷施,九德咸事。"孔傳:"翕,合也。"合受,完全接受。

[7] 䚄:字不識。《銘文選》:"䚄,從索從卪、口,卪是基本聲符,與強字同聲紐,䚄圉當讀爲強圉,古代成語。《離騷》:'澆身被服強圉兮,從欲而不忍。'王逸注:'強圉,多力也。'亦作彊禦,《詩·大雅·蕩》:'咨汝殷商,曾是彊禦。'毛亨傳:'彊禦,彊梁禦善也。'"裘錫圭讀爲"迅圉",迅猛強圉,可用爲褒義,《逸周書·諡法解》:"威德剛武曰圉。"

---

① 裘錫圭:《史墻盤銘解釋》,收入《古文字論集》,第371頁,北京,中華書局1992年版。本銘注釋多據裘說,未另注出處者皆出自該文。

第七章　商周金文　255

[8] 遹：音聿,發語詞。

[9] 征：《銘文選》讀作"正","正四方即政天下,統治天下之意。《詩·商頌·玄鳥》：'正域彼四方。'鄭玄箋：'天帝命有威武之德者成湯,使之長有邦域,爲政於天下。'銘文正字用法與此相同"。或訓征伐。

[10] 達：讀"撻",《説文》："撻,鄉飲酒,罰不敬,撻其背。"引申爲擊伐。《詩·商頌·殷武》："撻彼殷武,奮伐荆楚。"《尚書·顧命》："昔君文王武王宣重光……用克達殷集大命。"

[11] 畯民：唐蘭釋農民,以爲是農業官吏。《銘文選》曰："即經籍之'俊民',義爲才智之人或才俊之士。"裘錫圭讀"悛",《尚書·多士》："成湯革夏,俊民甸四方。"大盂鼎"畯正厥民","俊"、"畯"並讀爲"悛"。《國語·楚語》："有過必悛。"韋昭注："悛,改也。""悛民",使民改過向善,亦即"正民"。

[12] 永不巩(恐)狄虘,岂伐尸(夷)童：唐蘭曰"'永'字斷句,與邦、方等字叶韻","不巩,丕鞏。毛公鼎'不巩先王配命',不讀丕,古書常見,《説文》：'丕,大也。'《詩·瞻卬》'無不克鞏',傳'鞏,固也'","狄虘,遠祖。《詩·瞻卬》傳：'狄,遠。'與逖通。虘通且,迡和虘的籀文並从虘,其例甚多。借爲祖","岂字是徽的本字,……《文選·東京賦》注'徽與揮古字通',揮伐即奮伐。……《詩·殷武》：'奮伐荆楚。'夷童指殷紂,《史記·宋微子·世家》記箕子麥秀詩'彼狡童兮',司馬遷説：'所謂狡童者紂也。'可證"。

《銘文選》曰："巩狄讀爲恐惕。……《説文》惕之或體惄从狄。恐惕,指對紂王殘酷統治的恐懼。""岂伐,讀作愷伐。""尸童,讀爲夷東。……夷人在東方,故稱夷東。"並將"虘"作爲語氣詞,單獨斷爲一句。

王輝曰："徐中舒師'狄虘'連讀,云：'狄虘是古代北方狄族的一支。《國語·晉語》"獻公田,見翟祖之氛",翟祖即此狄虘,翟同狄,祖同虘,音楂。殷亡以後,狄虘在北方孤立無援,周人從此也就不再恐懼狄虘的侵略了。'……'永不(丕)鞏狄虘、岂(微)'是説長久地鞏固了與遠方的虘、岂(微)等國的關係。""夷童是對夷族的蔑稱。《説文》：'男有罪曰奴,奴曰童,女曰妾。'"

劉楚堂在《墻盤新釋》裏把"㦰伐"釋爲"懲伐",認爲㦰字"應係懲之古作,隸定爲堂,从彳、攵、心爲後來增繁"。① 裘錫圭贊同其説。②

[13] 憲聖成王:《説文》:"憲,敏也。""聖,通也。"成王機敏而通達。

[14] 左右:《詩·商頌·長發》"實維阿衡,實左右商王",毛傳:"左右,助也。"此作名詞,指輔弼之臣。

[15] 縠敆剛鰠:《銘文選》曰:"縠敆讀作柔會。縠,从索受聲,受柔旁紐同部,音近假借。敆,从友,會聲,當假作會字。會有和義,《逸周書·謚法解》:'和,會也。'柔會即柔和。""(鰠)象以手持絲釣魚,與甲骨文漁字相同,或體作鰻,从網从又,象以手執網捕魚。以文義而言,剛漁當讀爲剛御。漁、御聲韻皆同相假,御有强義。縠敆與剛漁皆指成王輔佐大臣的柔剛相濟的德性而言。"王輝曰:"徐中舒師説鰠以梗直著名。此句'言成王左右各級大臣皆有剛强梗直之風'。"

[16] 叡:即徹,治也。《詩·大雅·江漢》"徹我疆土",鄭玄箋:"治我疆界。"

[17] 𣶒(淵)𢡆(哲):唐蘭曰:"𣶒是開字,王孫鐘肅字从𢎘,叔弓鎛簫字从𢎘,子仲姜鎛簫字从𢎘,並可證。《説文》開字是淵的或體。《小爾雅·廣言》:'淵,深也。'字从彳慈聲,慈即哲字,見克鼎。《詩·長發》'濬哲維商',傳:'濬,深。'淵哲與濬哲義同。"王輝曰:"徐中舒師云:'𣶒,齊叔夷鎛作𢡆,其所从之𢎘,與此形同……肅慈連文,又見王孫遺者鐘。肅慈,周人常用語,《詩·小旻》'或哲或謀,或肅或艾',《尚書·洪範》:'曰肅,時雨若,曰乂,時暘若,曰哲,時燠若,曰謀,時寒若。'皆以肅哲謀乂爲互文。肅,恭敬也;哲,明智也。"

[18] 分(遂)尹意(億)彊(疆):唐蘭認爲"分"是豕字,通"遂"。裘錫圭認爲:"'分尹億疆'也許可以讀爲'分君億疆',就是分封諸侯鞏固周疆的意思。""分",疑讀爲"賓",服也。言康王能使億疆賓服,得到治理。《書·旅獒》:"明王慎德,四夷咸賓。"孔傳:"言明王慎德以懷遠,故四夷皆賓服。"

[19] 弘(宏)魯:弘,讀爲"宏",大也。"魯",嘉美。裘錫圭曰:"宏魯大

---

① 劉楚堂:《墻盤新釋》,《殷都學刊》1985 年第 2 期。
② 裘錫圭:《古文字釋讀三則》,《古文字論集》,第 401、402 頁,北京,中華書局 1992 年版。

概是宏大樸實的意思。"

[20]𢿛：唐蘭曰："𢿛从攴𤰞，即貔(豼)字，與能字不同，能从𠬞，此从𠂭。𢿛當與批字通。……此借爲批，《廣雅·釋詁》三：'搝，擊也。'搝即批。"《銘文選》曰："𢿛，从攴能聲，……當讀作笞，能、台皆从目聲。《説文·竹部》：'笞，擊也。'義爲捶擊。……廣𢿛楚荆，是大擊楚荆。"王輝曰："或説能當解爲《尚書·舜典》及《詩·大雅·民勞》'柔遠能邇'之能，謂安撫和睦荆楚也。"

[21]奐：于省吾讀"焕"，訓盛大，曰："《説文》無焕字，焕爲奐的後起字。《漢書·韋玄成傳》的'惟懿惟奐'，顔注謂'奐，盛也'。……《初學記》卷七引《古本竹書紀年》：'周昭王十六年，伐楚荆，涉漢，遇大兕。'又：'周昭王十九年，天大曀，雉兔皆震，喪六師于漢。'……'佳奐南行'，是形容卲王統帥六師以南征，其士卒衆多，規模盛壯，是可想而知的。但銘文意在隱惡揚善，故祗炫耀其出征的盛況，而諱言其'没於水中而崩'（見《史記·周本紀》正義）。"① 唐蘭釋"狩"，徐中舒讀"患"，裘錫圭讀"貫"，謂"貫行"就是貫通從南方掠奪金屬的道路。

[22]祇覟："祇"，敬也。"覟"，裘錫圭曰："金文屢見，不能確識，用法與'顯'字相近。"王輝曰："徐中舒師讀耿，……覟，明也。"

[23]井帥：在金文中或倒作"帥井"，如師虎簋、師望鼎，效法、遵循。

[24]宇謨：即《詩·大雅·抑》"訏謨定命"之"訏謨"，毛傳："訏，大；謨，謀。"即遠大的謀略。

[25]䌛(申)寧天子："䌛"，舊多釋"緟"，裘錫圭改釋"申"，義爲重申。② "寧"，安定、安寧。"天子"，指時王共王。

[26]圀㞣：圀，諸家釋讀不一，《銘文選》曰："从囗豹聲，豹與貉同。字假借爲恪，貉、恪同部旁紐字。恪義爲敬。"王輝讀爲"紹"，繼也。㞣，《玉篇》："㞣，《字書》古文纘字也。"銘中讀"纘"，《説文》："纘，繼也。"

———————
① 于省吾：《墻盤銘文十二解》，《古文字研究》第五輯，北京，中華書局1981年版。下引于説出該文者，不另注。
② 裘錫圭、李家浩：《談曾侯乙墓鐘磬銘文中的幾個字》，《古文字論集》，第422頁，北京，中華書局1992年版。

[27] 瞢(眉)無匃：瞢，瞢或作䀠，即瀎(沫)字異體。金文多假借"沬"爲眉壽之"眉"。"匃"，通"害"。《詩·魯頌·閟宮》："萬有千歲，眉壽無有害。"眉壽無害爲古成語，意爲眉壽無疆，無有患害。

[28] 齹祁上下：王輝曰："句頗難解。徐中舒師云：'擤，原文从奚寒聲，从手與从受同意。《說文》："擤，拔取也。"字又作搴。祁从邑示聲，示古讀如提，……祁从示聲，其義亦當爲提，擤祁上下各級大臣之意。'或說齹讀爲虔，敬也；祁，祇，敬也；'齹祁上下'是說敬事鬼神。"

[29] 巫獄(熙)逗(宣)慕(謨)：唐蘭以"獄"通"熙"，"逗"通"桓"，並解釋此句曰："十分美好，很大的謀劃。"《銘文選》曰："巫獄，速聽獄訟之意。……《玉篇》：'獄，辨獄官也，察也，今作伺、覘。'逗慕讀作宣謨。……逗慕是明國家大計。"

[30] 昊卲(昭)：昊，昊天。卲：讀爲照。昊照，即昊天照臨。

[31] 亡斁：即"無斁"，猶"無厭"。毛公鼎銘："肆皇天亡斁，臨保我有周。"

[32] 司夏九保："司"，讀"嗣"，繼承。叔向父簋："余小子司朕皇考。""夏"，唐蘭認爲："夏籥是文舞，……這個夏字應是夏籥的本字。上帝嗣夏應是夏祝。九字古文作氿，見《說文》。九保是巫保。……《史記·封禪書》：'秦巫祠社主、巫保、族纍之屬。'《索隱》：'巫保、族纍，二神名。'秦國地域原是西周，巫保這個神，應是西周時就有的。"裘錫圭釋"司夏"爲"后稷"，"據《大雅·生民》、《魯頌·閟宮》，周人本以后稷爲上帝之子。《大雅·雲漢》'后稷不克，上帝不臨'，《閟宮》'皇皇后帝，皇祖后稷'，皆以后稷與上帝並提，與盤銘同。"又釋"九保"爲"亢保"，《左傳》昭公元年"吉不能亢身，焉能亢宗"，杜注："亢，蔽也。"

[33] 綰令：長命。或說寬裕的任命。

[34] 方蠻：指四方蠻夷。

[35] 妞見：妞，《說文》："讀若踝。"訓踵，妞見即朝見，接踵而見。《銘文選》讀"謁見"，裘錫圭讀"倮見"，意爲急來朝見。

[36] 青(靜)幽：青，讀"靜"。幽，《說文》："隱也。""靜幽"義近連用，指

沉靜、安閑。

[37] 高祖：始祖、遠祖。本銘自高祖以下，尚有烈祖、乙祖、亞祖、文考，至牆已六代。

[38] 微：地名。微地或說爲商代微子啓的封地，或說指商周時西南夷之國，約在今四川巴縣。微氏家族入周後居於畿內。周原甲骨 H11：4"其微、楚口厥燎"。裘衛盉銘有"嗣土（徒）微邑"。《路史·國名紀》："微，子爵……今岐山郿縣。"

[39] 霝：讀靈，裘錫圭曰："《尚書》'靈'字舊多訓爲'善'，'靈處'也許就是住得很好的意思。"又曰："古代巫史往往不分，而巫也稱爲靈，……也許'靈處'可以理解爲'以靈處'，就是爲巫的意思。"

[40] 戈殷：指武王滅商。戈，此字上部所從與"才"有別，見於甲骨文，即三體石經《春秋》僖公三十二年"捷"字古文所從，義爲"翦滅"、"克捷"。

[41] 舍：施，給予。

[42] 圖：同窖出土的30號癲鐘作"寓"，即"宇"字。《廣雅·釋詁二》："宇，居也。"名詞。《國語·周語中》："其餘以均分公侯伯子男，使各有寧宇。"

[43] 卑（俾）處：卑，讀"俾"，使也。處，居住。

[44] 甬惠：甬，讀"通"；惠，惠。指通達仁惠。

[45] 逑匹：輔弼。

[46] 辟：君也，此指周王。

[47] 遠猷：又見於獣簋銘"宇慕（謨）遠猷"、《詩·大雅·抑》"遠猷辰告"。猷，《爾雅·釋詁》："謀也。"

[48] 复（腹）心：复，《說文》："复，重也。从夂，復聲。复，或省彳。"即重復之復，銘文讀爲"腹"。《詩·周南·兔罝》："赳赳武夫，公侯腹心。"朱熹集傳："腹心，同心同德之謂。"乙祖爲周王出謀劃策，成爲其腹心。

[49] 子厭：裘錫圭曰："'子'疑當讀爲'孜'。《說文》：'孜，汲汲也。''厭'字不識，似從'入'得聲，古音與'及'同部，疑當讀爲'汲'。'孜汲'等於說'孜孜汲汲'，是勤勉不怠的意思。"

[50] 替（替）明：又見於尹姞鼎、虎簋蓋等器，義爲英明、賢明。替，陳夢

家讀爲"瞵"，唐蘭讀爲"令"，李學勤讀爲"靈"。

[51] 甗：字不識，但从㔾得聲，學者多讀爲"甄"。《說文》："甄，匋也。"徐鍇《說文繫傳》："甄，化之也。"唐蘭認爲此字是《說文》"遷"字古文"拪"，並將此句釋爲"'遷育子孫'，當是立新宗"。

[52] 屍：即"毓"，象婦人產子形，即今"育"字。"甄育"即化育、造就。《後漢書‧班彪傳附班固》"乃先孕虞育夏，甄殷陶周"，可參考。

[53] 繁（繁）猶（祓）：'繁'，讀"繁"，衆多。猶，"髮"的異體，讀"祓"，除惡之祭，多去惡就是多福。敄：讀"釐"，福。叔向簋銘"降余多福繁敄"，句例相似。裘錫圭曰："'繁'疑當讀爲'皤'，《爾雅‧釋詁》：'黄髮，壽也。'皤髮與黄髮同意，等於説長壽。"

[54] 擠（齊）角䎱（熾）光：唐蘭曰："擠通齊，齊角應是當時吉語。⋯⋯古人對牛羊角不齊，稱爲觭或觲，是畸邪、危害的意思，齊角代表整齊，所以是吉語。䎱⋯⋯當借爲熾，《説文》：'熾，盛也。'"裘錫圭曰："'擠角'疑當讀爲'齊愨'，恭敬的意思。䎱字似是飴字加注戠聲而成，疑當讀爲'熾'。'熾光'就是昌熾有光的意思。"《銘文選》曰："'擠角'讀爲'茨禄'。⋯⋯《詩‧小雅‧瞻彼洛矣》：'君子至止，福禄如茨。'《釋名‧釋宫室》：'屋以草蓋曰茨。'茨禄是形容福禄像屋頂般高大。"連劭名曰："'擠角䎱光'應當是指祭祀用的牲牛。"

[55] 義：讀宜。䄟即禋，《説文》："潔祀也。一曰精意以享爲禋。𥛱，籀文从宀。"

[56] 害（舒）屖（遲）：'害'，王孫遺者鐘作"猒"，典籍作"舒"。"屖"，《説文》："遲也。""害屖"即"舒遲"，《禮記‧玉藻》："君子之容舒遲。"孔穎達疏："舒遲，閑雅也。"

[57] 遽趩：于省吾曰："遽字應讀作競。《左傳》哀二十三年的'使肥與有職競焉'，杜注謂：'競，遽也。'⋯⋯《左傳》昭三年：'二惠競爽猶可，又弱一個焉，姜其危哉。'杜注：'競，彊也；爽，明也。'⋯⋯這是史墙頌揚文考乙公性格的剛强爽明。"

[58] 㝵（得）屯（純）："㝵"，即"得"字，唐蘭曰："得德音同，古書多通用。"

"屯",通"純",純粹、美好。《詩·維天之命》:"文王之德之純。"

[59] 諫:唐蘭曰:"通刺,《廣雅·釋言》:'譏刺,怨也。'"《銘文選》曰:"諫,促速。《説文·言部》:'諫,鋪旋促也。'不促速是表示毋不快的意思。"裘錫圭將此連下讀爲"無諫農穡",並從《大系考釋》讀諫爲債(古責、債一字),"疑是指乙公所食田邑的貢賦交納及時,無可指責(也可解釋爲沒有欠債)"。

[60] 蕽(農)嗇(穡):嗇,"穡"的本字。《左傳》襄公九年"其庶人力于農穡",杜預注:"種曰農,收曰穡。"

[61] 戉:讀"越",《廣雅·釋詁》:"治也。"

[62] 畼:从田秝聲,通"麻",《説文》:"麻,治也。"此是治田的專字,今作歷。

[63] 辟:效法,《詩·大雅·抑》"辟爾爲德",鄭玄箋:"辟,法也。"

[64] 孝奉(友):周人的倫理準則。《周禮·春官·大司樂》鄭玄注:"善父母曰孝,善兄弟曰友。"《尚書·康誥》:"元惡大憝,矧惟不孝不友。"

[65] 惰:讀"惰",惰怠。邾公華鐘:"不惰于厥身。"《儀禮·士虞禮》:"孝子某,……小心畏忌,不惰其身。"

[66] 取:讀"沮",《詩·小雅·小旻》"何曰斯沮",毛傳:"沮,壞也。"鄭玄箋:"沮,止也。""弗敢沮",即不敢敗壞,不敢廢止。

[67] 弌:唐蘭曰:"朩即尗字,……象根下有豆,是菽的本字。通淑,《爾雅·釋詁》:'淑,善也。'"

《銘文選》曰:"弌讀作翼,……《尚書·多士》'非我小國敢弌殷命',孔穎達疏:'鄭玄、王肅本弌作翼。'《廣韻·職部》古文翼从羽弌聲。義爲翼佑、翼護。寵,从玉、貝,宝聲。宝聲通作休,本銘云'烈祖文考弌寵',或方鼎則銘'文考甲公文母曰庚弌休',辭例全同,故弌寵同於弌休。"並翻譯此句爲:"烈祖文考翼之以善,墻懷受美好的福祉。"

裘錫圭曰:"'弌'是西周金文中常見的虛詞,……應該讀爲《詩經》中常見的虛詞'式',丁聲樹先生認爲'式'者勸令之詞,殆若今言'應',言'當'。"

[68] 宔：唐蘭曰：“宔是貯字異文，至原是庭宁的宁，與貯藏的宁形近，音義均同，常通用。……《說文》：'貯，積也。'髓疑通租，《說文》：'田賦也。'”並翻譯"剌且文考弋宔受墻爾髓福褱"爲："烈祖文考好的積蓄，給了墻你的田租。"

陳劍認爲宔字從"琮"的象形初文得聲，讀爲"寵"。《詩·商頌·長發》："受小球大球，爲下國綴旒，何天之休。……受小共大共，爲下國駿厖，何天之龍。""休""龍(寵)"對言。①

[69] 猶(祓)彔(祿)："猶"，讀"祓"。"猶祿"即除災求福，除災就是得福，所以祓祿義爲福祿亨通。裘錫圭曰："'祿'上加'髮'，當是形容福祿多如頭髮。"

[70] 黃耇：長壽。《論衡·無形篇》："人少則髮黑，老則髮白，白久則黃；人少則膚白，老則膚黑，黑久則黯，若有垢矣。髮黃而膚有垢，故《禮》曰黃耇無疆。"

[71] 彌生：長生，久生。《小爾雅·廣詁》："彌，久也。"

[72] 龕(戡)事："龕"，《說文》："龕，龍貌。从龍，今聲。"段玉裁注："假借爲戈亂字。今人用勘堪字，古人多假龕……各本作合聲，篆體亦誤，今依《九經字樣》正。"段說與金文合。"勘"，能也。"勘事氒辟"，意爲"能夠侍奉其君"。唐蘭則曰："龕从龍今聲，……讀如欽，欽从金聲，金今音同。《爾雅·釋詁》：'欽，敬也。'"

11. 即簋

[簡介]　即簋銘文選自《集成》04250 號。即簋 1974 年 12 月 5 日陝西省扶風縣強家村西周窖穴出土，現藏陝西歷史博物館。銘文 7 行 72 字，重文 2。《銘文選》斷爲懿王器。

[釋文]
隹王三月初吉庚申，王才(在)

---

① 陳劍：《釋"琮"及相關諸字》，《甲骨金文考釋論集》，第 273—316 頁。

康宫[1],各(格)大室。定白(伯)入右即[2],
王乎(呼):"命女(汝)赤市朱黄[3]、玄衣
黹屯(純)[4]、䜌旂(旗)[5]。曰:嗣(嗣)珮[6]宫人[7]虢
𤔲[8],用事。"即敢對揚天子不
顯休,用乍朕文考幽叔寶
簋,即其萬年子子孫孫永寶用。

[注釋]

[1] 康宫:"康宫"一詞經常出現於西周銅器銘文,大體分兩類:一是單言康宫的,如令方彝"用牲于康宫"、衛簋"王格于康宫"、伊簋"王在周康宫"等;另一類是言康某宫、康宫某宫、康宫某大室的,如頌鼎"王在周康昭宫"、寰盤"王在周康宫穆宫"、克鐘"王在周康剌宫"、𤰅簋"王在周康宫新宫"等。

王國維認爲康宮爲康王之廟,①唐蘭進一步申論康宮即康王之廟的論點,主張"銅器上有了'康宮'的記載就一定在康王以後",並以此作爲西周銅器斷代的一個標尺,把令方彝、令簋以及相關的數十件銅器定爲昭王時期。② 但郭沫若認爲:"京(大也)、康、華、般(亦有大義)、邵、穆、成、刺,均以懿美之字爲宮名,如後世稱未央宮、長揚宮、武英殿、文華殿之類,宮名偶與王號相同而已。"③陳夢家、④何幼琦⑤則認爲康宮並非宗廟,祇是時王或太子所居的宮室。郭、陳、何三家說法儘管不同,但都有一個共同點,就是一致否認康宮爲康王之廟的説法。杜勇、沈長雲認爲:"康宮一名既可指成康以來的舊有建築,也可作爲總名涵括新宮之類的其他建築。……如果康宮爲建有宗廟性禮儀建築的王之宮寢説可以成立,那麼它對於金文斷代來説,也就不具備斷代標尺的作用。"⑥

［2］定白入右即:意爲定伯入内佑導即。定伯亦見於共王三年衛盉。

［3］赤市朱黄:"市",典籍作"韍"。"赤市",赤色蔽膝。"朱黄",市上的朱色繫帶。"黄"典籍作"衡"。《禮記·玉藻》:"一命緼韍幽衡,再命赤韍幽衡,三命赤韍蔥衡。"

［4］玄衣黹屯(純):衣領和袖口帶繡飾的黑色官服。"黹",刺繡。"屯"讀"純",指衣領和袖口。

［5］䜌旐(旂):"䜌",即"䜌",典籍作"鸞",旂上所懸鈴。"䜌旐(旂)",帶懸鈴的旂幟。

［6］琱:西周國名。金文中有琱生,見召伯虎簋銘"琱生有事"。又函皇父簋銘"函皇父乍琱媢盤盉尊器簋具"。

［7］宫人:内宫官名。《周禮·天官·宫人》:"掌王之六寢之脩。"

---

① 王國維:《明堂廟寢通考》,《觀堂集林》卷三,第 133 頁,北京,中華書局 1959 年版。
② 唐蘭:《西周銅器斷代中的"康宫"問題》、《論周昭王時代的青銅器銘刻》,收入故宫博物院編《唐蘭先生金文論集》,北京,紫禁城出版社 1995 年版。
③ 郭沫若:《兩周金文辭大系圖録考釋》,《郭沫若全集·考古編》第八卷,第 34 頁,北京,科學出版社 2002 年版。
④ 陳夢家:《西周銅器斷代》(上),第 36、37 頁,北京,中華書局 2004 年版。
⑤ 何幼琦:《論康宫》,見《西周年代學論叢》,武漢,湖北人民出版社 1989 年版。
⑥ 杜勇、沈長雲:《金文斷代方法探微》,第 103、104 頁,北京,人民出版社 2002 年版。

[8] 虢牖：琱宮人名。虢，从二虎，疑即虤字。

12. 免簋

[簡介]　免簋銘文選自《集成》04240號。免簋銘6行64字，器身已毁，殘存器底，現藏上海博物館。《斷代》、《銘文選》斷爲懿王器，《史徵》則斷爲穆王器。

[釋文]

隹十又二月初吉，王才(在)周[1]，昧

爽[2]，王各(格)于大廟，井[3]弔(叔)有(右)免即

令[4]。王受乍(作)册尹[5]者(書)[6]，卑(俾)[7]册令

免曰:"令女(汝)疋(胥)[8]周師龢(司)斀[9],易女(汝)赤⑧市[10],用事。"免對揚王休,用乍(作)障簋,免其萬年永寶用。

[注釋]

[1] 周:成王以後器,常有"王在周","周"即春秋之王城。陳夢家認爲:"對西土而言,王城、成周是所謂東都。由其地位而言,則王城在西而周王與西周公居之,爲'西周',成周在東而東周公居之,爲'東周'。'東西周'即表示東西兩周公,也表示東西兩周公所在之地(成周、王城)。"①

[2] 昧爽:爽,从日,桑聲。陳夢家曰:"西周金文惟此器與小盂鼎是於昧爽之時朝於大廟。"

[3] 井:陳夢家曰:"'井'字在西周金文有不同的寫法,必需澄清。《說文》分別'井'和'丼',井是部首而丼不是。……西周金文隸定爲井者,可以分爲兩式。第一式是範型象形,井字兩直劃常是不平行而是異向外斜下的,中間並無一點;……第二式是井田象形,井字兩直劃常是平行的,中間常有一點,……許慎分別邢、郱是正確的;但是誤以型从井,誤以荊从丼,應加修正。吳其昌《金文世族譜》則作如下的分別:'周公後姬姓之邢的井侯、井白,井字中無一點,姜姓之鄭井的井叔、井季,井字中有一點。'"

[4] 即令:就命,就王廷受命。《左傳》定公四年"用即命于周",杜預注:"即,就也。"

[5] 作冊尹:"作冊"見於殷商晚期金文和卜辭,本爲製作冊命的史官;"尹",一種官職之長。"作冊尹"爲作冊之長,西周中期的史官。

[6] 者:讀爲"書"。《說文》:"書,箸也。从聿,者聲。"

[7] 卑:《銘文選》讀"俾",使也。但唐蘭曰:"據頌鼎與袁盤,書命與冊命均是二人,則此卑是冊命史官之名。"

[8] 疋:"胥"的古字,輔佐。

---

① 陳夢家:《西周銅器斷代》(上),第369頁,北京,中華書局2004年版。

[9] 令女(汝)疋(胥)周師嗣(司)斅：唐蘭曰："周師也當是西六師之一。斅當讀爲廩。司廩是管理糧食的官，《周禮》廩人。"陳夢家曰："周師亦見同時期的守宫盤，乃是官名，……从林从㐭从攴。西周銅鐘自銘曰'大斅鐘'，即《周語》下'王將鑄無射而爲之大林'之大林，賈解云：'大林，無射之覆也，作無射，爲大林以覆之，其律中林鐘也。'《左傳》襄十九年：'季武子以所得于齊之兵，作林鐘而銘魯功矣。'"《銘文選》曰："斅假借爲林衡之林。同簋銘'易、林、吳、牧'之林，免簠銘'令免作司土司奠還斅眔吳眔牧'，林作斅可證。林，林衡的簡稱，官名，掌管山林。《周禮·地官·林衡》：'林衡掌巡林麓之禁令而平其守，以時計林麓而賞罰之。'"

[10] ⊗市：⊗：《銘文選》釋"雍"。唐蘭釋"環"，曰："像重環(也即連環)形，當是環之本字。古環字本祇一個圓形，所以睘字祇从○，但○形也可以代表圜，所以用⊗來代表環，後來的予字和幻字就是從⊗形演變而成的。環市當指環形的市。"

13. 燹公盨

[簡介]　燹公盨銘文選自《中國歷史文物》2002年第6期。此器2002年春由保利藝術博物館專家於香港古董市場發現，現藏保利藝術博物館。器蓋已失，祇存器身，有銘文10行，98字。器表裝飾一周鳳鳥紋帶及瓦棱紋，口兩側設一對獸首形耳，裝飾簡潔而典雅，具有西周中期後段青銅器的風格特徵。此盨銘文敘述大禹治水和爲政以德等内容，其格式和内容與一般西周銅器迥異。

[釋文]
天令(命)禹尃(敷)土[1]，隓(墮)山[2]濬(濬)川[3]。迺(乃)
差方埶(設)征[4]，降民監德[5]。迺(乃)自
乍(作)配卿(嚮)民[6]，成父母，生我王，
乍(作)臣[7]。氒(厥)顯(貴)唯德[8]，民好明德[9]，
𢝊(柔)才(在)天下[10]。用氒(厥)邵(紹)好[11]，益□
懿德[12]，康亡不楙(懋)[13]。考(孝)友惪明[14]，

巠(經)齊好祀[15]，無䰍(愧)心[16]。好德䵼(婚)
遘(媾)[17]，亦唯劦(協)天[18]，敏用考(孝)申(神)[19]。復
用祓(祓)彔(禄)[20]，永叩(孚)于盜(寧)[21]。燹公[22]曰：
民唯克用茲德，亡(無)誨(悔)[23]。

[注釋]

[1] 尃土："尃"，古書作"敷"。《尚書·禹貢》："禹敷土，隨山刊木，奠高山大川。"《大戴禮記·五帝德》："使禹敷土，主名山川，以利於民。"《詩·商頌·長發》："洪水芒芒，禹敷下土方。"字亦作"傅"。《史記·夏本紀》轉述上引《禹貢》語，作"以傅土，行山表木，定高山大川"。"敷"、"傅"皆從"尃"聲（"敷"是"敷"之訛體），故三字可通用。"敷"與"布"音義皆近。《詩·小雅·小旻》毛傳："敷，布也。"《説文》："尃，布也。""天命禹敷土"，與文獻記載一致。

[2] 隓山："隓","墮"初文,亦見包山楚簡,《汗簡》以爲"隋"字古文。《説文》作"陸"。"隓"字會以手取"阜"上之土,會隳墮之意。《禹貢》作"隨山","隨"與"隓"同。

[3] 叡川："叡",從"叔"(奴)從"川"從"○"("圓"的初文)。《説文》:"叡,深通川也。從谷,從卢(歺)。卢,殘地阬坎意也。"古文作"濬"。"叡"字從"奴"從"川",當爲"濬"字初文,"○"(圓)可能是加注音符。《書序》:"禹別九州,隨山濬川,任土作貢。"銘文"隨山濬川",與《序》同,其所據蓋相同。

[4] 差方埶(設)征："差"從"※"從"奴",從"※"與從"乘"無别。"差方",察各方差異。"埶"爲"蓺"(藝)之初文,裘錫圭指出,"埶"、"設"古音相近,古文字資料中"埶"多讀爲"設"。① 本銘"埶"也讀爲"設"。《書序》:"禹別九州,隨山濬川,任土作貢。"正義曰"禹分別九州之界……任其土地所有,定其貢賦之差",可以參考。

[5] 降民監德："降民",指天生下民。"監德",指禹受天命監察民之德。《左傳》襄公十四年:"天生民而立之君,使司牧之,勿使失性。"禹受天之命,爲天生下民之君,監察民之德性。

[6] 迺(乃)自作配卿(嚮)民："自作配",即天爲自己立禹爲配。《詩·大雅·皇矣》有"天立厥配,受命既固",毛公鼎銘有"丕顯文武,皇天引厭厥德,配我有周",可參。"卿","饗"的初文,讀爲"嚮"。"嚮民",即引導人民。《禮記·樂記》:"樂行而民鄉(嚮)方,可以觀德矣。""作配卿(嚮)民",意謂君乃"配"上帝以治理和引導下民。《孟子·梁惠王下》:"《書》曰:天降下民,作之君,作之師,惟曰其助上帝,寵之四方。"趙岐注:"《書》,《尚書》逸篇也。言天生下民,爲作君,爲作師,以助天光寵之也。"

[7] 成父母,生我王,乍(作)臣:意謂王受命於天,作民父母,民則爲其輔佐之臣。《書·洪範》:"曰天子作民父母,以爲天下王。"

---

① 裘錫圭:《古文獻中讀爲"設"的"埶"及其與"埶"互訛之例》,載《東方文化》36卷1、2號,香港大學亞洲研究中心,2002年。

［8］乓（厥）頿（貴）唯德："頿"字見《説文・頁部》,"讀若昧",金文借爲"眉壽"之"眉",其形作"𩕌、𩕍、𩕎"等,大都从"水"从"皿","頿"蓋其省體,即《説文》所謂"洒面"之"沫"的本字,《説文》古文从水从頁。諸家讀"頿"爲"美",或以爲讀"貴"爲勝。① "厥貴唯德",即"其（王）唯以德爲貴"。

［9］民好明德："明德"爲周人常語,《禮記・大學》："大學之道,在明明德。"《正義》："言大學之道在於章明己之光明之德。"

［10］𩜞（柔）才（在）天下：李學勤謂"'𩜞'字从'夒'即'夓'聲,故讀爲'顧'……這句是説民好其明德,則其顧念及于天下"。② 裘錫圭讀爲"𩜞（任）才（在）天下",疑"𩜞"即"羞（饈）食"之"羞"的專字,有"任用"之意。該字當分析爲从"食"从"憂"省,疑讀爲西周常語"柔遠能邇"之"柔"。大克鼎、潘生簋蓋"柔遠能邇"的"柔"字,从"卣"从"憂",或以爲即"擾"的本字,疑本銘該字與此字爲一字異形。《詩・大雅・民勞》"柔遠能邇,以定我王",鄭箋："安遠方之國順如其近者,當以此定我國家爲王之功。"

［11］用乓（厥）邵（紹）好："用",以,因。"邵",裘錫圭以爲有"高、美"之義。《廣雅・釋詁》："邵,高也。"《小爾雅・廣詁》："邵,美也。""好"即"好德"之"好",即指美德。疑"邵"讀"紹","紹好"謂繼承發揚美好德行之意。

［12］益□懿德："益",增益,其下一字不識。"懿德",美德,西周常語。《詩・大雅・烝民》："民之秉彝,好是懿德。"

［13］康亡不楸（懋）："康",安康。《詩・大雅・卷阿》"茀禄爾康矣",鄭箋："康,安也。""亡",與"無"、"毋"通。"楸"讀爲"懋",黽勉、不懈怠。"康亡不懋",謂雖康寧而不敢不黽勉努力,《詩・唐風・蟋蟀》"無已大康"、《周頌・昊天有成命》"成王不敢康"可參考。

［14］考（孝）友㥁明："考"用爲"孝"。西周銅器銘文以"考"爲"孝"屢見,

---

① 裘錫圭：《燹公盨銘文考釋》,原載《中國歷史文物》2002年第6期；後收入《中國出土古文獻十講》,上海,復旦大學出版社2004年版。本文釋讀對該文多有參考,下引裘説皆出此文,不另注。

② 李學勤：《論燹公盨及其重要意義》,《中國歷史文物》2002年第6期。下引李説皆出自該文,不另注。

如"享孝"之"孝"或作"考","考友"即"孝友"。本銘下文"敏用考申(神)",亦以"考"爲"孝"。"愲明",蓋指美德。"愲"从"心"、"盂"聲。

[15] 巠(經)齊好祀:"巠"當讀爲"經",正、直。"齊",莊、敬。"經齊好祀",謂以恭敬莊重的美好德行來舉行祭祀。

[16] 無䚔(愧)心:"䚔"可能是从貝鬼聲之字,或疑讀作"愧"。

[17] 好德䎽(婚)遘(媾):"䎽"即"聞"之古字。"䎽遘"讀作"婚媾"。"好德婚媾",謂美德及於婚媾之事。

[18] 亦唯劦(協)天:"劦"即"叶",讀"協",和、合。《尚書·堯典》"協和萬邦"。"亦惟協天",謂美德也與天意協和。

[19] 敏用考(孝)申(神):"敏",勉。"申"讀作"神",此處指先人。"敏用孝神",意謂敏勉地以美德來追孝先人。

[20] 復用䄌(祓)录(禄):"䄌",讀爲"祓",福。"录",讀爲"禄"。"復用祓禄",謂用美德來求得福禄。

[21] 永孚(孚)于宁(寧):"永",長。"孚"字見於甲骨文、金文,舊釋"御",不可信。《禮記·緇衣》所引《詩·大雅·文王》"萬邦作孚"之"孚",上博《緇衣》簡作 ℞,裘錫圭疑與"孚"爲一字。"孚",讀爲"符",信。"宁"爲"寍"字省文,《説文》以"寍"爲安寧之"寧"本字。"永孚于寧",意謂長享安寧,《吕刑》有"其寧惟永"之語,似與此同意。

[22] 燹公:裘錫圭認爲"燹"字釋"豳"(邠)可能是正確的。西周中期銅器善鼎(《集成》2820)記王命善輔佐㠱侯"監燹師戍"。同屬西周中期的趞簋(《集成》4266)記王命趞"作豩𠂤(師)冢司馬"。"燹"和"豩"應指同一地,一般以爲二者是一字異體,也有學者認爲"豩"是从"攴"、"燹"聲之字。二者即使並非一字,也應是可以通用的同音或音近之字。據上引善鼎和簋銘文,燹地駐有周王朝戍軍,設有冢司馬,顯然是一處要地。燹公似應爲燹地的一位封君,"公"上的"燹"不能視爲一般人名的氏。李學勤認爲:在古文字材料裏,"豩"和"冢"有明顯區别,絶不混用。此字从豩聲,"豩"字見於《説文》,許氏引《虞書》"豩類于上帝",段玉裁注以爲是孔壁古文,今文作"肆",今傳本《舜典》也作"肆",《史記·五帝本紀》、《封禪書》和《漢書·王莽傳》引都作

"遂"。"肆"、"遂"都在物部,一心母,一邪母,音近相通。金文"豬"字確讀爲"肆"。天亡簋"丕顯王作眚(笙),丕豬王作庸(鏞)","豬"即讀作"肆",訓爲"勤"。"丕豬"還見於召尊、卣。盨銘的"燹"也應讀爲"遂",國名。據文獻記載,當時可能有兩個遂國。一個是姬姓的,見《通志·氏族略》、《路史·後紀十》。盨的遂公屬於另一個遂,就是見於《春秋》經傳的遂國。在今山東寧陽西北,傳說是虞舜之後。

[23]民唯克用茲德,亡(無)誨(悔):裘錫圭讀"亡誨"爲"無悔"。《周易》爻辭中"無悔"六見,此外還有"悔"、"有悔"、"悔亡"等説法。燹公的話大意是民能用此德,就沒有悔咎。《詩·大雅·皇矣》:"維此王季……其德克明……比於文王,其德靡悔。"鄭箋:"靡,無也。王季之德比於文王,無有所悔也。""克用茲德亡悔"與"其德靡悔"相近。李學勤讀"誨"爲"侮",《説文》:"傷也。"《廣雅·釋詁》:"輕也。"燹公意謂民能用此美德而不輕慢。

14. 元年師兑簋

[簡介] 元年師兑簋銘文選自《集成》04275.2號。器現藏上海博物館。簋器蓋同銘,9行91字,重文2。《斷代》、《銘文選》皆斷爲孝王器。又有三年師兑簋,爲同一人所作器。

[釋文]

隹元年五月初吉甲寅,王
才(在)周[1]。各(格)康廟[2],即立(位)。凡中右
師兑入門,立中廷。王乎内
史尹册令師兑:"疋(胥)[3]師龢父[4]
嗣ナ(左)右走馬[5]、五邑[6]走馬,易(賜)
女(汝)乃且(祖)巾(市)[7]五黄[8]、赤舄[9]。"兑拜
頴首,敢對揚天子不顯魯
休,用乍皇且(祖)𧻚公鵞簋。師
兑其萬年子子孫孫永寶用。

[注釋]

[1] 周:即王(城)。

[2] 各:來到,典籍多作"格"。康廟:康王之廟。

[3] 疋:郭沫若釋足,曰:"'足某人嗣某事'之例屢見,……舊或釋爲正,以正字亦間如是作者,甚罕。……知非正字。余前改釋爲世,……知釋世亦非。今依字形定爲足,足有足成義,有踵續義,似以用後義者爲多。"①陳夢家曰:"《說文》卷二疋部曰:'疋,足也。……古文以爲《詩》大疋字,亦以爲足字,或曰胥字,一曰記也。'是許氏以疋、足、胥爲一字。《說文》楚从林疋聲而金文楚所从之'疋'與諸器動詞之'疋'同形。疋或胥有輔佐之義,《爾雅·釋

---

① 郭沫若:《兩周金文辭大系圖録考釋》,第 248 頁,收入《郭沫若全集·考古編》第八卷,北京,科學出版社 2002 年版。

詁》曰'胥,相也'而'相'與'左右'、'助'同訓,《廣雅·釋詁》二曰'由、胥、輔、佐、佑……助也';《方言》六曰'胥、由,輔也',郭璞注云:'胥,相也,由正皆謂輔持也.'……由上所説,則疋者與被疋者應是同時之人,故免與周師、善與某侯、師兑與師和父以及師晨鼎'師晨疋師俗'都是同時之人。郭沫若讀足爲續,以爲師兑承繼師和父之官於師和父既死之後。其説與銘文不合。"①今從陳説。

[4] 師龢父：舊釋爲共伯和,非是。共伯和是諸侯,師龢父的身份是師氏。

[5] 左右走馬：官名。文獻中有趣馬,趣是急行,有"走"義,《詩·大雅·棫樸》："左右趣之。"《玉篇》："趣,趨也,遽也。""走馬"或爲"趣馬"。《詩·大雅·雲漢》："鞠哉庶正,疚哉冢宰,趣馬師氏,膳夫左右。"又《詩·小雅·十月之交》："皇父卿士,番維司徒。家伯維宰,仲允膳夫。聚子内史,蹶維趣馬。楀維師氏,豔妻煽方處。"趣馬在内史之後、師氏之前,地位不低。走馬職分左右,稱左右走馬。

[6] 五邑：陳夢家以爲指西土五個城邑。

[7] 易(賜)乃且(祖)巾(巿)：巾,即巿。《方言》四："魏、宋、南楚之間謂之大巾,自關而西謂之蔽䘏。""大巾"即"巿"。"乃祖巿",指所賜之巿乃爲受賜者祖父曾受賞之命服,意謂讓受賞賜繼承其祖輩的官職和爵禄。

[8] 五黄：即五衡,或以爲指繫有五條佩帶之衡,或以爲"五"讀"午",指有交織紋飾的衡帶。

[9] 赤舄：赤色加木底的鞋子。《周禮·天官·屨人》："屨人掌王及后之服屨,爲赤舄黑舄。"

15. 小克鼎

[簡介] 小克鼎銘文選自《集成》02797號。小克鼎,又名膳夫克鼎,

---

① 陳夢家：《西周銅器斷代》(上),第154、155頁,北京,中華書局2004年版。

1890年陝西省扶風縣法門寺任村出土,現藏上海博物館,傳世共七器。小克鼎銘文 8 行 72 字,重文 2。《斷代》斷爲夷王器,《銘文選》斷爲孝王器。

[釋文]

隹王廿又三年九月[1],王

才(在)宗周,王命善(膳)夫克舍

令[2]于成周遹正八𠂤(師)[3]之

年,克乍(作)朕皇且釐季[4]寶

宗彝,克其日用䏇,朕辟

魯休,用匄[5]康勳(樂)[6]、屯(純)右(祐)[7]、

眉壽、永令(命)[8]、霝(令)冬(終)[9],邁(萬)

年無疆,克其子子孫孫永寶用。

[注釋]

[1] 隹王廿又三年九月：《銘文選》曰："西周孝王廿三年爲公元前九零二年，九月壬申朔。舊説克器爲西周晚期厲王時器，近據《年表》推算，克鐘紀年合於西周孝王，而大克鼎銘中的儐相釐季與恭王時衛鼎銘中的裘衛同時，而大克鼎銘文云其祖師華父事恭王，是釐季相當於克的祖父輩而爲其佑者。小克鼎的時代當與克鐘同爲孝王之世。"

[2] 舍令：守命、處命。《詩・鄭風・羔裘》："彼其之子，舍命不渝。"鄭玄箋："舍，猶處也，是知處命不變，謂死守善道，見危受命。""處命"就是"守命"。亦見於令方彝和毛公鼎。

[3] 遹正八自(師)："遹"，語詞，通作聿。《詩・大雅・文王有聲》"遹追來孝"，遹爲句首，無義，《禮記・禮器》引作"聿追來孝"。"正"，讀作"整"，整頓。《詩・大雅・皇矣》："王赫斯怒，爰整其旅。""遹正八師"，即整頓八師。此八師駐於成周，即成周八師。

[4] 釐季：克皇祖名。《銘文選》曰："此人在無叀簋銘中亦稱皇祖，故知克與無叀當爲同一宗族。"

[5] 匄：祈求。《説文》："匄，气也。"

[6] 康勋："康"，安康。"勋"，或讀"勋"爲"樂"，頌器作"𤔲"，字不識。

[7] 屯(純)右(祐)："屯"，讀"純"，《詩・小雅・賓之初筵》"錫爾純嘏"，鄭玄箋："純，大也。""右"，讀"祐"，福。

[8] 永令(命)：長命。

[9] 霝(令)冬(終)："霝"，典籍作"令"，善也。《詩・大雅・既醉》："昭明有融，高朗令終。令終有俶，公尸嘉告。"鄭玄箋："令，善也。天既助女以光明之道，又使之長有高明之譽，而以善名終，是其長也。"

16. 大師虘簋

[簡介] 大師虘簋蓋銘文選自《集成》04252.1 號。大師虘簋傳 1941 年陝西西安出土，傳世共二器，現一藏上海博物館，一藏故宫博物院。器、蓋同銘，銘文 7 行 70 字。又有大師虘豆及虘編鐘，應爲一人所作。《斷代》、《史徵》斷爲

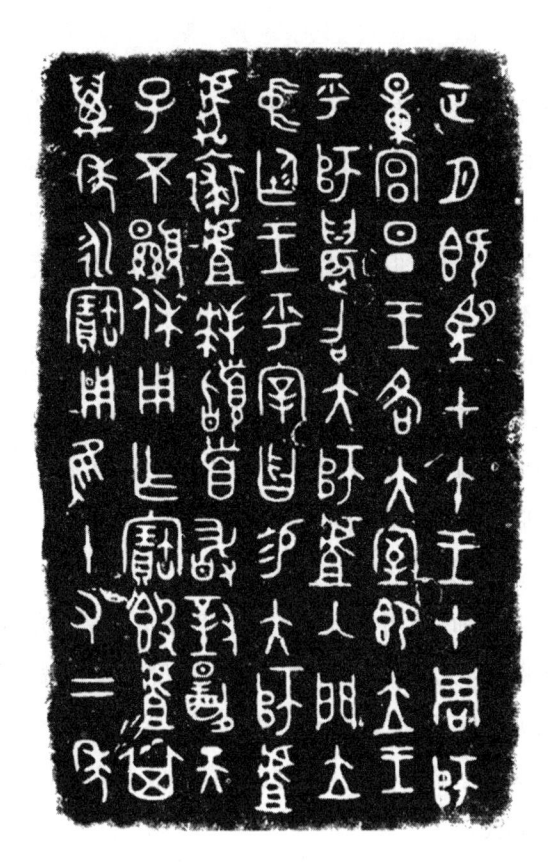

懿王器,《銘文選》則斷爲夷王器。《夏商周斷代工程》定爲孝王前後。①

[釋文]

正月既望甲午[1],王才(在)周師

𠭰(量)[2]宮。旦,王各大室[3],即立(位)。王

乎(呼)師晨召(詔)[4]大師虘[5]入門,立

中廷。王乎(呼)宰智易(賜)大師虘

虎裘。虘拜頴首,敢對揚天

子不顯休,用乍(作)寶簋,虘其

萬年永寶用。隹十又二年[6]。

---

① 《夏商周斷代工程1996—2000年階段成果報告》(簡本),第20頁,北京,世界圖書出版公司2000年版。以下簡稱《斷代工程》。

[注釋]

[1] 正月既朢甲午：《銘文選》曰："銘末書十又二年，即夷王十二年正月既朢甲午。據《年表》夷王十二年爲公元前 887 年，正月庚辰朔，十五日得甲午，先天一日，當可相合。"本器年、月、紀時詞語與日名干支四要素俱全，在西周青銅器中，這樣四要素俱全的祇有約 60 件，對西周年代學研究有重要價值，故被"夏商周斷代工程"采用。

[2] 㝬：即"量"字，《說文》："量，稱輕重也，从重省，曏省聲。"此指人名。師量宮指王臣師量的家室，與善鼎"太師宮"、牧簋"師汓父宮"等相同，古代宮室之稱並無貴賤之別。"量"又見於揚簋及大克鼎，作地名。

[3] 大室：即太室，太廟之中室。

[4] 召：讀"詔"，《爾雅·釋詁》：詔，"導也"。

[5] 大師虘："大師"爲虘的任職。"大師"職位甚高，亦見於善鼎、白克壺、柞鐘、鄭大師甗、蔡大師鼎等器，周王室和諸侯皆設其職。《詩·節南山》"尹氏大師"、《板》"大師維垣"、《常武》"大師皇父"、《十月之交》"皇父卿士"，凡此皆爲王室之大師。據《十月之交》，皇父之位最高，其次爲司徒、宰、膳夫、內史、趣馬和師氏。

[6] 隹十又二年：陳夢家曰："此器因在銘末記十又二年，對於師晨組的王年有重大的關係。師晨見於王三年的鼎上，又見於此王十二年的器上，則此王在位當在十二年以上。此器的宰琱，亦見於蔡簋，後者所見的史光與諫簋、揚簋中內史同名，當是一人。"

17. 㝬簋

[簡介]　㝬簋銘文選自《集成》04317 號。㝬簋 1978 年 5 月陝西省扶風縣法門公社齊村出土，現藏扶風縣博物館。器腹底有銘文 12 行 125 字，合文 1，重文 1。《銘文選》斷爲厲王器。傳世器又有㝬鐘，或稱宗周鐘，皆爲周厲王胡所作。

[釋文]

王曰："有[1]余隹(雖)小子[2]，余亡康[3]晝

夜,巠(經)[4]雝[5]先王,用[6]配[7]皇天。簧
黹[8]朕心,墬(施)[9]于四方,肆(肆)[10]余以
饎士獻民[11],再(稱)[12]盩(庚)[13]先王宗室。"
㝬(胡)[14]乍(作)䈠彝[15]寶簋,用康惠[16]朕
皇文剌(烈)且(祖)考[17],其各(格)前文人[18],
其瀕(頻)[19]才(在)帝廷[20]陟降[21],䚄(申)囿皇
□[上帝]大魯令[22],用黍[23]保我家朕
立(位)㝬(胡)身,䧙䧙[24]降余多福,𢦏(憲)章(導)[25]
宇慕(謨)遠猷[26]。㝬(胡)其萬年,䈠寶
朕多御(禦)[27],用奉壽,匃永令,畯[28]
才(在)立(位),乍(作)疐[29]才(在)下。隹王十又二祀[30]。

[注釋]

[1] 有:語首助詞,無義。《尚書·召誥》:"有王雖小,元子哉!"用法與

此相同。但張政烺讀"有"爲"舊",乃追述過去。①

[2] 小子：謙稱,後王對前王自稱小子。

[3] 康：《說文》："康,屋康良也。"徐鍇《繫傳》："屋虛大也。"《方言》："康,空也。"引申爲閑逸。張亞初曰："'康'字也可能是'康'字之或體字與假借字。古文字形體不定,福作福,親作親,从宀不从宀爲繁簡字。……'亡康晝夜'就是晝夜不敢貪圖安逸。《詩·周頌·昊天》'成王不敢康夙夜',箋云：'不敢自安逸早夜。'"②

[4] 巠：讀"經",常也,循常,遵循。《詩·小雅·小旻》："匪大猶是經。"箋云："不循大道之常。"

[5] 毄：讀"擁",抱持、擁護。

[6] 用：連詞,因而。

[7] 配：《玉篇》："合也。"張政烺曰："《毛詩·周頌·思文》：'思文后稷,克配彼天。'《箋》：'后稷之功能配天。'又《大雅·皇矣》：'天立厥配,受命既固。'戴震《毛鄭詩考正》：'配當如配命、配上帝之配,合於天心之謂。言天立其合天心者,方此之時受命則既固,而宜後之日盛大也。'"

[8] 籫𦰖：張政烺疑"籫"當讀爲"橫","𦰖"當讀爲"至"或"致"。《禮記·孔子閒居》："夫民之父母乎,必達於禮樂之原,以致五至而行三無,以橫於天下,四方有敗,必先知之……志之所至,詩亦至焉。"鄭玄注："橫,充也……凡言至者,至於民也。志謂恩意也,言君恩意至於民,則其詩亦至也……民之父母者,善推其所有以與民共之,人耳不能聞,目不能見,行之在胸心也。"意與此近。郝士宏《"籫𦰖朕心"解》③對張說略加補充,謂"𦰖"讀爲"置"。《禮記·祭義》："夫孝,置之而塞乎天地,溥之而橫乎四海。"動靜、縱橫之感覺更爲明顯。《銘文選》讀"籫𦰖"爲"廣侈",《國語·吳語》："廣侈吳

---

① 張政烺：《周厲王胡簋釋文》,《古文字研究》第三輯,北京,中華書局 1980 年版。本銘注釋中所引其說皆出自該文,不另注。

② 張亞初：《周厲王所作祭器簋考》,《古文字研究》第五輯,北京,中華書局 1981 年版。本銘注釋中所引其說皆出自該文,不另注。

③ 郝士宏：《"籫𦰖朕心"解》,《古文字論集》(二),《考古與文物》叢刊第四號,2001 年。

王之心。"韋昭注:"侈,大也。"是説王者之心的寬大與通達。

[9] 墬:爲"地"之籀文,此讀爲"施"。《尚書·洛誥》:"惟公明德,光于上下,勤施于四方。"與此意近。《銘文選》則將此隸定爲墜,讀遂,義爲達。《吕氏春秋·季春紀·圜道》"遂於四方",高誘注:"遂,達也。"

[10] 肆:語助詞,典籍作"肆"。

[11] 餕士獻民:張政烺以爲"餕士"即"義士",引劉師培《義士釋》:"又考《左傳》桓二年云:'武王克商,遷九鼎于洛邑,義士猶或非之。'杜預以義士爲夷齊之屬,蓋本《史記·伯夷傳》。……至宋陳亮以義士即多士,由周而言則爲頑民,由殷而言則爲義士,……又《逸周書·商誓解》曰:'爾百姓獻民。'《度邑解》曰:'乃厥獻民徵主九牧之師,見王于殷郊。'《作雒解》曰:'俘殷獻民于九畢。'孔晁《注》曰:'獻民,士大夫也。'其説近是,惟必待引申。蓋獻民即儀民,乃殷之故家世族也。"本銘中餕士獻民當指周之世族。《銘文選》將"餕"隸定爲"餕",認爲"餕士"即"庶士"。張亞初則認爲"餕"爲"俟"之假借,《説文》"俟,大也","餕士"應即"高士"、"大士"。

[12] 再:讀"稱",《爾雅·釋言》:"好也。"郭璞注:"物稱人意亦爲好。"邢昺疏:"稱,謂美好。"

[13] 瑴:即"瑴",《説文》:"瑴,讀若戾。"《廣雅·釋詁一》:"戾,善也。"張亞初將"再"訓爲"舉","瑴"訓爲"至",引申爲"遍"義,云"'再瑴先王宗室'即並舉遍祀先王宗廟,以示虔敬孝順之意"。

[14] 猒:此爲作器者名,本銘文又有"猒身"、"猒其萬年",亦見於宗周鐘。唐蘭曰:"銅器之簠,銘中多作匚,从匚古聲,即經傳'瑚璉'之'瑚'也。季宮父簠以甌爲臣,則猒可讀爲胡也。"唐氏並進一步論證"胡"爲周厲王名。①

[15] 鬵彝:張政烺曰:"鬵見《玉篇》鼎部:'煮也。''鬵彝'是周代彝器之類名,與'宗彝'對言,如宗婦鼎:'爲宗彝、鬵彝。'宗彝指酒器,……鬵彝指烹

---

① 唐蘭:《周王猒鐘考》,收入《唐蘭先生金文論集》,第41頁,北京,紫禁城出版社1995年版。

煮及容盛食品之器。"按：近來陳劍將"齍"改釋爲"肆"，以爲與祭祀義有關，可參。①

[16] 康惠：《爾雅·釋詁》訓"康"爲"安"。《詩·大雅·思齊》："惠于宗公，神罔時怨，神罔時恫。"鄭玄箋："惠，順也。"

[17] 朕皇文剌(烈)且(祖)考："皇"，光、大。"文"，文德。"剌"，光烈。張亞初曰："皇、文、烈三字，對於祖先一般是單獨使用，有時也兩字聯用。……二字聯用已屬少見，㝬簋銘文卻是'皇文剌'三字聯用，實屬罕見。"

[18] 前文人：指前世文德彰明的祖先。

[19] 瀕：讀"頻"，《廣雅·釋詁》："比也。"《國語·楚語》："百嘉備舍，群神頻行。"韋昭注："頻，並也。"

[20] 帝廷：亦稱"帝所"，叔夷鐘："有嚴在帝所。"

[21] 陟降：升降、上下。古人以爲先祖可以往來天人之間，庇佑子孫。《詩·大雅·文王》："文王陟降，在帝左右。"毛傳："言文王升接天，下接人也。"

[22] 䚄(申)圀皇□[上帝]大魯令："䚄圀"，讀爲"申紹"，義爲"重繼"，參看上文史墙盤注。"皇"下字殘，從文意和殘存筆劃來看，似爲"上帝"合文或"帝"字。"魯"，嘉也。《史記·周本紀》："周公受禾東土，魯天子之命。"《魯周公世家》作"嘉天子命"。

[23] 黎：讀"令"，《爾雅·釋詁》："令，善也。"

[24] 阤阤：張政烺讀"施施"，中山王䁐鼎："是有純德遺訓以阤及子孫。""阤及"即"施及"。"施施"，喜悦貌。《孟子·離婁下》："施施從外來。"趙岐注："施施猶扁扁，喜悦之貌。"《銘文選》則曰："阤阤即佗佗。《詩·鄘風·君子偕老》：'委委佗佗，如山如河。'《爾雅·釋訓》：'委委佗佗，美也。'邢昺疏引孫炎曰：'佗佗，長之美。'"

[25] "宧(憲)聋(導)"："宧"，即"憲"字，讀"宣"，《說文》"蕾"字或體作"萱"。"聋"，字見於甲骨文，唐蘭曰："聋字象米在㚔中之意，……从米㚔聲，

---

① 陳劍：《甲骨金文舊釋"齍"之字及相關諸字新釋》，復旦大學出土文獻與古文字研究中心網站，2007年12月29日。

當即《說文》之釀字。……《禮記》'中月而禫',注:'古文禫或爲導。'"此亦讀爲"導"。

[26] 宇慕(謨)遠猷:"宇",大。"宇慕",典籍作"訏謨",《詩·大雅·抑》"訏謨定命",毛傳:"訏,大。謨,謀。""猷",《爾雅·釋詁》:"謀也。""遠猷"亦見於史墻盤。"宇謨"與"遠猷"義近,指遠大的謀略、計劃。

[27] 齍實朕多御(禦):"齍",張政烺讀爲"將",《爾雅·釋詁》:"資也。""實",《說文》:"實,富也。"《小爾雅·廣詁》:"實,滿也。""御","禦"之異體。《說文》:"禦,祀也。"父辛卣:"用作大禦于厥祖考父母多神。"

[28] 畯:張政烺讀"駿",《詩·大雅·文王》"駿命不易",毛傳:"駿,大也。"又《詩·周頌·清廟》"駿奔走在廟",毛傳:"駿,長也。"

[29] 虘:張政烺讀爲"氐",《詩·小雅·節南山》:"尹氏太師,維周之氐,秉國之鈞,四方是維,天子是毗,俾民不迷。"毛傳:"氐,本也。"晉姜鼎"作虘爲亟(極)",秦公鐘"畯虘在位","虘"皆讀爲"氐",諸侯及妃亦爲國本。王輝曰:"虘同蒂。《爾雅·釋木》:'棗李曰虘之。'邢昺疏:'謂治棗李皆去其虘,虘者柢也。'《正字通》:'虘,與蒂通。'……作虘在下:作人間的根本。"按:近來李學勤釋清華簡《周公之舞琴》"壵天之不易"句,讀"壵"爲"對",指出"壵"是端母質部字,"對"是端母物部字,聲同韻近,故可通假。金文的"壵"多可讀"對",訓"配"。《詩·皇矣》"帝作邦作對,自大伯王季",毛傳訓"對"爲"配",鄭箋:"作配,謂爲生明君也。"㝬簋"作壵在下",即"作對在下",屬王所"對"的乃是天命,而"在下"是相對於在上的天與前文人而言的。①

[30] 隹王十又二祀:年稱祀,繫於文末,見於殷代晚期銅器銘文及帝乙、帝辛卜辭,西周晚期猶沿其習,東遷以後則不見。

18. 頌壺

[簡介] 頌壺銘文選自《商周金文》54號,銘文又見《集成》09731、

---

① 李學勤:《論清華簡〈周公之舞琴〉"壵天之不易"》,原載《出土文獻研究》第十一輯,收入《初識清華簡》,第198—201頁,上海,中西書局2012年版。

09732。① 頌壺共 2 器,現藏山東省博物館。器、蓋同銘,各 151 字,重文 2。所選銘文劃縱橫格綫,共 21 列,每列 7 字,其中 2 列 8 字。頌壺爲傳世器,同時所作同銘頌器還有 3 鼎(銘文見《集成》02827、02828、02829)和 6 簋(銘文見《集成》04332 至 04339),銘文可參看互校。《斷代》、《史徵》斷爲夷王器,《銘文選》斷爲宣王器,《斷代工程》斷爲厲王前後。

[釋文]

隹(唯)三年五月既死

霸甲戌[1],王才(在)周康

邵(昭)宫。旦,王各(格)大室,即

立(位)。宰引右(佑)頌入門,

立中廷。尹氏[2]受(授)王

令(命)書[3]。王乎史虢生[4]

册令[5]頌。王曰:"頌,令女(汝)

官嗣[6]成周貯[7]廿家,

監嗣新寤(造)[8],貯用宫

---

① 《集成》09731 至 09732 都是頌壺銘拓片,但王輝《商周金文》拓片更清晰,故選用。

御,易女玄衣黹屯(純)、

赤市朱黄、綝旂、攸

勒[9],用事。"頌拜頴首,

受令,册佩以出,反(返)

入(納)堇(瑾)章(璋)[10]。頌敢對揚

天子不(丕)顯魯休,用

乍(作)朕皇考龏弔(叔)[皇]

母龏始(姒)[11]寶隩壺,用

追孝[12],䧹(祈)匄[13]康䚋[14]、屯(純)

右(祐)、通录(禄)[15]、永令。頌其

萬年眉(眉)壽,畯(畯)臣天

子[16],霝(令)冬(終)。子子孫孫寶用。

[注釋]

[1] 隹(唯)三年五月既死霸甲戌:王輝曰:"此爲宣王三年,前825年。據張培瑜《中國先秦史曆表》。此年五月戊申朔,甲戌爲二十七日。"

[2] 尹氏:西周晚期史官,參與頒賜王命活動。

[3] 令(命)書:記載王詔命的簡册。《儀禮·覲禮》:"諸公奉篋服,加命書於其上。"

[4] 史虢生:史,史官。虢,史官名。生,王輝曰:"生讀爲甥,虢國外甥。"

[5] 册令:册命,讀簡册而賜命之。

[6] 官嗣:主管。

[7] 貯:或釋"賈",指商賈。或解釋爲"廛",《周禮·地官·廛人》鄭玄注引杜子春説:"廛",市中空地以畜藏貨物者。"貯"與"廛"義相當,一廛等於一家,《説文》:"廛,一畝半,一家之居。"

[8] 新窹:職官名。秦爵名多稱造。《商子·境内》:"故爵公士也,就爲上造……故四更也,就爲大良造。"曾侯乙墓竹簡官名有新造尹。或疑是地名。

[9] 攸勒：馬籠頭。"攸"讀"鋚"。《說文》"鋚……一曰轡首銅"，"勒，馬頭絡銜也。"

[10] 受令,册佩以出,反(返)入(納)堇(瑾)章(璋)：頌受命後,帶着書有王命的簡册退出中廷,然後又返回向王獻納瑾璋。這是策命禮儀的最後程序。

[11] 龏姒：頌之亡母,龏爲諡號,姒爲其姓。

[12] 追孝：追行孝道。《尚書·文侯之命》："汝肇刑文武,用會紹乃辟,追孝于前文人。"孔傳："繼先祖之志爲孝。"

[13] 𧗟(祈)匄："𧗟"，从㫃,靳聲,邿公鈁鐘作"旂"，讀爲"祈"。"匄"，《說文》："匄,气也。""祈"、"匄"義近,常連用。

[14] 康𥅀："𥅀"字不識,膳夫克鼎作"勵"。

[15] 通录(禄)：徐中舒《金文嘏辭釋例》曰："通讀如通達窮通之通,通录即顯禄。以今語釋之,即高級薪俸也。"

[16] 畯臣天子："畯",同"畯",讀"駿",《爾雅·釋詁》："長也。"永遠臣事天子。

19. 虢季子白盤

[簡介] 虢季子白盤銘文選自《集成》10173號。清道光年間陝西寶雞虢川司出土,現藏中國歷史博物館。盤有銘文8行111字,重文4,合文3。舊皆以爲宣王器,《大系》斷爲夷王,《斷代》、《銘文選》仍斷爲宣王時器。

[釋文]

隹(唯)十又二年正月初吉丁亥[1]，虢[2]季子
白乍(作)寶盤。丕(丕)顯子白，𤯷武于戎工(功)[3]，
經緒四方[4]。博(搏)伐𤞤(獫)𤞴(狁)[5]，于洛之陽[6]。折
首[7]五百，執𢦏(訊)[8]五十，是以先行[9]。趕趕[10]子白，獻
𢧢(馘)[11]于王。王孔加[12]子白義，王各(格)周廟[13]宣
廚(榭)[14]，爰鄉(饗)[15]。王曰："白父[16]，孔䫉[17]又(有)光[18]。"王
賜(賜)[19]

乘馬，是用左(佐)王；賜(賜)用弓，彤矢[20]其央[21]；

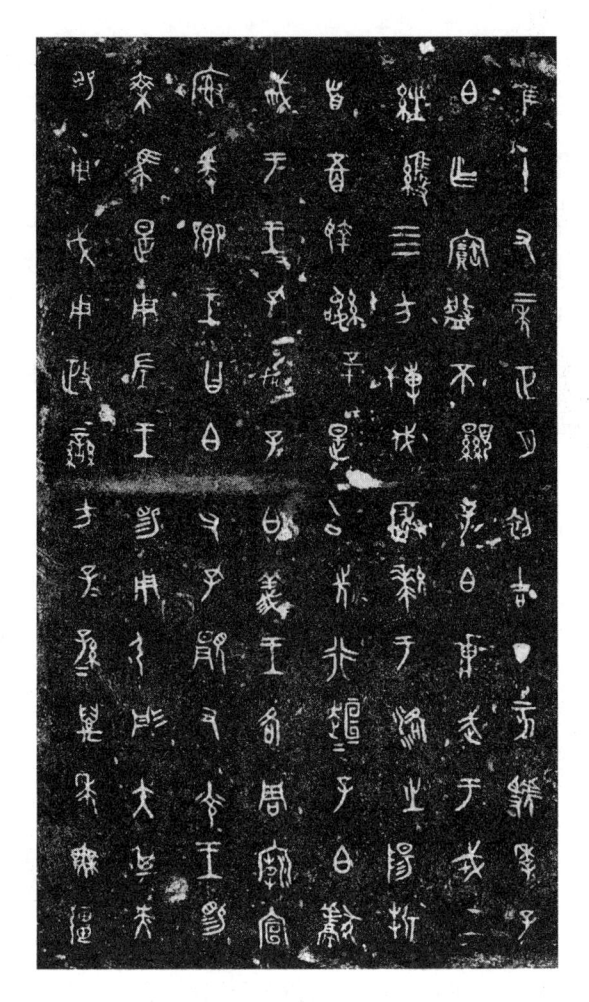

賜(錫)用戊(鉞),用政(征)䜌(蠻)方。子子孫孫,萬年無彊(疆)。

[注釋]

[1] 隹(唯)十又二年正月初吉丁亥：馬承源："西周宣王十二年正月初吉丁亥日。據《年表》為公元前 816 年戊子朔,先天一日,當可相合。"①

[2] 虢：西周國名,姬姓,文王弟仲所封,號西虢,故城在今陝西寶雞縣東,後遷上陽,故城在今河南陝縣東南,春秋時滅於晉,留岐者曰小虢。又文王弟叔所封,號東虢,故城在今河南滎澤縣之虢亭。"虢季",虢之氏稱,屬西虢。

---

① 馬承源主編:《商周青銅器銘文選》(三),第 309 頁,北京,文物出版社 1988 年版。

［3］甯武于戎工(功)："甯"，从甾，爿聲，乃《説文》"莊"字古文𤖈所本，讀爲"將"或"壯"，大。"甯武"，即"壯武"或"大武"，英武勇壯之意。"于"，連詞，猶"而"。"戎工(功)"，戎，大也。《周頌·烈文》"念兹戎功"，毛傳："戎，大皇美也。"箋："崇厚也。"也作"戎公"。《大雅·江漢》"肇敏戎公"，毛傳："戎，大；公，事也。"陳奂《毛詩傳疏》："《後漢書·宋弘傳》注引《詩傳》作功，功、公通用。"

［4］經綣四方："綣"，大多釋"維"，意爲"綱"。"經維"當即綱紀、治理之意。如《詩·大雅·棫樸》"勉勉我王，綱紀四方"。或讀爲"蔓"，謂規度。《説文》："蔓，規蔓，商也。……一曰：蔓，度也。"

［5］愽(搏)伐厰(玁)𤞞(狁)："𤞞"，即"愽"，从"干"，或从"戈"，見不𣪕簋，當是"搏"的本字。《詩·六月》"薄伐玁狁"，"薄"與"愽"同。"厰𤞞"，即"玁狁"。《詩·六月》載宣王命尹吉甫帥師伐玁狁之事，舊以爲此器與《六月》所記爲同一時事，屬宣王。郭沫若以爲此器乃夷王時器，《後漢書·西羌傳》："夷王衰弱，荒服不朝，乃命虢公率六師伐太原之戎，至於俞泉，獲馬千匹。"此銘"虢季子白"或即《西羌傳》之虢公。①

［6］于洛之陽：在洛水北岸。水北曰陽。

［7］折首：斬首。

［8］執𢧜：執拘俘虜。𢧜，即"訊"字，其字會執拘俘虜以訊問之。"執訊"典籍常見，如《小雅·出車》"執訊獲醜"。"訊、醜"，指擒獲的俘虜和首領。

［9］先行：前驅。子白作戰勇猛，有折首執訊之功，是攻打玁狁的前驅。

［10］趡趡：典籍作"桓桓"。《詩·周頌·桓》"桓桓武王"，箋："我桓桓有威武之武王。"《詩·泮水》："桓桓于征，狄彼東南。"毛傳："桓桓，威武貌。"

［11］獻馘：搏殺敵方，割取其左耳以獻功。《詩·魯頌·泮水》"在泮獻馘"，箋云："馘，所格者之左耳。"疏云："《皇矣》傳曰：'殺而獻其左耳曰馘。'故云馘所獲者之左耳。"《禮記·王制》："出征執有罪，反，釋奠於學，以訊馘告。""聝"，"馘"之異體，又見《小盂鼎》，所从非"爪"，或曰是所搏殺敵方之帶

---

① 郭沫若：《兩周金文辭大系考釋》，《郭沫若全集·考古編》第八卷，第 225—228 頁，北京，科學出版社 2002 年版。

髮頭皮。

[12] 孔加："孔"，大。"加"，讀"嘉"，贊美。"義"，善，此指功績。《禮記·經解》："除去天地之害謂之義。"

[13] 周廟：周王室太廟。

[14] 宣廚："廚"即"榭"。《爾雅·釋宮》："闍謂之臺，有木者謂之榭。"疏云："臺上有木起屋者名榭。"《左傳》宣公十六年經："成周宣榭火。"杜注："宣榭，講武屋。""宣廚"即"宣榭"，爲宣揚武功之所。

[15] 爰鄉："鄉"即"饗"。於是周王爲子白舉行慶功宴饗。

[16] 白父：周宣王以"父"輩尊稱子白。

[17] 孔覬："孔"，大。"覬"，其義同"顯"。

[18] 又(有)光：顯赫。

[19] 睗：《説文》："睗，目疾視也，从目易聲。"讀作"賜"。

[20] 彤矢：朱矢。

[21] 其央：即"央央"，鮮明貌。

20. 柞鐘

[簡介]　柞鐘銘文選自《集成》00134號。柞鐘1960年10月陝西省扶風縣齊家村西周銅器窖藏出土，現藏陝西歷史博物館。鐘鉦間、左鼓有銘文6行45字，重文3，見《集成》00133至00139。鐘共八枚，同出尚有罍、壺、鼎、甗、簋等器。《斷代》斷爲夷王器，《銘文選》斷爲幽王器，《斷代工程》斷爲厲王前後。

[釋文]

隹(唯)王三年四月初吉甲寅[1]，

中(仲)大師[2]右柞，柞易(賜)[3]載[4][市]朱黃、鑾(鑾)，

嗣五邑[5]甸人[6]事。柞拜手對

揚中大師休

用乍(作)大鑠(林)[7]鐘，

其子子孫孫永寶。

[注釋]

[1] 隹(唯)王三年四月初吉甲寅：《銘文選》定爲幽王三年,即公元前779年。

[2] 中(仲)大師：王輝曰:"大師爲軍隊統帥,西周時地位甚高。《詩·小雅·節南山》:'尹氏大師,維周之氐。秉國之均,四方是維。'東周的大師,皆指樂官,所有不同。伯公父簠、伯克壺都有伯大師,此銘爲仲大師,大師分伯仲。"

[3] 柞易：應是柞被賜,或是賓語前置,即"賜柞"。

[4] 韨：應爲顏色之一種,但究竟爲何色,諸說不一。字從韋,戈聲,或即"纨"或"緇"字異體。《說文》:"緇,帛黑色。""韨"後似省或漏"市"字,如免尊等皆作"韨市"。

[5] 五邑：或爲一種等級,金文中還有"五邑走馬"、"五邑祝"等,或以爲特指五個具體的邑,不能確知。

[6] 甸人：相當於《周禮·天官》的甸師，"掌帥其屬而耕耨王藉，以時入之，以共齍盛"。《左傳》成公十年："晉侯欲麥，使甸人獻麥。"杜預注："甸人，主爲公田者。"

[7] 鎛：典籍作"林"，十二樂律之一。《禮記·月令》季夏之月"其音微，律中林鐘"。

(三) 東周金文

1. 攻敔王光劍

[簡介] 攻敔王光劍銘文選自《集成》11654號。1978年5月安徽省南陵縣三里公社出土，現藏南陵縣文化館。劍銘2行12字，劍長50釐米。

[釋文]

攻敔[1]王光自乍(作)

用鎗(劍),台(以)戲(擋)[2]戕(勇)[3]人。

[注釋]

[1] 攻敔:曹錦炎謂"吳國國名在諸樊以前作'工廠';諸樊時作'工虡';闔廬時改作'攻五',後作'攻敌'、'攻敔',再改作'攻吳',最後由'攻吳'省稱爲'吳';夫差時仍沿用最後三種寫法"。①

[2] 戲:字從戈尚聲,或爲"擋"字古文異體。

[3] 戕(勇):字從戈用聲,爲"勇"字異體。

2. 越王之子勾踐劍

[簡介] 越王勾踐之子劍格銘文選自《集成》11594號。安徽壽縣出土。銘文2行8字,鳥蟲書。劍格寬5.1釐米。

[釋文]

戉(越)王　　戉(越)王

之子晉(踐)皷(勾)[1]

[注釋]

[1] 晉皷:即勾踐,越王勾踐劍銘作"鳩淺","踐"聲符相同,所從的偏旁和裝飾部分稍有差異。

| 戉王 | 王戉 | 晉皷 | 之子 |

① 曹錦炎:《從青銅器銘文論吳國的國名》,收入《吳越歷史與考古論叢》,北京,文物出版社2007年版。

3. 者汈鐘

《集成》00122.1

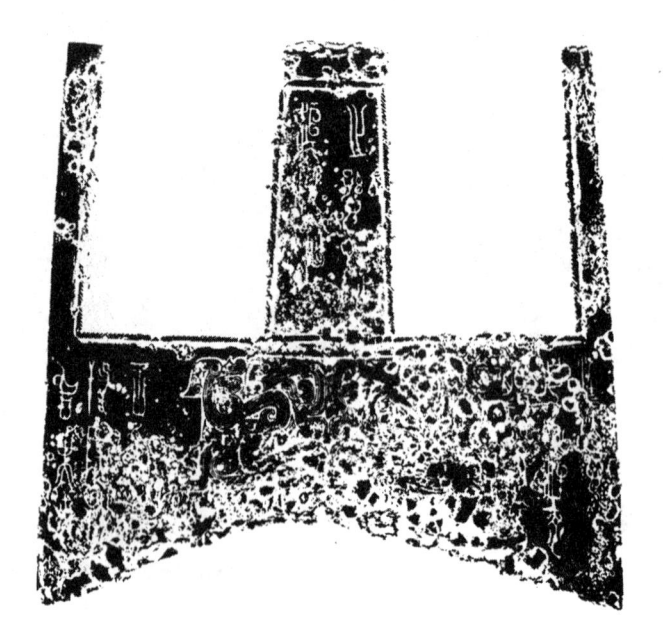

《集成》00122.2

《集成》00127.1

《集成》00127.2

《集成》00128.1

《集成》00128.2

者汈鐘摹本

[簡介] 銘文選自《集成》00121 至 00132。者汈鐘,又名者沪鐘、者汚鐘、虗秉鐘,傳河南省洛陽金村古墓出土,傳世共 12 枚,現分別藏於故宮博物院(1 鐘)、上海博物館(1 鐘)、日本神户東畑謙三氏(8 鐘)、日本京都泉屋博物館(2 鐘)。全篇銘文共 92 字,鐘大者分鑄於兩枚,鐘較小者分鑄於四枚。又有者汈鎛 1 件,見《集成》00120,爲同一人所作。

[釋文]

隹戉(越)十有九年[1],王曰[2]:者汈[3],女(汝)亦[4]虗秉不盟悳(德)[5],以克續光朕邵(昭)丂(考)之慭(訓)學[6],趄(桓)趄(桓)哉弼王㝧(宅),窐(往)玫(捍)庶戲(盟),台(以)祗光朕立(位)[7]。

今余其念譱乃有齊(齋)休祝成[8],用[9]再(稱)刺(烈)[11]壯,光[12]之于聿(肆)[13]。女(汝)其用茲[14],旻(晏)安乃壽,叀(惠)[15]娴(逸)[16]康樂,勿有不義[17],訊[18]之于不啻(適)[19],隹王命[20]元顥[21]乃悳(德),子子孫孫永保。

[注釋]

[1] 隹戉(越)十有九年:越王勾踐十九年。者汈是勾踐大夫,故此十九年是勾踐紀年。勾踐元年吴王闔廬死,十九年相當於吴王夫差十八年。

[2] 董珊曰"銘文在'王曰'之下以盡全銘,都是越王訓誥的話語","者汈編鐘銘文是戰國時代的册命賞賜類金文。這類内容的銘文在早期銅器中比較多見,春秋時代已經逐漸式微,到戰國時就更少了。但者汈編鐘銘文的語言風格仍追求莊重和典雅,與《左傳》中所見的某些正式場合的外交語言類似,帶有復古的傾向"。①

[3] 者汈:舊釋"者沪",但後一字𩰫右旁所从與𠛱(剌)右旁所从刀相同,故當釋"汈"。或以爲者汈爲越王翳之子諸咎,銘乃越王訓子之辭。一説爲《史記·越王勾踐世家》之大夫柘稽。《銘文選》曰:"從銘文内容看,不當解釋爲越王訓子之辭,而是對大夫的命辭。《史記》司馬貞《索隱》云柘稽'越大夫也。《國語》作諸稽郢'。而《漢書·百官公卿表》作諸稽到。到、郢字形傳

---

① 董珊:《越者汈鐘銘新論》,《東南文化》2008 年第 2 期。本銘注釋中所引其説皆出自該文,不另注。

抄易誤。汭舊釋沪,以爲'郅'是而'到'非。今銘文隸定爲汭,汭从刀聲,刀到同音,到通假爲汭。"

[4] 亦:句中語氣助詞,《尚書·盤庚》"予亦拙謀作乃逸",用法與此相同。

[5] 巠悳:《銘文選》曰:"巠爲涇之繁文,假爲經,《尚書·酒誥》'經德秉哲'。"強運開《說文古籀三補》11.3"汭"字頭下收者汭鐘巠字,其按語云:"此篆从巠、从內會意,蓋即'汭'之古文。《左傳》閔二年'虢公敗犬戎于渭隧',服虔曰:'隧即汭也。'杜預本作'渭汭',汭、隧同音,古相通假,是不即不隧也。'虔秉不巠'者,謂恭敬秉持不敢失墜也。"何琳儀曰:"本銘'巠'亦當釋'汭涇'合文,借用偏旁'水'。《周禮·夏官·職方氏》'其川涇汭',疏云'涇'、'汭'均爲水名。比較特殊的是,本銘'汭'應屬上讀,'涇'則屬下讀。即讀作'女亦虔秉不汭——涇悳'。'不汭',應依強說讀'不墜'。……'涇悳'讀'經德'。"①

[6] 以克繽光朕邵(昭)丂(考)之慭(訓)學:此句由於字殘泐嚴重,諸家釋文、斷句多有爭論。今從董珊之說,"'邵'下一字前人多誤釋爲'于',至何琳儀先生始正確地釋爲'丂(考)',但何先生以'考之慭學'爲句,則又誤。……我認爲,'以克繽光朕邵考之慭學'跟'以祇光朕位'基本結構相同,謂語動詞'光'下面都應該接賓語,其賓語即'朕邵丂之慭學'。'慭學'當讀爲'訓教',即'教訓'的倒文。《呂氏春秋·審分覽·執一》'吳起曰:"治四境之內,成訓教,變習俗。"''學'的定語是'邵(昭)丂(考)'。昭,古書常訓爲'明',是越王對其父考的美稱。戰國中山王大鼎銘文也說'邵(昭)考成王'"。

[7] 赿(桓)赿(桓)哉弼王舛(宅),宔(往)攼(捍)庶戲(盟),台(以)祇光朕立(位):何琳儀讀爲"桓桓哉,弼王宅,往扞庶盟,以祇光朕位",以爲"弼王宅"與《書·微子之命》"以蕃王室"意近;"庶盟",《書·皋陶謨》作"庶明",即"庶民";祇,敬也。

董珊認爲:"哉"應改釋爲"戓",古、甫聲系相通,讀輔,"輔弼"是古代常語。"桓桓"是修飾"輔弼"和"往扞"這兩個謂語動詞的狀語。"王舛(宅)"跟

――――――――――
① 何琳儀:《者汭鐘銘校注》,黃德寬主編:《安徽大學漢語言文字研究叢書·何琳儀卷》,合肥,安徽大學出版社 2013 年版。本銘注釋中所引其說不另注者皆出自該文。

"庶戲(盟)"對文,這兩句意爲内輔王室,外捍盟國。祇,此處假爲底,訓定。"祇(底)光",鞏固和光大。

以上是訓詁的第一部分:者汈能恭持而不失德,因此能夠繼續發揚光大越王之昭考的訓教,威武地輔弼王室,捍衛諸同盟國,因而鞏固和光大了越王的王位。

[8] 今余其念謚乃有齊(齋)休祝成:何琳儀曰:"謚通衛、噘。《爾雅·釋詁》:'衛、噘、假,嘉也。'嘉訓善,然則'念謚'猶'念善'。'齊休祝成',郭云'齋戒祝禱均獲神庥'近是。"

董珊認爲:念訓爲思。謚似當讀爲勵,勉勵、嘉勉之意。乃,第二人稱領格,指者汈。齊讀爲齋,莊敬。休,訓爲美。祝應改隸爲軒,讀告,"告成"見《詩經·大雅·江漢》"經營四方,告成于王"。"齊(齋)休軒(告)成"謂德行謹敬而有功勞。

[9] 用:連詞,訓因、以。

[10] 稱:舉、揚,稱舉。

[11] 剌:讀烈,《爾雅·釋詁》"烈、績,業也",郭璞注:"謂功業也。"壯:盛、大,是"剌(烈)"的後置定語,"烈壯"指盛大功業。

[12] 光:表明、表彰。

[13] 聿:讀肆,指成列的編鐘。何琳儀認爲聿是筆之初文,此指銘文所載的文辭。

[14] 兹:指上文"肆",即這套編鐘。旻:吳振武釋旻,何琳儀先釋妥,讀綏,後從吳説。① 《左傳》閔公元年:"宴安酖毒,不可懷也。"《後漢書·申屠剛傳》:"不宜宴安逸樂。"

[15] 叀:或讀惟;或讀惠,訓順;董珊改釋爲囟,讀思,訓應、當。

[16] 娟:與三體石經《多士》"逸"寫法略同,故釋"逸"。

[17] 不義:不合禮義之事。或説"義"同"宜"。

---

① 何琳儀:《吴越徐舒金文選釋》,收入黄德寬主編《安徽大學漢語言文字研究叢書·何琳儀卷》,第69頁,合肥,安徽大學出版社2013年版。

[18] 訊：《玉篇》訓"謀"，或認爲是《説文》訓"迫"，讀若"求"的"訅"字。董珊將訊改隸爲訊，釋爲誥。

[19] 不啻：啻讀爲適。"不適"一詞，古書屢見，如《韓非子·説林下》謂紂爲"不適紂"，《吕氏春秋·貴直論·過理》也有"不適"一詞，高誘注："不僭越不濫，動中禮儀之謂適。"董珊曰："鐘銘'不適'大概就是指有僭越或無禮等不適當行爲的那些人。"

[20] 隹王命：何琳儀謂"乃'唯王命是聽'之省語，《左傳》隱公元年'他邑唯命'，即'他邑唯命是聽'之省語，可資參證"。

[21] 元顥：郭沫若讀爲"黽没"，①《爾雅·釋詁》"黽没，勉也"，郭璞注"猶黽勉"，即勉勵之意。何琳儀讀"元顥"爲"乾没"，即所謂滅頂之災，引申爲浮沉、僥倖、貪婪等義，並將後面的"悥"改釋爲"恩"，讀聰聞之聰。何文翻譯本句爲："謀劃那些不合禮儀(的事情)。唯有聽從王的命令！(如果生)貪婪(之心)，則將(被我)所聞知。"

4. 蔡公子義工簠

[簡介]　蔡公子義工簠銘文選自《銘文選》599號，又見《集成》04500號。該器1966年4月河南省潢川縣隆古高稻場出土，現藏河南省博物院。銘文2行8字。

[釋文]

蔡公子義

工戈(之)飤匝(簠)[1]。

[注釋]

[1] 匝，即簠，祭祀和宴饗時盛放黍、稷、稻、粱等飯食的器具。《周禮·舍人》："凡祭祀共簠簋。"鄭玄注："方曰簠，圓曰簋，盛黍、稷、粱器。"簠出現於西周早期後段，但主要盛行於西周末春秋初，戰國晚期以後消失。簠的名稱在器銘上有多種寫法，如匝、鈷、祜、笑等，有學者認爲這就是文獻記載中的禮器瑚、

---

① 郭沫若：《者汈鐘銘考釋》，《考古學報》1958年第1期。

《禮記·明堂位》:"有虞氏之兩敦,夏后氏之四璉,殷之六瑚,周之八簋。"

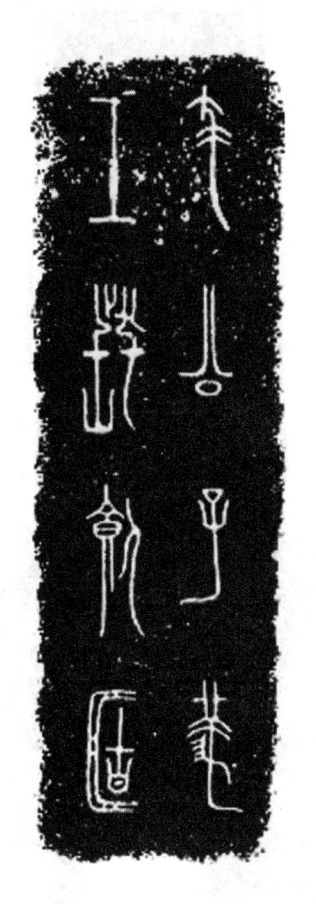

5. 王孫遺者鐘

[**簡介**]　王孫遺者鐘銘文選自《集成》00261號。該鐘又名王孫鐘,湖北省宜都山中出土,現藏美國舊金山亞洲藝術博物館。銘文19行117字,重文4。

[**釋文**]

隹正月初吉丁亥,王孫遺者擇其吉金[1],自乍(作)龢鐘,中諤(翰)叙(且)鴋[2],元鳴孔皇[3]。用享台(以)孝于我皇且(祖)文考,用祈眉壽,余盈(溫)龏[4]䵼㞑[5],敄塾[6]趩趩[7]。肅悊(哲)聖武[8],惠于政德,忌(淑)于威義,誨猷不(丕)飤(飭)[9]。闌闌[10]龢鐘,用匽(宴)台(以)喜,用樂嘉賓父兄(兄)及我朋友,余恁[11]㕁[12]心,征(誕)永余德,龢(和)溺(弱)[13]民人,余尃

302　古文字學

《集成》00261.1

昀(旬)[14]于國,毓毓趄趄[15],萬年無諆(期),某(世)萬孫子,永保鼓之。

[注釋]

[1] 王孫遺者擇其吉金：郭沫若曰："此亦徐器,由其銘辭字體與沇兒鐘如出一人手筆可以判知。……遺者者,余意當即容居。《檀弓》(下)邾婁考公之喪,徐君使容居來弔含。……曰:'容居聞之"事君不敢忘其君,亦不敢

《集成》00261.2

遺其祖。昔我先君駒王西討,濟於河"云云。'遺、容雙聲,者、居疊韻,此自稱王孫與祖其先君駒王正相合。"[1]但《銘文選》則曰:"器出於湖北宜都,當是楚器,遺者無可考。"

---

[1] 郭沫若:《兩周金文辭大系圖録考釋》,《郭沫若全集:考古編》第八卷,第347頁,北京,科學出版社2002年版。下引其説皆出自該文,不另注。

[2] 中諽(翰)叡(且)旸：指鐘聲既高且揚，句式與《詩·燕燕》"終溫且惠"同。"中"，通"終"，既也。"叡"，通"且"。"諽"，讀與"翰"同；"旸"，讀"颺"。

[3] 元：長。孔：大。皇：美。元鳴孔皇：指鐘聲悠揚，音色優美。

[4] 盈(溫)龏：第一字舊釋"函"或"宏"，非是，應是"溫"的初文；"龏"，即"龔"，讀"恭"。"溫恭"，溫良恭儉。

[5] 镡犀：讀爲"舒遲"，安適閑雅。

[6] 畋埶：讀"畏忌"，害怕、顧忌。

[7] 趩趩：猶"翼翼"，《詩·大雅·大明》"小心翼翼"，《爾雅·釋訓》："翼翼，恭也。"

[8] 肅悊(哲)聖武：指四種很高的品格修養。肅：虔敬；哲：睿智；聖：明智；武：英武。

[9] 誨猷不(丕)飤(飭)：此句當讀爲"謀猷丕飭"，"飭"猶"秩秩"也。《詩·小雅·巧言》："秩秩大猷。"

[10] 闌闌：楊樹達謂："闌當讀爲簡，《詩·商頌·那》云'奏鼓簡簡'，簡簡爲讚美樂聲之辭。闌从柬聲，柬本見母字，與閒聲同，《説文》言部讕或作謭，火部爛或作燗，知闌聲閒聲字可通用也"。①

[11] 恁：《廣韻·侵部》："恁，信也。"中山王䜭鼎"非恁與忠"即非信與忠。《説文》人部："信，誠也。"

[12] 𠙵：即"台"，《爾雅·釋詁》："我也。""余恁𠙵心"意謂我以誠心永保我的德行。

[13] 龢(和)溺(弱)：調和抑制。《淮南子·原道》："聖人將養其神，和弱其氣，平夷其形，而與道沈浮俯仰。"②

[14] 尃：敷、普也。昀：古文旬字，假爲洵或恂，《詩·鄭風·有女同車》"洵美且都"，鄭玄箋："洵，信也。"

---

① 楊樹達：《王孫遺諸鐘跋》,《積微居金文説》卷一，第 22 頁，北京，中華書局 1997 年版。
② 參劉釗：《金文字詞考釋(三則)》,《古文字考釋叢稿》，第 132—135 頁，長沙，嶽麓書社 2005 年版。

[15] 此形容鐘聲之大且廣也。"鉝鉝",即"皇皇";"趣趣",即"熙熙"。

6. 趙孟庎壺

9679.1 趙孟庎壺

9679.2 趙孟庎壺

[簡介] 趙孟庎壺銘文選自《集成》09678、09679號。該器又名禺邗王壺,傳河南省輝縣出土,現藏英國倫敦不列顛博物館。銘文1行19字。

[釋文]
禺(遇)邗王[1]于黃池,爲趙孟[2]

斿(介)[3]，邗王之惕(賜)金，台(以)爲祠器。

[注釋]

[1] 邗王：楊樹達曰："邗王即吳王。經傳多稱吳爲干：《莊子·刻意篇》云：'夫有干越之劍者。'《荀子·勸學篇》云：'干越夷貉之子生而同聲。'干越皆即吳越也。邗爲國邑之名，字從邑，爲本字，經傳假干爲邗，省形存聲耳。"①今按，公元前486年，吳國曾在邗(今江蘇揚州西北)築城，在長江淮河間開鑿運河，稱爲邗溝。這是運河最早開鑿的一段。② 吳被稱爲邗或亦與此有關。

[2] 趙孟：即趙鞅。晉、吳黃池爭長，趙鞅是晉國的代表。《左傳》哀公十三年："夏，公會單平公、晉定公、吳夫差于黃池……秋七月辛丑，盟，吳、晉爭先。吳人曰：'于周室，我爲長。'晉人曰：'于姬姓，我爲伯。'趙鞅呼司馬寅曰：'日旰矣，大事未成，二臣之罪也。建鼓整列，二臣死之，長幼可知也。'"壺銘之趙孟即會盟的趙鞅。

[3] 斿：典籍作介，即賓介。

7. 宋公䜌戈

[簡介] 宋公䜌戈銘文選自《集成》11133號。該器1936年安徽省壽縣出土，現藏中國國家博物館。器銘錯金，一面胡部2行4字，另面胡部1行2字，共6字。又有宋公䜌鼎蓋、宋公䜌簠，皆爲同一人所作器。

[釋文]

宋公䜌[1]之䣉(造)戈。

[注釋]

[1] 宋公䜌：宋景公欒。欒是䜌的假借字。《左傳》昭公二十五年："十一月，宋元公將爲公故如晉。夢大子欒即位于廟，己與平公服而相之。"欒，《史記·宋世家》作"頭曼"，《漢書·古今人表》作"兜欒"。梁玉繩《史記志疑》謂"兜、頭古通，欒與曼聲相近。或稱欒，或稱兜欒，呼之有單複耳。"

---

① 楊樹達：《趙孟斿壺跋》，《積微居金文説》卷七，第170頁，北京，中華書局1997年版。
② 楊寬：《戰國史》，第59頁，上海，上海人民出版社2003年版。

① 宋公䊷戈(《集成》11133)

② 摹本(《銘文選》793)

8. 魯伯愈父鬲

[**簡介**] 魯伯愈父鬲銘文見《集成》00690 號至 00695 號。該器 1830

308　古文字學

年山東滕縣城東北八十里之鳳凰嶺出土,共出鬲五、簠三、盤三、匜一,現藏上海博物館。銘文1周15字,其中00690漏刻"父",其餘各銘皆有"父"字。

[釋文]

魯白(伯)愈父乍(作)黿(邾)[1]姬𦍌[2]朕(媵)[3]羞(羞)[4]鬲,其永寶用。

[注釋]

[1]黿:字本從象形"蛛"(後訛同"黽")字,"朱"聲,國名。典籍皆作"邾",又作"邾婁"(見《公羊傳·隱公元年》)。春秋初爲魯附庸,杜預《左傳》隱公元年注:"邾,今魯國鄒縣是也。"

[2]黿(邾)姬𦍌:魯伯愈父之女,嫁邾國,姬姓,𦍌是其名。𦍌字各家所釋不同,或釋"年"、或釋"仁",後者近是。

[3]朕:讀"媵",送。《儀禮》中記載行燕禮或大射禮時,致送酒器稱之

"賸瓶"、"賸爵"。據陳昭容研究,"'賸'的內容可以概括爲'賸人'和'賸物'兩大類,以臣僕庶妾或嫁妝器物作爲送女出嫁之資"。"根據《殷周金文集成》所收,銘文中有'賸'字的青銅器共有 141 件,若加上《集成》未收的新出青銅器有'賸'字者 28 件,共計 169 件,所屬時代大約不出西周中期到春秋晚期"。①

[4] 羞:《說文》:"羞,進獻也。从羊,羊,所進也。从丑,丑亦聲。"甲骨文作𦍌、𦍌,象一手持羊,此銘從兩手持羊。

9. 商鞅方升

[簡介] 商鞅方升銘文選自《集成》10372 號。商鞅方升,又名商鞅量,現藏上海博物館。器三周及底並刻銘文,共 10 行 75 字。器全長 18.7 釐米、寬 6.97 釐米、深 2.3 釐米,實測容積 202.15 立方釐米。

[釋文]

左壁銘文:

十八年[1],齊遣卿大夫衆來聘。

冬十二月乙酉,大良造鞅[2]。爰

積十六尊(寸)五分尊(寸)壹爲升[3]。

前壁銘文:重泉[4]。

底部銘文:

廿六年[5],皇帝盡并兼天

下諸侯,黔首[6]大安,立號

爲皇帝,乃詔丞相狀、

綰[7],灋(法)度量,則不壹[8]。

歉疑者,皆明壹之。

右壁銘文:臨[9]。

---

① 陳昭容:《兩周婚姻關係中的"賸"與"賸器"——青銅器銘文中的性別、身份與角色研究之二》,第 197、202 頁,臺北中研院歷史語言研究所集刊第 77 本第 2 分,2006 年。

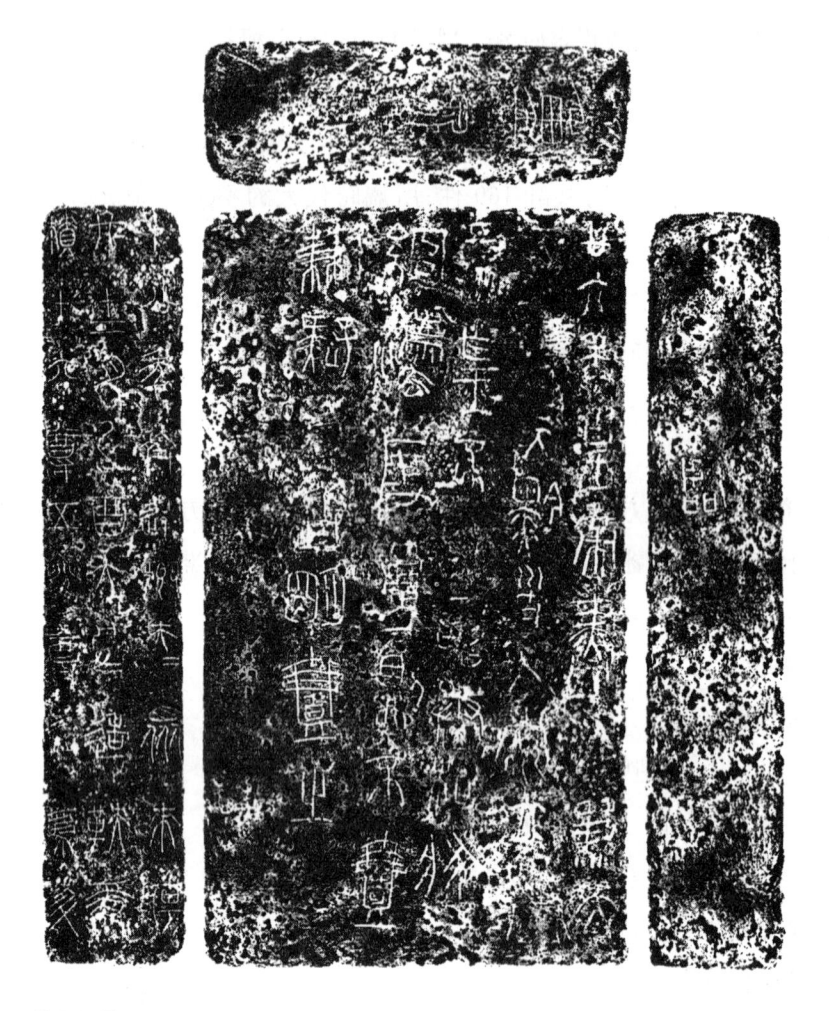

[注釋]

[1] 十八年：秦孝公十八年，即公元前 344 年。① 《史記·商君列傳》載：商鞅"爲田開阡陌封疆，而賦稅平。平斗桶權衡丈尺"。

[2] 大良造鞅：據《漢書·百官公卿表》秦爵有大上造，即大良造。《史記·秦本紀》記載，孝公十年，衛鞅爲大良造。

[3] 爰積十六尊(寸)五分尊(寸)壹爲升：爰，發語助辭。積，容積。尊，

---

① 馬承源：《商鞅方升和戰國量制》，見《中國青銅器研究》，第 508 頁，上海，上海古籍出版社 2002 年版。

假爲"寸"。指此升的容量是十六又五分之一立方寸。

[4] 重泉：戰國秦縣名，今陝西蒲城。

[5] 廿六年：秦始皇二十六年，即公元前 221 年。

[6] 黔首：百姓。《説文》黑部："黔，黎也。秦謂民爲黔首，謂黑色也。"

[7] 丞相狀、綰：丞相隗狀、王綰。

[8] 灋(法)度量，則不壹："法"與"則"，皆指法度、準則。指按照統一準則把不一致的度量制度都明確統一起來。

[9] 臨：秦地名。唐蘭謂："按此諸銘，當爲兩次所刻，十八年一銘，乃孝公時所刻，以字跡考之，'重泉'二字瘦勁與之相類，乃同時所刻；而右側之'臨'字，則與二十六年詔同時所刻。蓋此器初置於重泉，後移於臨耳。"①

10. 十四年陳侯午錞

---

① 唐蘭：《商鞅量與商鞅量尺》，收入《唐蘭先生金文論集》，第 25 頁，北京，紫禁城出版社 1995 年版。

[簡介] 十四年陳侯午錞銘文見《集成》04646號。十四年陳侯午錞，又名陳侯午鎛錞、陳侯午敎，傳世共兩器，晚清已見著錄，現藏中國歷史博物館。銘文8行36字。

[釋文]
隹(惟)十又四年，
塦侯午[1]台(以)[2]群
者(諸)侯狀(獻)[3]金，乍(作)
皇妣孝(考)[4]太妃
祭器[5]敎錞[6]，台(以)
登(烝)台(以)嘗[7]，保又(佑)
齊邦，永丗(世)[8]毋
忘。

[注釋]

[1] 塦侯午：金文中"陳"字有兩種：(1) 陳國之陳作"敶"；(2) 代齊之田氏作"塦"，乃齊國之陳氏。《史記·田敬仲完世家》："齊侯太公和立二年，和卒，子桓公午立。"此器陳侯當即《史記》所載之"桓公午"，"六年，救衛。桓公卒，子威王因齊立"。《索隱》案："《紀年》梁惠王十二年當齊桓公十八年，後威王始見，則桓公十九年而卒，與此不同。"此器桓公十四年作，可證《史記》桓公卒年有誤，當以《紀年》為是。

[2] 台：用作"以"。"台"與"厶"，古文字無別，"口"是後加符號。

[3] 狀：即"獻"之省文異體，从貝从犬。

[4] 孝：當為"考"之誤，或讀為"考"。桓公午之父乃齊侯太公和，此稱皇妣考太妃，當指太公和之妃，即桓公之母。

[5] 祭器：祭，从示从月(肉)从又，或釋"祐"。

[6] 敎錞：器名，即敎敦。敦，盛食器，器蓋為對稱之半圓形。

[7] 台(以)登(烝)台(以)嘗：登，讀為"烝"。《爾雅·釋天》："秋祭曰嘗，冬祭曰烝。"

[8] 丗："世"之異文，加"立"為聲。

11. 曾姬無卹壺

[簡介] 曾姬無卹壺銘文見《集成》09710、09711號。曾姬無卹壺共二件,戰國早期器,1933年盜掘出土於安徽壽縣朱家集李三孤堆楚王墓,現藏臺灣"中央博物院"。銘文5行39字。

[釋文]

隹王二十又六年[1],聖趄

之夫人曾姬無卹[2],坒(吾)[3]

宕(宅)[4]兹漾陵[5]蒿閒(間)[6]之無

馱(匹)[7],甬(用)乍(作)宗彝尊壺,後

嗣甬(用)之,識[8]才(在)王室。

[注釋]

[1] 隹王二十又六年:郭沫若謂"壽縣自考烈王二十二年自陳徙都於此

之後爲楚都,然考烈王在位二十五年,其子幽王十年,其同母弟哀王僅二月餘爲其庶兄負芻所殺,負芻立五年而爲秦所虜,國滅,故此非考烈以後器"。①劉節認爲器當作於楚宣王二十六年,即公元前 344 年。②

[2] 聖趣之夫人曾姬無卹:劉節謂"聖"與"聲"同,聖趣夫人即聲桓夫人。壺乃聲桓之夫人所作器。夫人,國君之妻,娶於曾故稱曾姬,無卹,其名也。

曾:據文獻記載與近年考古發現曾國有三:一在山東,二在湖北隨州,③三在陝甘交界之地,④本銘曾姬應屬湖北隨州之曾。

[3] 🐅:此字舊釋多不可從,戰國文字中多讀爲"吾"。字上從虍頭,下部"土"當由"人"旁演變而來,其演變過程大體爲:𠂉—𠂊—土,此類演變古文字多有其例。如推測不誤,則此字應釋爲"虎",讀爲"吾"或"乎"。古音"虎"屬於曉紐魚部,"吾"屬於疑紐魚部,二字聲紐均屬喉音,韻部相同,故可通假。壺銘中讀作"吾",乃第一人稱代詞。金文中常以"虘"作第一人稱代詞,其字也從"虍"聲,又加"魚"聲,"魚""吾"古音聲韻俱同。"虎"用作"吾",與"虘"用作"吾"同理。"吾",聖趣之夫人曾姬無卹自稱。

[4] 🏠:此字舊釋"守"、"安"等,皆不可據,當釋"宅"。戰國文字中"宅"(厇)字作如下各形:𠂆、𠂆、𠂆等,與《説文》古文、三體石經"宅"字相同。此字應當分析爲從"宀"從"厇"(宅),即"宅"之異體。《廣雅·釋地》:"宅,葬地也。"《儀禮·士喪禮》:"筮宅,冢人營之。"鄭玄注:"宅,葬居也。"《孝經·喪親》:"卜其宅兆而安措之。"邢昺注:"宅,墓穴也。"

[5] 漾陵:地名。漾陵作爲地名多次出現於包山楚簡。包山楚墓距楚故都紀南城約 16 公里,簡文多次出現"漾陵",甚至與"郢"同見一簡,表明"漾

---

① 郭沫若:《兩周金文辭大系圖錄考釋》,收入《郭沫若全集·考古編》第七、八卷,北京,科學出版社 2002 年版。
② 劉節:《壽縣所出楚器考釋》,見《古史考存》,第 108—140 頁,北京,人民出版社 1958 年版。下引劉節觀點皆出此書,不另注。
③ 湖北省文物考古研究所:《隨州葉家山墓地考古發掘獲階段性成果——西周早期曾國史研究將有重大突破》,《江漢考古》2011 年第 3 期。此墓 M65 的簡報。相關報導又見《中國文物報》2011 年 10 月 12 日第 4 版,M1、M2、M27 的簡報刊登於《文物》2011 年第 11 期。
④ 盧連成、胡智生:《寶雞強國墓地》,第 134 頁,北京,文物出版社 1988 年版。甘肅省文物工作隊:《甘肅崇信于家灣周墓發掘簡報》,《考古與文物》1986 年第 1 期。

陵"當在郢都近郊,爲楚王墓葬區所在之地。

［6］蒿間:本指蓬蒿之間,本銘意謂墓區。

［7］無駈:讀"無匹",即無與匹敵。

［8］䛊:"職"字異文,从"首"與"耳"無別,《爾雅·釋詁》云:"職,常也。"

12. 楚王酓忎鼎

[簡介]　酓忑鼎銘文選自《集成》02794號。該器1933年出土於安徽省壽縣朱家集楚墓,現藏天津市歷史博物館。該器有銘文共66字,器蓋各33字。

[釋文]

器腹銘文:

楚王酓忑[1],戰隻(獲)兵銅[2],正月吉日,窒鑄[3]喬貞(鼎)[4],㠯(以)共(供)䘏(歲)嘗[5]。

但(冶)币(師)[6]盤埜、差(佐)[7]秦忄爲之。

集脰[8]

三楚

器蓋銘文:

楚王酓忑,戰隻(獲)兵銅,正月吉日,窒鑄喬貞(鼎)之蓋,㠯(以)共(供)䘏(歲)嘗。

但(冶)币(師)事秦、差(佐)苟脇爲之。

集脰

[注釋]

[1] 酓忑:即戰國晚期楚幽王熊悍。酓,楚姓,見於出土文獻,典籍多作"熊"。"熊"從"能"聲,"能"與"䖈"有分化關係,"酓"與"䖈"、熊同音相通。忑字從心干聲,《說文》"程"或作"秆","悍"從"干"聲,即"悍"字異文。

[2] 戰隻兵銅:"隻","獲"的古字。此戰於史無徵。《楚世家》載幽王三年"秦魏伐楚",結果未記,不知誰勝誰負,可能此次楚勝,大約戰獲兵銅是此次戰爭的勝利品。

[3] 窒鑄:"窒"字衆說紛紜。今按:上博簡五《弟子問》此字用作"巧言令色"之"令",則此處也當讀"令"。"令",善也。

[4] 喬貞(鼎):高腳之鼎。《說文》"鐈,似鼎而長足",蓋此類也。

[5] 以共䘏嘗:共,即"供"也。䘏,楚文字"歲"從"月",歲祭。嘗,即"嘗",秋祭之名。

[6] 但(冶)帀(師)：鑄器者之職官。"但"，或釋"剛"，即《說文》"剛"字古文𠛁，非是，乃"冶"字異體。"帀"，即"帀"字，典籍作"師"。

[7] 差：讀爲"佐"，爲負責冶鑄事物的副手。

[8] 集脰：當爲楚官署之名，或以爲是負責王室飲食膳羞的機構。"集"上从"亼"，乃疊加的聲符。"脰"，讀"廚"。

13. 郾王職戟

[簡介] 郾王職戟銘文選自《銘文選》875號，又見《集成》11224號。又名燕王戠戈，傳世共兩器，現藏遼寧省旅順博物館。銘文2行7字。

[釋文]

郾(燕)王戠(職)[1]乍(作)御萃[2]鋸[3]。

[注釋]

[1]郾王戠：郾，典籍作"燕"。燕王職乃燕王噲庶子昭王，公元前311年至公元前279年在位。《史記·趙世家》：趙武靈王"十一年，王召公子職

於韓,立以爲燕王,使樂池送之"。《六國年表》裴駰《集解》引徐廣云:"《紀年》云: 趙立燕公子職。"《銘文選》指出:《燕世家》及《戰國策·燕策一》均以太子平爲昭王,以金文校之,當以《竹書紀年》及《趙世家》爲是。

[2] 御萃: 御車之副。《周禮·春官·車僕》:"車僕掌戎路之萃,廣車之萃,蘋車之萃,闕車之萃。""萃"皆指車之副。

[3] 鋸: 當爲"戟"字別稱。"鋸"魚部見紐,"戟"鐸部見紐,聲紐相同,韻部對轉。

14. 廿八年平安君鼎

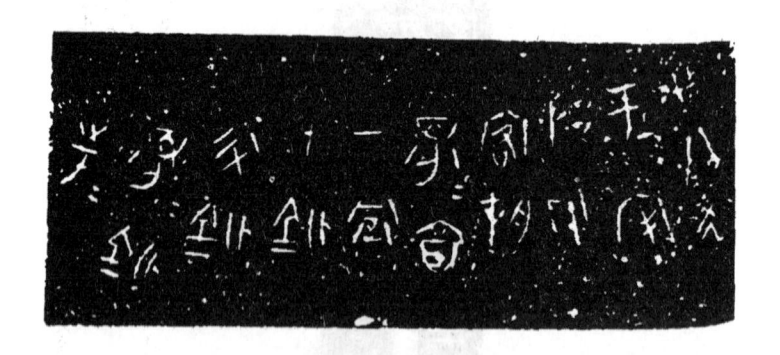

蓋銘一

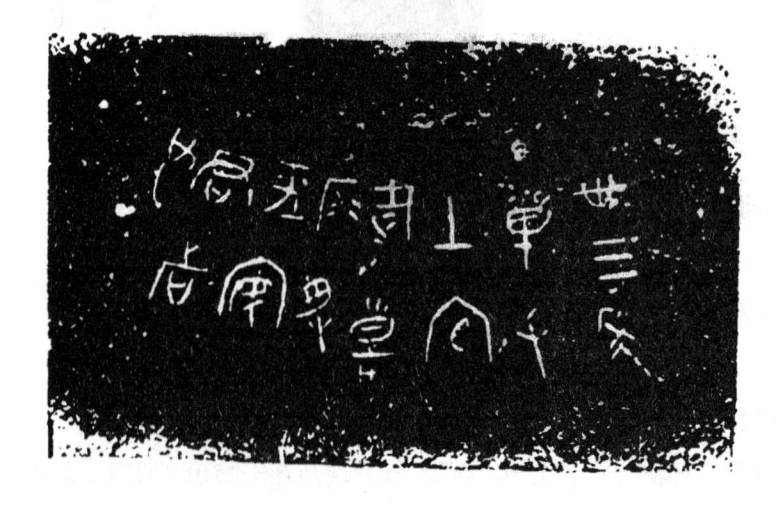

蓋銘二

器銘一

器銘二

[簡介]　廿八年平安君鼎銘文選自《集成》02793.1、02793.2號。該鼎1978年冬河南省泌陽縣官莊北崗墓出土,現藏河南省駐馬店地區文管會。鼎蓋銘兩組:一爲10行24字,又一爲8行17字;器銘兩組:一爲8行19字,又一爲7行17字。

[釋文]

蓋銘一:

廿八年[1]坪安邦[2]匋(斟),客(格)[3]冎(載)四分齋[4],一益(鎰)七鈈半鈈四分鈈之冢(重)。

蓋銘二:

卅三年單父[5]上官嗣[6]憙所受坪安君者也。

器銘一：
廿八年坪安邦斨(斛)，客(格)朡(載)四分齋，六益(鎰)半鈣之冢(重)。
器銘二：
卅三年單父上官嗣憙所受坪安君者也。

[注釋]

[1] 廿八年：器銘又記卅三年用於單父，同出漆盒口刻"坪安侯"，並有卅七年的工匠刻記。李學勤認爲："平安君鼎和漆器上的紀年(二十八年到三十七年)決不能是秦昭王年號，因爲昭王三十四年單父仍然屬衛；也不能是秦始皇年號，因爲秦統一以後不會再用六國古文和衡制。這一時期的魏王沒有在位達三十七年的，故這些紀年也不可能是魏的年號。鼎和漆器上的紀年祇能是衛嗣君的年號。衛嗣君，即《竹書紀年》的衛孝襄侯，據《史記·衛世家》及《六國年表》，其二十八年爲公元前297年，相當秦昭王十年；三十七年爲公元前288年，相當秦昭王十九年。平安君或平安侯應爲衛國分封在單父的貴族。平安君鼎及漆盒是目前能夠區別出來的唯一一組戰國晚期衛國文物。"①但黃盛璋認爲平安君鼎應屬魏國器。② 何琳儀認爲"平安君鼎的'上官'見於魏器，其衡量制度和字體與魏器也近，但這都不影響把平安君鼎定爲衛器。因爲戰國時期衛國早已成爲三晉的附庸"，"所以衛國的職官、衡量和字體深受三晉的影響自是情理中事。楚國與其附庸曾國的文字資料十分近似，也是這個道理"。③

[2] 坪安邦：《釋名·釋州國》："大曰邦，邦，封也，封有功於是也。"平安邦指平安君所封之地。

[3] 斨(斛)：校量。客(格)：量度。④

---

① 李學勤：《秦國文物的新認識》，見《新出青銅器研究》，第281頁，北京，文物出版社1990年版。本銘注釋所引李説皆出自該文，不另注。

② 黃盛璋：《新出信安君鼎、平安君鼎的國別年代與有關制度》，《考古與文物》1982年第2期。

③ 何琳儀：《平安君鼎國別補正》，見黃德寬主編《安徽大學漢語言文字研究叢書·何琳儀卷》，第127頁，合肥，安徽大學出版社2013年版。本銘注釋中所引何説皆出自該文，不另注。

④ 吳振武：《新見十八年冢子韓矰戈研究——兼論戰國"冢子"一官的職掌》，陳昭容主編：《古文字與古代史》(第1輯)，第323頁，台北，中研院史語所2007年版。

[4] 齋：計算鼎實的容量單位，常見於韓、魏鼎銘。

[5] 單父：地名，春秋時爲魯邑，戰國時初屬衛，公元前 260 年長平戰役被魏占領，直至秦統一。其地在今山東曹縣境。

[6] 嗣：字作 ◲、◲，李學勤認爲是"庖宰"合文，是戰國時管理膳食的官員。李家浩則釋"冢子"，並認爲此鼎是魏器。① 何琳儀認爲"是嗣的六國古文"，今從何説。"嗣憙"是"單父上官"的姓名。

----

① 李家浩：《戰國時代的"冢"字》，見黃德寬主編《著名中年語言學家自選集：李家浩卷》，第 7 頁，合肥，安徽教育出版社 2002 年版。

第八章　簡帛文字

一　簡帛文字概説

(一) 簡牘與帛書

簡牘是古代最流行的書寫載體,竹片稱"簡",木片稱"札"或"牘",其稍寬的長方形木牘也叫"方",統稱爲簡牘。若干簡編綴在一起就成爲"策"(册)。簡牘作爲書寫載體出現很早,甲骨文"册"字就象竹簡編綴之形。目前所出土的較早的竹簡實物是戰國時期的,較晚的是魏晉時代的。《春秋經傳集解·序》云:"大事書之於策,小事簡牘而已。"疏云:"《釋器》云:'簡謂之畢。'郭璞云:'今簡札也。'許慎《説文》曰'簡,牒也';'牘,書版也'。蔡邕《獨斷》曰:'策者簡也,其制長二尺,短者半之,其次一長一短,兩編下附。'鄭玄注《中庸》亦云:'策,簡也。'由此言之,則簡札牒畢同物而異名,單執一札謂之爲簡,連編諸簡乃名爲策,故於文策或作册,象其編簡之形。以其編簡爲策,故言策者簡也。鄭玄注《論語序》'以鈎命決'云:'《春秋》二尺四寸書之,《孝經》一尺二寸書之。'故知六經之策皆稱長二尺四寸,蔡邕言二尺者,謂漢世天子策書所用,故與六經異也。簡之所容一行字耳,牘乃方版,牘廣於簡,可以並容數行,凡爲書,字有多有少,一行可盡者書之於簡,數行乃盡者,書之於方,方所不容者,乃書於策。"王充《論衡·量知篇》:"夫竹生於山,木長於林,未知所入;截竹爲筒,破以爲牒,加筆墨之跡,乃成文字,大者爲經,小者爲傳記。"從這些注釋解説,可知簡牘形制有長短大小之異,書寫有大事小事之别。關於簡的尺寸,近年來出土新材料提供了大量實物證明,各個時期的竹簡並非衹分長短,尺寸也非劃一,而是長短各有差異,類别甚爲豐富。

帛書指以縑帛爲載體而書寫的文字。縑帛作爲書寫材料,文獻已有記載。《墨子·名鬼》:"古者聖王……書之竹帛,傳遺後世子孫。"《韓非子·安危》:"先王寄理於竹帛。"墨子、韓非之語表明,竹簡、縑帛不僅曾經並用,而且都是先王書寫的載體,出現得較早。目前能見到的實物,最早的是戰國時代長沙的楚帛書。

書於竹帛的文字統稱爲簡帛文字。與其他古文字材料相比,簡帛文字有其特殊性,一是用毛筆書寫的簡帛墨跡最能反映不同時期漢字的歷史形態;二是簡牘作爲古代常用的書寫材料,使用範圍廣,新發現的材料數量巨大;三是簡牘出現時代早,持續使用的歷史久,雖然目前所見簡帛材料都屬於戰國秦漢之物,但是,在古文字階段簡牘一直是漢字的主要載體則是毫無疑問的。

(二) 簡帛文字的重要發現

簡帛作爲漢字書寫的主要材料,直到東漢"蔡侯紙"流行之後,才逐漸退出使用領域。《後漢書·蔡倫傳》説:"自古書契多編以竹簡,其用縑帛者謂之爲紙。縑貴而簡重,並不便於人,倫乃造意用樹膚、麻頭及敝布、魚網以爲紙。元興元年(公元105年)奏上之,帝善其能,自是莫不從用焉,故天下咸稱'蔡侯紙'。"歷史上發現簡帛文字的記載每見於史籍,最有名的就是漢武帝末年孔子壁中書和西晉初年汲冢竹書。20世紀50年代以來,在湖南、湖北、河南等地陸續發現戰國楚簡;70年代,湖北雲夢睡虎地秦簡、湖南長沙馬王堆帛書等重大發現,使秦漢簡帛的研究進入空前繁榮的時期。此後又有一系列重要發現,特別是90年代之後包山、郭店簡的發現以及上海博物館和清華大學收藏的竹簡,有的堪與壁中書、汲冢古書媲美,當前簡帛文字的研究已經成爲古文字研究最活躍的領域。下面分別對簡帛重要新發現略作介紹。①

---

① 以下介紹主要參考了駢宇騫、段書安著《二十世紀出土簡帛綜述》(文物出版社2006年版)一書的相關章節。

1. 戰國楚簡

20世紀50年代迄今,出土的戰國楚簡有20批左右,其出土範圍主要在今湖南、湖北、河南等地,已公布的重要楚簡有以下幾種:

(1) 信陽楚簡:1957年3月,河南省文化局文物工作隊在信陽長臺關發掘了1號楚墓,墓中出土竹簡148枚。竹簡可分爲兩組:一組疑爲一部竹書,共119枚,內容是申徒狄和周公的對話,有些學者認爲可能是思孟學派的佚書;另一組記錄了隨葬物品的名稱和數量,有29枚,屬遣策類。《文物參考資料》1959年第9期刊登了河南省文物工作隊寫的《我國考古史上的空前發現——信陽長臺關發掘一座戰國大墓》,初步介紹了該墓出土的文物和竹簡情況。1959年河南人民出版社出版了由河南省文物工作隊編寫的《河南信陽楚墓圖錄》一書,集中刊布了該墓出土的器物和竹簡的圖片。1986年,文物出版社出版了由中國社會科學院考古研究所編的《信陽楚墓》一書,完整地公布了該墓所出土文物、竹簡情況,並發表了全部竹簡的照片和釋文。

(2) 望山楚簡:1965年冬至次年春,湖北省文化局文物工作隊在江陵望山發掘了四座戰國時期中小型楚國貴族墓葬,除出土了著名的越王勾踐劍等銅器外,在1、2號墓中還出土了一批竹簡。這批竹簡出土時殘斷過甚,後經拼接綴連,1號墓共存207枚,2號墓共存66枚。1號墓出土竹簡內容爲遣策,2號墓出土竹簡的內容主要是墓主卜筮祭禱的記錄。這是我國首次發現的關於卜筮祭禱的簡文,對研究楚國的習俗很有參考價值。《文物》1966年第5期刊登了由湖北省文化局文物工作隊撰寫的《湖北江陵三座楚墓出土大批重要文物》一文,詳細報導了這批竹簡的內容,同時還刊登了部分竹簡的照片和摹本。1995年中華書局出版了由湖北省文物考古研究所和北京大學中文系合編的《望山楚簡》一書,完整地公布了這批竹簡的照片和釋文,並對簡文進行了考釋。

(3) 曾侯乙墓竹簡:1977年,某部隊在湖北隨縣(今隨州市)西北擂鼓墩一帶施工時發現了三座大墓,其中曾侯乙墓(即擂鼓墩1號墓)於1978年3月進行了發掘。該墓除出土了著名的曾侯乙編鐘等青銅器外,還出土了竹簡240餘枚。竹簡記載了用於葬儀的車馬以及車上配件、武器、甲冑和駕車的馬、木俑等內容,屬於遣策類。戰國時的曾國可能即文獻記載中的隨國,據鎛鐘銘文與墓葬特點分析,該墓年代應爲公元前433年或稍晚,其時的曾國已是楚國附庸。因此,曾侯乙墓出土的竹簡也屬楚簡範疇。關於該墓的情況,《文物》1987年第7期刊登了隨縣擂鼓墩1號墓考古發掘隊撰寫的《湖北隨縣曾侯乙墓發掘簡報》。1989年文物出版社出版了由湖北省博物館編寫的《隨縣曾侯乙墓》一書,詳細介紹了該墓出土的文物及竹簡情況。

(4) 九店楚簡:1981年至1989年底,湖北省博物館江陵工作站在江陵縣九店公社雨臺大隊配合生產取土時發掘了東周墓葬596座,其中56號墓和621號墓出土有竹簡。56號墓出土竹簡164枚,可分爲與農作物有關的內容和《日書》兩部分。621號墓出土竹簡88枚,其中有54枚文字漫漶不清,從可辨認的文字來看,當是與烹飪有關的"季子女訓"。從墓葬形制、隨葬器物的特徵來看,這兩座墓屬於戰國晚期。1984年文物出版社出版的由楚文化研究會編纂的《楚文化考古大事記》中刊布了這一情況。1995年科學出版社出版《江陵九店東周墓》,全面報導了該墓出土竹簡的情況。2000年中華書局出版了由湖北省文物考古研究所和北京大學中文系合編的《九店楚簡》一書,對《江陵九店東周墓》的竹簡釋文、排列順序都作了一定的修訂。該書全部刊布了兩墓出土竹簡的照片、釋文,同時還對簡文作了考釋和研究。九店簡許多文字及其字形爲首次見到,對於古文字研究具有重要意義。《歲》篇記有楚國月名與二十八宿的對應關係,爲曆法研究者所特別關注。九店《日書》是近年來出土《日書》中時代最早的,可與睡虎地秦簡《日書》等相互參證。

(5) 包山楚簡:1986年11月至1987年1月,湖北省荊沙鐵路考古隊在荊門市十里鋪鎮王場村一座名叫包山大冢的土崗上發掘了9座墓葬,其中在2號楚墓中出土竹簡448枚(有字竹簡278枚,共有12 472字)。竹簡的內容可分爲文書、卜筮祭禱記錄、遣策三大類。文書類中有四種有篇題,爲《集著》、《集著言》、《受期》、《疋獄》,還有一些沒有篇題。文書類內容是若干獨立的事件或案件的記錄,都是各地官員向中央政府呈報的文件。《文物》1988年第5期刊登《荊門市包山楚墓發掘簡報》,同期還刊登了包山墓地竹簡整理小組撰寫的《包山2號墓竹簡概述》一文，介紹了該墓出土竹簡的內容。1991年文物出版社出版了《包山楚簡》一書，介紹了包山楚簡的出土情況、竹簡形制，發表了全部竹簡的照片和釋文。包山楚簡是楚文字的一次空前發現。簡文所記人名、地名、職官名丰富，其研究價值是多方面的。包山楚簡的出土與公布對推進楚簡帛文字的研究具有重要意義。

(6) 郭店楚簡：1993年10月，荊州市博物館在荊門市沙洋區四方鄉郭店村楚國貴族墓地中搶救性發掘了1號墓，該墓雖經盜擾，但仍出土竹簡800餘枚，其中有字簡703枚，且大部分完整。這批楚簡包含多種古籍，其中《老子》有甲、乙、丙三種抄本，《太一生水》佚文是道家學派的著作，《緇衣》、《魯穆公問子思》、《窮達以時》、《性自命出》、《成之聞之》、《尊德義》和《六德》等則是儒家學派的著作。竹簡出土時皆無篇題，上述篇題都是整理者根據竹簡內容擬加的。其中除《老子》、《緇衣》見於傳世典籍，《五行》見於馬王堆漢墓帛書，其餘全部爲佚籍，是繼包山楚簡後又一次重大考古發現。郭店簡儒道兩家思想文獻的出土，極大地改變了人們對中國思想史的認識，拓寬了出土文獻的研究領域。《文物》1997年第7期刊登了由荊州市博物館撰寫的《荊州郭店1號楚墓》，詳細報導了該墓的墓葬形制、時代及出土文物情況。1998年5月，文物出版社出版了由荊州市博物館編寫的《郭店楚墓竹簡》一書，發表了全部竹簡的照片、釋文。郭店楚簡大批古籍的發現，從根本上改寫了楚簡文字研究的歷史，過去無法釋讀的一些楚文字，用郭店簡與傳世文獻對讀得以迎刃而解，這極大地提高了戰國文字乃至整個古文字考釋的水平。

(7) 上博楚簡：1994年初，上海博物館從香港文物市場購得兩批出土時間和地點不明的戰國楚簡。經清理，共有1 600餘枚。據專家推測，這批簡當出土於湖北江陵一帶。這批竹簡的内容涉及80多種(部)戰國古籍，有儒家、道家、兵家、雜家等著作，其中多數古籍爲佚書。1999年1月5日《文匯報》刊登了張立行《戰國竹簡露真容》一文，首先報導了這批竹簡的情況。2001年上海古籍出版社出版了《上海博物館藏戰國楚竹書(一)》，該書收錄了《孔子詩論》、《緇衣》、《性情論》的照片和釋文。2002年世紀出版集團和上海書店出版社聯合出版了由上海大學和清華大學合編的《上博館藏戰國楚竹書研究》，收了42篇有關《上海博物館藏戰國楚竹書(一)》所公布材料的研究文章。2002年12月出版《上海博物館藏戰國楚竹書(二)》，收錄了《民之父母》、《從政》、《昔者君老》、《魯邦大旱》、《子羔》、《容城氏》等五篇簡文的照片和釋文。2004年世紀出版集團和上海書店出版社聯合出版了由上海大學和清華大學合編的《上博館藏戰國楚竹書研究續編》，收錄58篇有關《上海博物館藏戰國楚竹書(二)》所公布材料的研究文章。2003年12月出版的《上海博物館藏戰國楚竹書(三)》收錄了《周易》、《恆先》、《中弓》、《彭祖》等四種書的竹簡照片和釋文；2004年12月出版的《上海博物館藏戰國楚竹書(四)》收錄《采風曲目》、《逸詩》、《昭王毀室》、《昭王與龔之脾》、《柬大王泊旱》、《內豊》、《相邦之道》、《曹沫之陳》八篇簡文；2006年元月出版的《上海博物館藏戰國楚竹書(五)》收錄了《競建內之》、《鮑叔牙與隰朋之諫》、《季庚子問於孔子》、《姑成家父》、《君子爲禮》、《弟子問》、《三德》、《鬼神之明·融師有成氏》等八篇簡文；2007年7月出版的《上海博物館藏戰國楚竹書(六)》收錄了《競公瘧》、《孔子見季桓子》、《莊王既成·申公臣靈王》、《平王問鄭壽》、《平王與王子木》、《慎子曰恭儉》、《用曰》、《天子建州》(甲、乙)等八篇簡文；2008年12月出版的《上海博物館藏戰國楚竹書(七)》收錄了《武王踐阼》、《鄭子家喪》(甲、乙)、《君人者何必安哉》(甲、乙)、《凡物流形》(甲、乙)、《吳命》等五篇簡文；2011年5月出版的《上海博物館藏戰國楚竹書(八)》收錄了《子道餓》、《顏淵問於孔子》、《成王既邦》、《命》、《王居》、《志書乃言》、《李頌》、《蘭賦》、《有皇將起》、《鶹鷅》等十篇簡文。上海博物館收藏的這批戰國楚竹簡公布以來，震動了海內外中國古代思想文化史、文獻學和古文字研究的學者，圍繞這批材料發表一大批重要的古文字學、思想史研究成果。

(8) 新蔡楚簡：1994年5月，河南省文物考古研究所等單位在駐馬店市新蔡縣西李橋鎮葛陵村搶救性發掘了平夜君成墓。墓中出土竹簡1 500餘枚，其內容可分爲兩類：一類是墓主人平夜君成生前的占卜祭禱記錄，與湖北包山2號楚墓的卜筮祭禱類竹簡內容極爲相似；另一類是記錄隨葬物品的遣策。據該墓出土的文物考證，墓葬的時代應在戰國中期楚聲王之後。戰國時期新蔡是楚國淮河流域北部的重要城邑。《文物》2002年第8期刊登了由河南省文物考古研究所等單位撰寫的《河南新蔡平夜君成墓的發掘》，首次報導了該墓葬及出土文物、竹簡情況，並刊登了部分竹簡的釋文和照片。2003年，河南大象出版社出版了由河南省文物考古研究所編著的《新蔡葛陵楚墓》一書，全面報導了該墓出土的竹簡情況及竹簡照片和釋文。新蔡簡出現大量新字形，以及前所未見的一批地名、人名。簡文記有七個大事紀年，所記祭禱對象有楚文王、平王、昭王、簡王、子西等，爲研究楚國曆法以及楚公族世系增添了新的資料。

(9) 清華楚簡：2008年7月，清華大學入藏一批由境外搶救回來的楚簡。共約2 500餘枚，其中整簡比例大，形制多種多樣，最長的達到46釐米，最短的僅有10釐米左右。簡上文字出於不同書手，風格不盡一致，大多書體規整，非常清晰。目前已由中西書局出版《清華大學藏戰國竹簡》壹、貳、叁、肆四冊，公布精美的照片和清華大學出土文獻研究和保護中心的整理研究成果。清華簡內涵極爲豐富，主要是探索中國歷史和傳統文化極爲重要的經史類古籍，如《尚書》和類似《紀年》的史書等，具有重大的學術價值，一經公布即引起海內外學術界的高度關注和熱烈討論。

2. 秦簡

20世紀60年代以前，對秦系文字的認識主要依據秦銅器、石刻、陶器和璽印等文字材料，70年代湖北省雲夢縣睡虎地大批秦簡的出土再現了秦系文字的歷史面貌，此後四川、甘肅、湖北、湖南等地又陸續發現了幾批重要的秦簡資料，秦系文字的研究因此而走向深入。

(1) 睡虎地秦簡：1975年12月，湖北省博物館等單位在雲夢縣睡虎地發掘了十二座戰國末至秦代的墓葬，其中在11號墓中出土了大量的秦代竹簡，這是我國文物考古工作的一個重大收穫。從出土簡文中得知，墓主人是秦始皇時期的獄吏喜，他卒於始皇三十年(公元前217年)。竹簡原來成卷地隨葬在棺內，保存較好，字跡清晰。經過整理和拼復後，總計有1 155枚(含殘片80枚)，其內容爲秦律和日書等，計有如下十種：《編年記》、《語書》、《秦律十八種》、《效律》、《秦律雜抄》、《法律答問》、《封診式》、《爲吏之道》、

《日書》甲種、《日書》乙種。其中《語書》、《效律》、《封診式》、《日書》乙種四種簡上原有書題，其他幾種書題則是由整理小組根據簡文內容擬定的。這批竹簡出土後，《文物》1976 年第 5 期發表了季勛寫的《雲夢睡虎地秦簡概述》，對該墓出土的竹簡內容進行了報導。《文物》1976 年第 6 期刊登了《湖北雲夢睡虎地 11 號秦墓發掘簡報》，同期《文物》還刊登了由雲夢秦簡整理小組整理的《雲夢秦簡釋文(一)》；《文物》1976 年第 7 期、第 8 期刊登了《雲夢秦簡釋文(二)》、《雲夢秦簡釋文(三)》。1977 年，文物出版社出版了由睡虎地秦簡整理小組編寫的八開綫裝本《睡虎地秦墓竹簡》一書，該書中除《日書》甲、乙兩種未收外，其餘竹簡內容都作了公布，並對簡文進行了簡注，書中附有竹簡圖版。1978 年，文物出版社又出版了整理組編寫的平裝 32 開本《睡虎地秦墓竹簡》一書，該書同樣未收《日書》甲、乙兩種簡文，也沒有竹簡的圖版照片，祇對簡文進行了簡注和語釋。1981 年，文物出版社出版了由雲夢睡虎地秦簡編寫組撰寫的《雲夢睡虎地秦墓》一書，全面詳細地介紹了睡虎地 11 號秦墓的墓葬時代、形制、出土文物情況，並發表了有關的文物照片。1990 年，文物出版社出版了由睡虎地秦簡整理小組編寫的八開精裝本《睡虎地秦墓竹簡》，書中收錄了睡虎地 11 號秦墓出土的全部竹簡的圖版、釋文、注釋，除《編年記》、《爲吏之道》、《日書》甲、乙種外，其餘都加了語釋。

(2) 青川木牘：1979 年至 1980 年間，四川省博物館和青川縣文化館在四川省青川縣郝家坪發掘了戰國晚期 50 號秦國墓葬，出土了兩塊木牘。一塊出土時字跡殘損，無法辨認。另一塊文字清晰可辨，其正面內容爲秦《更修田律》，背面記不除道日干支，共 121 字。《文物》1982 年第 1 期刊登了四川省博物館與青川縣文化館合寫的《青川縣出土秦更修田律木牘——四川青川縣戰國墓發掘簡報》，公布了這一材料。同期《文物》還刊登了于豪亮撰寫的《釋青川秦墓木牘》和李昭和的《青川出土木牘文字簡考》兩文，對木牘的內容進行了研究。

(3) 龍崗秦簡：1989 年 10 月，湖北省文物考古研究所等單位在雲夢縣城郊龍崗共同發掘了九座秦漢墓葬，其中 6 號墓出土了木牘 1 枚、竹簡 303 枚(含 10 枚殘片)。經考證，6 號墓葬的時代約爲秦朝末年。木牘的內容是一件與墓主有關的涉及法律內容的文書；竹簡的內容是關於禁苑等事務的法律文書的摘抄或匯輯。湖北省文物考古研究所等單位先於《江漢考古》1990年第3期刊布了這批墓葬的發掘簡報，並介紹了這批簡牘的內容。繼而又在1994年出版的《考古學集刊》第8集上發表了龍崗簡牘的全部資料。1993年法律出版社出版的《簡帛研究》第1輯中刊登了梁柱、劉信芳合寫的《雲夢龍崗秦代簡牘述略》一文，詳細介紹了該墓出土簡牘的內容。1998年科學出版社出版了由梁柱、劉信芳編著的《雲夢龍崗秦簡》一書，書中全部發表了該墓出土的簡牘照片及釋文，並對簡文進行了研究。2001年8月，中華書局又出版了由中國文物研究所和湖北省文物考古研究所共同編寫的《龍崗秦簡》，對《雲夢龍崗秦簡》一書中有些內容的理解和分類等提出了一些不同的看法，同時也解決了不少疑難字詞的釋讀問題。

（4）放馬灘秦簡：1986年6月，甘肅省文物考古研究所在天水市北道區黨川鄉放馬灘1號秦墓中發掘出秦代竹簡460多枚。其主要內容爲《日書》甲種、乙種和《志怪故事》。《日書》是繼湖北雲夢睡虎地秦墓後的第二種秦代《日書》，二者可進行比較研究，《志怪故事》性質相當於"志怪小說"。《文物》1989年第2期刊登了由甘肅省文物考古研究所等單位撰寫的《甘肅天水放馬灘戰國秦漢墓群的發掘》和何雙全撰寫的《天水放馬灘秦簡綜述》兩文，全面介紹了放馬灘出土秦簡的內容。2009年中華書局出版甘肅省文物考古研究所編纂的《天水放馬灘秦簡》，公布了一號秦墓發掘報告、全部簡牘圖版和釋文。

（5）王家臺秦簡：1993年3月，荊州地區博物館在江陵縣荊州鎮郢北村王家臺發掘了16座秦漢墓葬，其中王家臺15號秦墓出土了800餘枚秦代竹簡。其主要內容爲《效律》、《日書》、《易占》。這批竹簡的內容豐富，其中有些內容是首次發現，對研究秦代的法律、術數、易學有着十分重要的價值。《文物》1995年第1期刊登了荊州地區博物館撰寫的《江陵王家臺15號秦墓》一文，報導了該墓出土的文物及簡牘情況，並發表了少量竹簡的釋文和照片。

（6）周家臺秦簡：1993年6月，荊州市周梁玉橋遺址博物館（原湖北省沙市博物館)在沙市周家臺發掘了 30 號秦墓,共出土竹簡 381 枚、木牘 1 枚。按其内容可分爲三組:第一組有竹簡 130 枚和木牘 1 枚,竹簡内容有秦始皇三十四年的全年日干支和秦始皇三十六年、三十七年月朔日干支月大小等,木牘的内容爲秦二世元年月朔日干支及月大小、該年十二月日干支等,整理組擬定篇題爲《曆譜》;第二組有竹簡 178 枚,其内容有"二十八宿"占、"五時段"占、"戎磨日"占及"五行"占等,整理組擬定篇題爲《日書》;第三組有竹簡 73 枚,其内容有醫藥病方、祝由術、擇吉避凶占卜、農事等,整理組擬定篇題爲《病方及其他》。《文物》1999 年第 6 期刊登了由湖北省荆州市周梁玉橋遺址博物館撰寫的《關沮秦漢墓清理簡報》,報導了周家臺 30 號秦墓的墓葬和竹簡出土情況,《文物》同期還刊登了由彭錦華撰寫的《周家臺 30 號秦墓竹簡"秦始皇三十四年曆譜"釋文與考釋》。2001 年中華書局出版了由荆州市周梁玉橋遺址博物館編寫的《關沮秦漢墓簡牘》一書,書中全部刊載了周家臺 30 號秦墓出土竹簡、木牘的圖版、釋文和考釋。

(7) 里耶秦簡:2002 年 4 月,湖南省文物考古研究所等單位在湘西土家族苗族自治州龍山縣里耶鎮發掘了戰國—秦代古城 1 號井遺址,井中出土了少量戰國楚簡和大量秦代簡牘,共計 38 000 餘枚。其中秦代簡牘屬於秦時縣一級政府的部分檔案,内容包括政令、各級政府之間的往來公文、司法文書、吏員簿、物資(含罰没財産)登記和轉運、里程書,涉及當時社會歷史的各個層面,範圍涵蓋了秦的内史、南郡、巴郡、洞庭郡、蒼梧郡等,其中洞庭郡等資料從未見諸文獻記載。《文物》2003 年第 1 期刊登了由湖南省文物考古研究所等單位撰寫的《湖南龍山里耶戰國—秦代古城 1 號井發掘簡報》,詳細介紹了該井和簡牘的出土情況。2007 年 1 月嶽麓書社出版了由湖南省文物考古研究所撰寫的《里耶發掘報告》一書。湖南省文物考古研究所將里耶秦簡按照出土地層單位分爲五輯整理出版,2012 年《里耶秦簡》(壹)由文物出版社出版。

(8) 嶽麓書院藏秦簡:2007 年 12 月,湖南大學嶽麓書院搶救回購了一批流失境外的秦簡,總計 2 098 枚,其中完整的有 1 300 枚。2008 年 9 月,嶽麓書院又獲贈應屬同一批出土的秦簡 76 枚。簡的内容可分爲七大類:《質日》、《爲吏治官及黔首》、《占夢書》、《數》、《奏讞書》、《秦律雜抄》、《秦令雜抄》等。上海辭書出版社 2010 年出版《嶽麓書院藏秦簡》（壹）、2011 年出版《嶽麓書院藏秦簡》（貳）、2013 年出版《嶽麓書院藏秦簡》（叁），公布了該批簡的圖版、釋文和主要整理成果。

3. 漢簡

20 世紀初葉到 60 年代，兩漢簡牘有多次發現，主要出土於甘肅敦煌、居延、武威等地。70 年代以來，西漢早期竹簡又多次發現，有些材料已經整理發表，有些已發表考古報告，材料尚在整理之中。西漢早期簡帛文字爲漢字古今轉變歷史的考察提供了十分珍貴的材料，學者認爲這些材料也應該是古文字研究的範圍。下面對已公布的幾批重要的西漢早期漢簡略作介紹。

(1) 馬王堆漢簡：1972 年，湖南省文物考古工作者在長沙發掘了馬王堆 1 號漢墓，該墓出土竹簡 312 枚，木楬 49 枚。竹簡文字的內容是記載隨葬器物的遣策。簡影、釋文及考釋見 1973 年文物出版社出版的由湖南省博物館、中國科學院考古研究所合寫的《長沙馬王堆一號漢墓》一書。1973 年底至 1974 年初，湖南省博物館在長沙市馬王堆發掘了 2 號和 3 號兩座漢墓，其中 3 號漢墓出土了竹木簡 600 多枚，除 220 枚爲古代醫書外，其餘皆爲記錄隨葬器物的遣策，其圖版、釋文及考釋見 1985 年文物出版社出版的《馬王堆漢墓帛書》（肆）。

(2) 銀雀山漢簡：1972 年 4 月，山東省博物館和臨沂文物組在臨沂銀雀山發掘了 1 號和 2 號兩座漢武帝初年墓葬。1 號漢墓出土了大量竹簡和 5 枚木牘。竹簡出土時嚴重殘損，共編 7 500 餘號，分長短兩種，長簡完簡長 27.5 釐米左右，寬 0.5 至 0.7 釐米，短簡長 18 釐米左右，三道編繩。長簡內容主要是書籍，大致可以分爲有傳世本的書籍和古佚書兩大類，前者包括《孫子兵法》以及四篇佚文、《六韜》、《尉繚子》、《晏子》等，後者有《孫臏兵法》、《守法守令等十三篇》、《論政論兵》等。短簡似乎祇有關於"天地、八風、客主、五音"的占書一種。木牘的內容是五種書籍的篇題目錄。2 號墓出土竹簡 32 枚，其內容是一份完整的《元光元年曆譜》。1985 年文物出版社出版了由竹簡整理小組編寫的《銀雀山漢墓竹簡》（壹），收錄了《孫子兵法》、《孫臏兵法》、《尉繚子》、《晏子》、《六韜》、《守法守令等十三篇》的圖版、摹本、釋文、注釋。2010年1月文物出版社出版了《銀雀山漢墓竹簡》（貳），本輯所收各篇原來編次情況大都已不可知，根據内容分編爲"論政論兵之類"、"陰陽、時令、占候之類"和"其他"三部分。

（3）鳳凰山漢簡：1973年9月，長江流域第二期文物考古訓練班在江陵紀南城鳳凰山發掘了8、9、10號三座西漢早期墓葬，共出土竹簡428枚，木牘9枚。其中8號墓出土竹簡176枚，9號墓出土竹簡80枚，内容皆爲記錄隨葬器物的遣策。10號墓出土竹簡172枚、木牘6枚，簡牘内容主要是鄉里行政機構的文書，涉及算賦、田租、貨種、芻稿等方面，還有隨葬器物的清單及契約等。《文物》1974年第6期刊登了考古訓練班撰寫的《湖北江陵鳳凰山西漢墓葬發掘簡報》、黃盛璋撰寫的《江陵鳳凰山漢墓簡牘及其在歷史地理研究上的價值》以及弘一撰寫的《江陵鳳凰山十號漢墓簡牘初探》，對這三座漢墓出土的簡牘内容進行了詳細的考證和論述。1975年11月，吉林大學歷史系考古專業師生與當地文物工作者在江陵鳳凰山發掘了167號漢墓，墓中出土木簡74枚，其内容爲記錄隨葬器物的遣策。《文物》1976年第10期發表了發掘組撰寫的《江陵鳳凰山一六七號漢墓發掘簡報》及《鳳凰山一六七號漢墓遣策考釋》兩文，對木簡内容做了詳細的報導和考釋。1975年3月，江陵紀南城文物保護與發掘小組在鳳凰山發掘了168號漢墓，墓中出土了竹牘1枚、竹簡66枚、衡桿1件。竹牘内容爲告地下書，竹簡内容爲記錄隨葬器物的遣策，衡桿文字爲有關衡的一條漢律。《文物》1975年第9期刊登了發掘組撰寫的《湖北江陵鳳凰山一六八號漢墓發掘簡報》及《關於鳳凰山一六八號漢墓座談紀要》。《社會科學戰綫》1980年第4期刊登了駢宇騫撰寫的《江陵鳳凰山168號漢墓天平衡桿文字釋讀》。

（4）阜陽漢簡：1977年，阜陽市博物館在阜陽市雙古堆1號漢墓中發掘出6 000餘枚竹簡、木簡和木牘。其中竹簡和木簡的内容有：《詩經》、《周易》、《蒼頡篇》、《年表》、《大事記》、《萬物》、《作務員程》、《行氣》、《相狗經》、《刑法》、《日書》、《辭賦》等，木牘的内容是書籍的篇題目録等。《文物》1983年第2期發表了國家文物局文獻研究室和阜陽博物館合寫的《阜陽漢簡簡介》,對該墓出土的簡牘内容作了全面的介紹,同期《文物》還刊登了《蒼頡篇》釋文;《文物》1984年第8期刊登了《詩經》釋文及胡平生、韓自强合寫的《阜陽漢簡〈詩經〉簡論》;《文物》1988年第4期刊登了《萬物》釋文及胡平生、韓自强合寫的《〈萬物〉説略》;1988年上海古籍出版社出版了胡平生、韓自强合寫的《阜陽漢簡〈詩經〉研究》一書,書中發表了《詩經》的全部釋文和圖版。2005年,上海古籍出版社出版了韓自强撰寫的《阜陽漢簡〈周易〉研究》一書,書中刊布了阜陽漢簡《周易》的全部圖版和釋文,並附有作者的研究文章。此外,該書後面還附有該墓出土的《儒家者言》、《春秋事語》的章題木牘和相關竹簡的照片、摹本、釋文和研究文章。

(5) 張家山漢簡:1983年12月至1984年1月,荆州地區博物館在江陵縣城東南1.5公里的張家山發掘了247、249、258號三座漢墓,共出土竹簡1600多枚。其中247號墓出土1236枚,内容爲《二年律令》、《奏讞書》、《脈書》、《算數書》、《蓋廬》、《引書》以及曆譜和遣策等。249號墓竹簡内容爲日書,258號墓竹簡内容爲曆譜。《文物》1985年第1期刊登了荆州博物館撰寫的《江陵張家山三座漢墓出土大批竹簡》和竹簡整理小組撰寫的《江陵張家山漢簡概述》,詳細介紹了三墓出土的竹簡情況。2001年文物出版社出版了《張家山漢墓竹簡(247號墓)》一書,刊登了247號墓出土的全部竹簡的圖版、釋文和注釋。

4. 帛書

(1) 子彈庫楚帛書:楚帛書1942年9月前後由盜墓者於長沙東郊子彈庫楚墓盜掘出土。1973年,湖南省博物館對該墓進行了一次補救性發掘,瞭解了該墓形制並清理出部分殘存隨葬品,確定該墓年代在戰國中晚期之間。帛書被盜出後,最早的收藏者是長沙東站路唐茂盛古玩店的老版唐鑒泉,後來唐氏轉賣給蔡季襄。1944年,蔡季襄撰寫出《晚周繒書考證》,首次對楚帛書的形制、文字和圖像進行了研究和介紹。1946年,美國人柯强將帛書帶到美國,幾經輾轉,1987年收藏於華盛頓賽克勒美術館。據學者對同出帛書殘片的研究,子彈庫帛書當不止一種。通常所説的楚帛書或長沙帛書指的就是這件較爲完整的收藏於賽克勒美術館的帛書。先後發表的帛書摹本有

五、六種,字數不一,澳大利亞學者巴納根據紅外綫技術拍攝照片所摹寫的是目前最好的一種摹本。帛書分甲、乙兩篇,加上邊文,約 900 餘字。甲篇主要講星辰運轉之正常與否而引起的山陵川澤變化、陰陽變化與祭祀的關係以及日月星辰運轉與人民的關係。乙篇則追述遠在夏禹之前,因日月、星辰、山川各行其是,無神管轄,四時亂行,自從"四子"誕生,助禹平治水土,佐契調燮陰陽,炎帝又命祝融領導日月,使其更爲有效地晝夜運轉常恒,山川聽命,水旱不興。四周文字爲春夏秋冬四神及禁戒月。與文字記錄結合,帛書還配有結構奇特、充滿神秘色彩的圖畫。帛書文字屬於戰國時期典型的楚文字風格,其内容十分複雜,對戰國文字和楚國思想文化的研究十分重要。研究楚帛書的論著衆多,涉及文字、圖畫和帛書内容各個方面。[①]

(2) 馬王堆帛書:1973 年 12 月至 1974 年初,湖南省博物館在長沙市馬王堆發掘了 2 號和 3 號兩座漢墓,在 3 號墓中出土了一批具有重要價值的竹簡和帛書。從目前整理情況來看,帛書約有十多萬字,按其内容大致可分爲 6 大類 45 種,涉及六藝、諸子、術數、兵書、方技和圖册等方面。這批帛書出土後,學術界高度關注,集中攻關,整理研究成果先後在《文物》等雜誌發表,有些則陸續出版了單行本,如文物出版社 1976 年出版了帛書《老子》、《戰國縱橫家書》等。1980 年文物出版社出版了八開精裝本《馬王堆漢墓帛書》(壹),該册包括《老子》甲本及卷後古佚書《五行》、《九主》、《明君》、《德聖》、《老子》乙本及卷前古佚書《經法》、《十大經》、《稱》、《道原》的圖版、釋文和注釋;1983 年文物出版社出版了《馬王堆漢墓帛書》(叁),該册包括《春秋事語》和《戰國縱橫家書》的圖版、釋文和注釋;1985 年文物出版社又出版了《馬王堆漢墓帛書》(肆),其中包括 3 號墓出土的帛書、竹簡本醫書,即《足臂十一脈灸經》、《陰陽十一脈灸經》甲本、《脈法》、《陰陽脈死候》、《五十二病方》、《卻穀食氣》、《陰陽十一脈灸經》乙本、《導引圖》、《養生方》、《雜療方》、《胎産書》、《十問》、《合陰陽》、《雜禁方》、《天下至道談》的圖版、釋文和注釋。馬王

[①] 可參看徐在國《楚帛書詁林》(安徽大學出版社 2010 年版)彙集的各家之説和所附研究楚帛書之論著目。

堆漢墓簡帛抄寫的年代最早在漢高祖劉邦十一年(公元前 196 年)，最遲在漢文帝三年(公元前 177 年)，是抄寫於西漢初年的原始文獻，對古代文獻學、思想史和漢字發展史研究都具有重大價值。

(三) 簡帛研究的新進展

20 世紀 70 年代以來，隨着戰國秦漢簡帛資料的大量出土，戰國楚文字、秦系文字以及漢初簡帛文字等方面的研究，取得了一系列引人矚目的重要研究成果，簡帛學已經成爲新的重要的分支學科。目前，簡帛文字研究也是古文字研究最爲活躍的領域，呈現迅猛發展的態勢。這主要表現在以下方面。

一是許多教學和科研單位紛紛成立簡帛研究機構。1995 年 3 月，中國社會科學院成立簡帛研究中心，並編輯出版《簡帛研究》和《簡帛譯叢》兩種刊物。1999 年 10 月，國際儒學聯合會成立國際簡帛研究中心，出版《國際簡帛研究通訊》，同時設立相關網址"簡帛研究"(網址爲：www.bamboosilk.org)。2000 年 5 月，北京大學考古文博學院成立簡帛研究中心。2005 年，復旦大學成立出土文獻與古文字研究中心，出版《出土文獻與古文字研究》集刊，創辦網站(網址爲：http://www.gwz.fudan.edu.cn)；同年，武漢大學簡帛研究中心正式成立，並建立"簡帛網"(http://www.bsm.org.cn)，創辦《簡帛》集刊。2008 年，清華大學成立出土文獻研究與保護中心，編輯出版《出土文獻》集刊。

二是簡帛研究引起國家重視，得到多方扶持。近年來，國家社會科學研究基金和教育部社科研究基金對簡帛研究多次給予重點支持，先後設立了一批重點和重大招標研究項目，涉及戰國楚簡的全面整理研究、上海博物館藏戰國竹簡、清華大學藏戰國竹簡和有關秦簡的整理研究，同時利用這些材料開展的語言文字學、古文字學、思想文化史研究也得到立項支持。一些國家級出版機構，高度關注簡帛整理研究成果的出版，利用國家出版基金的支持，適時出版了這些重要的簡帛新材料和整理研究新成果。

三是有關簡帛研究的全國性或國際性會議頻繁舉行。1998 年 5 月，美國達慕斯學院舉辦"郭店老子國際學術研討會"；2000 年 8 月，由北京大學、美國達慕斯學院、中國社會科學院主辦的"新出簡帛國際學術研討會"在北京舉行;自 2006 年到 2012 年,由武漢大學簡帛研究中心、芝加哥大學顧立雅中國古文字學中心發起和主辦的"中國簡帛學國際論壇",連續召開了 6 次國際學術研討會;還有不少單位以新出簡帛爲主要研究對象,召開各種層次的研討會。這些情況表明,簡帛研究已經成爲古代文史研究領域一個顯著的熱點,同時這一研究也已成爲世界性學術前沿。

四是研究領域廣泛,聚集了國內外相關領域的衆多學者,取得了許多突破性成果。當前,簡帛研究主要有兩種趨向:一個是從古文字學和文獻學途徑,以文字、音韻、訓詁、校勘等方法,對簡帛文獻進行研究、考訂、校釋和語言文字的研究;另一個是從思想史、學術史途徑,對簡帛文獻的思想內涵作出分析,對其史料價值進行發掘,考鏡學術,辨章源流。這兩種途徑彼此補充,交相爲用,體現了多學科學者的廣泛參與和學術研究的交叉,使簡帛研究領域呈現出一派繁榮景象,產生了許多重要研究成果。從古文字學角度看,對楚系文字的釋讀和構形、發展規律的認識,取得了突破性進展,從而推進了戰國文字和整個古文字研究的進步;秦系文字和漢初簡帛文字的整理研究,更加清晰地展現了古文字後期的發展和終結形態小篆的形成,揭示了隸變的發生和隸書的形成,對漢字古今發展最重要的一個階段的認識達到了歷史的新高度。

總體看來,中國古代史學、考古學、文獻學、古文字學、思想史等學科的結合,爲簡帛研究開拓出嶄新的境界,簡帛研究顯示出蓬勃發展的強勁態勢,這必將推動整個古文字研究取得更大的進展。

二　簡帛選釋

(一)戰國楚簡

1.《包山楚簡》選釋

[**簡介**]　本例選自《包山楚簡》(文物出版社 1991 年版)第 267、268、272 號簡。簡的內容爲遣策,即遣送死者明器之記錄。遣策簡長一般在 72.3—72.6 釐米之間,寬約 0.8—1 釐米。編排據李家浩《包山楚簡的旌

飾及其他》①一文對遣策簡序所作的調整。釋文與注釋主要參考了劉國勝《楚喪葬簡牘集釋》(武漢大學博士學位論文,2005 年)。

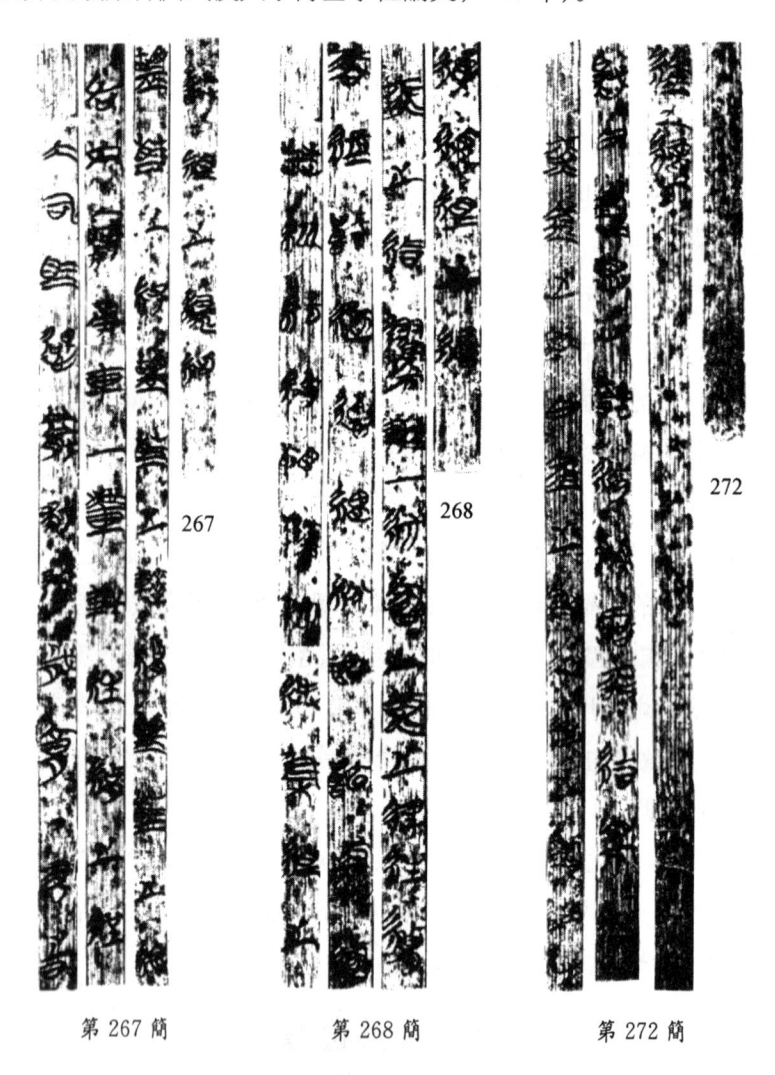

第 267 簡　　第 268 簡　　第 272 簡

[釋文]

大司馬悼（悼）愲（滑）救（救）郙愲=（之歲）[1]，肯=（享月）丁亥昏=（之日），左尹黿（葬）[2]。甬（用）車[3]：一𨊹（乘）軒[4]，絑絹之緹[5]，鹽萬之純[6]，

---

①　黃德寬主編：《著名中年語言學家自選集·李家浩卷》，第 258 頁，合肥，安徽教育出版社 2002 年版。

鹽蒀之棶絹[7],鹽蒀之綏[8],絑(滕)組之緣[9];紫【267】

蠶(發)[10],紃約[11],紫觀(鞹)、靮。紃綊(縫)[12],集組之蓍(絡)經[13],鮒(豹)緥[14],緫緶[15],紛(粉)熱(橐)[16]。鮒(豹)長(韔)[17]。繻(靈)光之䊷(橐)[18]。櫸(翟)輪(輪)[19],一紡叡(蓋)[20],丹黃之絚(裏),絖絹(絹)緄[21],綨組之繻[22]。【268】

赤金之鈥(軙)[23],白金之鋌[24],絑(滕)組之鑪鈥(軙)[25];曰(舊)戧(贅)[26];白釛=(金勒)面(銜)[27];曰(舊)毻(鑣)[28],紃(紫)拜(幩)[29]。繻(靈)光結帕[30],絖絵(錦)之繪(幢)[31]。【272】

[注釋]

[1] 大司馬愳(悼)戧(滑)戒(救)鄙戧=(之歲):"愳",讀如"卓";"戧",讀作"滑"。卓滑是楚國滅越的功臣,《戰國策·楚策四》作"卓滑",《史記·秦始皇本紀》作"昭滑",乃楚懷王時期的大臣。"戒",釋爲"救"。"鄙",國名,各家意見不一。包山簡整理者認爲"鄙"就是文獻中的"甫"國,即呂國,在今河南省南陽市西。① 陳偉認爲"鄙"可能爲"燕亳"之"亳",是燕國的別稱,"亳"與從"甫"得聲之字可以通假,悼滑救鄙與悼滑存燕可能是一回事。② 李學勤認爲,包山簡文中的"鄙"極有可能就是巴國,"巴"、"鄙"上古音都在幫母魚部,自可通假,秦滅巴在公元前316年,與悼滑的活動年代相當。③

[2] 左尹甕:"甕","葬"的異文。據簡文"大司馬悼滑救鄙之歲,享月丁亥之日,左尹葬",可知包山M2墓主下葬的絕對年代爲大司馬悼滑救鄙之歲。

[3] 甬車:"甬",讀作"用"。《左傳》成公二年:"宋文公卒,始厚葬,用蜃炭。始用殉。"又昭公四年:"叔孫未乘路,葬焉用之。"這是從葬、隨葬稱"用"的例證。

[4] 一輮軒:"輮",車乘之"乘"的專字。《左傳》閔公二年"鶴有乘軒者",杜預注:"軒,大夫車。"孔穎達疏引服虔云:"車有藩曰軒。"

[5] 絖絹之經:"絖",簡文屢見,有可能是生絲之"生"的專字,《禮記·王制》"縞衣而養老",孔穎達疏:"縞,白色生絹。"也有可能是表示絲織物顏色

---

① 包山墓地竹簡整理小組:《包山二號墓竹簡概述》,《文物》1988年第5期。
② 陳偉:《包山楚簡初探》,第11—12頁,武漢,武漢大學出版社1996年版。
③ 李學勤:《包山楚簡鄙即巴國說》,《中國文化》2004年第1期(總第21期),第14—15頁。

之詞。"絹",即"絹"字。"䙝"整理者讀爲"裎",似指車軾上纏裹的織物。

[6] 鹽萬之純:或疑"鹽萬"讀爲"苦芒",是某類織物或花紋名稱。263號簡作"𦃃蔫",信陽簡 2—023 號作"𦃃芒"。

[7] 棘絹:棘絹,275 號簡作"綝絹",望山 2 號墓 2 號、6 號簡作"鼇肙"。

[8] 䋞:讀爲"鞍",《説文》:"鞌,馬鞁具也。"

[9] 紩組之褍:"紩",讀爲"縢",《詩·秦風·小戎》"竹閉緄縢",毛傳:"緄,繩。縢,約也。""褍",或認爲是以絲繩編織的馬韁繩握手之處,因處於韁繩之末,故稱"褍"。

[10] 雙:即"弢"字省文,疑是駕御用的馬韁之類。

[11] 紃約:《禮記·内則》"織紝組紃",注:"紃,絛。""約",繩。"紃約",指以絛爲繩。

[12] 紃縫:"縫",讀如"縫","紃縫",似是説明上文"韄、䋞"在皮帶縫合處用絛帶嵌縫裝飾。

[13] 集組之薈經:"集組"疑讀爲"雜組",指彩編織帶。"薈經",或讀如"絡衡",謂馬絡頭。

[14] 豹緷:"豹",各家釋法不一,或釋"貂",或釋"豹"。《集韻》:"緷,結也。""豹緷",疑指車綏之類的結帶。

[15] 縕縜:"縕",當是"緄"字的異體。"緄"、"綸"義近,"縜",《玉篇》:"縜,五色絲飾。""縕縜",疑指一類固定在車輿上的繫帶。

[16] 紛黏:"紛",《周禮·春官·司几筵》"設莞筵紛純",鄭注:"紛如綬有文而狹者。""黏",或釋爲"櫜",《廣韻》:"櫜,韜也。一曰車上囊。"《禮記·檀弓下》"赴車不載櫜韔",鄭注:"櫜,甲衣也。"

[17] 豹長:"長",借作"韔"。《詩·秦風·小戎》"虎韔鏤膺",毛傳:"虎,虎皮也。韔,弓室也。"

[18] 纁光之紒:"靈光",亦見於望山遣策 10 號簡,楚國絲織品名稱。"紒",讀爲"櫜",是一種有底的囊。

[19] 𦎧輨:"𦎧",讀如"翟"。《周禮·春官·巾車》"王后之五路,重翟",注:"重翟,雉之羽也者。""輨"疑"輪"字之誤。"翟輪",疑指用翟羽裝飾或繪

有翟羽紋飾的車輪。

[20] 一紡叔："叔",在此是車馬器,當讀爲車蓋之"蓋"。

[21] 絓絹絚:指用生絹編的繫車蓋的繩子。

[22] 緄組之繻:"繻"是一類繫帶,或以爲類似秦始皇一號銅車馬車傘杠上所裝飾的以鏈條相連的束帶。

[23] 赤金之鈥:"赤金",指紅銅。"鈥","軑"之異構,在此似指車軎。

[24] 白金之鋞:或疑指在軑上錯有白銀。

[25] 緁組之鑢鈥:"鑢"疑讀爲"軨",指繫於車軎上的飛軨。"縢組之軨軑"是説明"赤金之軑"有"縢組"做成的飛軨。

[26] 臼戜:"臼",讀作"舊"。"戜",疑即"鏨"字的異體。《玉篇》矛部:"鏨,鋌也。"《説文》金部:"鋌,小矛也。"

[27] 白鉤₌面:"白"下合文似當作"鉤",疑爲"金勒"合文。"面"讀爲"銜"。《説文》:"銜,馬勒口中。""白金勒銜"疑指銀馬銜。

[28] 臼骳:"骳",當從"毛"得聲,疑當讀爲"鑣","骳"從"骨",疑爲骨鑣而造的專字。

[29] 紕拜:"拜",讀爲"幩",《説文》:"幩,馬纏鑣扇汗也。"

[30] 霝光結頓:"頓"字,從頁從巾,是會意字,其字又作"項",則是形聲字。《儀禮·士冠禮》"賓右手執項",注:"項,結纓也。"

[31] 絓繪之幢:"絓繪"讀爲"青錦","幢"爲"幢",指馬頭上之束錦。

2.郭店簡《太一生水》(節選)

[簡介] 本例選自《郭店楚墓竹簡》(文物出版社1998年版)《太一生水》篇1至8號簡。《太一生水》現存簡共14支,竹簡兩端平齊,簡長26.5釐米,上下兩道編綫,編綫間距10.8釐米。其形制和書體與郭店簡《老子》丙相同,學者懷疑其可能與《老子》丙原爲一冊,或緊附在《老子》丙之後。簡文現存284字,又重文12字,合文10字,奪文7字,大致殘去27字。篇名是整理者據簡文擬加的。學界對簡文的復原、分章有多種意見。裘錫圭將原簡序調整後分爲三章,即簡1至8號爲"太一生水"章,簡10至13號爲"名字"章,簡

9、14號爲"天道貴弱"章,可從。《太一生水》屬道家著作,簡文是道家對宇宙生成過程的論述,是一篇極爲重要的文獻。釋文與注釋參考了劉釗《郭店楚簡校釋》(福建人民出版社2005年版)一書。

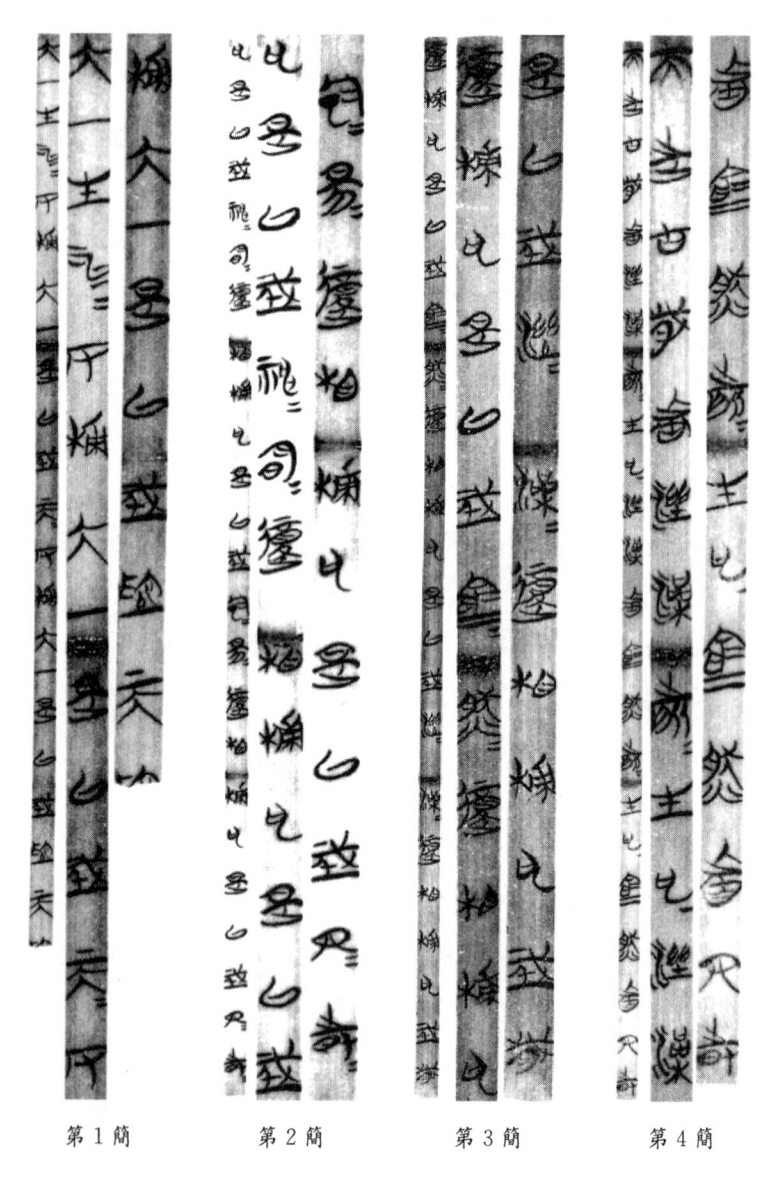

第1簡　　第2簡　　第3簡　　第4簡

[釋文]

大一[1]生水,水反楠(輔)[2]大一,是以成天。天反楠(輔)大一,是以成坒

(地)。天埅(地)[返(復)相桴(輔)]【1】

也,是以成神明[3]。神明返(復)相桴(輔)也,是以成侌(陰)昜(陽)[4]。侌(陰)昜(陽)返(復)相桴(輔)也,是以成四時[5]。四時【2】

返(復)[相]桴(輔)也,是以成倉(滄)然(熱)[6]。倉(滄)然(熱)返(復)相桴(輔)也,是以成溼(濕)澡(燥)[7]。溼(濕)澡(燥)返(復)相桴(輔)也,成栽(歲)[8]【3】

而山(止)。古(故)栽(歲)者,溼(濕)澡(燥)[8]之所生也。溼(濕)澡(燥)者,倉(滄)然(熱)之所生也。倉(滄)然(熱)者,[四時之所生也。]四時【4】

[注釋]

[1] 大一:"大一"即"太一","大一"應是最早的稱呼。"大一"典籍又寫作"泰一"或"天一"。"大一"是"道"的別名,《吕氏春秋·大樂》:"道也者,至精也,不可爲形,不可爲名,强爲之謂之太一。""大一"又是古代陰陽家心目中的天神,《史記·封禪書》:"天神貴者太一。"司馬貞《索隱》引宋均云:"天一、太一,北極神之別名。""大一"作爲星名早期是指北極星。古人認爲"大一"是推始宇宙、天地、陰陽的終極概念。"大一"指北極,而按五行觀念北方屬水,所以篇名説"大一生水"。水乃氣之源,是生成天地萬物的根本,所以道家把"水"視爲"上善",將其形態和性質比喻爲至高無上的"道"。

[2] 桴:"桴"讀爲"輔",義爲"輔助"。

[3] 神明:"神明"一詞常見於先秦兩漢典籍,既可指天地間的神靈,又可指人的精神或智慧,與"精氣"近似,引申指人明智如神或神智高超。典籍又寫作"神而明之"。簡文"神明"應是指天地間的精神。

[4] 陰陽:"陰陽"是宇宙間一切物質的兩個對立面。

[5] 四時:"四時"指春夏秋冬四季。

[6] 倉然:"倉",讀"滄"。"然"讀爲"熱",古音"然"在日紐元部,"熱"在日紐月部,聲紐相同,韻爲對轉,故可相通。"滄熱"即"寒暑",《説文·仌部》:"滄,寒也。"《荀子·正名》:"疾養、滄熱、滑鈹、輕重,以形體異。"又《逸周書·周祝》:"天地之間有滄熱。"郭永秉認爲戰國文字中這類用作"寒"的"倉"形字應看作"寒"字的自發訛變之形,古文獻中表"寒"義的"滄/凔"是轉

寫誤釋的產物。①

[7] 溼澡:"溼",讀"濕"。"澡",讀"燥"。"濕燥"即"乾濕"。《淮南子·天文》:"陽氣爲火,陰氣爲水;水勝故夏至濕,火勝故冬至燥。"

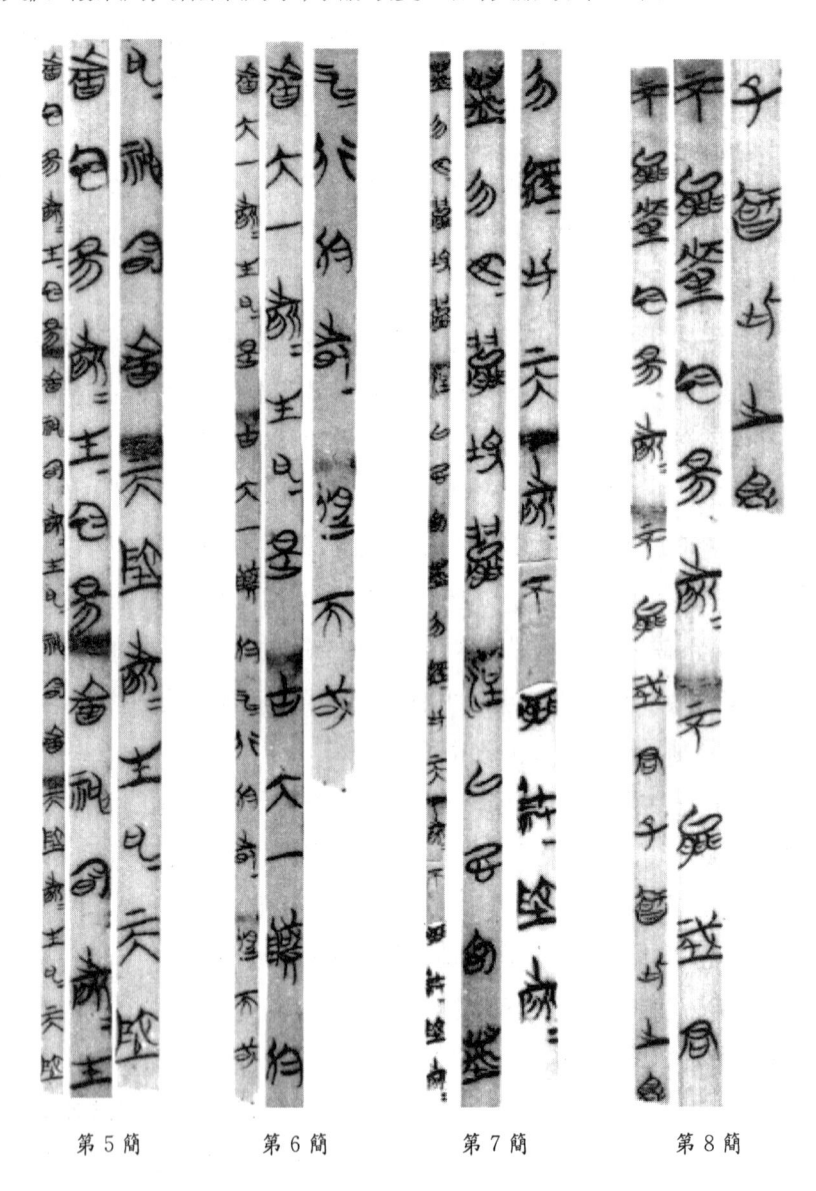

第5簡　　第6簡　　第7簡　　第8簡

---

① 郭永秉:《從戰國文字所見的類"倉"形"寒"字論古文獻中表"寒"義的"滄/凔"是轉寫誤釋的產物》,《古文字與古文獻論集續集》,第115—137頁,上海,上海古籍出版社2015年版。

[8] 成歲:"歲"指年歲。《爾雅·釋天》:"載,歲也。"孫炎注:"四時一終曰歲。"

[釋文]

者,会(陰)昜(陽)之所生[也]。会(陰)昜(陽)者,神明之所生也。神明者,大埅(地)之所生也。天埅(地)【5】

者,大一之所生也。是古(故)大一贀(藏)[1]於水,行於時,逗(周)而或(又)[2]始,以己爲【6】

墒(萬)勿(物)母[3]。罷(一)块(缺)罷(一)涅(盈)[4],以忌(己)爲墒(萬)勿(物)經[5]。此天之所不能殺,埅(地)之所【7】

不能釐(埋)[6],会(陰)昜(陽)之所不能成。君子智(知)此之胃(謂)……【8】

[注釋]

[1] 贀:"贀"即"臧"字,《玉篇·貝部》:"臧,藏也。"

[2] 逗而或始:"逗",爲"周匝"之"周"的初文,古音"舟"、"周"可通,故"逗"可讀爲"周"。"或",讀爲"又",古音"或"在匣紐職部,"又"在匣紐之部,聲紐相同,韻爲對轉。

[3] 墒勿母:"墒","萬"字異體。"勿"讀作"物"。"大一"爲宇宙萬物的本源,故謂"以己爲萬物母"。《老子》二十五章:"周行不殆,可以爲天下母。"

[4] 罷块罷涅:"罷",从能从羽,字又見於鄂君啓節等,楚文字用爲"一",其構形本義尚不清楚。"块",讀爲"缺"。"涅",讀爲"盈"。"一缺一盈"指日月的運行。

[5] 以忌爲墒勿經:"忌",讀作"己"。"經"起始。《鬼谷子·抵巇》:"經起秋毫之末,揮之於太山之本。"陶宏景注:"經,始也。""經"或訓爲"法","以己爲萬物經"猶言"以自身爲萬物的法則"。

[6] 釐:"釐"字古文,讀作"埋","釐"、"埋"皆从"里"聲,故可相通。

3. 郭店簡《緇衣》(節選)

[簡介] 本例選自《郭店楚墓竹簡》(文物出版社1998年版)。郭店簡

《緇衣》篇共存竹簡47支。竹簡兩端修成梯形,簡長32.5釐米。編綫兩道,編綫間距12.8至13釐米。每簡字數多在23至25字之間,最多者31字。本篇內容又見於上海博物館藏戰國竹簡,見《上海博物館藏戰國楚竹書》第一册(上海古籍出版社2001年版)。上博楚簡《緇衣》,共有24支簡,完簡長約54.3釐米,寬約0.7釐米,三道編痕,編綫有右契口。每支完簡字數在45至57間不等,全篇有978字,其中重文10字,合文8字。簡文均以"子曰"爲

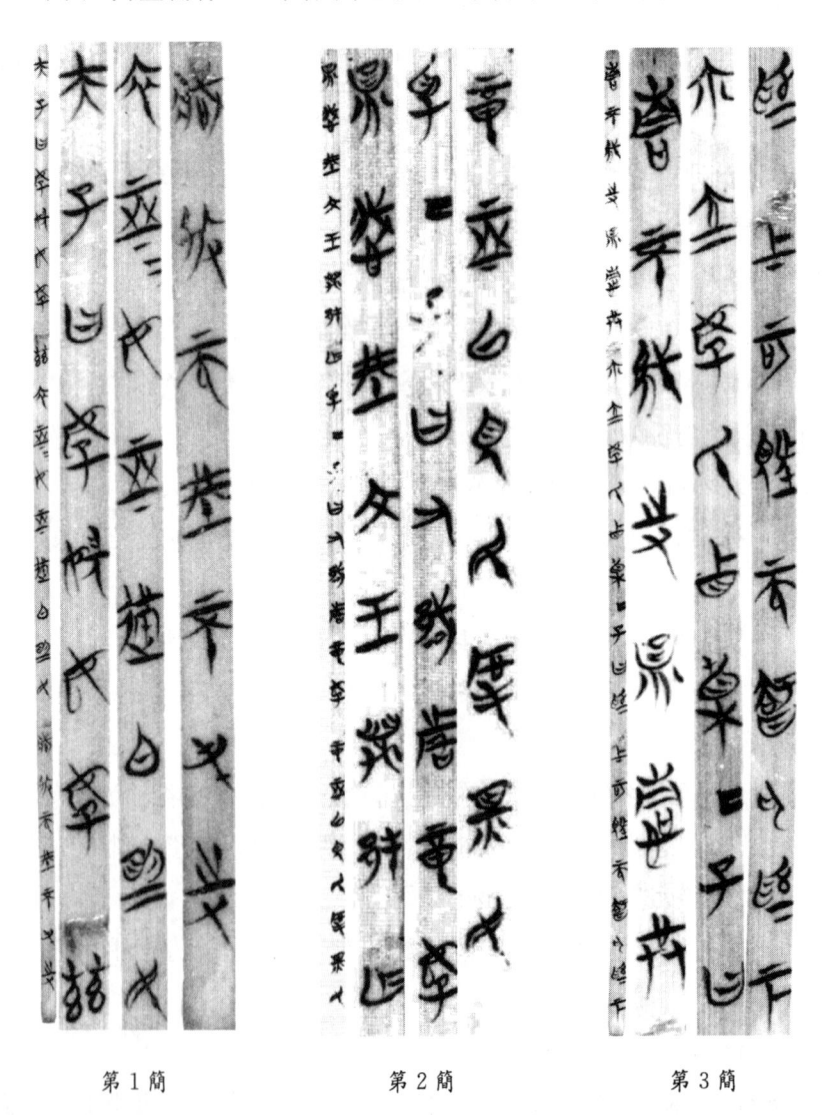

第1簡　　　　第2簡　　　　第3簡

各章起首,在最末一字下設一墨釘,示該章結束,共有 23 章。郭店和上博簡《緇衣》與今本《禮記·緇衣》對比,三者在結構、順序、文句、字詞使用上都有所不同。本例節選郭店簡《緇衣》前 9 支簡,並附錄上博簡作爲對照。釋文與注釋參考了劉釗《郭店楚簡校釋》(福建人民出版社 2005 年版)一書。

[釋文]

夫子曰:好媺(美)[1]女(如)好茲(緇)衣[2],亞(惡)亞(惡)[3]女(如)亞(惡)䢠(巷)白(伯)[4],則民臧(咸)夜(力)[5]而坙(刑)不屯(蠢)[6]。《寺(詩)》【1】

員(云)[7]:"愨(儀)坓(型)[8]文王,萬邦乍(作)孚。"子曰:又(有)郘(國)者章好章亞(惡),以視民乇(厚)[9],昃(則)民【2】

青(情)不𢦏(忒)[10]。《寺(詩)》員(云):"情(靖)[11]共尔(爾)立(位),好氏(是)貞(正)植(直)[12]。"子曰:爲上可䀠(望)[13]而智(知)也,爲下【3】

[注釋]

[1] 好媺:"媺"即"媄"字之省,《周禮》等典籍中用爲"美"。古音"媄"在明紐微部,"美"在明紐脂部,聲紐相同,韻爲旁轉,故可相通。

[2] 茲衣:"茲"讀"緇"。"緇衣",指黑色朝服,是古代士卿穿的正服。

[3] 亞亞:"惡"從"亞"聲,故"亞"可讀爲"惡"。

[4] 䢠白:"䢠"字從"辵""𦭐"聲,與包山楚簡"州䘖"(簡 142)之"䘖"、秦印"永𥾔丞印"之"𥾔"是一字之異。"𥾔""䘖",即"衖"字,"巷"字古文,"䢠"當爲其異體。"巷伯",宦官。

[5] 臧夜:"臧"爲"咸"字誤寫。"夜"字疑從"𠬞"聲,讀爲"服"。此二字今本作"咸服"。

[6] 不屯:"屯"讀爲"蠢"。"蠢"從"春"聲,而"春"從"屯"聲,故"屯"可讀"蠢"。"蠢"訓爲"動"。

[7] 寺員:"寺",讀爲"詩";"員",讀爲"云"。

[8] 愨坓:"愨",讀作"儀"。"坓","型"字異體。"儀型"乃"效法"之意。

[9] 乇:此爲"厚"字古文。

348　古文字學

[10] 弎：字从"弋"聲，讀爲"忒"。今本作"貳"。

[11] 情：讀爲"靖"。

[12] 貞植：讀作"正直"。

[13] 朢："望"字異體。

第4簡　　　　第5簡　　　　第6簡

[釋文]

可頪(類)而筹(等)[1]也，昃(則)君不悆(疑)[2]亓(其)臣，臣不惑於君。

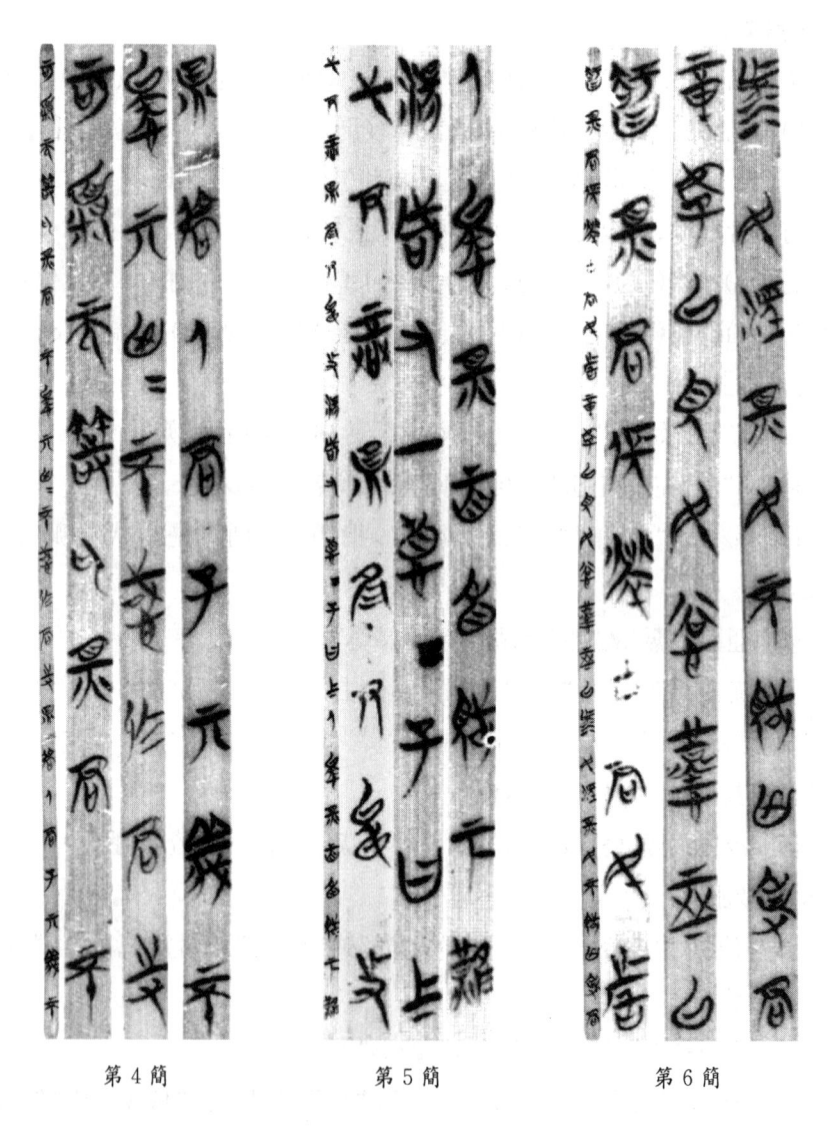

第八章 簡帛文字 349

《寺(詩)》員(云):"弔(淑)人[3]君子,亓(其)義(儀)不【4】
弌(忒)[4]。"《尹夋(誥)》員(云):"隹(惟)尹(伊)夋(允)[5]及湯,咸又(有)一惪(德)。"子曰:上人佲(疑)昃(則)百眚(姓)賊(惑)[6],下難【5】
智(知)昃(則)君倀(長)褮(勞)[7]。古(故)君民者,章好以視(示)民佥(欲)[8],懂(謹)[9]亞(惡)以淒(御)[10]民淫(淫)[11],昃(則)民不賊(惑)。臣事君,【6】

[注釋]

[1] 頪而箬:"頪"爲"類"字古文。"箬"讀爲"等",或讀爲"志"。今本作"述而志"。

[2] 佲:楚簡多用爲"疑"字。

[3] 弔人:"弔"即"弔"字異體,讀爲"淑"。

[4] 不弌:讀爲"不忒"。

[5] 尹夋:"尹"即"伊尹"。"夋"即"允"字繁體,今本作"躬"。

[6] 賊:讀作"惑"。

[7] 君倀褮:"君倀",讀作"君長"。"褮"爲"勞"之古文。今本作"君長勞"。

[8] 佥:"欲"字古文。

[9] 懂:讀作"謹"。

[10] 淒:此字解釋,衆説紛紜,或謂從"乍",或謂從"亡",或釋"困",或認爲乃"虞"之誤寫。字形分析雖各異,仍當參考今本以讀"御"爲是。

[11] 淫:當即今本之"淫"字。"至"、"壬"二旁在戰國文字中有時相混。

[釋文]

言亓(其)所不能,不訂(辭)亓(其)所能,昃(則)君不褮(勞)。《大頭(雅)[1]》員(云):"上帝板板,下民卒(卒)[2]担(癉)[3]。"《少(小)頭(雅)》員(云):"非亓(其)【7】
止(止)[4]之,共唯(惟)王恭[5]。"子曰:民以君爲心,君以民爲體。心好

昊(則)體安之,君好昊(則)民忿(欲)【8】

之。古(故)心以體癈(廢),君以民亡(亡)。《寺(詩)》員(云):"隹(誰)秉彧(國)成,不自爲貞,卒(卒)裦(勞)百眚(姓)。"《君酓(牙)》員(云):"日㬥(暑)雨,少(小)【9】

第7簡　　　　第8簡　　　　第9簡

[注釋]

[1] 大頭:"頭"即"夏"字異體,讀爲"雅"。

[2] 卒:即"卒"字繁體。

[3] 担：讀作"癉"，意爲"勞苦"。今本作"癉"。

[4] 止：乃"止"字繁文。

[5] 悉：即"恭"字，纍加"工"爲聲，今本作"邛"。

[附] 上博楚簡《緇衣》(1—4號簡)

第1簡

[釋文] 子曰：丑(好)頿(美)女(如)丑(好)紂衣，亞一(惡惡)女(如)亞(惡)衖(巷)白(伯)。則民咸(咸)努而型(刑)不刓。峕(詩)員(云)："悉(儀)型文王，薑(萬)邦复(作)反■。"子曰：又(有)國者章丑(好)章惡，目(以)眂(示)民

第 2 簡

[**釋文**] 厚，則民情不弋(忒)。嵒(詩)員(云)："靜龏(恭)尔(爾)立(位)，毌(好)是正植(直)■。"子曰：爲上可齊(望)而𥃝(知)也，爲下可楒(述)而嵒(志)也。則君不惥(疑)丌(其)臣一(臣，臣)不或(惑)於君。嵒(詩)員(云)：

第 3 簡

[**釋文**]"弔(淑)人尹一(君子),亓(其)義(儀)不弋(忒)。"尹寽(誥)員(云):"隹(惟)尹身(允)及康(湯),咸(咸)又(有)一悳(德)■"子曰:上人悆(疑)則百眚(姓)惑,下難㤓(知)則君長□□□□□□□□□

354　古文字學

第 4 簡

[**釋文**] 谷。歖惡㠯(以)虞(御)民淫,則民不惑。臣事君,言丌(其)所不能,不訂(詒)丌(其)所能,則君不袋(勞)。《大顕(雅)》員(云):"上帝板＝(板板)□□□□□□□□□□

4. 清華簡《尹誥》

[**簡介**]　本篇選自《清華大學藏戰國竹簡》第一册(中西書局 2010 年版),共 4 支簡,簡長 45 釐米,三道編痕,簡背有次序編號,完簡 31 至 34 字。原無篇題,整理者根據簡文内容和文句,認爲即郭店、上博簡《緇衣》所引之

第八章 簡帛文字 355

第1簡　　第2簡　　第3簡　　第4簡

《尹誥》,典籍或稱《咸有一德》,故以《尹誥》作爲篇名。《尹誥》是一篇古文《尚書》佚文,可以證明孔傳本《咸有一德》是一篇僞作。①

[釋文]

隹(惟)尹既汲(及)湯咸又(有)一悳(德)[1]。尹念天之敗(敗)西邑顕(夏),曰:"顕(夏)自憗(絕)[2]亓(其)又(有)民,亦隹(惟)氒(厥)衆。非民亡(無)與獸(守)邑[3],【1】

氒(厥)辟复(作)恴(怨)于民=(民,民)复(復)之[4],甬(用)麗(離)心[5],我戠(翦)沬(滅)[6]顕(夏)。今句(后)胥(曷)不藍(監)?"縶(摯)[7]告湯曰:"我克爕(協)[8]我衾(友),今【2】

隹(惟)民遠邦逞(歸)志[9]。"湯曰:"於虐=(乎!吾)可(何)复(作)于民[10],卑(俾)我衆勿韋(違)朕言?"縶(摯)曰:"句(后),亓(其)李(賚)[11]之,亓(其)又(有)顕(夏)之【3】

金玉、田邑舍之[12]吉言(焉)[13],乃至(致)衆于白(亳)[14]审(中)邑[15]。"【4】

[注釋]

[1]隹(惟)尹既汲(及)湯咸又(有)一悳(德):該句爲僞古文《尚書》所化用,亦爲《緇衣》所徵引。僞古文《尚書·咸有一德》云:"惟尹躬暨湯咸有一德,克享天心,受天明命,以有九有之師,爰革夏正。"《禮記·緇衣》兩引《尹吉》:①《尹吉》曰:"惟尹躬及湯,咸有壹德。"鄭玄注:"吉當爲告。告,古文誥字之誤也。尹告,伊尹之誥也。《書序》以爲《咸有壹德》,今亡。"②《尹吉》曰"惟尹躬天見于西邑夏,自周有終,相亦惟終。"鄭玄注:"'尹吉',亦《尹誥》也。天,當爲先字之誤。忠信爲周。相,助也,謂臣也。伊尹言尹之先祖,見夏之先君臣,皆忠信以自終。今天絕桀者,以其自作孽。伊尹始仕於夏,此時就湯矣。夏之邑在亳西。見,或爲敗。邑,或爲予。"《正義》云:"言伊尹告大甲云:伊尹身之先祖,見西方夏邑之君,謂禹也。夏都在亳西,故云'西邑'也。"郭店簡《緇衣》簡5引《尹誥》:"隹(惟)尹允及湯咸又(有)一悳

---

① 李學勤:《清華簡九篇綜述》,《文物》2010年第5期。《清華大學藏戰國竹書》(壹),第132頁,上海,中西書局2010年版。

(德)。"其中"允"作𠃌。上博簡《緇衣》簡 3 引《尹誥》："隹(惟)尹允及康(湯)咸又(有)一悳(德)。""允"作𠃌。"允及"與清華簡之"既及"相當。上述所引異文,基本一致,今本《緇衣》"西邑夏"之語,可與清華簡《尹誥》參證,《緇衣》鄭注云"見,或爲敗",亦與清華簡所見合。《緇衣》所引"惟尹躬天"至"相亦惟終",亦被僞古文《尚書》作者攘入了《太甲上》。關於"咸有一德"之意,《禮記·緇衣》鄭注云："君臣皆有壹德不貳,則無疑惑也。"僞古文《尚書·咸有一德》孔傳云："言君臣皆有純一之德。"

[2] 蕝：此字中右疑从"㔾",即"絶"字,"蕝"當即"蕝"字異體,讀"絶"。

[3] 非民亡與獸邑：《國語·周語上》所引《夏書》："衆非元后何戴？后非衆無與守邦。"今孔傳本《咸有一德》有"后非民罔使,民非后罔事"。"亡",無。"獸",守。

[4] 民復之："服",《左傳》昭公六年注："報也。"

[5] 麗心：離心。"麗"讀作"離"。

[6] 戠洓："戠"即三體石經"戠"(捷)字。"洓"即"滅"字,《說文通訓定聲》云"烕"以戌爲聲。"戠洓"猶翦滅也。

[7] 摯：即"執"字,讀"摯",伊尹名,見《孫子·用間》、《墨子·尚賢中》、《楚辭·離騷》及《天問》等。

[8] 劦：即"協"字,《說文》："衆之同和也。"《書·湯誓》："有衆率怠弗協。"

[9] 遠邦歸志：謂遠離其家邦者有回歸之志。《國語·周語下》"將有遠志",注："遠志,逋逃也。"《吕氏春秋·慎大》云夏"衆庶泯泯,皆有遠志",注："有遠志,離散也。"

[10] 可复于民："可",讀作"何"。"复",讀爲"祦",《說文》："福也。"湯意謂我怎麼賜福於民衆。

[11] 李：讀爲"賚",賜予。《湯誓》"予其大賚汝",《史記·殷本紀》引作"理"。

[12] 舍之：即施予之。

[13] 吉言："言"讀作"焉"。

[14] 至衆于白："至衆"猶"致衆",招致衆民。"白",讀"亳",商都,此指商。

[15] 申邑：即"中邑"，猶"邑中"。

（二）秦簡

摹本·正面上　　摹本·正面下　　摹本·背面　　照片

下段　　　　　　中段　　　　　　上段

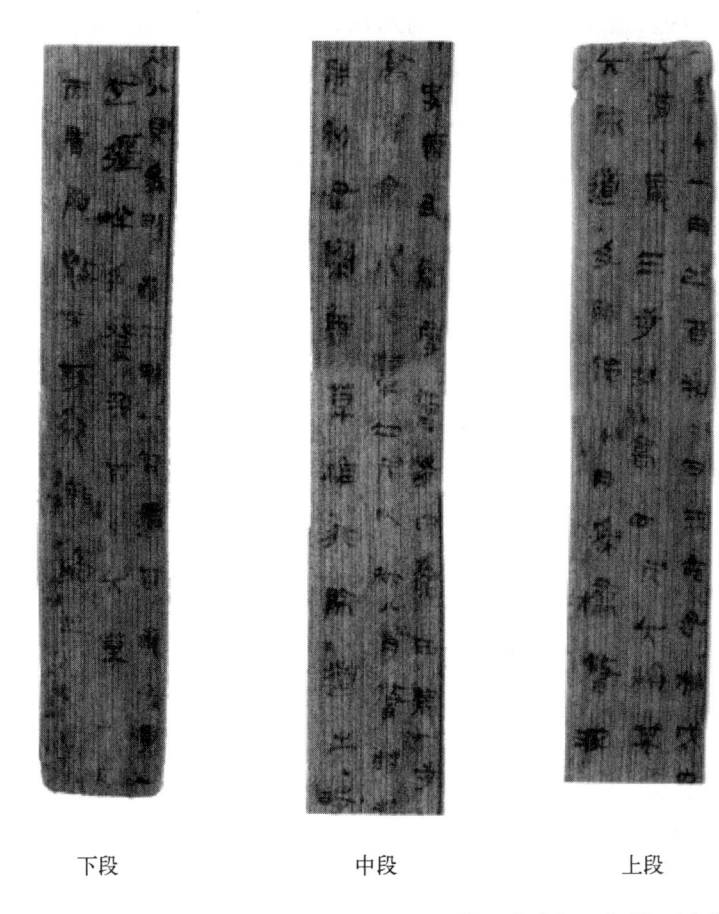

(圖片選自《出土文獻研究》第八輯)

1. 青川木牘

[**簡介**]　青川木牘1979年出土於四川省青川縣郝家坪戰國50號墓,長46釐米,寬3.5釐米,厚0.4釐米。時代爲戰國晚期秦武王二年(前309)。木牘共計121字,字跡清晰,字形呈現篆書向隸書過渡的特點,是目前所見年代較早的秦墨跡隸書樣本,彌足珍貴。木牘記載了秦武王二年,王命左丞相甘茂更修田律等事,對研究先秦田律和土地制度等有重要意義。

[**釋文**]

二年[1]十一月己酉朔朔日,王命丞相戊(茂)[2]、内史匽[3]氏、臂更修[4]爲田律[5]:田廣一步,袤八則爲畛[6]。畝[7]二畛,一百(陌)道。百畝爲頃,一千(阡)道,道廣三步,封[8],高四尺,大稱其高[9]。捋(埒)[10],高尺,下厚二尺。以秋八月,修封捋(埒),正疆畔,乃發(發)[11]千(阡)百(陌)[12]之大草。九月,

大除道[13]及除澮(澮)[14]。十月爲橋,修陂堤,利津潤[15]。鮮草,雖(雖)非除道之時,而有陷敗不可行,輒爲之。章手。(以上正面)

四年十二月不除道者:

□二日;□一日;章一日[16]。

□九日;□一日;辰一日。

□一日;丹一日。

凡□田□□。

章手。(以上背面)

[注釋]

[1] 二年:指秦武王二年,公元前 309 年。

[2] 丞相戊:即甘茂。吳師道《戰國策補正》論《東周策》甘茂之名云:"茂一作戊,後多有。《說苑》作戊,古字通。"從木牘文可知"戊"是本字。《史記·秦本紀》和《甘茂列傳》均記秦武王二年初置丞相,以甘茂爲左丞相,同木牘完全符合。

[3] 内史匽:匽,人名,於史無考。

[4] 更修:重新編寫修定。

[5] 爲田律:"爲田"、"爲橋"、"輒爲之"等"爲"字,訓爲"作、治",與"百畝爲頃"之"爲"意義不同。《爲田律》指治理田地的律令、法規。

[6] 田廣一步,袤八則爲畛:《說文》:"南北曰袤,東西曰廣。""廣"、"袤"猶言長、寬。《司馬法》:"六尺爲步,步百爲畝。"周秦時代,一步爲六尺,三十步爲一則。"畛",指畝與畝之間的田埂,通向畝端的陌道。

[7] 畝:古"畝"字。秦國文字从田,久聲,又亦聲(疊加音符)。《說文》:"畮,六尺爲步,步百爲畮。"《周禮·封人》:"不易之地,家百畮。"鄭注:"畝本亦作古畮字。"

[8] 封:作爲疆界標誌的封土堆。

[9] 大稱其高：大，指大草，《呂覽·任地》："大草不生。"

[10] 埒：應假爲埒，即田間矮墻，以別田界。

[11] 癹：即"發"，除草。

[12] 千百：是"阡陌"的古寫，雲夢秦簡作"千佰"。《説文》尚無"阡陌"兩字。

[13] 除道：修治道路。

[14] 澮：通"澮"，指溝澮。

[15] 利津潤："潤"，會意字，从二阜从水。

[16] 背面文字中簡報摹本作"日"的字，李學勤認爲應是"田"字。《爲田律》要求每年八至十月修整道路，牘背所記是當年某一地區內不依法修路的情況記錄。"章一田"等等，頭一字是田主的名字，下面是他所有的未按規定修道的田數。秦法嚴密，估計對這些違法的人一定有懲處的辦法。

2. 睡虎地秦簡《語書》

[簡介] 本篇選自《睡虎地秦墓竹簡》(文物出版社 1990 年版)。睡虎地秦墓簡長一般在 23 至 27.8 釐米之間，約相當於秦尺一尺到一尺二寸。簡書共有十種，《語書》是秦王政(始皇)二十年(前 227)四月初二日南郡郡守騰頒發給本郡各縣、道的一篇文告。整理者最初擬題爲《南郡守騰文書》，後於末一支簡簡背上端發現篇題《語書》。《語書》共有 14 支簡，文字分爲前後兩段。這 14 支簡簡長和書體一致，但後段的 6 支簡簡首組痕比前 8 支簡位置略低，似乎原來是分開編的。後段有"發書，移書曹"等語，文意與前段呼應，可能是前段的附件。這篇簡文不僅反映了秦始皇時期政令執行和吏治狀況，也是當時珍貴的隸書樣本。

[釋文]

廿年四月丙戌朔丁亥，南郡守騰謂縣、道嗇夫[1]：古者，民各有鄉俗，其所利及好惡不同，或不便於民，害於邦，是以聖【1】

王作爲法度，以矯端民心[2]，去其邪避(僻)，除其惡俗。法律未足，民多詐巧，故後有閒(干)令下者[3]。凡法律令者，以教道(導)【2】

廿年四月丙戌朔丁亥，南郡南騰謂縣、道嗇夫：古者，民各有

鄉俗，其所利及好惡不同，或不便于民，害于邦。是以聖

王作為法度，以矯端民心，去其邪避〈僻〉。法律未

足，民多詐巧，故后有間令下者。凡法律令者，以教道〈導〉

民，去其淫避〈僻〉，除其惡俗，而使之于為善殹〈也〉。今法律

令已具矣，而吏民莫用，鄉俗淫失〈泆〉之民不止，是即法〈廢〉主之

明法殹〈也〉，而長邪避〈僻〉淫失〈泆〉之民，其害于邦，不便于民。故騰

第八章 簡帛文字 363

象是而赀谦律令田令及间和方而下之,令吏明布
为是而络法律令、田令及为间私方而下之,令吏明布,
令吏民皆明智(知)之,毋巨(岠)于罪。今法律令已布,闻吏民
犯法为间私者不止,私好,乡俗之心不变,自从令,丞以
下智(知)而弗举论,是即明避主之明法殹(也)',而养匿邪避(辟)
之民。如此,则为人臣亦不忠矣。若弗智(知),是即不胜任,不
智殹(也)''。智(知)而弗敢论,是即不廉殹(也)。此皆大罪殹(也),而令、丞弗明
智殹(也),论是而弗敢≡此皆大罪殹而师弗明智
智(知),甚不便。今且令人案行之,举劾不从令者,致以律。

论及令、丞。有（又）且课县官，独多犯令而令、丞弗得者，以

令、丞闻。以次传；别书江陵布，以邮行。

凡良吏明法律令，事无不能殹（也）" 有（又）廉[絜]（洁）敦愨而

好佐上；以一曹事不足独治殹（也），故有公心；有（又）能自

端殹（也）；而恶与人辨治，是以不争书。·恶吏不明

法律令，不智（知）事，不廉[絜]（洁），毋（无）以佐上，俞（偷）随（惰）疾事，易

口舌，不羞辱，轻恶言而易病人，毋（无）公端之心，而有

冒抵(抵)之治,是以善斥(诉)事,喜争书。争书,因差(佯)瞋目抵

摈腕以视(示)力,讦询疾言以视(示)治,讦讯酰言應斫以视(示)

险,阮阒强肮(伉)以视(示)强,而上优智之毁(也)。故如此者不

可不为罚。发书,移书曹,曹莫受,以告府,府令曹画

之。其画最多者,当居曹夌令、丞、令,丞以为不直,志

千里使有竊书之,以为恶吏。

民,去其淫避(僻),除其惡俗,而使之之於爲善殹(也)。今法律令已具矣,而吏民莫用,鄉俗淫失(泆)之民不止,是即法(廢)主之【3】

明法殹(也),而長邪避(僻)淫失(泆)之民,甚害於邦,不便於民。故騰爲是而脩法律令、田令及爲閒私方而下之,令吏明布,【4】

令吏民皆明智(知)之,毋巨(炬)於罪[4]。今法律令已布聞,吏民犯法爲閒私者不止,私好、鄉俗之心不變,自從令、丞以【5】

下智(知)而弗舉論,是即明避主之明法殹(也),而養匿邪避(僻)之民。如此,則爲人臣亦不忠矣。若弗智(知),是即不勝任、不【6】

智(知)殹(也);智(知)而弗敢論,是即不廉殹(也)。此皆大罪殹(也),而令、丞弗明智(知),甚不便。今且令人案行之,舉劾不從令者,致以律,【7】

論及令、丞。有(又)且課縣官[5]獨多犯令[6]而令、丞弗得者,以令、丞聞。以次傳[7];別書江陵布,以郵行[8]。【8】

凡良吏明法律令,事無不能殹(也);有(又)廉絜(潔)敦慤[9]而好佐上;以一曹事[10]不足獨治殹(也),故有公心;有(又)能自【9】

端殹(也),而惡與人辨(別)治,是以不爭書(署)[11]。惡吏不明法律令,不智(知)事,不廉絜(潔),毋(無)以佐上,緰(偷)隨(惰)疾事,易【10】

口舌,不羞辱,輕惡言而易病人,毋(無)公端之心,而有冒柢(抵)之治,是以善斥(訴)事,喜爭書。爭書,因恙(佯)瞋目扼【11】

掮(腕)以視(示)力,訏訽[12]疾言以視(示)治,誣訛醜言廉斫以視(示)險[13],阬閬強肮(伉)以視(示)強[14],而上猶智之殹(也)。故如此者不【12】

可不爲罰。發書,移書曹,曹莫受,以告府,府令曹畫[15]之。其畫最多者,當居曹奏令、丞,令、丞以爲不直,志【13】

千里使有籍書之,以爲惡吏。【14】

語書[16]【15】

[注釋]

[1] 南郡守騰謂縣、道嗇夫:"南郡",秦昭王二十九年(前 278)所置郡,在原楚都郢(今湖北江陵)一帶。"騰",南郡郡守名。"謂",告語。"縣、道",

《漢舊儀》:"内郡爲縣,三邊爲道。"道爲少數民族集聚的縣。"嗇夫",秦官名,當指縣以下地方行政機構負責人。

[2] 以矯端民心:矯端,即矯正,避秦王政諱,用"端"字代替"正"字。

[3] 故後有閒令下者:"閒",讀爲干,《淮南子·説林》注:"亂也。"

[4] 毋巨於罪:"巨",讀"岠",至。

[5] 有且課縣官:"課",考核。

[6] 獨多犯令:"獨",《吕氏春秋·必己》注:"猶孰也。"

[7] 以次傳:指本文書在郡中各縣、道依次傳送。

[8] 以郵行:"郵",傳遞文書的驛站。

[9] 敦慤:忠厚誠實。

[10] 一曹事:"曹",指郡、縣下屬分科辦事的官吏,其衙署也稱曹。"一曹事",即一衙署之事。

[11] 不爭書:"書",疑讀爲"署",處理事務。

[12] 訐詢:詭詐。

[13] 諈訊醜言麃斫以視(示)險:"諈",疑讀爲"娷",《淮南子·脩務》注:"忿戾,惡理不通達。""訊",疑讀爲"誶",乖戾。"醜",慚愧。"麃",讀爲"僄"或"嫖",輕。"斫",無知。"險",通"檢",檢點約束。

[14] 阬閬强肮以視(示)强:"阬閬",高大;"强肮",强悍,"肮"讀"亢"。

[15] 畫:讀"過",責。

[16] 語書:二字題於簡背,是本篇的原標題。"語",教誡;"書",文告。

(三) 漢代簡帛

1. 馬王堆帛書《足臂十一脈灸經》(節選)

[簡介] 本篇選自《馬王堆漢墓帛書》第四册(文物出版社 1985 年版)。《足臂十一脈灸經》等五種醫書帛書,抄寫於高約 24 釐米的半幅帛上,埋藏時摺成 30 餘層,出土時折疊處均已斷裂。帛書字體保留篆書的一些特徵,與秦簡風格近似,是典型的早期隸書,其抄寫年代大約在秦漢之際。此篇中題有"足、臂"兩個小標題,《足臂十一脈灸經》篇名爲整理者所擬。

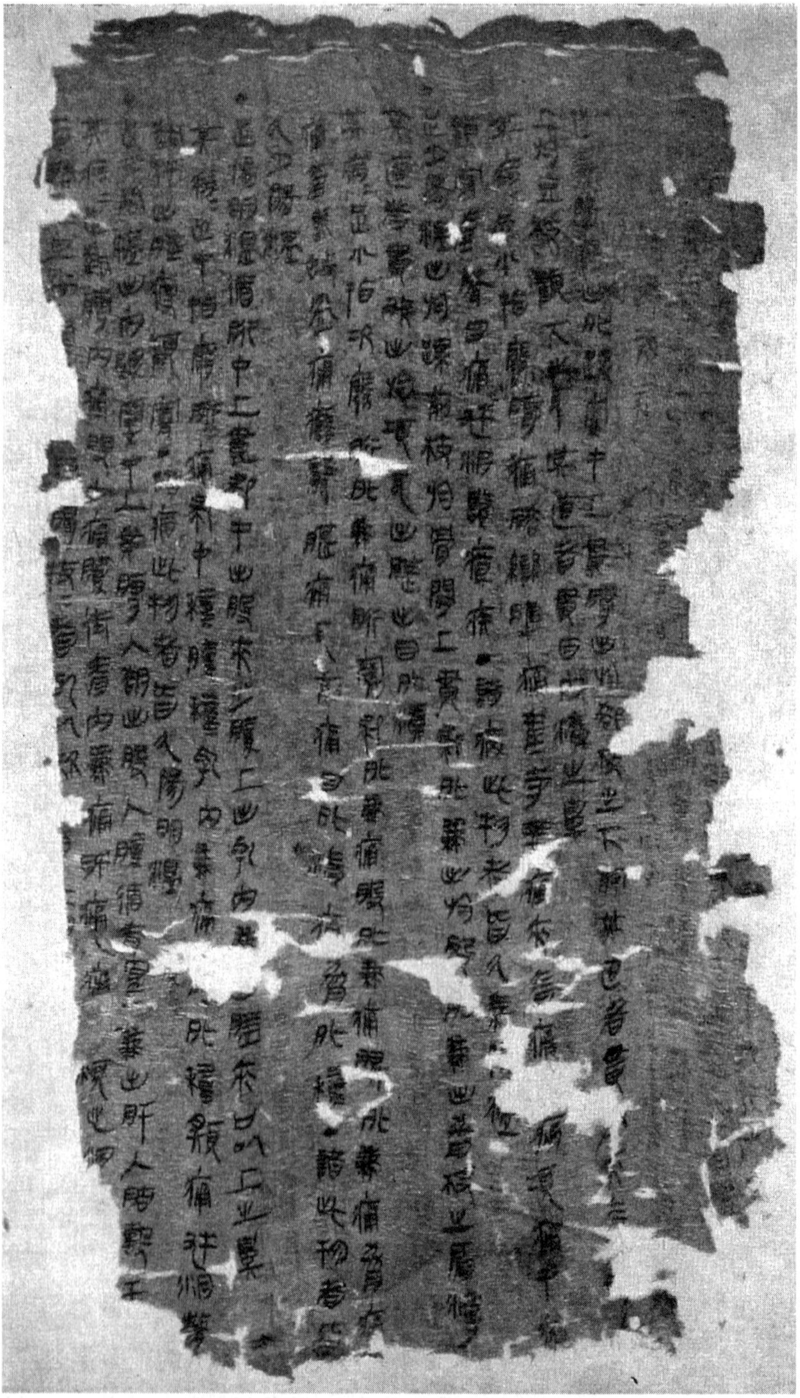

一

15 13 11   9   7   5   3   1
              二

該篇內容是論述人體十一脈的循環、主病和灸法，與《黃帝內經·靈樞·經脈篇》論十二經脈部分接近。本篇帛書分爲兩片，共 34 行，這裏節選第一片 1 至 15 行。

[釋文]（1 至 4 行）

足[1]

足泰（太）陽溫（脈）[2]：出外踝窶（婁）[3]中，上貫腨（腨）[4]，出於胎（郄）[5]；枝之下脾（胂）[6]；其直者貫□，夾（挾）脊，□□，【1】

上於豆（脰）[7]；枝顔[8]下，之耳；其直者貫目内漬（眥）[9]，之鼻。【2】

其病：病足小指廢，腨（腨）痛，胎（郄）戀（攣），胜[10]痛，産[11]寺（痔），要（腰）痛，夾（挾）脊痛，□痛，項痛，手痛，【3】

顔寒，産聾，目痛，瓱（鼽）洲（衄）[12]，數瘨（癲）疾[13]。·諸病此物[14]者，皆久（灸）泰（太）陽溫（脈）。【4】

[注釋]

[1]足：本篇自題小標題。

[2]溫：此字从水从"盟"省聲（見上博簡），讀"脈"。

[3]窶：同"婁"，空穴。

[4]腨：即"腨"，小腿肚。

[5]胎：即"郄"，王冰注《素問·刺腰痛》曰："膝後兩傍，大筋雙上，股之後，兩筋之間，横文之處，努肉高起，則卻中分也。"

[6]枝之下脾："枝"，指本脈分枝，即支脈。"脾"，字不識，或讀作"胂"。

[7]豆：讀作"脰"，項，即頸後部。

[8]顔：帛書从"産"，指額部中央。

[9]漬：讀作"眥"，上下眼瞼結合處。

[10]胜：尻，臀。

[11]産：生，出現。

[12]瓱（鼽）洲（衄）："鼽"，鼻流清涕。"衄"，鼻出血。

[13]數瘨（癲）疾："瘨"，讀作"癲"。癲病反復發作。

[14]物：類。

[釋文](5 至 9 行)

·足少陽溫(脈):出於踝前,枝於骨間,上貫膝外兼(廉)[1],出於股外兼(廉),出脅;枝之肩薄(髆);【5】

其直者貫腋,出於項、耳、出腃(枕)[2],出目外漬(眥)。【6】

其病:病足小指次[指][3]廢:胻外兼(廉)痛,胻[4]寒,膝外兼(廉)痛,股外兼(廉)痛,脾(髀)外兼(廉)痛,脅痛,□【7】

痛,產馬[5],缺盆[6]痛,癭(瘻)[7],聾,腃(枕)痛,耳前痛,目外漬(眥)痛,脅外穜(腫)[8]。·諸[病]此物者,皆【8】

久(灸)少陽溫(脈)【9】。

[注釋]

[1] 兼:讀作"廉",側,邊緣。

[2] 腃:讀作"枕",即頭枕骨部。

[3] 次[指]:"指"字原脫。

[4] 胻:脛頭,即脛之近膝處。

[5] 馬:即瘰癧。

[6] 缺盆:鎖骨上窩處。

[7] 癭:即"瘻",頸腫。

[8] 穜:讀作"腫"。

[釋文](10 至 12 行)

·足陽明溫(脈):循胻中,上貫膝中,出股,夾(挾)少腹[1],上出乳內兼(廉),出胠(嗌)[2],夾(挾)口,以上之鼻。【10】

其病:病足中指廢,胻痛,膝中穜(腫),腹穜(腫),乳內兼(廉)痛,□外穜(腫),頯[3]痛,鼽(鼽)洇(衄),數【11】

熱汗出,脞[4]瘦,顏寒。·諸病此物者,皆久(灸)陽明溫(脈)。【12】

[注釋]

[1] 少腹:小腹。

[2] 胠:讀作"嗌",咽喉。

[3] 頯:顴部。

[4] 脞: 當爲"胜"字之誤,指大腿上部與腰相連的部分。

[釋文] (13 至 15 行)

·足少陰溫(脈):出內踝窶(婁)中,上貫腨(腨),入胎(卻),出股,入腹,循脊內兼(廉),出肝,入肱[1],毄(繫)舌本。【13】

其病:病足熱,膞(腨)內痛,股內痛,腹街[2]、脊內兼(廉)痛,肝痛,心痛,煩心,洇□□□【14】

舌輅(坼),□,且(癉),尚(上)氣,□□數腸(喝)[3],牧牧[4]者(嗜)臥以欬(咳)。·[諸][5]病此物[者,皆久(灸)]足少陰[溫(脈)]。【15】

[注釋]

[1] 肱: 腋下脅上的部位。

[2] 腹街: 即腹股溝部。

[3] 腸: 讀"喝",嘶啞。

[4] 牧牧: 猶"默默"、"昧昧"。

[5] 諸: 原脫。

2. 銀雀山漢簡《擒龐涓》

[簡介] 本篇選自《銀雀山漢墓竹簡》第一冊(文物出版社 1985 年版)之《孫臏兵法》。《孫臏兵法》簡本不全,殘存 16 篇,《漢書·藝文志》稱《齊孫子》,是一部不傳於世的兵書。銀雀山漢墓是漢武帝初年墓葬,竹書字體屬早期隸書風格,可能抄寫於文、景至武帝初期這段時間。《擒龐涓》爲《孫臏兵法》的一篇,簡的編號從 234 至 246 號,234 號簡背上方題有篇名《禽龐涓》。本篇共有完簡 10 枚,每簡字數爲 34 至 39 字不等,據 246 號簡末所記,本篇總字數爲"四百六",可推算出全篇應爲 12 簡,衹殘損兩簡。本篇圖片選自原書所公布的照片和摹本。

[釋文]

禽(擒)龐涓[1]【234 背】

昔者,梁(梁)君將攻邯鄲[2],使將軍龐涓帶甲八萬至於茌丘[3]。齊君[4]聞之,使將軍忌子[5]帶甲八萬至【234 正】

第八章 簡帛文字 373

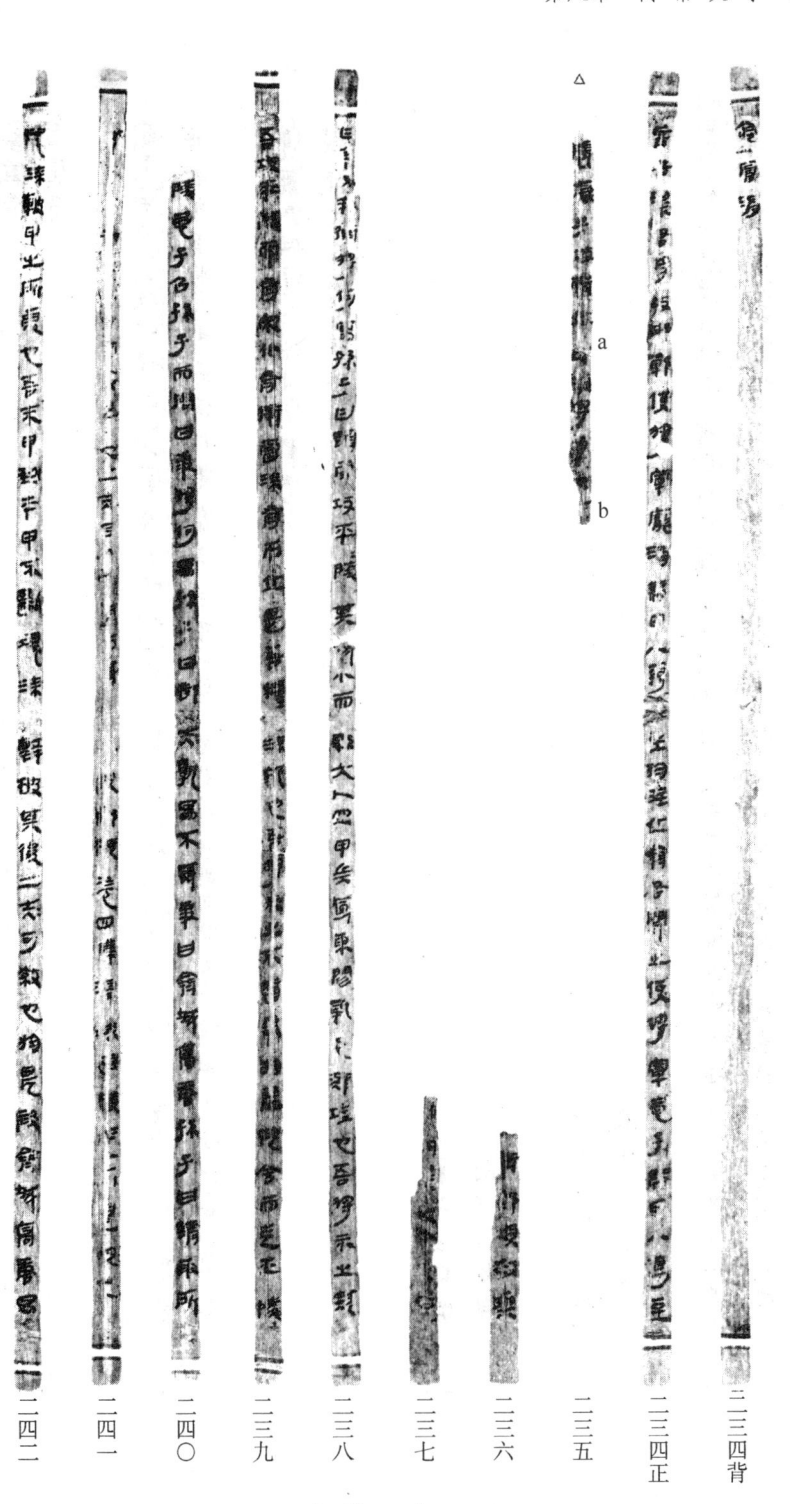

照片(簡 234 背—242)

374　古文字學

禽龐涓

昔者梁君將攻邯鄲使將軍龐涓帶甲八萬至於茬丘齊君聞之使將軍忌子帶甲八萬至

競龐子攻衛 卜頁將軍忌

衛卜頁救與

救衛是失令回忌

曰若不救衛將何為孫子曰請南攻平陵平陵其城小而縣大人眾甲兵盛東陽戰邑難攻也吾將示之疑

二三四背　二三四正　二三五　二三六　二三七　二三八

摹本（簡 234 背—238）

第八章 簡帛文字

吾攻平陵軍必分宋衛當涂有松之童莽不必不智罘羽尾徒舍而走平陵

吾攻平陵南有宋北有衛當涂有市丘是吾糧涂絕也吾將示之不智事於是從舍而走平陵 二三九

陵忌子召孫子而問曰事將何為孫子曰都夫二孰為不識事曰齊城高唐孫子曰請取所 二四〇

二夫二以 城 都橫卷四達環涂 横卷所 陳也 二四一

環涂輟甲之所處也吾末甲勁本甲不斷環涂擊彼其後二夫可殺也於是段齊城高唐為 二四二

兩直將蟻傅平陵挾笹環涂夾擊其後齊城高唐當術而大敗將軍忌子召孫子問曰吾攻 二四三

平陵不得而亡齊城高唐當術而廢事將何為孫子曰請遣輕車西馳梁郊以怒其氣分卒而 二四四

摹本（簡239—244）

376　古文字學

摹本（簡245—246）　照片（簡243—246）

……競(境)。龐子攻衛[6]□□□,將軍忌【235】

[子]……□衛□□救與【236】

……救衛是失令。"田忌【237】

曰:"若不救衛,將何爲?"孫子曰:"請南攻平陵。平陵其城小而縣大,人衆甲兵盛,東陽戰邑,難攻也。吾將示之疑。【238】

吾攻平陵,南有宋,北有衛,當涂(途)有市丘[7],是吾糧涂(途)絶也。吾將示之不智(知)事。"於是徙舍[8]而走平陵。【239】

□□陵,忌子召孫子而問曰:"事將何爲?"孫子曰:"都大夫[9]孰爲不識事[10]?"曰:"齊城、高唐[11]。"孫子曰:"請取所【240】

□□□□□□□□二大夫□以□□□臧□□都橫卷[12]四達環涂[13]□橫卷所□陳也。【241】

環涂輆[14]甲之所處也。吾末甲[15]勁,本甲不斷,環涂毄(擊)柀[16]其後,二大夫可殺也。"於是段(斷)齊城、高唐爲【242】

兩,直將蟻傅[17]平陵。挾荎[18]環涂夾擊其後,齊城、高唐當術而大敗。將軍忌子召孫子問曰:"吾攻【243】

平陵不得而亡齊城、高唐,當術而厥(蹶)[19]。事將何爲?"孫子曰:"請遣輕車西馳梁(梁)郊,以怒其氣。分卒而【244】

從之,示之寡。"於是爲之。龐子果棄其輜重,兼取舍[20]而至。孫子弗息而毄(擊)之桂陵,而禽(擒)龐涓[21]。故【245】

曰,孫子之所以爲者盡矣。　　四百六[22]【246】

[注釋]

[1] 禽(擒)龐涓:此是篇題,寫在本篇第一簡簡背。"禽""擒"古今字。

[2] 梁(梁)君將攻邯鄲:"梁(梁)君"指魏惠王(前369—前319)。魏國在惠王時遷都大梁(今河南開封),故魏又稱梁。"邯鄲",趙國國都,今河北邯鄲。

[3] 帶甲八萬至於茬丘:"帶甲",披掛鎧甲的將士。此處泛指軍隊。"茬丘",地名,其地不詳。

[4] 齊君:齊威王(前356—前320)。

[5] 忌子:齊將田忌。

[6] 衛：國名。原都朝歌，今河南淇縣；春秋時遷都帝丘，今河南濮陽。

[7] 吾攻平陵，南有宋，北有衛，當涂(途)有市丘："平陵"，疑在今山東西南角或河南之東緣，確切地點尚難斷定。"宋"，國名，原建都商丘(今河南商丘)，戰國初遷都彭城(今江蘇徐州)。"市丘"，地名，確切地點尚難斷定。

[8] 徙舍：拔營。

[9] 都大夫：治理大城邑的長官。這裏指那些率領自己都邑軍隊隨田忌出征的大夫。

[10] 不識事：與上文"不知事"同，均指不懂用兵之道。

[11] 齊城、高唐：皆齊國都邑。忌子此答乃指齊城、高唐之都大夫。

[12] 橫卷：疑指魏國的兩個都邑。或以爲"橫"指遮斷、威脅，"卷"，通"圈"，指封鎖包圍之意。

[13] 環涂：疑魏軍駐地之一。或疑即魏國將軍"鑽荼"。或以爲古道路之稱。

[14] 皷：疑即"被"或"彼"。

[15] 末甲：前鋒部隊。本甲：後續部隊。

[16] 柀：疑通"破"。或以爲讀作"披"，義爲"分"。

[17] 蟻傅：即"蟻附"，古時攻城，士卒憑藉雲梯如螞蟻般攀援而上，故有是稱。

[18] 挾苴：疑繫魏軍駐地或將領之名。或以爲借爲"浹渫"，形容部隊連續不斷。

[19] 當術而厥(蹶)："術"，道路，"當述"指正在行軍途中。"厥"，讀"蹶"，倒，敗。

[20] 兼取舍：晝夜兼程急行軍。

[21] 孫子弗息而轂(繫)之桂陵，而禽(擒)龐涓："桂陵"，今山東菏澤。據《史記·孫子吳起列傳》所載，馬陵之役，龐涓敗而自殺，與簡文所記不同。齊、魏桂陵、馬陵兩戰，史書記載或有所差異，唯魏國慘敗則無異詞，故學者疑擒龐涓乃桂陵之役，被史家誤記於馬陵之役。

[22] 四百六：篇末所標記本篇總字數。

第九章　璽印、貨幣文字及其他

除甲骨文、金文和簡帛文字這些大宗材料之外，古漢字還依賴先秦其他類型文物得以保存，如璽印、貨幣、陶器、石刻等古代文物上都保存了大量的古文字資料，尤其是秦國石刻爲後人留下了石鼓文這樣的長篇巨制。這些材料主要分布在戰國秦漢時期，是戰國秦漢文字研究的重要資料。本章主要介紹璽印、貨幣、陶文和石文等古文字材料。

一　璽印文字

（一）概説

璽印文字指璽印上保存的文字資料。璽印，即印章，璽即印，秦以後才專指皇帝所用的印章。璽印盛行於戰國秦漢，延續使用至今世。本節主要介紹戰國和秦的璽印。由於璽印有使用者的名字或官職，雖然一方印上寥寥幾字甚或一兩字，但衆多的印文集中起來，數量就相當可觀，是古文字研究的寶貴材料。封泥是使用璽印所留下來的記録，本質上也就是璽印文字，因此應歸於璽印文字來進行研究。

古璽雖早有發現，但其時代的確定卻爲時不早。清張延濟《清儀閣古印偶存》始稱戰國印爲古文印，但尚未能肯定其時代。《十鐘山房印舉》一書的編者陳介祺認識到"朱文銅印似六國文字"。王懿榮爲高慶齡《齊魯古印攈》作序時指出："璽之具官名者，是周秦之際，如司徒、司馬、司工、司成之屬半皆周官。"王國維作《桐鄉徐氏印譜序》才論定璽印文字爲六國文字。

古代璽印的搜集和著録,宋代就已經開始。黃伯思《博古圖説》著録有歷代印章十七品、二百四十五件;薛尚功《歷代鐘鼎彝器款識法帖》、王俅《嘯堂集古録》等書中均兼收部分璽印。明代始出現著録古璽的印譜,如顧研山所編《顧氏集古印譜》、顧從德所編《顧氏印藪》。清人編纂印譜甚多,著名的如陳介祺所編《簠齋古印集》、《十鐘山房印舉》,收藏之豐,蔚爲大觀。吳式芬、陳介祺還搜羅封泥,成《封泥考略》一書,這是封泥研究的首部著作。據羅福頤統計,自明清至民國年間所著録的印譜約有一百四十六種之多,除去重出和贗品之外,印拓的璽印不下四萬餘方。1930年,羅福頤出版了《古璽文字徵》,收録了當時所能見到的古璽文字。1982年,羅福頤又出版了《古璽文編》和《古璽彙編》,前者爲璽印文字字典,後者爲古璽彙録,是對古璽研究成果和資料的一次全面整理。這兩部書的出版,對古文字研究具有很大的推動作用,此後出現了對兩書校訂研究和戰國古璽文字考釋的大批成果,如吳振武《〈古璽文編〉校訂》、①林素清《〈古璽文編〉補正》、②施謝捷《〈古璽彙編〉釋文校訂》與《談〈古璽彙編〉存在的幾個問題》③等等。

《古璽彙編》出版以後,海內外又有不少公私藏家古璽印譜出版,比較重要的有《故宫博物院藏古璽印選》、《湖南省博物館藏古璽印集》、《吉林大學藏古璽印選》、《珍秦齋藏印(秦印篇)》、《珍秦齋藏印(戰國篇)》、《天津市藝術博物館藏古璽印選》、《香港中文大學文物館藏印集》、《香港中文大學文物館藏印續集(一、二、三)》、《中國璽印類編》、《中國璽印集粹》等。進入新時期以來,古璽研究除發表了許多有新見的考釋文章外,還出版了一批綜合性研究著作,如曹錦炎《古璽通論》、④施謝捷《古璽彙考》、⑤陳光田《戰國璽印分域研究》、⑥以及田

---

① 吳振武:《〈古璽文編〉校訂》,北京,人民美術出版社2011年版。
② 林素清:《〈古璽文編〉補正》,《金祥恒教授逝世周年紀念論文集》,臺北,臺灣學生書局有限公司1990年版。
③ 施謝捷:《〈古璽彙編〉釋文校訂》,《容庚先生百年誕辰紀念文集》,廣州,廣東人民出版社1998年版;《談〈古璽彙編〉存在的幾個問題》,《出土文獻與古文字研究》第一輯,上海,復旦大學出版社2006年版。
④ 曹錦炎:《古璽通論》,上海,上海書畫出版社1995年版。
⑤ 施謝捷:《古璽彙考》,安徽大學博士學位論文,2006年。
⑥ 陳光田:《戰國璽印分域研究》,長沙,嶽麓書社2009年版。

煒《古璽探研》①等。

（二）古璽的分類

（1）私璽：私璽指個人印璽。其印文一般刻使用者的姓名,有的祇刻"私璽"二字。印文爲"私璽"二字的如：

（璽彙 4584）　　（璽彙 4591）　　（璽彙 4592）

（璽彙 4597）　　（璽彙 4599）　　（璽彙 4600）

（璽彙 4601）　　（璽彙 4618）　　（璽彙 4623）

以下各方印,印文爲使用者的姓名：

（璽彙 1310·成彊） 　　（璽彙 1537·孫浩）

（璽彙 978·肖慶） 　　（璽彙 1290·余得） 　　（璽彙 1260·黄加）

---

① 田煒：《古璽探研》,上海,華東師範大學出版社 2010 年版。

(2) 成語璽：成語璽刻寫的大都是箴言吉語之類。如：

（璽彙 4360・官安） 　（璽彙 4398・明上）

（璽彙 4227・敬命） 　（璽彙 4334・得志）

（璽彙 4910・千牛百羊） 　（璽彙 4801・宜有千萬）

（璽彙 4843・君子有志）（璽彙 4791・正行亡私）

(3) 官璽：指印文刻有官署、職銜、地名等内容的官方璽印。戰國時期各國職官制度不盡相同，利用這些官璽印文可以考定璽印所屬國別，是古代職官制度、歷史地理研究的寶貴材料。如以下各印：

（璽彙 13・平陰都司徒） 　（璽彙 31・右闌司馬）

（璽彙 20・左司徒） 　（璽彙 23・司馬之鈢）　（璽彙 47・左中軍司馬）

第九章　璽印、貨幣文字及其他　383

（璽彙 65·司寇之鉩）　（璽彙 94·匃奴相邦）　（璽彙 95·將軍之鉩）

（璽彙 99·上場行邑大夫鉩）　（璽彙 169·上東門鉩）　（璽彙 127·大貨）

（三）璽印文字的特點

璽印篆刻方法不同，可分爲朱文、白文、半朱半白文。朱文又叫陽文，白文又叫陰文。朱文篆刻時保留字跡，白文篆刻時則去掉字跡，半朱半白文璽印則是半邊刻白文，半邊刻朱文。一方印，有的一面刻字，有的兩面刻字，甚至有五面刻字合起來以見其意的。不同時代和地區的璽印在印面設計、印體和印紐形態等方面也會體現差別，表現出不同的風格特徵。

璽印文字，就其總體特點而言基本上與同時代、同地域使用的文字一致，研究者正是從結構的對比上，論定其所屬時代和地區。由於璽印要在一個很小的平面上篆刻出若干字，這就要考慮到佈排的合理和美觀，璽印文字往往會因此而改變某些字的結構和寫法，從而形成了璽印文字自身的一些特點。其主要表現爲：

（1）爲刻寫方便省事，截取省簡比較常見。如：

［鉩］

（璽彙 4623）　（璽彙 331）　（璽彙 4605）　（璽彙 4252）　（璽彙 4751）

［慗（慎）］

（璽彙 4932）　（璽彙 4933）　（璽彙 4937）　（璽彙 4326）　（璽彙 4971）

384　古文字學

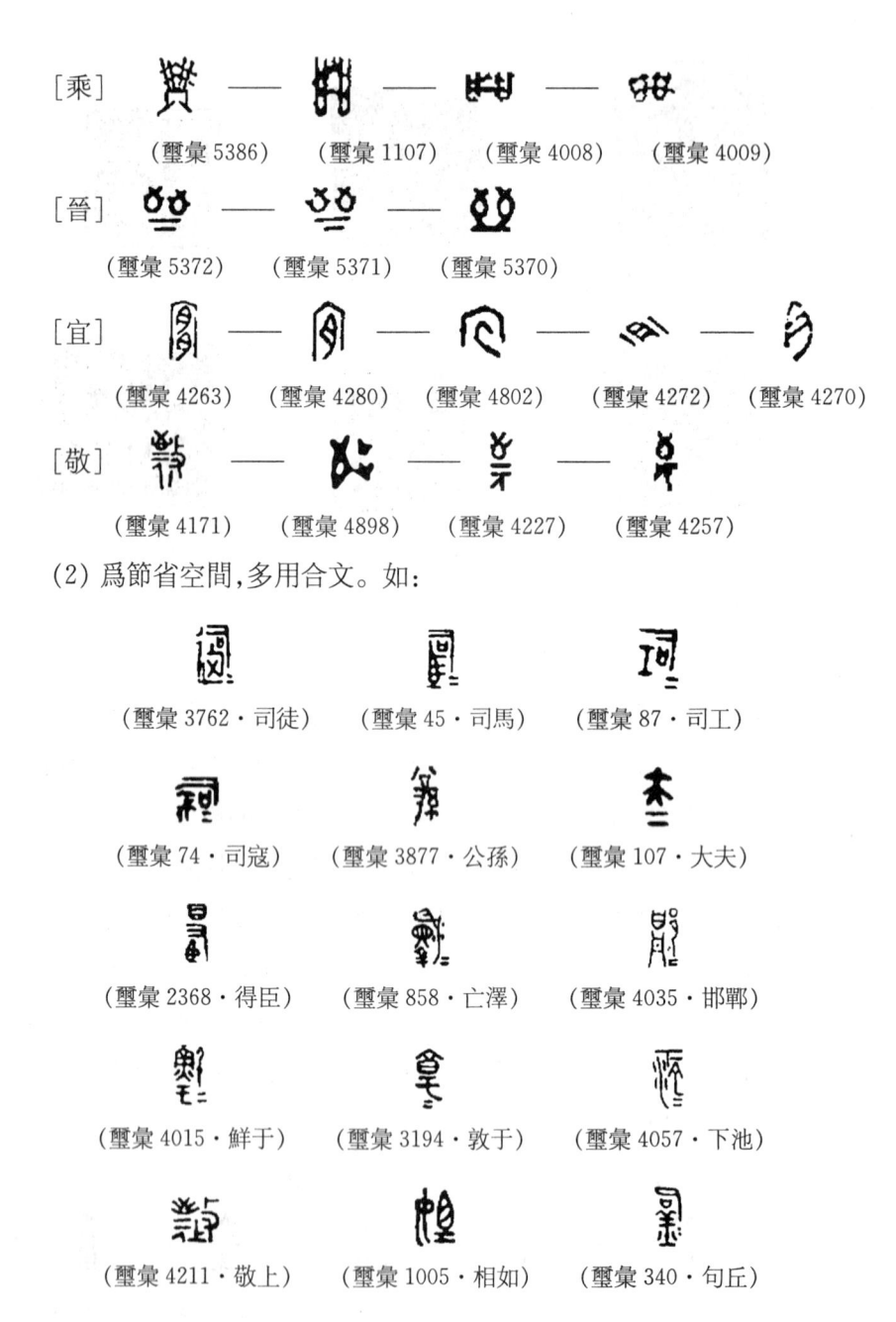

[乘]　（璽彙5386）　—　（璽彙1107）　—　（璽彙4008）　—　（璽彙4009）

[晉]　（璽彙5372）　—　（璽彙5371）　—　（璽彙5370）

[宜]　（璽彙4263）　—　（璽彙4280）　—　（璽彙4802）　—　（璽彙4272）　—　（璽彙4270）

[敬]　（璽彙4171）　—　（璽彙4898）　—　（璽彙4227）　—　（璽彙4257）

(2) 爲節省空間，多用合文。如：

（璽彙3762·司徒）　（璽彙45·司馬）　（璽彙87·司工）

（璽彙74·司寇）　（璽彙3877·公孫）　（璽彙107·大夫）

（璽彙2368·得臣）　（璽彙858·亡澤）　（璽彙4035·邯鄲）

（璽彙4015·鮮于）　（璽彙3194·敦于）　（璽彙4057·下池）

（璽彙4211·敬上）　（璽彙1005·相如）　（璽彙340·句丘）

　　合文在古璽中較常見，常常以符號"="作爲合文標記。合文實際有兩種情況：一是爲了佈白空間的安排，如"下池"、"敬上"之類；一是爲了減少刻寫的單位，如"大夫"、"公孫"之類，借用筆劃或部件。

第九章　璽印、貨幣文字及其他　385

(3)爲達到美飾效果,常加附無意義飾筆和符號,這與銅器文字追求裝飾美是同一道理。如:增加一或二短橫的有 🖻 (璽彙 5271·天)、🖻 (璽彙 99·上)、🖻 (璽彙 97·下)、🖻 (璽彙 2292·和)、🖻 (璽彙 3210·相)、🖻 (璽彙 404·鳴)等;在豎劃上增加飾點的有 🖻 (璽彙 575·王)、🖻 (璽彙 1383·皇)等;在框形内填充點或劃的有 🖻 (璽彙 3859·公)、🖻 (璽彙 3097·吉)、🖻 (璽彙 1195·周)、🖻 (璽彙 4284·言)等。

璽印文字的這些特點,主要是由於璽印本身的特點所致,璽印爲隨身佩帶之物,自然也會重視其觀賞價值。

(四)璽印分域舉例

璽印的地域特點主要表現在款式、印臺厚薄、紐制、印面規格和印文風格等方面,通過對地域確定的璽印風格特點進行總結歸納,並參照戰國文字區系研究的成果,就可以爲戰國古璽的分域研究建立參照標準。下面對戰國璽印的地域特點略作介紹。①

1. 齊璽

齊系官璽印面多呈方形,白文,鼻紐,印面邊長一般約 2.3 至 2.5 釐米。白文印面多帶邊框,或施以界格。個別印面的上端中央或上下兩端的中央略微凸出,形制特別。少數陶質璽印面較大,呈長方形,字體風格粗獷。印文常自銘"璽"、"信璽",或稱"鉨"。齊璽特有的地名,如"平陽、東武城、夜邑"等;特殊的官名,如"陶正、市師、漆師"等。

(璽彙 0047·左中庫司馬)

"司馬",官名。周時爲六卿之一,稱夏官大司馬,掌軍旅之事。下設軍

---

① 陳光田《戰國璽印分域研究》(嶽麓書社 2009 年版)對戰國璽印的分域做了深入仔細的研究,本節涉及各國璽印分域特點的描述,對該書多有參考。

司馬、輿司馬、行司馬。璽文"左中庫司馬"即掌管軍隊左中府庫的職官。

(璽彙 0043・司馬敀鉨)　(璽彙 0038・左司馬敀)

"敀"或讀爲"軌",《管子・匡君小匡》:"制五家爲軌,軌有長。十軌爲里,里有司。四里爲連,連有長。十連爲鄉,鄉有良人。三鄉一帥。"是一種地方軍事編制。① 或讀爲"廄",認爲此璽爲軍隊中負責飼養牛馬的官署所用。②

(璽彙 0030・聞司馬鉨)　(璽彙 0031・右聞司馬)

"聞"讀爲"門"。戰國時期齊國有司馬守門的制度,《戰國策・齊策》:"齊王建入朝於秦,雍門司馬前曰:'所爲立王者,爲社稷耶?爲王立王耶?'"門司馬或分左、右。③

[璽彙 0062・平昜(陽)忻(信)司馬鉨]

---

① 孫敬明:《齊陶新探》,《古文字研究》第十四輯,第 221 頁,北京,中華書局 1986 年版。
② 朱德熙:《戰國文字資料裏所見的廄》,《出土文獻研究》,第 244 頁,北京,文物出版社 1985 年版。
③ 裘錫圭:《戰國貨幣考(十二篇)》,《北京大學學報(哲學社會科學版)》1978 年第 2 期。

"平陽",戰國地名。《左傳》哀公二十七年越子使後庸來聘,盟於平陽,《杜注》"西平陽",在今山東鄒縣西南。此外尚有東平陽,《春秋》宣公八年"城平陽"。漢置東平陽縣,應劭曰:"河東有平陽,故此加東,後漢省。"春秋魯邑,在今山東新泰縣西北。

(璽彙0176・武關牆鉨)　　(璽彙0174・武關叡)

"武",關隘名。齊境内有武山,地在今山東平度縣,武關之得名或與武山有關。"牆"讀爲"將"。"叡"或讀爲"阻"。①

(璽彙0175・豕母訵關)

"訵"讀爲"司",②《周禮・地官・司關》:"司關掌國貨之節,以聯門市。司貨賄之出入者,掌其治禁與其徵廛。凡貨不出於關者,舉其貨,罰其人。凡所達貨賄者,則以節傳出之。""豕母",或讀爲"泥母",云在今山東魚台。③

(璽彙0200・遲昷之鉨)　　(璽彙0202・遲昷之鉨)

---

① 曹錦炎:《古璽通論》,第131頁,上海,上海書畫出版社1995年版。
② 朱德熙、裘錫圭:《戰國時代的"枓"與秦漢時代的"半"》,《文史》第八輯,北京,中華書局1980年版。
③ 何琳儀:《戰國文字形體析疑》,收入《于省吾教授百年誕辰紀念文集》,長春,吉林大學出版社1996年版。

"遅㽙"讀爲"徙鹽"。戰國時期齊國是通過關市對製鹽、售鹽進行徵稅，"徙鹽之鉥"官印是在鹽的流通中使用的，其作用是保證鹽的正常流通及有效徵稅。① "遅㽙"，或讀爲"誓盟"，認爲是盟約中所用之璽。②

[璽彙 0198・昜(陽)都邑聖遅㽙之鉥]

"陽都"，春秋時陽國，《漢書・地理志》屬城陽國，地在今山東沂水縣西南。

(《中國歷史博物館館刊》總第 1 期・子夻子鉩)

"子某子"是戰國齊系文字資料常見稱謂，如"子禾子"(《集成》11130)、"子悍子"(《集成》10958)。"鉩"是爲璽印一類詞所造的專字，③或讀爲"節"。④

---

① 趙平安：《戰國文字中的鹽及相關問題研究》，《考古》2004 年第 8 期。
② 曾憲通：《論齊國"遅㽙之璽"及相關問題》，收入《容庚先生百年誕辰紀念文集(古文字研究專號)》，廣州，廣東人民出版社 1998 年版。
③ 裘錫圭：《戰國文字中的"市"》，《考古學報》1980 年第 3 期。
④ 石志廉：《館藏戰國七璽考》，《中國歷史博物館館刊》1979 年第 1 期。

第九章　璽印、貨幣文字及其他　389

［璽彙 0157・左攻(工)帀(師)戠(職)枲(漆)帀(師)鉩］

"工師",戰國時期管理工匠的職官。"戠(職)枲(漆)帀(師)"即左工師屬下掌管漆工的職官。①

［《漢瓦硯齋古印叢》・齊窑(陶)正頤］

"陶正",主掌陶器之官。《左傳》襄公二十五年:"昔虞閼父爲周陶正,以服事我先王。"

(璽彙 0328・尚洛鉩)

"尚洛"讀爲"掌路",其職掌同於"典路"。《周禮・春官・典路》:"典路掌王及后之五路,辨其名物與其用説。若有大祭祀,則出路,贊駕説。大喪、

---

① 裘錫圭:《戰國貨幣考(十二篇)》,《北京大學學報(哲學社會科學版)》1978 年第 2 期。

大賓客亦如之。凡會同、軍旅、吊于四方,以路從。"①

[璽彙 0300·左枭(桁)敳(廩)木]

"左枭(桁)"即"左衡",掌管山林的職官。《周禮·天官·大宰》:"以九職任萬民,三曰虞衡。"鄭玄注:"虞衡,掌山澤之官,主山澤之民者。"賈公彥疏:"地官掌山澤者謂之虞,掌川林者謂之衡。"廩木,林衡的屬官。②

齊私璽一般爲帶邊框的方形璽,邊長一般在 2.3 釐米左右,印面較規整,印文分布匀稱,白文居多,有少數陽文,多自稱"信璽"。

[璽彙 1326·武忎(順)信鉨]

"武",姓氏。《風俗通義·姓氏》:"武氏,宋武公之後,氏於諡,秦末武臣自立爲趙王,項羽之客有武涉,魏將武滿,漢有武虎、武讓、武勃。"

[璽彙 1433·宋迲(去)疾鉨]

《通志·氏族略·以國爲氏》:"宋氏,子姓,商之裔也。"

---

① 李家浩:《戰國官印叢考》,收入黄德寬主編《安徽大學漢語言文字研究叢書·李家浩卷》,第 95 頁,合肥,安徽大學出版社 2013 年版。
② 朱德熙:《釋桁》,《古文字研究》第十二輯,北京,中華書局 1985 年版。

［璽彙 3554・公奄(乘)胥］

《風俗通義・姓氏》:"公乘氏,魯有公乘子皮,見《列女傳》。"

［璽彙 0226・公石不顯(夏)鉩］

《通志・氏族略・以字爲氏》:"公石氏,姬姓。悼公子堅自公室之後也。"

［璽彙 3922・𣎴=(公孫)安信鉩］

"公孫",複姓。戰國魏有公孫痤,見《史記・秦本紀》。

［璽彙 3087・臧馬達忓(信)鉩］

"臧馬",古地名。璽文"臧馬",複姓,以地爲氏。《史記・建元以來侯者年表》及《漢書・景武昭宣元成功侯表》並載有"臧馬康侯雕延年"。①

（璽彙 3235・甘士吉鉩）　（璽彙 3590・甘事賨）

---

① 施謝捷:《古璽彙考》,第 309 頁,安徽大學博士學位論文,2006 年。

"甘士",複姓。"甘事"之"事"當讀"士"。

[璽彙 5678·者(胡)毋塚]　　[《鶴廬印存》·者(胡)毋公信鉨]

《風俗通義·姓氏》:"胡毋氏,本陳胡公之後也,公子完奔齊,齊宣王母弟,別封毋鄉,遠本胡公,近取毋邑,故曰胡毋氏也。"

[璽彙 3081·馬粢(矢)繵]

"馬矢",複姓。《漢書·馬宮傳》:"(宮)本姓馬矢,宮仕學,稱馬氏云。"①

齊璽有一些特殊字形,如官印"司馬"的"司"字作"󰀀"、"馬"字作"󰀀";一些字或偏旁寫法獨特,如"平"作"󰀀""󰀀"、"武"作"󰀀""󰀀"、"女"作"󰀀"、"言"作"󰀀""󰀀"、"虎"旁作"󰀀"、"耳"作"󰀀""󰀀"等。

2. 燕璽

燕系璽印的形制,典型的有長條朱文璽、方形白文小璽和方形朱文大璽等。官璽多呈方形,白文,壇紐,帶邊框,無界格,印面邊長多在 2.1 至 2.4 釐米之間。印文一般是"地名+都+官名",這是燕璽的特點之一。一些燕國的地名、官名和用字也顯示出地域特色,如"長平"、"文安"、"平陰"、"夏屋"、"户(尉)"、"䧹(遽)皇(駔)"、"勹(符)乘(證)"、"勹(符)鍴(瑞)"、"貞(鼎)鍴(瑞)"等。

---

① 吳振武:《古璽姓氏考(複姓十五篇)》,《出土文獻研究》第三輯,北京,中華書局 1998 年版。

[璽彙 0003・䛫(長)坪(平)君佀室鉩]

"長平君",燕國的封君,典籍未見。"佀室"讀"相室"。

[《古璽彙考》第 89 頁・武邨(垣)都市鍴]

"武垣",《漢書・地理志》涿屬縣,在今河北肅寧縣。戰國屬燕。"鍴",即"瑞",有符節瑞信之義。"市鍴"璽當爲市官所用之物。《周禮・地官・司市》:"司市掌市之治、教、政、刑、量度、禁令。以次敘分地而經市,以陳肆辨物而平市,以政令禁物靡而均市,以商賈阜貨而行布,以量度成賈而徵價,以質劑結信而止訟,以賈民禁僞而除詐,以刑罰禁虣而去盜,以泉府同貨而斂賒。"

[璽彙 0189・柸昜(陽)都㚔皇]

"㚔皇",讀爲"遽馹",指古代用於傳遞情報的傳車。① 《爾雅・釋言》:

---

① 朱德熙、裘錫圭:《戰國文字研究(六種)》,《考古學報》1972 年第 1 期。

"馹、遽,傳也。"《說文》:"馹,驛傳也。"《左傳》僖公十三年:"且使遽告于鄭。"杜預注:"遽,傳車。""栢",或釋爲"梋",①或釋爲"枳"。

[《衡齋藏印》·武易(陽)都䣱皇]

"武陽",戰國燕下都。地在今河北易縣東南,公元前 247 年之前屬燕。《史記·趙世家》:"(趙孝成王)十九年,趙與燕易土:以龍兑、汾門、臨樂與燕,燕以葛、武陽、平舒與趙。"

(璽彙 0186·䛊都䣱皇)

"䛊",或認爲從"之"得聲,"詩"之異體。② 或隸定爲"諶",讀爲"饒"。在河北饒陽東北,戰國時處於燕趙交界,或一度屬燕。③

(璽彙 0187·坪陰都䣱皇)

---

① 李家浩:《盱眙銅壺芻議》,《古文字研究》第十二輯,北京,中華書局 1985 年版。
② 施謝捷:《古璽彙考》,第 85 頁,安徽大學博士學位論文,2006 年。
③ 何琳儀、馮勝君:《燕璽簡述》,《北京文博》1996 年第 3 期。

"坪陰"即"平陰",亦見於燕國布幣,可證確爲燕地名。① 春秋時齊、晉均有平陰,燕之平陰未見記載。

(璽彙0085・坪陰都司工)

"司工",即"司空",官名,周稱冬官大司空,爲六卿之一,掌管工程。漢改御史大夫爲大司空,與大司馬、大司徒並列爲三公,後去大字爲司空,歷代因之。

(璽彙0013・坪陰都司徒)

"司徒",官名,周時爲六卿之一,掌管國家的土地和人民的教化。《周禮・地官・大司徒》:"大司徒之職,掌建邦之土地之圖與其人民之數,以佐王安擾邦國。以天下土地之圖,周知九州之地域廣輪之數"。

(璽彙0012・文安都司徒)

"文安",地名。《漢書・地理志》渤海郡屬縣,在今河北文安縣東北,戰國屬燕。②

---

① 黃盛璋:《所謂"夏墟都"三璽與夏都問題》,《河南文博通訊》1980年第3期。
② 同上注。

(璽彙 0015·頣屋都司徒)

"頣屋",即夏屋,地名。《水經·㴲水注》引《竹書紀年》:"魏殷臣、趙公孫袞伐燕,還取夏屋,城曲逆。"今河北保定西。①

[璽彙 0010·郥(易)都司徒]

"郥",讀爲"易",地名。《史記·絳侯周勃世家》索隱:"易,水名,因以爲縣,在涿郡。"在今河北雄縣、容城之間,戰國屬燕。②

[璽彙 0159·郥(易)曾帀鉨]

"曾帀",或釋爲"鑄師",是負責鑄造的工官。③

[璽彙 0192·帚易(陽)都圭(封)人]

---

① 黃盛璋:《所謂"夏墟都"三璽與夏都問題》,《河南文博通訊》1980 年第 3 期。
② 李家浩:《從曾姬無卹壺銘文談楚滅曾的年代》,《文史》第三十三輯,北京,中華書局 1990 年版。何琳儀、馮勝君:《燕璽簡述》,《北京文博》1996 年第 3 期。
③ 葉其峰:《試釋幾方工官印》,《故宮博物院院刊》1979 年第 2 期。

"帚昜(陽)",其地待考。或隸作"甫昜(陽)",讀爲"浮陽",《荀子·榮辱篇》"浮陽之魚也",楊倞注:"浮陽,勃海縣名也。"在今河北滄州東南。① "封人",司徒屬官,掌守帝王社壇及京畿的疆界。《周禮·地官·封人》:"封人掌設王之社壝,爲畿封而樹之。"《左傳》隱公元年:"潁考叔爲潁谷封人。"杜預注:"封人,典封疆者。"②

(璽彙 0190·妠垄都枋鄰左)

"妠垄",讀爲"容城",地名。《漢書·地理志》涿郡屬縣,在今河北容城縣西北,戰國屬燕。③ "枋鄰",當是容城都所屬下的一個地名。

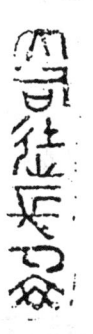

(璽彙 0022·大司徒長勹乘)

"勹","伏"之初文。璽文"勹乘"讀爲"符證",《說文》:"符,信也。"④ "勹"

---

① 何琳儀:《戰國文字通論》,第 100 頁,北京,中華書局 1989 年版。
② 湯餘惠:《略論戰國文字形體研究中的幾個問題》,《古文字研究》第十五輯,北京,中華書局 1986 年版。
③ 吳振武:《〈古璽彙編〉釋文訂補及分類修訂》,收入《古文字學論集(初編)》,香港中文大學中國文化研究所,1983 年。
④ 何琳儀:《古璽雜識續》,《古文字研究》第十九輯,北京,中華書局 1992 年版。

或釋爲"卩",讀爲"節"。①

（璽彙 5562・中昜都吴王卩）

"中昜"二字合文。《史記·燕世家》："武成王七年,齊田單伐我,拔中陽。"瀧川資言《史記會注考證》引正義佚文："中陽故城,份(汾)州隰城縣南十里。"在今山西中陽縣西。② 或認爲燕之中陽當在燕、齊接壤處。

（璽彙 5106・凸＝）

"凸"即"尸",可讀爲"尉"。《左傳》襄公十九年："羊舌大夫爲尉。"杜預注："尉,軍尉。"先秦時期"尉"主要是掌管兵刑之官,與司寇職掌接近。燕璽中司徒、司馬、司工都很常見,唯獨未見司寇,這似乎也暗示着燕璽中的"尸(尉)"可能就相當於司寇。③

（璽彙 0119・洵城都尉）

---

① 董珊：《戰國題銘與工官制度》,北京大學博士學位論文,2002 年。
② 吴振武：《〈古璽彙編〉釋文訂補及分類修訂》,《古文字學論集(初編)》,香港中文大學中國文化研究所,1983 年。吴振武：《古璽合文考(十八篇)》,《古文字研究》第十七輯,北京,中華書局 1989 年版。
③ 參看大西克也《試論上博楚簡〈緇衣〉中的"𦧇"字及相關諸字》,《第四屆國際中國古文字學研討會論文集》,香港中文大學中國語言及文學系,2003 年。

"洵城",當因洵水得名。《水經·鮑丘水注》引《竹書紀年》:"梁惠成王十六年,齊師及燕,戰于洵水,齊師遯。"①地在今河北三河縣附近。

(璽彙 0126·左軍尉鍴)

"左軍",古代三軍中的左翼軍。《左傳》桓公五年:"秋,王以諸侯伐鄭,鄭伯御之。王爲中軍;虢公林父將右軍,蔡人衛人屬焉;周公黑肩將左軍,陳人屬焉。"

(璽彙 0368·中軍壴車)

"中軍",古代行軍作戰分左、中、右或上、中、下三軍,由主將所在的中軍發號施令。《左傳》成公十六年:"欒書將中軍,士燮佐之;郤錡將上軍,荀偃佐之;韓厥將下軍,郤至佐新軍。""壴"即"鼓",爲燕系文字特有寫法。"壴車"讀爲"鼓車",指中軍指揮車。《左傳》成公元年:"郤克將中軍。……癸酉,師陳于鞌。邴夏御齊侯,逢丑父爲右。晉解張御郤克,鄭丘緩爲右。齊侯曰:'余姑翦滅此而後朝食。'不介馬而馳之。郤克傷於矢,流血及屨,未絶鼓音。"②

---

① 黄盛璋:《所謂"夏墟都"三璽與夏都問題》,《河南文博通訊》1980 年第 3 期。
② 何琳儀:《古璽雜識》,《遼海文物學刊》1989 年第 2 期。

(璽彙 0365·外司聖鍴)

"司聖",讀"司聲"。《管子·七臣七主》:"芒主目伸五色,耳常五聲。四鄰不計,司聲不聽,則臣下恣行,而國權大傾。"司聲是負責聽察國情、民情之官,爲王之耳目。①

(璽彙 0363·洭谷山金貞鍴)

"洭",即燕文字"泉"。"谷"从"山",是"谷"字異文。泉谷山,地名,待考。②

燕私璽主要是方形印,還有長條形、圓形、心形等形式,一般白文者多帶邊框,朱文印則不帶。印文在姓氏和人名之間有時加一個"生"字。

---

① 吴振武:《釋雙劍誃舊藏燕"外司聖鍴"璽》,《于省吾教授百年誕辰紀念文集》,長春,吉林大學出版社 1996 年版。
② 參看李家浩《燕國"洭谷山金鼎瑞"補釋》,《中國文字》新 24 期,臺北,藝文印書館。吴振武:《燕系銘刻中的"泉"字》,《華學》第二輯,廣州,中山大學出版社 1996 年版。

(璽彙 0323・信城医)

"信城",古地名。璽文"信城",複姓,或作"信成"。"医"或讀爲"翳",《史記・秦始皇本紀》有"董翳"。①

(璽彙 0395・王喜)　　(璽彙 5685・王生信)

《通志・氏族略・以爵爲氏》:"王氏,天子之裔也。所出不一:有姬姓之王;有嬀姓之王;有子姓之王。"

(《陝西新出土古代璽印》・長山)　　(璽彙 3949・長生午)

《萬姓統譜・陽韻》:"長,見《姓苑》。"《左傳》成公十七年有長魚矯,《論語・微子》有長沮。

(璽彙 3861・公孫張)　　(璽彙 3894・公孫腹)

"公孫",複姓。《通志・氏族略・以爵爲氏》:"春秋時,諸侯之孫亦以爲氏者曰公孫氏,皆貴者之稱;或言黄帝姓公孫,因亦以爲氏。"戰國魏有公孫

---

① 施謝捷:《古璽彙考》,第 311 頁,安徽大學博士學位論文,2006 年。

痤,見《史記·秦本紀》。

(璽彙 3961·東方生乘)

"東方",複姓。《風俗通義·姓氏》:"東方氏,伏羲之後,帝出於震,位主東方,子孫因以爲氏焉。"

(璽彙 3274·北宮受)

"北宮",複姓。《左傳》襄公九年有北宮括,《孟子·公孫丑上》有北宮黝,《史記·佞幸列傳》有北宮伯子。

(璽彙 5691·司寇朊)

"司寇",複姓。《元和姓纂》引《世本》:"衛靈公之子公子郢之後也。"

燕璽文字風格總體上顯得雄渾剛勁,不僅官印如此,即便是私璽文字也體現出類似風格。有些字的寫法特色獨具,除"都"、"馬"、"勺(符)"等字外,像"㞢"(中)、"🈳""🈳"(安)、"🈳""🈳"(孫)、"🈳""🈳"(公)、"🈳"(城)等字十分典型;有些偏旁也具有燕璽的典型特徵,如"辵"旁作"🈳""🈳"、"言"旁作"🈳""🈳"、"刀"旁作"🈳"、"犬"旁作"🈳"、"虍"頭作"🈳"、"邑"旁作"🈳"、"網"旁作"🈳"、"寸"旁作"🈳"等。

3. 晉璽

晉系包括韓、趙、魏以及相鄰的鄭、中山等國。晉官璽多爲陽文方形小璽,邊長一般在 1.5 釐米左右,鼻紐或壇紐。銅質官璽多爲朱文,印文形體俊秀,與印體同時鑄成,印面一般無邊框和界格。白文官璽較少,且多以玉質材料製作。官璽一般不自名"璽",而是直稱官名或地名加官名。晉璽有一些獨特官職、地名,如:"某君"、"發弩"、"宗正"、"嗇夫"、"綸氏"、"千畝"、"三台"、"代"等。

(璽彙 0072·叡居司寇)

"叡居"讀爲"且居",《漢書·地理志》上谷郡屬縣,故城在今河北宣化東六十里,戰國時位於燕、趙兩國邊境交接處。① 司寇,周代六卿之一,掌管刑獄、糾察等事。《周禮·秋官·大司寇》:"大司寇之職,掌建邦之三典,以佐王刑邦國,詰四方……以五刑糾萬民。"

(《香港中文大學文物館藏印續集一》·厽桓司寇)

"厽桓"讀爲"三臺",②是戰國時趙、燕邊界上之城邑。顧祖禹《讀史方輿紀要》直隸容城縣條:"三臺城在縣西南,《城冢記》:'燕、趙分易水爲界,築三臺,並置城於此。'"地在今河北容城縣西南。

(璽彙 0079·文臺西疆司寇)

---

① 李家浩:《戰國官印考釋(二篇)》,《文物研究》第七期,合肥,黃山書社 1991 年版。
② 吳振武:《〈古璽彙編〉釋文訂補及分類修訂》,《古文字論集(初編)》,香港中文大學中國文化研究所,1983 年。吳振武:《古璽合文考(十八篇)》,《古文字研究》第十七輯,北京,中華書局 1989 年版。

"文臺",《史記·魏世家》:"邊城盡拔,文臺墮。"正義引《括地志》:"文臺在曹州冤句縣西北六十五里也。"①

(璽彙 0078·石城疆司寇)

《史記·趙世家》惠文王十八年:"秦拔我石城。"正義引《括地志》:"石城在相州林慮縣西南九十里。"戰國屬趙。

(璽彙 0077·襄陰司寇)

"襄陰",《漢書·地理志》屬定襄郡,地在今內蒙古呼和浩特附近,戰國時屬趙。②

(璽彙 0110·左邑余子嗇夫)

"左邑",地在今山西聞喜縣。"嗇夫",裘錫圭認爲"嗇"是"穡"的初文,"嗇夫"本意是收穫莊稼的人。"嗇夫"可以爲地方官的縣、鄉二級所同時使用,也有可能爲都官之長與地位比他們低的官長所同時使用。"余子嗇夫",應該是

---

① 葉其峰:《戰國官璽的國別及有關問題》,《故宫博物院院刊》1981 年第 3 期。曹錦炎:《古璽通論》,第 170 頁,上海,上海書畫出版社 1995 年版。

② 參看吳良寶《戰國布幣四考》,《考古與文物》增刊《古文字論集(二)》,2001 年。

主管余子的嗇夫。①

（璽彙 113・左邑發弩）

"發弩"，職官名。《漢書・地理志》南郡本注："有發弩官。"顔師古注："主教放弩也。"雲夢秦簡有"發弩嗇夫"。

（璽彙 0006・富昌韓君）

"富昌"，趙國地名，漢代屬西河郡，地在今內蒙古鄂爾多斯左翼前旗。②

（璽彙 0092・平陶宗正）

"平陶"，《漢書・地理志》屬太原郡，地在今山西文水縣西南，戰國時屬趙。《漢書・百官公卿表上》："宗正，秦官，掌親屬。"從此璽來看三晉也有"宗正"。

（璽彙 0302・脩武縣吏）

"脩（修）武"，本爲魏邑，《戰國策・秦策》："拔邯鄲，完河間，引軍而去，

---

① 參看裘錫圭《嗇夫初探》，《雲夢秦簡研究》，第 291—292 頁，北京，中華書局 1981 年版。
② 李學勤：《東周與秦代文明》，第 256 頁，上海，上海人民出版社 2007 年版。

西攻修武,逾羊腸,降代、上黨。"《漢書·地理志》屬河內郡,地在今河南獲嘉。① "鄏",即"縣"字之異文。"縣吏",職官名。《管子·大匡》:"凡縣吏進諸侯士而有善,觀其能之大小以爲之賞,有過無罪。"《史記·樊酈滕灌列傳》:"嬰已而試補縣吏。"

(璽彙 0125·襄平右尉)

"襄平右尉"璽爲陽文小璽,文字呈三晉風格。"襄平"又見於趙國尖足布幣,是襄平當爲趙地。《水經·大遼水注》:"襄平故城,始皇二十二〈五〉年(前 222)滅燕,置遼東郡,治此。"今在遼寧遼陽市。趙國尖足布地名多在西半部,不能遠至遼陽,襄平的具體地望待考。

(璽彙 0049·昝郎左司馬)

"昝郎",讀爲"皋狼"。《戰國策·趙策一》:"智伯使人之趙,請蔡、皋狼之地,趙襄子弗與。"皋狼故城,多認爲在永寧州西。②

(璽彙 0096·代強弩後將)

"邞弲",讀爲"代強"。"代"本古國,公元前 476 年爲趙襄子所滅。《戰國策·趙策二》:"襄主兼戎取代,以攘諸胡。""代"之地望,一般認爲在河北蔚

---

① 李家浩:《先秦文字中的"縣"》,《文史》二十八輯,北京,中華書局 1987 年版。
② 李家浩:《戰國官印考釋(二篇)》,《文物研究》第七期,合肥,黃山書社 1991 年版。

縣一帶。① 林澐結合典籍記載與考古發現，認爲"代"應在懷來、延慶一帶。②"强弩"，指能射勁弓的兵種，"後將"是負責管理這一兵種的職官。

(璽彙 0103·武遂大夫)

"武隊"，讀爲"武遂"，戰國屬韓。《史記·秦本紀》："拔宜陽，斬首六萬。涉河，城武遂。"地在今河北安平縣東。或以爲地在山西臨汾。③ "大夫"，職官名。周代在國君之下有卿、大夫、士三等；各等中又分上、中、下三級。後因以大夫爲任官職者之稱。

(璽彙 0341·綸守璽)

"侖"，即綸氏，韓地。《水經·伊水注》："狂水又西經綸氏縣故城南，《竹書紀年》曰：楚吾得帥師及秦伐鄭，圍綸氏者也。"地在今河南登封西南。"守"，職官名。

(璽彙 0349·千畝左軍)

---

① 李家浩：《戰國邙布考》，《古文字研究》第三輯，北京，中華書局 1980 年版；又收入黃德寬主編《著名中年語言學家自選集·李家浩卷》，第 160—166 頁，合肥，安徽教育出版社 2002 年版。
② 林澐：《從張家口白廟墓地出土的尖首刀談起》，收入《中國錢幣論文集》，北京，中國金融出版社 2002 年版。
③ 汪慶正主編：《中國歷代貨幣大系 1·先秦貨幣》，第 16 頁，上海，上海人民出版社 1988 年版。

《左傳》桓公二年:"晉穆侯之夫人姜氏以條之役生太子,命曰仇;其弟以千畝之戰生,命曰成師。"千畝戰國時屬魏,地在今山西界休縣南。① 左軍,古代三軍中的左翼軍。

晉系私璽也多爲方形,圓形較少,有的圓形璽有外圓内方重疊邊框。方形印面邊長一般在1至1.5釐米之間,印文多爲朱文,不帶邊框和界格。

(璽彙 0716・長奇)

《萬姓統譜・陽韻》:"長,見《姓苑》。"《左傳》成公十七年有長魚矯,《論語・微子》有長沮。"長",或讀爲"張"。《通志・氏族略・以字爲氏》:"張氏,世仕晉,晉分爲三,又世仕韓。此即晉之公族,以字爲氏者。"

(璽彙 0887・肖康)

"肖",讀爲"趙"。《通志・氏族略・以國爲氏》:"趙氏,嬴姓,與秦同祖……穆王賜以趙城,爲趙氏。後人事晉,並與韓魏三分晉地,凡十一世,後爲秦所滅,子孫以國爲氏。"

(璽彙 3967・上官黑)

---

① 李家浩:《戰國官印考釋兩篇》,《于省吾教授百年誕辰紀念文集》,長春,吉林大學出版社 1996 年版;又收入黃德寬主編《著名中年語言學家自選集・李家浩卷》,第 141—147 頁,合肥,安徽教育出版社 2002 年版。

"上官",複姓。《通志·氏族略·以邑爲氏》:"楚王子蘭爲上官邑大夫,因以爲氏。"

(璽彙 4058·下池旗士)

"下池",複姓,或讀爲"下虒"。

(璽彙 2294·艿嗌鼎)

"艿嗌",複姓,或讀爲"鳩夷"。①

(璽彙 3404·少曲敢)

"少曲",複姓,此以地爲氏。《史記·范雎蔡澤列傳》:"(秦昭王)四十二年(前 265 年),東伐韓少曲、高平,拔之。"今河南濟源縣東。②

(璽彙 4069·公乘畫)

"公乘",複姓。《通志·氏族略·以爵爲氏》:"公乘,古爵也。久居是爵

---

① 吴振武:《古璽姓氏考(複姓十五篇)》,《出土文獻研究》第三輯,北京,中華書局 1998 年版。
② 吴振武:《古璽合文考(十八篇)》,《古文字研究》第十七輯,中華書局 1989 年版。

者,子孫氏焉。"①

(璽彙 3412·公族皋)

"公族",複姓。《通志·氏族略·以官爲氏》:"公族,大夫也。以官爲氏。"

[璽彙 3986·命(令)狐它人]

"命(令)狐",複姓。《通志·氏族略·以邑爲氏》:"(魏)犨之子顆,以獲秦將杜回功,別封於令狐,其後人因邑名爲氏。"它人,習見人名。

(璽彙 3260·疋于甘)

"疋于",複姓,當即見於漢印的複姓"胥于"。

(璽彙 4066·右行忻)

"右行",複姓。《通志·氏族略·以官爲氏》:"晉屠擊將右行,因氏焉。"

(《庵藏印》·相里相如)

---

① 吴振武:《古璽姓氏考(複姓十五篇)》,《出土文獻研究》第三輯,北京,中華書局 1998 年版。

"相里",複姓。《通志·氏族略·以官爲氏》:"咎繇之後爲理氏,商末,理徵孫仲師,遭難去王爲里,至晉大夫里克,爲惠公所戮,克妻司城氏攜少子季連逃居相城,因爲相里氏。"

(璽彙 3056·虖垔墬)

"虖垔",即"吾丘",或讀"虞丘",《左傳》襄公十六年有"虞丘書"。"墬",即"地"。

(璽彙 4008·乘馬章)

"乘馬",複姓,《漢書·溝洫志》有人名"乘馬延年"。

(璽彙 4022·虡于巡)

"虡于",讀爲"鮮于"。《通志·氏族略·以邑爲氏》:"商后周武王封箕子於朝鮮,支子仲食采於于,子孫以鮮于爲氏。"① 或讀爲"鮮虞",春秋時期狄人建立的一個國家,後人以國爲氏。

(璽彙 3975·空侗閈)

"空侗",複姓。《通志·氏族略·以地爲氏》引《世本》:"空侗氏,子姓,

---

① 吳振武:《古璽姓氏考(複姓十五篇)》,《出土文獻研究》第三輯,北京,中華書局 1998 年版。

蓋因空同山也。"

(《珍秦齋藏印·戰國篇》·西閔沽)

"西閔",即"西門",複姓。《通志·氏族略·以地爲氏》:"鄭大夫居西門,因氏焉。"

(璽彙4089·馬帀休)

"馬帀(師)",複姓。《通志·氏族略·以官爲氏》:"馬師氏,鄭穆公之孫公孫鉏爲馬師,因以爲氏。"

晉璽也有一些偏旁或字寫法獨特,如:"辵"旁作"⿰"、"人"作"⿰""⿰"、"宀"作"⿰"、"心"旁作"⿰""⿰"、"网"旁作"⿰""⿰""⿰"、"水"旁作"⿰"、"馬"省寫作"⿰""⿰"、"都"寫作"⿰"、"府"字從"土"或從"貝"、"門"多借"閔","縣"從"邑""睘"聲,"公乘"寫作"⿰"等。

4. 楚璽

楚系璽印涵蓋楚、吳、越、蔡、徐、舒等南方諸國。官璽多作正方形,少數爲圓形、長方形或三角形,大小不一。楚私璽尺寸略小,約在1至2釐米之間。印文以白文爲主,印面多帶邊框和邊欄,少數施"田"字或豎界格,印文多用"璽"字。楚璽特有的官職和地名,如"某府"、"某客"、"連囂(敖)"、"莫敖"、"連尹"和"湘陵"、"上場(唐)"、"下蔡"、"江陵"、"五渚"等。

(璽彙0135·伍官之鉨)

"伍官",或讀"五官",齊有"五官"一職。《戰國策·齊策一》靖郭君謂齊王曰:"五官之計,不可不日聽而數覽也。"高誘注:"五官,齊之計簿書者。"據《國語·楚語下》云:"以天地神民類物之官爲五官。""伍官之璽"可能是楚掌管天地五行之官所用之璽。或認爲"伍"指"行伍"之"伍"。①

(璽彙 0139·計官正鉩)

古有上計制度,《周禮·天官·序官·司會》鄭注:"會,大計也。司會,主天下之大計,計官之長。""計官"可能是負責上計工作的官員,"正"爲官長。②

(璽彙 0099·上場行序大夫鉩)

"上場",讀"上唐"。《左傳》宣公十二年杜注:"唐,屬楚之小國,義陽安昌縣東南有上唐鄉。"在今隨縣西北唐縣鎮一帶。③ "行㠱",或讀"行邑",或釋"行序",上唐官署機構名。

(璽彙 0128·行㠱之鉩)

---

① 黃錫全:《古文字中所見楚官府官名輯證》,《文物研究》第七期,合肥,黃山書社 1991 年版。
② 高恒:《秦簡中與職官有關的幾個問題》,《雲夢秦簡研究》,北京,中華書局 1981 年版。
③ 李學勤:《楚國夫人璽與戰國時代的江陵》,《江漢論壇》1982 年第 7 期,第 70—71 頁。

"賡",楚文字"府"。"行府"是楚王行宫之府庫。或以爲"行"有代理之意,"行府"可能爲臨時的府庫或臨時的辦事機構。

(璽彙 0131・敆府之鉩)

"敆賡",即"造府"。楚文字"造"字或從告從攴,或從人從告。該璽可能爲負責督造器物的官署用璽。①

(璽彙 0008・上𮕵君之謂鉩)

"𮕵",楚文字"贛"。"上贛君"爲楚國封君,《漢書・地理書》豫章郡有贛縣。"上贛"可能位於贛水邊上,在今江西贛州,或與贛縣有關。"謂"爲小吏之名。《周禮・天官・序官》"胥有十二人",鄭注:"胥,讀如謂,謂其有才智爲什長。"②

(璽彙 0097・下邞序大夫)

"下邞"即"下蔡"。③《漢書・地理志》:"下蔡,故州來國,爲楚所滅。"其地在今安徽鳳臺縣。"㡷"字李家浩釋爲"序",認爲是機構名,該璽當爲楚下

---

① 湯餘惠:《略論戰國文字形體研究中的幾個問題》,《古文字研究》第十五輯,北京,中華書局 1986 年版,第 32 頁。
② 李家浩:《楚國官印考釋(四篇)》,《江漢考古》1984 年第 2 期。
③ 葉其峰:《戰國古璽的國別及有關問題》,《故宫博物院院刊》1981 年第 3 期。

蔡的"序"大夫所用之璽。①

(《周秦古璽菁華》145·山桑行序大夫鈢)

"山桑",地名,據《漢書·地理志》載,其地在今安徽蒙城縣,戰國時屬楚。②

(璽彙 0212·流飤之鈢)

"流飤"可能是楚掌管飲食事務的職官名稱。

(璽彙 5549·郢粟客鈢)

"郢"爲楚都之通稱。"粟客",楚職官,與漢代管理糧食的"治粟都尉"相當。③

---

① 李家浩:《包山楚簡中的"枳"》,收入黄德寬主編《著名中年語言學家自選集·李家浩卷》,第 289 頁,合肥,安徽教育出版社 2002 年版。
② 徐在國:《楚國璽印中的兩個地名》,《古文字研究》第二十四輯,北京,中華書局 2002 年版。
③ 李家浩:《楚國官印考釋(四篇)》,《江漢考古》1984 年第 2 期。

(璽彙 0276・弋昜邦粟鉨)

"弋昜"即"弋陽",合文。①《漢書·地理志》屬汝南郡,地在今河南潢川縣西,戰國時屬楚。粟,可能是"粟客"之省。

(璽彙 0145・連尹之鉨)

"連尹",楚職官名。《左傳》襄公十五年云:"屈蕩爲連尹。"正義曰:"服虔云'連尹、射官,言射相屬也'。"或讀爲"聯尹",爲掌管"六官"聯事之長官。② 或認爲"連"是楚國的一種居民編制。③

(《湖南考古輯刊》1.94・中敊室鉨)

---

① 吴振武:《古璽合文考(十八篇)》,《古文字研究》第十七輯,北京,中華書局 1989年版。
② 黄錫全:《古文字中所見楚官府官名輯證》,《文物研究》第七期,合肥,黄山書社 1991年版。
③ 曹錦炎:《古璽通論》,上海,上海書畫出版社 1995 年版。

"戠"讀"織","織室"爲掌管王室絲帛織造的官府機構,①"中織室"大概是專門爲王后及宮女製作服裝的機構。

(《古文字研究》第十五輯・亞將軍鉨)

"亞將軍"即次將軍,《爾雅・釋詁》云:"亞,次也。"②

(璽彙 0228・尃室之鉨)

"尃室",或讀爲"簿室",是專門貯藏簿籍的地方。③

(璽彙 0161・鑄巽客鉨)

楚貨幣銅貝銘文中,有一類鑄有"巽"字。"巽",讀爲"錢"。"鑄巽客",

---

① 黄錫全:《古文字中所見楚官府官名輯證》,《文物研究》第七期,合肥,黄山書社 1991 年版。
② 湯餘惠:《楚器銘文八考》,《古文字論集(一)》,《考古與文物》叢刊第 2 號,1983 年。
③ 湯餘惠:《略論戰國文字形體研究中的幾個問題》,《古文字研究》第十五輯,北京,中華書局 1986 年版。

是掌管貨幣鑄造的官員。①

（璽彙 0164・湘夌莫囂）

"湘夌"，讀作"湘陵"，當近於湘水。②"莫囂"，典籍作"莫敖"，楚職官名。春秋時爲楚國最高軍事長官，後地位下降，排在令尹、司馬之後。據包山楚簡，楚地方也設莫囂(敖)一職。③

（璽彙 0205・戠歲之鉨）

"戠歲"，讀作"職歲"。《周禮・天官・職歲》："掌邦之賦出，以貳官府都鄙之財出之數，以待會計而考之。凡官府都鄙郡吏之出財用，受式法於職歲。"④

（璽彙 0343・五渚正鉨）

---

① 李家浩：《戰國貨幣文字中的"渚"和"比"》，《中國語文》1980 年第 5 期。
② 徐在國：《楚國璽印中的兩個地名》，《古文字研究》第二十四輯，北京，中華書局 2002 年版。
③ 何琳儀：《戰國文字通論(訂補)》，第 156 頁，南京，江蘇教育出版社 2003 年版。
④ 葉其峰：《試釋幾方工官璽印》，《故宮博物院院刊》1979 年第 2 期。

"五渚",《水經·湘水注》:"凡此四水同注洞庭,北會大江,名之五渚。《戰國策》曰:秦與荊人戰,大破之,取洞庭、五渚。是也。"其地在洞庭湖附近,確切地望待考。① "五渚正"爲管理五渚地方的長官。②

楚系私璽有方形、圓形、矩形、長方形等,以方形爲主。白文私璽多有邊框,有些印面中有豎界格。長度一般在 0.8—1.8 釐米之間。

(璽彙 3130·競訓)

"競",讀爲"景"。《通志·氏族略·以名爲氏》云:"景氏,羋姓,楚公族也。"景氏爲楚之公族,與屈、昭二氏合稱楚之三大氏。

(《集古印譜》卷六·陞徒紳)

"陞徒",讀作"登徒",複姓。曾侯乙簡中有職官"登徒",該璽當屬以官爲氏。③

(璽彙 1251·黃壤)

黃氏,《通志·氏族略·以國爲氏》云:"嬴姓。陸終之後,受封於黃。……楚與國也。僖十二年,爲楚所滅。子孫以國爲氏。"《史記·春申君列傳》有黃歇。

(璽彙 1197·周易)

---

① 李家浩:《楚國官印考釋(四篇)》,《江漢考古》1984 年第 2 期。
② 曹錦炎:《古璽通論》,第 108 頁,上海,上海書畫出版社 1995 年版。
③ 施謝捷:《釋戰國楚璽中的"登徒"複姓》,《文教資料》1997 年第 4 期。

周氏,《通志·氏族略·以國爲氏》云:"周氏,姬姓。又曰秦滅周後,百姓號曰周家,因爲氏焉。"

(璽彙 3552·鑾偖稷)

"鑾",即"欒"氏。《通志·氏族略·以字爲氏》云:"齊有欒氏,姜姓。齊惠公之後,惠公子堅字子欒,是以字爲氏者。"或讀"偖"爲"書",以"欒書"爲複姓。①

楚璽文字綫條流暢,結體疏放散逸,風格秀麗,與楚簡等其他楚系文字材料總體一致。楚系文字的一些特殊寫法在璽印文字中得到表現,如"府"、"室"、"陵"、"陳"、"職"、"傳"、"贛"、"蔡"、"流"、"者"等字形體都是典型的楚文字寫法;偏旁"邑"、"大"、"金"、"宀"、"隹"等也體現了鮮明的楚系文字特點。

5. 秦印

秦系官璽印面呈長方形或正方形,印文一般爲白文,施"田"字或"日"字格,印面有邊框,一般稱"印"。有一些秦所特有的官名、地名,如"丞相"、"内史"、"泰(太)宰"、"車府"等官職名和"茝陽"、"灋丘"、"下邽"等地名。

(《國璽印分域編》2810·軍市)

"軍市",指軍中的市場。《商君書·墾令》:"輕惰之民,不遊軍市。"②

---

① 施謝捷:《古璽彙考》,第 311 頁,安徽大學博士學位論文,2006 年。
② 參看曹錦炎《古璽通論》,第 199 頁,上海,上海書畫出版社 1995 年版。

(《國璽印分域編》2815·苬陽少內)

"苬陽",《史記·秦始皇本紀》:"昭襄王享國五十六年,葬苬陽。"典籍或作"芷陽"。地在今陝西長安縣東。《漢書·邴吉傳》有"少內嗇夫",顏師古注:"少內,掖庭主府藏之官也。"①

(《秦漢南北朝官印徵存》0032·宜陽津印)

"宜陽",本爲韓邑。《史記·韓世家》:"襄王五年,秦拔我宜陽。"地在今河南宜陽縣西。此爲宜陽掌津關渡口之官印。②

(《漢南北朝官印徵存》0042·脩武庫印)

"脩(修)武",本爲魏邑,《戰國策·秦策》:"拔邯鄲,完河間,引軍而去,西攻修武,逾羊腸,降代、上黨。"《漢書·地理志》屬河內郡,地在今河南獲嘉。修武庫爲修武縣之府庫。③

---

① 曹錦炎:《古璽通論》,第191頁,上海,上海書畫出版社1995年版。
② 曹錦炎:《古璽通論》,第196頁,上海,上海書畫出版社1995年版。
③ 曹錦炎:《古璽通論》,第190頁,上海,上海書畫出版社1995年版。

(《秦漢南北朝官印徵存》0036·灊丘左尉)

"灊丘",讀爲"廢丘"。①《漢書·地理志》:"右扶風,槐里。"顔師古注:"周曰犬丘,懿王都之。秦更名廢丘。"《史記·高祖本紀》:"(二年)引水灌廢丘,廢丘降,章邯自殺。更名廢丘爲槐里。"地在今陝西興平縣東南。《漢官儀》:"大縣丞、左右尉,所謂命卿三人。"

(《戰國璽印分域編》2811·王兵戎器)

"王"或釋爲"壬",不確。秦文字"壬"一般中橫較短。再綜合辭例及該璽的佈局來看,首字以釋"王"爲宜。"戎器",即兵器。《易·萃》:"君子以除戎器,戒不虞。"《禮記·明堂位》:"越棘、大弓,天子之戎器也。"

(《秦漢南北朝官印徵存》0078·發弩)

---

① 羅福頤:《史印新證舉隅》,《故宫博物院院刊》1982年第1期。

"發弩",爲專司射弩的兵種。戰國秦漢皆有發弩之印。①

（《秦封泥彙考》1・左丞相印）　（《秦封泥彙考》7・右丞相印）

《漢書・百官公卿表》："相國、丞相,皆秦官,金印紫綬,掌丞天子助理萬機。秦有左右。"《史記・秦本紀》："（武王）二年,初置丞相,里疾、甘茂爲左右丞相。"

（《秦封泥彙考》49・內史之印）

《漢書・百官公卿表》："內史,周官,秦因之,掌治京師。……屬官有長安市、廚兩令丞,又都水、鐵官兩長丞。……又左都水、鐵官、雲壘、長安四市四長丞皆屬焉。"

（《封泥彙考》54・泰宰）

"泰宰",典籍作"太宰",秦奉常屬官。《漢書・百官公卿表》："奉常,秦

---

① 曹錦炎：《古璽通論》,第 200 頁,上海,上海書畫出版社 1995 年版。

官,掌宗廟禮儀,有丞。景帝中六年更名太常。屬官有太樂、太祝、太宰、太史、太卜、太醫六令丞,又均官、都水兩長丞(如淳曰:'律,都水治渠堤水門。')又諸廟寢園食官令長丞,有廱太宰(師古曰:'太宰即是具食之官。')。"

(《秦封泥彙考》59·樂府)　　(《秦封泥彙考》61·樂府丞印)

"樂府",秦少府屬官。《漢書·百官公卿表》:"少府,秦官,掌山海池澤之税,以給共養,有六丞。屬官有尚書、符節、太醫、太官、湯官、導官、樂府、若盧、考工室、左弋、居室、甘泉居室、左右司空、東織、西織、東園匠十二官令丞。"

(《秦封泥彙考》145·公車司馬丞)

"公車司馬丞",秦衛尉屬官。《漢書·百官公卿表》:"衛尉,秦官,掌宮門衛屯兵,有丞。景帝初更名大夫令,後元年復爲衛尉。屬官有公車司馬、衛士、旅賁三令丞。"

(《秦封泥彙考》164·車府)　　(《秦封泥彙考》169·中車府丞)

"車府",秦太僕屬官。《漢書·百官公卿表》:"太僕,秦官,掌輿馬,有兩丞。屬官有大廄、未央、家馬三令,各五丞一尉。又車府、路軨、騎馬、駿馬四令丞。"秦有中車府,趙高曾任中車府令。

(《秦封泥彙考》180·都船)　(《秦封泥彙考》181·都船丞印)

"都船"、"都船丞",秦中衛屬官。《漢書·百官公卿表》:"中尉,秦官,掌徼循京師,有兩丞、候、司馬、千人。武帝太初元年更名執金吾。屬官有中壘、寺互〈工〉、武庫、都船四令丞。都船、武庫有三丞,中壘兩尉。"

(《秦封泥彙考》563·永巷)　(《秦封泥彙考》567·永巷丞印)

"永巷"、"永巷丞",秦詹事屬官。《漢書·百官公卿表》:"詹事,秦官,掌皇后、太子家,有丞。屬官有太子率更、家令丞,僕、中盾、衛率、廚、廄長丞;又中長秋、私府、永巷、倉、廄、祠祀、食官令長丞,諸宦官皆屬焉。"

(《秦封泥彙考》871·東苑)　(《秦封泥彙考》873·東苑丞印)

"東苑",秦苑名。漢代亦有東苑,《史記·梁孝王世家》"於是孝王築東苑",地在今河南商丘縣。

(《秦封泥彙考》1149·旞大夫)

"旞",導車所載旗杆上繫以五彩鳥羽爲裝飾物的旗幟。《周禮·春官·司常》:"全羽爲旞,析羽爲旌。"鄭玄注:"全羽、析羽皆五采,繫之於旞、旌之上,所謂注旄於幹首也。"旞大夫可能與司常職掌類似。

(《珍秦齋藏印·秦印篇》13·私府)

"私府",秦詹事屬官。《漢書·百官公卿表》:"詹事,秦官,掌皇后、太子家,有丞。屬官有太子率更、家令丞、僕、中盾、衛率、廚、廄長丞;又中長秋、私府、永巷、倉、廄、祠祀、食官令長丞,諸宦官皆屬焉。"①

(《珍秦齋藏印·秦印篇》19·革工)

"革工",製作皮革的工師。職掌可能與《周禮·考工記》的"函人"、"鮑人"相似。

---

① 曹錦炎:《古璽通論》,第183頁,上海,上海書畫出版社1995年版。

第九章 璽印、貨幣文字及其他 427

秦私印多作長方形,印文主要爲白文,印面有邊框,帶"日"字或豎界格,一般祇刻姓名。

(《戰國璽印分域編》2840·王穿)

王氏,《通志·氏族略·以爵爲氏》:"王氏,天子之裔也。所出不一:有姬姓之王;有嬀姓之王;有子姓之王。"

(《戰國璽印分域編》2863·李朝)

《通志·氏族略·以邑爲氏》:"李氏,嬴姓,爲高陽氏之後。"

(《戰國璽印分域編》2888·泠賢)

"泠",姓氏。周有"泠州鳩",見《左傳》昭公二十一年。

(《戰國璽印分域編》2901·趙相如印)

《通志·氏族略·以國爲氏》:"趙氏,嬴姓,與秦同祖……穆王賜以趙城,爲趙氏。後人事晉,並與韓魏三分晉地,凡十一世,後爲秦所滅,子孫以國爲氏。"相如,習見人名。

[《戰國璽印分域編》2929·雥(焦)得]

《通志·氏族略·以國爲氏》:"周武王封神農之後於焦……子孫以國爲氏。"

(《戰國璽印分域編》2948·司馬戎)

"司馬",複姓。《通志·氏族略·以官爲氏》:"重黎之後,唐虞夏商代掌天地。周宣王時,裔孫程伯休父爲司馬,克平徐方,賜以官族,爲司馬氏。"

(《珍秦齋藏印·秦印篇》30·息家印)

"息",春秋時諸侯國名,一作鄎,故城在今河南省息縣北。姬姓,爲楚所滅。此以國爲氏。

(《珍秦齋藏印·秦印篇》31·右行戎)

"右行",複姓。春秋晉有"右行辛",見《國語·晉語七》。

(《珍秦齋藏印·秦印篇》25·上官慶)

"上官",複姓。《通志·氏族略·以邑爲氏》:"楚王子蘭爲上官邑大夫,因以爲氏。"漢有"上官桀",見《史記·大宛列傳》。

(《珍秦齋藏印·秦印篇》26·陽成佗)

"陽成",複姓。漢代有"陽成昭信",見《漢書·廣川惠王劉越傳》。

秦印文字結體謹嚴,綫條勻稱,風格規整流暢,體現了秦系文字的典型特徵。秦印文字較易辨認,是研究篆書的重要材料,但容易與漢印相混。近年來,西北陝西等地發現的大量秦封泥,豐富了秦印研究的資料。

二 貨幣文字

(一) 概説

貨幣文字,專指貨幣上所鑄的地名、面值數量、干支之類的文字,又稱化文、泉文。古代貨幣一般稱古錢,又叫泉、刀、布、貝等。《周禮·地官·泉府》賈公彦疏:"泉與錢,今古異名。"《漢書·食貨志下》:"故貨,寶於金,利於刀,流於泉。"顏師古注:"流行如泉也。"又《周禮·天官·外府》:"掌邦布之入出。"鄭玄注:"布,泉也。布讀爲宣布之布。其藏曰泉,其行曰布。取名於水泉,其流行無不遍。"許慎《説文解字》釋"貝"説:"古者貨貝而寶龜,周而有泉,至秦廢貝行錢。"

宋人已開收集古錢之風,如《泉志》十五卷,即宋人洪遵(1120—1174)所撰,成書於南宋高宗紹興十九年(1149)。清人始認識到古代鑄幣的流傳在春秋戰國之際,收集的貨幣也頗爲可觀,如李佐賢編纂的《古泉匯》六十四卷,集録東周至明代各種錢幣 5 003 枚,並加以考證,其後李氏又編纂《續泉匯》。近人丁福保編纂《古錢大辭典》(上海醫學書局 1938 年版),規模宏大,是一部資料比較豐富的錢譜,對促進貨幣文字研究有重要影響。

綜合研究考訂貨幣的著作有鄭家相的《中國古代貨幣發展史》(上海三聯書店 1958 年版)、王獻唐的《中國古代貨幣通考》(齊魯書社 1979 年版)。20 世紀 80 年代以來,貨幣文字研究取得較大進步。1983 年,商承祚、王貴忱、譚棣華等編纂出版了第一部《先秦貨幣文編》(書目文獻出版社 1983 年版);1986年,張頷編著的《古幣文編》由中華書局出版;1988年,馬飛海總主編、汪慶正主編的《中國歷代貨幣大系1·先秦貨幣》由上海人民出版社出版;1989年,國家文物局組織編寫組編纂的《中國古錢譜》由文物出版社出版。

近年來,在古幣文字研究方面取得突出成就的有何琳儀、黃錫全等,何琳儀有《古幣叢考》(臺北文史哲出版社1996年版;安徽大學出版社2002年出版增訂本);黃錫全先後出版《先秦貨幣通論》(紫禁城出版社2001年版)、《先秦貨幣研究》(中華書局2001年版)和《古文字與古貨幣文集》(文物出版社2009年版)等貨幣研究的力作。此外,吳良寶也出版了《中國東周時期金屬貨幣研究》(社會科學文獻出版社2005年版)和《先秦貨幣文字編》(福建人民出版社2006年版)等。

(二)貨幣分類舉例

東周貨幣品類較多,形制各別,其文字變形甚劇,奇詭難識,雖然總體上與整個戰國文字異形分歧、字形草率的情況相一致,但又顯得更爲突出。下面我們分別列舉各類代表性貨幣,以窺一斑。

(1)布幣:"布"乃"鎛"之假借字,是由農具鎛演變而成的貨幣。《詩·臣工》:"命我衆人,庤乃錢鎛。"錢、鎛,皆田器也。初期的布,首空可以納柄,似鏟子,所以又叫"鏟幣",或"空首布",還保留農具的原始形狀。"布"本爲平肩空首,以後布首變得扁平,下部分成兩足,作 等形。布幣主要通行於三晉,其文字也屬三晉風格。代表性的布幣如以下各種:

(安邑二釿)　　(大陰)

(離石)　　(安陽)　　(梁正幣百當孚)

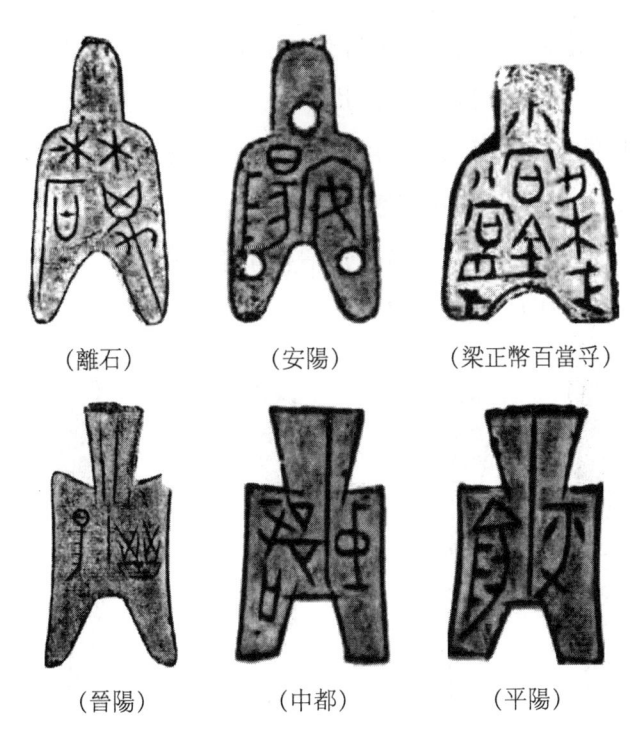

(晉陽)　　(中都)　　(平陽)

(2) 刀幣：象刀形，是由工具刀演變而成的貨幣，主要流行於齊、燕、趙等國。《史記·平準書》："農工商交易之路通，而龜貝金錢刀布之幣興焉。"司馬貞《索隱》："刀者，錢也。……以其形如刀，故曰刀，以其利於人也。"刀幣包括"齊刀"、"明刀"和"直刀"等品類。如：

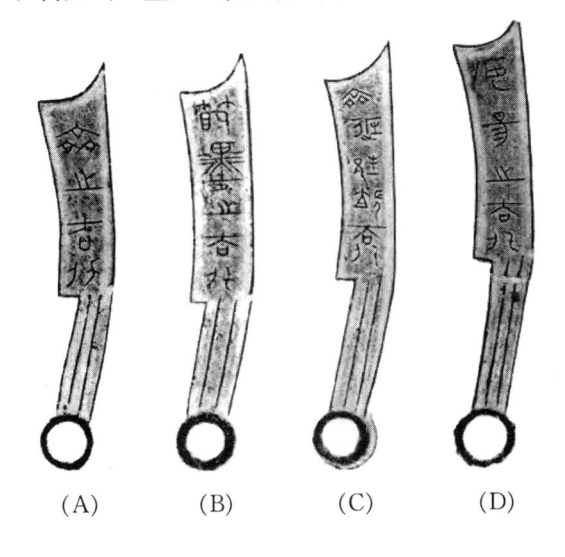

(A)　　(B)　　(C)　　(D)

以上各例皆爲齊刀,其幣面所鑄文字分別是:(A)"齊之大刀"、(B)"節(即)墨之大刀"、(C)"齊返邦張大刀"、(D)"安昜(陽)之大刀"。

"明刀"因幣面鑄有類似的"明"字而得名,古錢學界多認爲明刀是燕國貨幣。近年來,較多學者傾向於釋面文"明"字爲"昜"或"匽"。此外,尚有齊明刀,①舊稱"博山刀",因最早發現於清代山東博山而得名,面文"明"所從"夕"作方折之形,且刀背文有"齊"字。

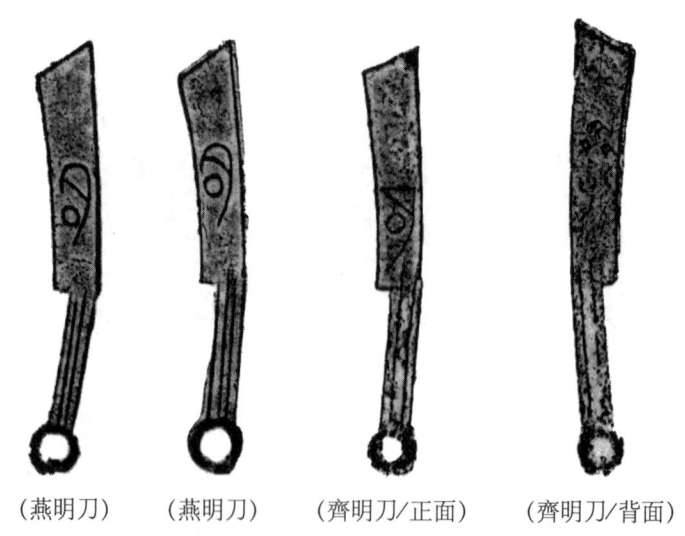

（燕明刀）　（燕明刀）　（齊明刀/正面）　（齊明刀/背面）

"直刀"因其刀體平直而得名,其首部圓鈍,故又稱"圓首刀"或"鈍首刀"。直刀面文大多是鑄幣城邑名,如"甘丹"(邯鄲)、"白刀"、"言刀"、"成白"等。已經發現並公布的直刀,基本上是趙國、中山國之物。

"白刀"面文或作"白人刀"、"白人",單稱"白"者應爲"白人"之省。"白人"即"柏人",在今河北隆堯縣西。《史記·趙世家》:"晉定公二十一年,簡子拔邯鄲。中行文子奔柏人。""言刀"面文或作"言昜亲刀"、言昜刀",單稱"言"者應爲"言昜"之省。"言"舊誤釋爲"晉",裘錫圭改釋"言昜",讀爲"圁陽",地在今陝西神木附近。② "成白"舊以爲屬趙國,後"成白"刀幣范出土於戰國中山國都城

---

① 鄭家相:《明刀之研究》,《泉幣》1940年第1期。又參見吳良寶《中國東周時期金屬貨幣研究》,第117頁,北京,社會科學文獻出版社2005年版。
② 裘錫圭:《戰國貨幣考(十二篇)》,《北京大學學報(哲學社會科學版)》1978年第2期。

靈壽城遺址,遂確定爲中山國貨幣。"成白"面文含義,理解不一,或以"成"爲地名、"白"爲白色,或以"成白"是兩個都鑄直刀的城邑名並稱。

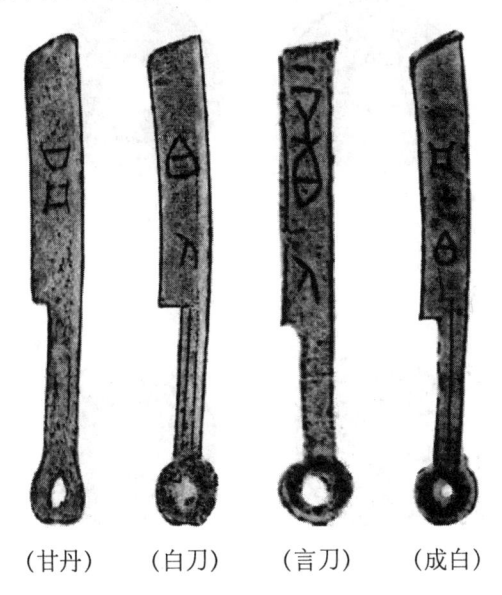

（甘丹）　（白刀）　（言刀）　（成白）

(3) 圓錢: 圓形錢幣或曰取象於璧或環,流行於秦、晉、齊、燕等國,故圓錢又可劃分爲秦圓錢、三晉圓錢、齊圓錢、燕圓錢等。一般認爲,魏國首先鑄造圓穿圓錢,秦國受其影響也鑄造這種圓錢;後來秦國又鑄造方穿圓錢,並進而影響燕、齊等國。

① 魏圓錢,如:

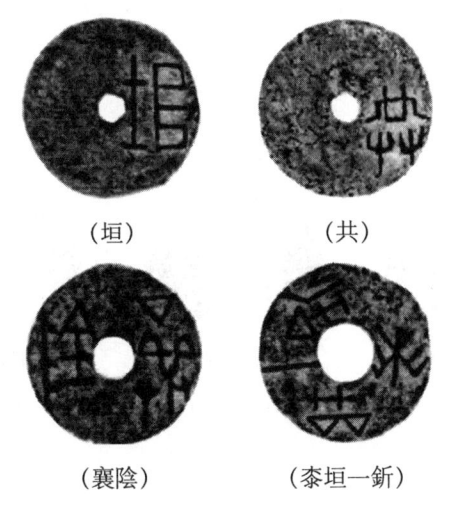

（垣）　（共）

（襄陰）　（桼垣一釿）

② 趙圓錢,如:

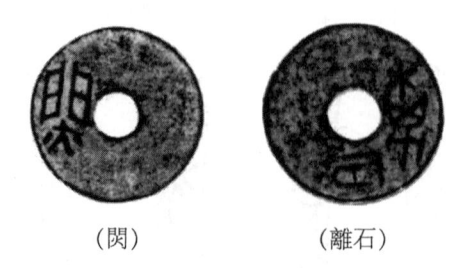

(閔)　　　(離石)

③ 秦圓錢,如:

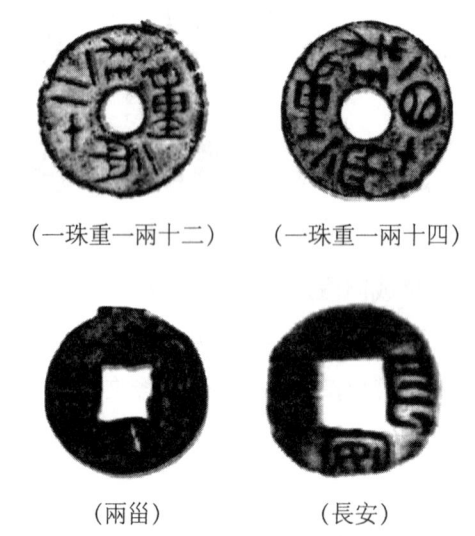

(一珠重一兩十二)　(一珠重一兩十四)

(兩甾)　　　(長安)

④ 齊圓錢。這種圓錢面文"賹"指本幣之計量,《集韻》:"賹,記物也。""刀"加"匕"聲,舊釋"化",讀"貨"。如:

(賹六化)　　(賹四化)　　(賹化)

⑤ 燕圓錢,如:

（明刀）　　（一刀）

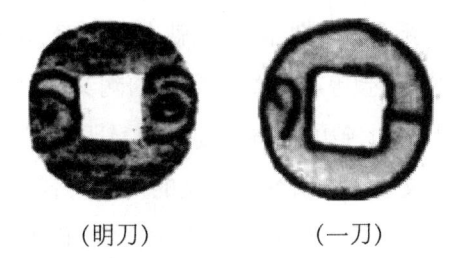

（4）銅貝：仿貝形而鑄造，俗稱"蟻鼻錢"、"鬼臉錢"，流行於楚。幣形近橢圓，正面凸起，有文字，其形狀如人面，故稱爲"鬼臉"錢。面文有"巽"、"君"、"夅(垂)朱"①等字。銅幣面文爲楚文字，有的字較難辨釋，尚未取得一致意見。此外，楚國曾通行塊狀金版貨幣，稱"郢爯"，其面文一般鑄印有地名。

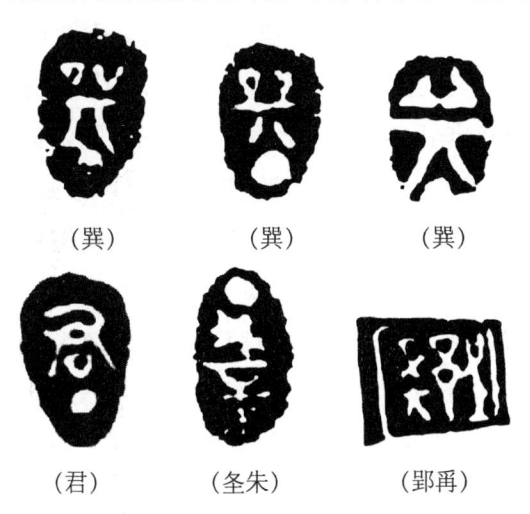

（巽）　　（巽）　　（巽）

（君）　　（夅朱）　　（郢爯）

貨幣文字基本上與戰國各地文字結構、風格一致，但貨幣文字的無規律省簡和變形比較突出，加上面文簡單，構不成明確的語境關係，因此，貨幣文字辨釋較爲困難。

三　陶　文

（一）概説

陶文，指陶質材料上保存的文字，主要是陶製器皿上的文字，也包括瓦

---

① 劉剛：《楚銅貝"夅朱"的釋讀及相關問題》，《出土文獻與古文字研究》（第五輯），第444—452頁，上海，上海古籍出版社2013年版。

當等材料上的文字。新石器時期,陶器上就有刻畫符號的風氣,如半坡陶器刻畫符號、大汶口陶器符號等。本章所介紹的陶文,主要指戰國和秦陶文。早期陶文多是刻畫上去的,戰國和秦主要是用璽印戳打上去的。因此,戰國鈐印陶文可以與璽印文字結合研究。陶文的主要內容,包括製陶的地名、監製者官名、工匠名以及吉祥語和所記製造年月等,像秦封宗邑瓦書(《陶彙5·384》)那樣的長篇記事陶文極爲罕見。① 戰國陶文以齊魯等地出土爲多,秦都咸陽近年來也出土大批陶文。

　　陶文收集研究的開拓者是清人陳介祺,他收集齊魯各地古陶文甚夥,有《陳簠齋藏古陶文》等存世。② 清劉鶚的《鐵雲藏陶》(1904年)始著錄刊印陶文,其後不斷有著錄和研究陶文的著作問世,如顧廷龍的《古匋文舂錄》(1936年),孫得、孫鼎所編《季木藏陶》(周進所藏陶文,1943年版;新編本1998年由中華書局出版),陳直的《關中秦漢陶錄》(中華書局2006年再版),金恒祥的《陶文編》(臺北藝文印書館1964年版),袁仲一的《秦代陶文》(三秦出版社1987年版)等。高明編纂的《古陶文彙編》(中華書局1990年版),以及他與葛英會合編的《古陶文字徵》(中華書局1991年版),是對先秦陶文材料和研究成果的一次較爲全面的整理,對陶文研究有重要的推進作用。此外,新出彙集陶文材料和研究成果的,還有王恩田的《陶文圖錄》(齊魯書社2006年版)和《陶文字典》(齊魯書社2007年版),以及袁仲一、劉鈺編纂的《秦陶文新編》(文物出版社2009年版)。

　　(二)陶文舉例

　　陶文是古文字研究的重要材料之一。陶文形體結構與不同時代、地區的文字沒有什麽特殊之處。按照時代和國別,下面列舉數例,分別選自《古陶文彙編》(簡稱《陶彙》)、《陶文圖錄》、《秦陶文新編》(簡稱《秦新》)。

---

① 郭子直:《戰國秦封宗邑瓦書銘新釋》,《古文字研究》第十四輯,北京,中華書局1986年版。

② 高明:《古陶文彙編·序》,北京,中華書局1990年版。

1. 齊系陶文

(《陶文圖錄》3.7.5·廩)

"廩",儲藏糧食的糧倉。《周禮·地官·廩人》:"廩人掌九穀之數。"凡有"廩"字的陶量應都是當地倉廩的量器。①

(《陶文圖錄》2.17.1·陳枳志左廩)

戰國時期,齊魯一帶的廩多分爲左、右。

(《陶文圖錄》2.17.2·陳榑三立事右廩釜)

"立事",典籍或作"位事"、"涖事",主持事物之義。立事者可以是王、執政大臣或地方長官。立事前的數字可能指任職的屆數。② "釜"參下文"公釜"。

---

① 吳振武:《戰國"㐭(廩)"字考察》,《考古與文物》1984 年第 4 期。
② 參看李學勤《戰國題銘概述》,《文物》1959 年 7 期;何琳儀:《戰國文字通論(訂補)》,第 99 頁,南京,江蘇教育出版社 2003 年版。

(《陶文圖録》2.24.3·左里㪤)

"㪤"又見於齊系官璽。或讀爲"軌",《管子·匡君小匡》:"制五家爲軌,軌有長。十軌爲里,里有司。四里爲連,連有長。十連爲鄉,鄉有良人。三鄉一帥。"是一種地方軍事編制。①

(《陶文圖録》2.24.4·右里㪤鉨)

"鉨",或讀爲節,②或讀爲照,③是印信、憑證一類的意思。

(《陶文圖録》2.34.4·公釜)

"釜",量器,也叫"鬴"。春秋戰國時代流行於齊國。現存有戰國時的子禾子釜和陳純釜,其形小口大腹,有兩耳。子禾子釜的容積爲 20.46 公升,陳

---

① 孫敬明:《齊陶新探》,《古文字研究》第十四輯,北京,中華書局 1986 年版。
② 裘錫圭:《戰國文字中的"市"》,原載《考古學報》1980 年第 3 期;後收入《裘錫圭學術文集》第二卷,第 806 頁,上海,復旦大學出版社 2012 年版。
③ 高明:《說鉨及其相關問題》,《考古》1996 年第 3 期。

純釜的容積爲 20.58 公升。《左傳》昭公三年：“齊舊四量，豆、區、釜、鍾，四升爲豆，各自其四，以登於釜。”《韓非子·外儲説右上》：“夫田成氏甚得齊民，其於民也，上之請爵禄行諸大臣，下之私大斗斛區釜以出貸，小斗斛區釜以收之。”

(《陶文圖録》2.10.1·華門陳棱再左里敀亭釜)

“華門”，又作“句華門”(《陶文圖録》2.7.2)，當爲地名。“亭”，舊釋爲“毫”，吳振武改釋爲“亭”，指市亭一類的場所。亭釜即市亭所用的量器。①

(《陶文圖録》2.27.1·市)

齊系文字璽印和陶文常見“市”字，具體可分爲“市”字印、市名印、市官印和市量印等。②

(《陶文圖録》2.35.3·於陵市枳璽)

---

① 吳振武：《談齊“左掌客亭”陶璽——從構形上解釋戰國文字中舊釋爲“毫”的字應是“亭”字》，《社會科學戰綫》2012 年第 12 期。
② 裘錫圭：《戰國文字中的"市"》，原載《考古學報》1980 年第 3 期；後收入《裘錫圭學術文集》第二卷，第 806 頁，上海，復旦大學出版社 2012 年版。

"於陵",地名。《孟子·滕文公下》:"陳仲子豈不誠廉士哉? 居於陵,三日不食,耳無聞,目無見也。"《漢書·地理志》濟南郡屬縣,在今山東鄒平東南,戰國屬齊。① "枳"讀爲"卮",是一種量器。②

[《陶文圖録》2.39.1·公區/夻(大)蒦圖(陽)壽所爲]

"區",量器名,亦爲容量單位。四升爲豆,四豆爲區。"大蒦陽",當是大蒦陽里的省稱。陶文又見中蒦陽里、東蒦陽里等,蒦陽是包含幾個里的鄉一級行政單位,大蒦陽是其中最大的一個里。③ "壽",工師名。

(《陶文圖録》2.47.3·主釬)

"主",舊釋爲"王",張政烺、劉釗等主張釋爲"主"。④ "釬"或"升"字異構,量器,其容量爲一升。

---

① 劉釗:《齊"於陵市和節"陶文考》,《齊魯學刊》1994年第4期。
② 李學勤:《釋東周器名"卮"及有關文字》,《第四屆國際中國古文字學研討會論文集》,香港中文大學中國語言及文學系,2003年;又收入《文物中的古文明》,第330—333頁,北京,商務印書館2008年版。
③ 裘錫圭:《戰國文字中的"市"》,原載《考古學報》1980年第3期;後收入《裘錫圭學術文集》第二卷,第806頁,上海,復旦大學出版社2012年版。
④ 劉釗:《齊國文字"主"字補證》,《出土文獻與古文字研究》第三輯,上海,復旦大學出版社2010年版。

(《陶文圖録》2.42.2·主豆)

"豆",量器,亦爲容量單位,四升爲一豆。《左傳》昭公三年:"齊舊四量:豆、區、釜、鍾。四升爲豆,各自其四,以登於釜,釜十則鍾。"

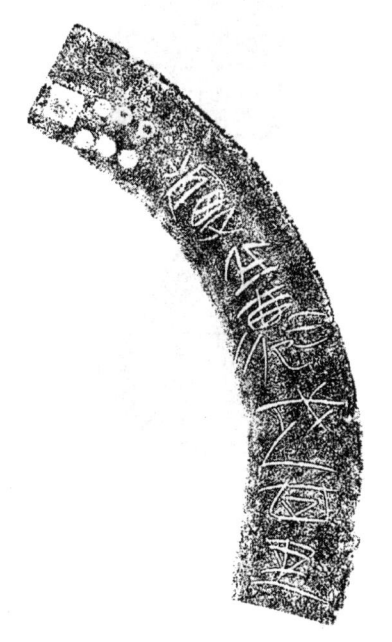

(《陶文圖録》2.52.1·叙丘衛武昌里)

"叙丘",或讀爲"徂丘",在山東臨淄。① "衛",鄉一級的行政單位。前人或釋爲"遷"、"鄙"、"鄉",②近來又有"廛"、③"巷"、④"聚"⑤等釋法。

---

① 何琳儀:《戰國文字通論(訂補)》,第 95 頁,南京,江蘇教育出版社 2003 年版。
② 參看高明、葛英會《古陶文字徵》,第 213 頁,北京,中華書局 1991 年版。
③ 李零:《齊燕邾滕陶文的分類與題銘格式》,載《新編全本季木藏陶》,北京,中華書局 1998 年版。
④ 李學勤:《秦封泥與齊陶文中的"巷"字》,原載《陝西歷史博物館館刊》第八輯;後收入《中國古代文明研究》,第 190—192 頁,上海,華東師範大學出版社 2005 年版。
⑤ 陸德富《戰國時代官私手工業的經營形態》引裘錫圭先生説,復旦大學博士學位論文,2012 年。

(《陶文圖錄》2.95.1・繇衢大匋里犬)

[《陶彙》3.248・蒦圆(陽)匋里人向]

[《陶文圖錄》2.176.1・東蒦圆(陽)里公孫貅]

"物勒工名"是齊陶文最基本的格式,以上"繇衢大匋里"、"蒦圆(陽)匋里"、"東蒦圆(陽)里"等之後的"犬"、"向"和"公孫貅",皆陶工名。

2. 三晉陶文

(《陶文圖錄》5.47.3・滎陽廩匋)

"滎陽",在今河南滎陽東北,戰國時屬韓。《史記·韓世家》:"桓惠王二十四年(前249),秦拔我滎陽。""廩"字陶量都是當地倉廩的量器。①

(《陶彙》6.52·辛市廩匋)

"辛",當指戰國時新城,在今山西朔縣南。

(《陶文圖錄》5.50.6·制)

"折"字省"斤"从"邑",讀作"制"。《左傳》隱公元年:"制,嚴邑也。"在今河南滎陽附近。春秋屬鄭,戰國屬韓。②

(《陶文圖錄》5.42.1·陽城倉器)

"陽城",本鄭地,公元前385年爲韓所拔。《史記·韓世家》:"文侯二年,伐鄭取陽城。"地在今河南登封東。

---

① 吴振武:《戰國"亩(廩)"字考察》,《考古與文物》1984年第4期。
② 湯餘惠:《略論戰國文字形體研究中的幾個問題》,《古文字研究》第十五輯,北京,中華書局1986年版。何琳儀:《古璽雜識》,《遼海文物學刊》1986年第2期。

(《陶文圖録》5.41.1·格氏左司空)

陶文出土地河南滎陽北張樓村,爲戰國格氏屬地。①

(《陶文圖録》5.55.4·邢公)

"郱",讀作"邢"。春秋有邢國,《左傳》僖公二十四年:"凡、蔣、邢、茅、胙、祭,周公之胤也。"在今河北邢臺,戰國屬趙。又有地名邢丘,《史記·韓世家》載韓昭侯六年(前357)"伐東周,取陵觀、邢丘",戰國屬韓。

(《古文字研究》第二十四輯·鄴市)

"業",讀作"鄴",今河北臨漳。《史記·魏世家》載魏文侯"任西門豹守鄴,而河内稱治"。②

(《新鄭鄭國祭祀遺址》圖四五二)

---

① 李學勤:《湖南戰國兵器銘文選》,《古文字研究》第十二輯,北京,中華書局1982年版。
② 焦智勤:《鄴城戰國陶文研究》,《古文字研究》第二十四輯,北京,中華書局2004年版。

此陶出土於新鄭鄭國祭祀遺址，"和"爲成語類陶文，又見於古璽。《周禮·天官·大司徒》："一曰六德：知、仁、聖、義、忠、和。"鄭玄注："和，不剛不柔。"《周禮·春官·大司樂》："以樂德教國子：中、和、祗、庸、孝、友。"鄭玄注："和，剛柔適也。"

3. 燕國陶文

(《陶文圖録》4.18.1)

此陶釋文如下："左匋君(尹)鑵疋哭(器)鍴(瑞)／左匋󰀀湯敀國／左匋攻(工)隹一。"

(《陶文圖録》4.7.1)

此陶釋文如下："廿二年正月左匋君(尹)／左匋󰀀湯敀國／左匋攻(工)敢。"

以上兩片陶文可對讀。"󰀀"，或隸作"倕"，①或隸作"俫"，讀爲"里"。② 左匋尹、左匋󰀀、左匋攻之間可能存在隸屬關係。

---

① 李學勤：《戰國題銘概述》，《文物》1959 年第 7 期。
② 何琳儀：《戰國文字通論(訂補)》，第 110 頁，南京，江蘇教育出版社 2003 年版。

(《陶文圖録》4.21.3・無終市王勹)

"無宙",讀作"無終",《漢書·地理志》右北平屬縣,故無終國,地在天津薊縣,戰國屬燕。①

(《陶文圖録》4.211.1・□城都王勹鍴)

"□城都",燕國縣名。"勹鍴",讀爲"符瑞"。②

(《陶文圖録》4.112.4・三言)

① 楊澤生:《燕國文字中的"無"字》,《中國文字》新二十二期,臺北藝文印書館 1996 年版。董珊:《釋燕系文字中的"無"字》,《于省吾教授百年誕辰紀念文集》,吉林,吉林大學出版社 1996 年版。
② 何琳儀:《古璽雜識續》,《古文字研究》第十九輯,北京,中華書局 1992 年版。

"言",讀爲"㲉",受一斗二升。《説文》:"鬲,鼎屬,實五㲉,斗二升曰㲉。"①

（《陶文圖録》4.71.1·匋攻昌）　（《陶文圖録》4.127.3·缶工）

4. 楚國陶文

此陶見於《湖北出土商周文字輯證》(第174—175頁陶豆),"赾公託"當是楚國封君。②

（《江漢考古》2011·1期29頁圖39·君堵）

陶文"君堵"似爲人名。

---

① 朱德熙:《戰國記容銅器刻辭考釋四篇》,收入《朱德熙先生文集》第五卷,北京,商務印書館1999年版。
② 黄錫全:《湖北出土商周文字輯證》,第174—175頁,武漢,武漢大學出版社1992年版。

5. 秦陶文

(《秦陶文新編》628・麗山飤宮/右)

"麗",典籍或作"驪"、"酈"。《史記・秦始皇本紀》:"始皇初即位,穿治酈山。"《漢書・劉向傳》:"驪山之作未成,而周章百萬之師至其下矣。"驪山在陝西臨潼附近。"飤官",奉常屬官。

(《秦陶文新編》1347・下邽)

"下邽",《漢書・地理志》京兆尹屬縣,顏師古注引應劭曰:"秦武公伐邽戎,置有上邽,故加下。"在今陝西渭南市。

(《秦陶文新編》1444・平陰居貲北游公士滕)

"平陰",地名,故城在今河南孟津東。"居貲",以服勞役代償罰貲。"北游",里名。"公士",秦爵位,滕,人名。①

---

① 袁仲一、劉鈺編著:《秦陶文新編》上編,第97頁,北京,文物出版社2009年版。

第九章　璽印、貨幣文字及其他　449

（《秦陶文新編》1800·咸亭涇里忿器）

"咸亭"，咸陽市府管理市井的機構名稱，或稱"咸陽亭"。"涇里"，是陶工忿所居里名。後面的"器"是爲了使印面顯得整齊所補的字。①

（《秦陶文新編》2618·咸郦里竭）　（《秦陶文新編》1544·咸郦里致）

"咸"是"咸亭"或"咸陽亭"的省稱，②"郦里"，即陶工"竭"、"致"所居里名。

（《秦陶文新編》99·宫頗）

"宫"是"宫司空"的省稱。③　"頗"，陶工名。

---

①　參看袁仲一、劉鈺編著《秦陶文新編》上編，第 109 頁，北京，文物出版社 2009 年版。
②　裘錫圭：《嗇夫初探》，收入《雲夢秦簡研究》，第 226—301 頁，北京，中華書局 1981 年版。
③　參看袁仲一、劉鈺編著《秦陶文新編》上編，第 57 頁，北京，文物出版社 2009 年版。

(《秦陶文新編》124·咸陽秸)

"咸陽",秦都城。《史記·秦本紀》:"(惠文王)十三年,始都咸陽。""秸",陶工名。

(《陶文圖録》6.305.3·宜陽肄)

"宜陽",地名。《史記·秦本紀》:"秦武王四年拔宜陽。"在今河南宜陽縣西。"肄",爲陶工名。

(《陶文圖録》6.323.2·蒲反)

"蒲反",《漢書·地理志》河東郡屬縣,戰國魏邑,在今山西永濟縣西,秦昭王八年攻魏爲秦所有。

(《陶文圖録》6.325.2・隱成呂氏缶容十斗)

"隱成",當指呂氏籍貫。"十斗",指缶的容量。

(《陶文圖録》6.399.1・陝市)

"陝",地名。《漢書・地理志》弘農郡屬縣,故虢國,在今河南陝縣。

(《陶文圖録》6.403.1・代市)

代,地名。《漢書・地理志》代郡屬縣,在今山西代縣。

(《陶文圖録》6.402.2・降亭)

降,讀爲"絳",《漢書·地理志》河東郡屬縣,在山西絳縣。①

(《陶文圖錄》6.429.1·亭久)

"久",與雲夢秦簡"久刻"之"久"同義,有"記"、"刻"之意,②此"亭久"標明陶器爲市亭製陶作坊生産。

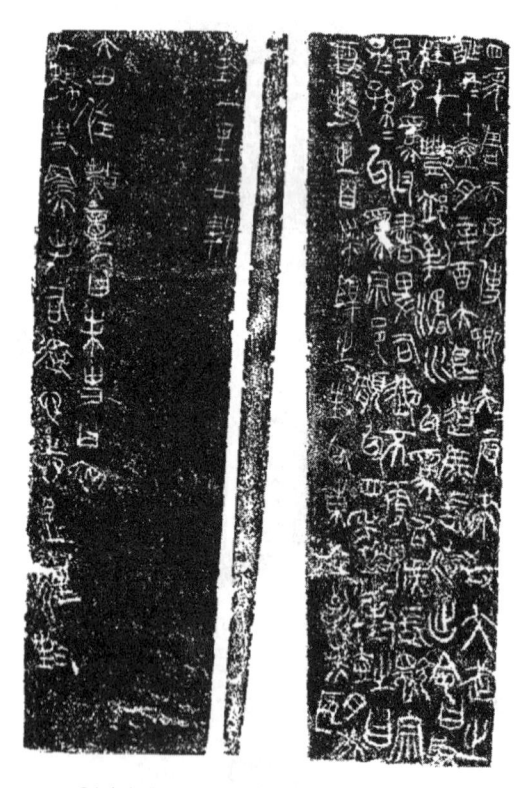

[《秦新》2977·秦封宗邑瓦書(拓片)]

---

① 裘錫圭:《嗇夫初探》,載《雲夢秦簡研究》,北京,中華書局1981年版。
② 俞偉超《秦漢的"市"、"亭"陶文》引李家浩說,載《先秦兩漢考古學論文集》,北京,文物出版社1985年版。

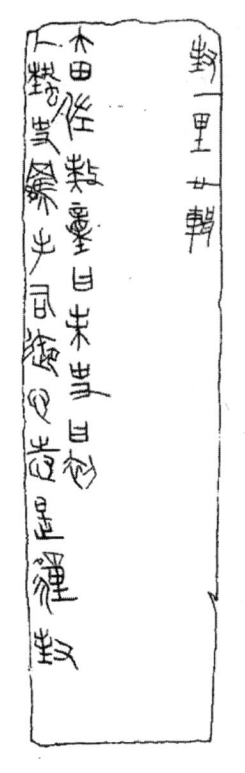

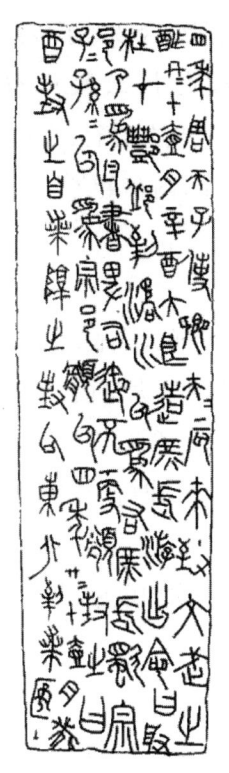

第九章　璽印、貨幣文字及其他　453

[《秦新》2978・秦封宗邑瓦書(摹本)]

秦封宗邑瓦書原爲段紹嘉所藏,據段先生説:"抗日戰爭期間,户縣的農民修潏灃河,在河灘的沙内發現瓦書,……瓦書的表面布滿土鏽,經清洗後,發現字跡清晰,字的筆劃内填朱色。字是刻在細泥做的瓦坯上的,等瓦坯乾後放到窑裏燒,出窑後再填朱色。"瓦書現藏陝西師範大學圖書館。1957 年,西北大學陳直教授在《秦陶券與秦陵文物》一文中,對瓦書文字作出考釋,並首次公布於世。① 此後郭子直、②尚志儒、③袁仲一、④黄盛璋⑤等都作過考

---

① 陳直:《秦陶券與秦陵文物》,《西北大學學報》1957 年第 1 期;又見陳直《史記新證・秦本紀》,第 13 頁,北京,中華書局 2006 年版。
② 郭子直:《戰國秦封宗邑瓦書銘文新釋》,《古文字研究》第十四輯,北京,中華書局 1986 年版。
③ 尚志儒:《秦封宗邑瓦書的幾個問題》,《文博》1986 年第 6 期。
④ 袁仲一:《秦代陶文》,西安,三秦出版社 1987 年版;又見袁仲一、劉鈺編著《秦陶文新編》,北京,文物出版社 2009 年版。
⑤ 黄盛璋:《秦封宗邑瓦書及其相關問題考辨》,《考古與文物》1991 年第 3 期。

釋,以下釋文與注釋綜合參考了各家意見。

瓦書呈長條板狀,長 24 釐米、寬 6.5 釐米、厚 0.5—1 釐米,通體青灰色,質地堅硬,上刻有瓦文九豎行,小篆字體,由右向左排列,正面有銘文六行,背面三行,計 119 字,內有重文三、合文一。

[釋文]

正面瓦文:

四年,周天子使卿大夫辰來致文武之

酢(胙)[1]。冬十壹月辛酉,大良造庶長游出命曰:"取

杜才(在)酆邱到潏水,以爲右庶長歜宗

邑[2]。"乃爲瓦書,卑(俾)司御不更顝[3]封之,曰:

"子子孫孫以爲宗邑。"顝以四年冬十壹月癸

酉封之,自桑郭之封以東,北到桑匽之

背面瓦文:

封,一里廿輯[4]。

大田佐敖童曰未、史曰初、

卜螫、史駕(羈)手,司御心志。是霾(埋)封。

[注釋]

[1] 四年,周天子使卿大夫辰來致文武之酢(胙):《史記·周本紀》:周顯王"三十五年(前 334),致文武胙於秦惠王"。《集解》注:"胙,膰肉也。《左傳》曰:'王使宰孔賜齊侯胙,曰天子有事於文武。'"《周禮·大宗伯》:"以脤膰之禮親兄弟之國。"鄭玄曰:"脤膰,社稷宗廟之肉,以賜同姓之國,同福祿也。……今賜齊侯是尊之比二王后也。"

[2] 宗邑:宗廟所在的城邑。《左傳》襄公二十七年:"成請老于崔。崔子許之,偃與無咎弗予,曰:崔宗邑也,必在宗主。"杜預注:"宗邑,宗廟所在。"

[3] 司御不更顝:"司御",官名。"不更",秦爵二十等中的第四級爵名。"顝",人名。

[4] 一里廿輯:"里"爲古代行政組織的最基層單位,即鄉、里之里。"輯",袁仲一訓"聚",猶村落之類,謂"二十輯,疑是宗邑內包含有二十個小

的村落";尚志儒認爲"輯,用爲籍,爲同聲假借,在此當指簿籍","籍與家是相同的","二十輯"即"二十家",一里的户數爲二十五家,"一里二十輯"即"一里外,另加二十家,共轄四十五家"。

四 石 文

石文,主要指以石爲載體而書刻的文字。石刻文字材料,主要是秦刻石,包括秦景公大墓所出石磬文字、秦駰玉牘文字、傳世的石鼓文和詛楚文,以及秦始皇各地封禪刻辭等。秦刻石研究的代表性著作有:郭沫若《石鼓文·詛楚文研究》(科學出版社1982年版)、王輝等《秦文字集證》(臺北藝文印書館1999年版)、陳昭容《秦系文字研究》(中研院歷史語言研究所2003年版)和徐寶貴《石鼓文整理研究》(中華書局2008年版)等。

書寫於石片(珪形、璧形)上的盟書,也屬於石文之類,目前發現的盟書主要有侯馬、溫縣兩批,還有出自沁陽的。侯馬盟書發現以後,發表了一批研究成果,《侯馬盟書》(文物出版社1976年版)公布了侯馬所發現的全部盟書資料。另外,石文還包括中山國"守丘刻石"和國別有爭議的"行氣玉銘"等。

1. 秦景公石磬

[簡介] 20世紀80年代,陝西鳳翔縣南指揮村發現秦公一號大墓,墓中出土殘石磬多枚,石磬上刻有長篇銘文,經綴合後可辨識的銘文達200多個。根據銘文"天子郾喜,龔桓是嗣"等語,可知該墓主人就是繼秦共公、桓公而立的秦景公。秦景公公元前576年即位,立40年而卒,公元前536年其子哀公立。石磬銘文有"唯四年八月初吉甲申"一句,年、月、月相、干支等記時要素齊全,可推定銘文刻寫時間當在公元前573年八月初二或初三日,是秦景公四年祭祖、祭天之物。銘文絶對年代明確,是迄今爲止能確知年代的最早秦石刻。銘文字跡清晰,文字形體與傳世的秦公鐘、秦公簋和石鼓文相近,對秦系文字研究具有重大價值。這裡所舉銘文是該石磬銘文可連讀的部分。[1]

---

[1] 銘文拓片選自王輝、焦南鋒、馬振智《秦公大墓石磬殘銘考釋》,《中研院歷史語言研究所集刊》第67本第2分,1996年。釋文、考釋參閲王輝、程學華《秦文字集證》第二章,臺北,藝文印書館1999年版。

456　古文字學

拓片三(原版之80%)
85鳳南M1:253

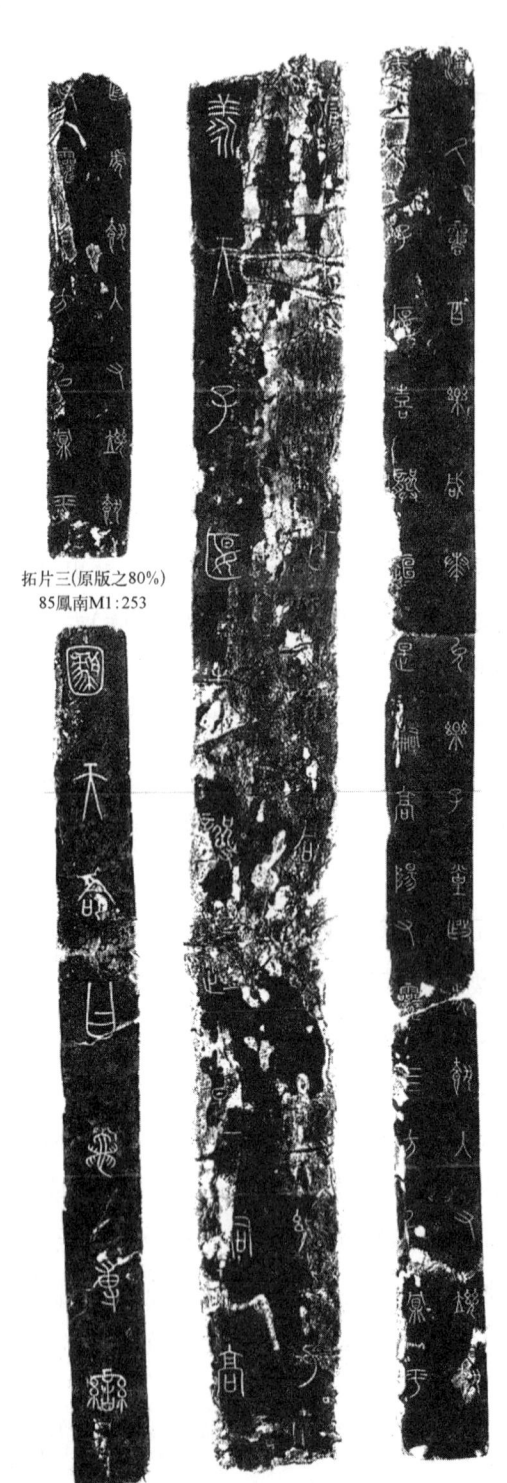

拓片四(原版之80%)
85鳳南M1:495+549

拓片二(原版之90%)
85鳳南M1:299

拓片一(原版之90%)
85鳳南M1:300

[釋文]

……灉₌[1]乓商[2]。百樂咸奏[3],允樂子(孔)煌[4]。叚虎(鉏鋙)飤入,又(有)韱飤羕(漾)[5]。天子匽喜,龔(共)趄(桓)是嗣[6]。高陽又(有)霝(靈)[7],四方以鼎(宓)平[8]。

[注釋]

[1]灉灉:即"湯湯"。形容水盛貌,《詩·齊風·載驅》"汶水湯湯,行人彭彭",毛傳:"湯湯,流貌。"又如《詩·大雅·江漢》:"江漢湯湯,武夫洸洸。"後用來借指樂音之洪亮,《呂氏春秋·本味》:"伯牙鼓琴,鍾子期聽之。……鍾子期又曰:'善哉乎鼓琴,湯湯乎若流水。'"

[2]商:磬銘中作爲音階名。《國語·周語》記載周景王問律於伶州鳩,已提到七律,韋昭注曰:"周有七音,王問七音之律,意謂七律爲音器,用黃鐘爲宮,太簇爲商,姑洗爲角,林鐘爲徵,南呂爲羽,應鐘爲變宮,蕤賓爲變徵也。"

[3]百樂咸奏:"百樂"指種類繁多的樂器。各種樂器或獨奏,或合奏,足見其演奏場面之大,氣氛之熱烈。

[4]允樂子煌:"子"爲"孔"之訛。"煌",金文或作"皇"、"諻",典籍作"喤",《詩·周頌·執競》:"鐘鼓喤喤,磬筦將將,降福穰穰。"毛傳:"喤喤,和也。""孔煌"爲春秋戰國間樂器銘文常用語,形容鐘、鼓、磬之樂音洪亮和諧。

[5]叚虎飤入,又韱飤羕:"叚虎",孫常敘讀"鉏鋙",一種櫛齒狀物,可以止樂。《呂氏春秋·仲夏紀》"飭鐘磬柷敔",高誘注:"敔,木虎,脊上有鉏鋙,以杖擽之以止樂。""韱",讀"韱",《說文》:"韱,訖事之樂也。"朱駿聲《說文通訓定聲》引或說云:"訖事,猶言樂成也。""飤",以才爲聲符,典籍作"載",二字通用無別,《說文》:"飤,設飪也。从人食會意,才聲。讀若載。"本句意爲:以鉏鋙入樂,致使那正在演奏的訖事之樂戛然而止,餘音在漾。

[6]天子匽喜,龔趄是嗣:"天子匽喜"乃"匽喜天子"之倒裝,是秦公宴請周天子。"龔",指秦共公(前608—前604年在位)。"趄",指秦桓公,秦共公子,名榮(前603—前577年在位)。"嗣",《說文》:"嗣,諸侯嗣國也。"

[7]高陽又霝:"高陽"是傳說中古帝顓頊的號,據《史記·秦本紀》,秦先世出自顓頊。"霝",《說文》有"霝"字,云:"龍也,从龍,霝聲。"《玉篇》龍部:"霝,又

作靈。神也,善也。"《玉篇》又有"霝"字,云"同靈"。"靈"當爲"霝"之繁構。

[8] 四方以鼏平:"鼏",讀"宓",《説文》:"宓,安也,從宀,必聲。"本句意爲:秦四境之内安寧和平。

2. 石鼓文

[**簡介**] 秦石鼓文,是刻在十塊鼓形石頭上的長篇韻文。每石刻四言詩一首,共十首,計465字,記述秦國君遊獵的情形,故也稱爲"獵碣"。前人根據各石上殘存的文字分別將其命名爲:汧沔、霝雨、而師、作原、吾水、車工、田車、鑾敕、馬薦、吴人。

唐朝初年石鼓出土於天興(今陝西寶雞市)三時原,開始放在鳳翔孔廟,五代之亂散失,宋代收集起來運往開封,並填金以示貴重,防止摹拓。宋南渡後,金人運往燕京,剔其金。抗日戰爭初期運往上海,後又運往四川,戰後遷至北京故宫,現存北京故宫博物院。

唐人以爲石鼓是周宣王時物,宋人始指出爲秦人之物。石鼓文的時代,衆説紛紜,尚無定論。郭沫若力主秦襄公八年(周平王元年,公元前770年)

(一)　　　　　　(二)

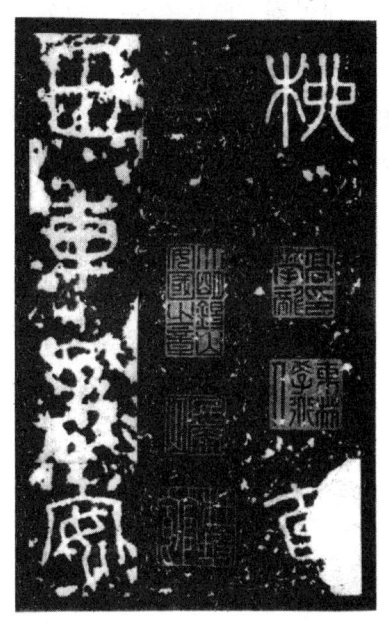

第九章 壐印、貨幣文字及其他　459

(三)　(四)

(五)　(六)

説，①唐蘭則主秦獻公十一年(周烈王二年，公元前 374 年)説。② 目前，多數學者傾向石鼓的製作是在春秋時代。徐寶貴認爲："根據石鼓文的風格特點和先秦文字發展演變的情況來看，石鼓文的相對年代應在春秋時期，最晚不能晚於春秋晚期。"③高明在《考古學報》2010 年第 3 期發表《論石鼓文年代》一文，該文從石鼓文字形、刻製工具、秦君稱謂三方面綜合分析後認爲，石鼓文製作當在秦惠文王廢"公"稱"王"改元後的十四年之內(公元前 324 年至前 311 年)。通過對最新出土材料的綜合研究，多數學者傾向於認爲石鼓文的時代可能在春秋晚期。

石鼓文發現以來爲歷代文人所推重，書家更是將其作爲秦大篆的典型代表。今天看來，石鼓文對秦系文字的研究依然極爲重要，將石鼓文與秦公鐘、簋和新出有絕對紀年的秦景公石磬文字進行比較，可以豐富對秦系文字在東周時期發展演變的認識，通過考察秦系文字的歷史演進也有助於確定石鼓文製作的年代。石鼓文在文學史上也占有一席地位，郭沫若説："石鼓詩不僅直接提供了一部分古代文學作品的寶貴資料，而且更重要的貢獻就是保證了民族古典文學的一部極豐富的寶藏《詩經》的真實性。"④

石鼓出土已久，文字斑駁不清，郭沫若《石鼓文研究》一書所采用的拓本較好。近年出版的徐寶貴《石鼓文整理研究》一書彙集了各種拓本、摹刻本、影印本、摹寫本，並進行了對比研究，甚便使用。本章所選爲郭沫若編次的石鼓文第一《汧沔》篇，銘文拓片選自徐寶貴的《石鼓文整理研究》。

[釋文]

汧[1]殹(也)[2]沔沔[3]，丞皮(彼)淖淵[4]。鰋[5]鯉處之，君(一)子漁之。瀌[6]又(有)小魚[7]，其游趣趣[8]。帛(白)魚鱍鱍[9]，(二)其盜[10]氐鮮。黃帛(白)其鯉，又(有)鰟又(有)鰊。(三)其朔[11]孔庶，彎之鱻鱻[12]。汪汪趒趒[13]，其魚隹(惟)(四)可(何)，隹(惟)鰷隹(惟)鯉。何以橐(紵)之，隹(惟)楊及(五)柳[14]。(六)

---

① 郭沫若：《石鼓文研究》，收入《郭沫若全集·考古編》第九卷，北京，科學出版社 1982 年版。
② 唐蘭：《石鼓年代考》，《故宮博物院院刊》第一期，1958 年。
③ 徐寶貴：《石鼓文整理研究》，第 613 頁，北京，中華書局 2008 年版。
④ 郭沫若：《石鼓文研究》，《郭沫若全集·考古編》第九卷，北京，科學出版社 1982 年版。

[注釋]

[1] 汧：汧水，《説文》："汧，水。出扶風汧縣，西北入渭。"

[2] 殹：秦文字"也"。郭沫若云："殹字，秦文多用爲也。此處當讀爲兮，若猗字。"①

[3] 沔沔：張政烺曰："《詩・新臺》'河水瀰瀰'、'河水浼浼'，皆訓盛貌。'沔沔'與之音義並近。"②

[4] 丞皮(彼)淖淵："丞"，進也，或釋"承"。"皮"，讀"彼"。"淖淵"，指渾濁的淵水。

[5] 鰋：魚名。《説文》魚部："鰋，鮀也。从魚，匽聲。鰻，鰋或从匽。"

[6] 灑：《説文》水部："砅，履石渡水也。从水，从石。《詩》曰：'深則砅。'灑，砅或从厲。"此處指水名或有石底的河段。

[7] 小魚：二字合文，宋明學者多誤釋作"鯊"，清代錢大昕《潛研堂金石跋尾》始云："當是小魚二字。"

[8] 趣趣：形容小魚游動的樣子。張政烺曰："當訓行貌。《漢書・外戚傳》'何姍姍其來遲'，注：'行貌。''趣趣'與'姍姍'當音義同。《説文》：'汕，魚游水貌。从水，山聲。《詩》曰"烝然汕汕"。'……趣趣又'汕汕'之假借矣。"

[9] 鰈鰈："鰈"即"皪"，《廣韻》："皪，音灑，白狀。"

[10] 盜：舊釋"菹"、"筵"等，均不確。《汗簡》中之二次部："🈳，盜，出碧落文。"張政烺以爲"罩"之異文。

[11] 朔：前人曾釋作"豆"、"壆"等，郭沫若疑爲"景(影)"字，張政烺釋作"昱"，尚無定論，待考。

[12] 臠之叟叟：《説文》肉部："臠，臞也，从肉，䜌聲。一曰：切肉臠也。"此句諸家多釋爲鮮魚制臠，"叟叟"爲象聲。

[13] 汪汪趄趄：張政烺曰："汪，从土，汧聲，重言形況字，與《江賦》之

---

① 郭沫若：《石鼓文研究》，《郭沫若全集・考古編》第九卷，第72頁，北京，科學出版社1982年版。下引郭説皆出此書，不另注。

② 張政烺：《獵碣考釋初稿》，收入《張政烺文史論集》，北京，中華書局2004年版。下引其説皆出該文，不另注。

'汗汗'、《吴都賦》之'汧汧'同義。水流行聲勢也。趡,从走,專聲,重言形況字。《詩·韓奕》'魴鱮甫甫',《傳》:'大也。'《廣雅·釋訓》:'甫,衆也。'趡趡當與甫甫同義。"

[14] 何以橐(紝)之,隹楊及柳:蘇軾之弟蘇轍《和子瞻鳳翔八觀八首》之一《石鼓》云:"以柳貫魚魚不傷,貫不傷魚魚樂死。"認爲此句義爲用楊柳枝貫穿魚。屈原《離騷》:"扈江離與辟芷兮,紉秋蘭以爲佩。"《楚辭》東方朔《七諫》:"聯蕙芷以爲佩兮,過鮑肆而失香。""紝"正有編貫、聯綴之義。①

3. 盟書

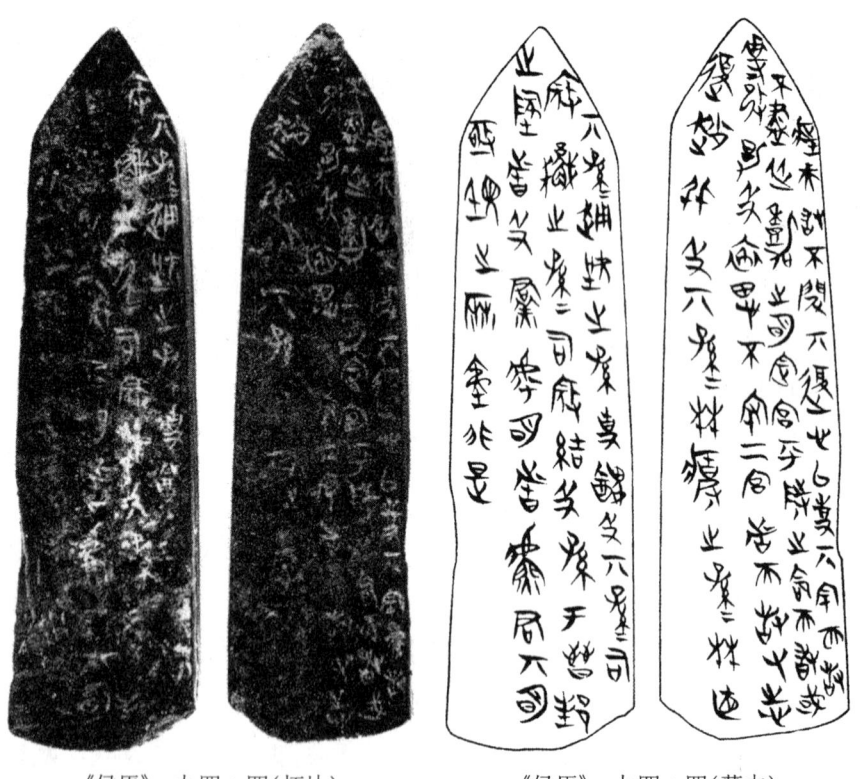

《侯馬》一九四:四(拓片)　　《侯馬》一九四:四(摹本)

---

① 參陳劍:《説石鼓文的"任"字》,復旦大學出土文獻與古文字研究中心網站,2014 年 8 月 24 日。收入延世大學人文學研究院、復旦大學出土文獻與古文字研究中心合編:《文字與解釋:學術交流會論文集》,第 89—105 頁,上海:中西書局 2015 年版。

[简介] 盟書又稱"載書",《周禮·司盟》注:"盟者,書其辭於策,殺牲取血,加書於上而埋之,謂之載書。"1965年,在山西侯馬出土大批盟書。盟書係用毛筆書寫盟誓之辭於玉石片,石片有圭、璋、璜等形狀,共出土5 000餘片,整理出有字盟書656片,文字以朱書爲主,少數是墨書。山西省文管會編纂的《侯馬盟書》(北京,文物出版社1976年版)一書①整理盟書單字381個,異體1 274字,存疑46字,殘字102字。根據内容,侯馬盟書可分爲:宗盟、委質、納室、詛咒、卜筮和其他等六類,最多的是宗盟和委質類。1980年代,河南溫縣又出土了大批盟書,據報導數量有萬片之多,與侯馬盟書在文辭格式和字形上小有區別。

侯馬盟書的絶對年代尚無論定,大約在春秋晚期前後。盟書文字與通行的晉系文字大體一致,由於是墨書,也體現出"丁頭鼠尾,形似蝌蚪"的獨特書寫風格。一字異寫,形態多變,是盟書文字的顯著特點,如"嘉"字有一百多種寫法,"敢"字有九十多種寫法。侯馬盟書文字的實際使用情況,張頷曾總結為以下幾點:(1)偏旁隨意增損;(2)部位遊移,繁簡雜側;(3)義不相干,濫爲音假;(4)隨意美化,信筆塗點。② 這些用字現象發生在同一地區和同一類别的材料中,反映出當時文字體系正經歷着劇烈的變動,預示着戰國文字異形普遍發生的不可避免。本片盟書圖版和摹本選自《侯馬盟書》"宗盟類"五·一九四:四。

[釋文]

症而敢不闢其返(腹)心[1],以事其宗,而敢不盡從嘉之明(盟),定宫、平時之命[2],而敢或𧰼(變)改[3]助(宣)及免(换)卑(俾)不守二宫者,而敢又(有)志復趙尼[4]及其子孫、冼痋之子孫、冼直其子孫、䢬(通)趹之子孫、史醜及其子孫、司寇䝢之子孫、司寇結及子孫于晉邦之墜(地)者,及群虖明(盟)[5]者,虞(吾)君其明亟(殛)覎(視)之[6],麻夷非是[7]。

---

① 該書未署實際作者名字,2006年山西古籍出版社出版了《侯馬盟書》(增訂本),著者署名爲張頷、陶正剛和張守中。
② 張頷:《侯馬盟書叢考續》,《古文字研究》第一輯,北京,中華書局1979年版。又見《侯馬盟書》(增訂本),第94—96頁,太原,山西古籍出版社2006年版。

[注釋]

[1] 閈其遉(腹)心:"閈",讀作"判"。"遉",讀作"腹"。"判其腹心"猶《左傳》宣公十二年之"敢布其腹心",意謂敞開心腹,誠心誠意。

[2] 定宫、平阺之命:"定宫",周定王的宗廟。"平阺",即"平畤",周王朝近畿的城邑。命,賜命。①

[3] 䜌改:"䜌"從"弁"省,是"變"字異文。

[4] 趙尼:張頷認爲即晉趙稷。②

[5] 虖明:讀作"呼盟"。

[6] 其明亟(殛)睍(視)之:盟誓之辭。"亟",讀"殛",誅殺,《左傳》僖公二十八年:"有渝此盟,明神殛之。""睍","視"之異文,鑒察。

[7] 麻夷非是:讀作"滅夷彼氏",盟誓之辭,即《公羊傳》襄公二十七年之"昧雉彼視"。③

---

① 張頷:《"侯馬盟書"叢考》,原載《文物》1975 年第 5 期;又見《張頷學術文集》,第 78—79 頁,北京,中華書局 1995 年版。
② 張頷:《"侯馬盟書"叢考續》,原載《古文字研究》第一輯;又見《張頷學術文集》,第 91—93 頁,北京,中華書局 1995 年版。
③ 朱德熙、裘錫圭:《戰國文字研究(六種)》,原載《考古學報》1972 年第 2 期;又見《朱德熙古文字論集》,第 31—32 頁,北京,中華書局 1995 年版。

附録：古文字常用工具書簡介

古文字學習和研究都需要吸收已有成果，各類工具書是不同時期古文字研究成果的總結，善於利用工具書可以收到事半功倍的效果。古文字工具書古已有之，如東漢許慎的《説文解字》可以説是最早的一部古文字工具書。近代以來，隨着古文字研究不斷發展並取得重大進步，新的古文字工具書不斷湧現，種類也非常豐富。下面選擇若干古文字常用工具書分類作一簡單介紹，以供學習古文字參考。

一　甲　骨　文　類

1.《甲骨文編》　孫海波編，1934 年哈佛燕京學社出版。石印綫裝五册，共十八卷。正編十四卷、合文一卷、附録一卷、檢字一卷、備查一卷。有唐蘭、容庚、商承祚《序言》三篇及《自序》和《凡例》。此書選自 1933 年前著録出版的甲骨文墨拓本，每字照原形摹録，注明所録書之卷頁片號。按《説文》分部之順序編排。共收單字 2 116 字。其中已釋 1 006 字，未釋 1 110 字。1965 年中華書局出版修訂本，影印精裝一册。題爲"考古學專刊乙種第十四號"，由中國科學院考古研究所編輯。有《編輯序言》、《編輯凡例》。正編十四卷，合文一卷，附録分爲上下二卷，上卷收已釋尚有爭議之單字，下卷收改訂和新增之單字。附有《引書簡稱表》和《檢字》。全書共收單字 4 672 字，正編 1 723 字，見於《説文》者 941 字。合文 370 個，附録 2 949 字。

2.《新甲骨文編》　劉釗、洪颺、張新俊編纂，福建人民出版社 2009 年出版。該書以收商代甲骨文爲主,兼及西周甲骨文。主體由正編、合文、附錄三部分組成。正編按照《説文》一書順序排列,不見於《説文》的字則按偏旁部首附於相應各部之後,合文部分專收合書字例,附錄部分收錄構形不明、難以隸定的字。字形均采用電腦處理,商代甲骨文截取圖片,經黑白翻轉處理,西周甲骨文經人工摹寫後掃描成電子文本。字頭下收字多的,以清晰、典型之字例爲首選,同時兼顧不同類組和各種異體。字例排序吸收了當前甲骨斷代分類分組的研究成果。字形考訂盡可能吸收學術界最新的研究成果。本書的資料來源爲《甲骨文合集》、《英國所藏甲骨集》、《小屯南地甲骨》、《懷特氏等收藏甲骨集》、《甲骨文合集補編》、《殷墟花園莊東地甲骨》以及其他的甲骨著錄書;西周甲骨文則以周原所出甲骨爲主。

3.《甲骨文字典》 徐中舒主編,常正光、伍仕謙副主編,彭裕商等編纂。是書於1979年着手編纂,1988年由四川辭書出版社出版。字典所收字形均據諸書所著錄拓本之原形摹寫。入錄之字一般以具有典型特徵寫法之字形爲主,凡與典型字形相同或相近的則不錄或少錄,根據通常的五期斷代法予以分期。各字均按《説文》分部別居,並冠《説文》篆文於每字之首以資醒目,《説文》所無之字,均附於各部之後。每字下先出字形,再解字,後釋義。解字欄中考釋的文字,其內容如屬學術界早有定論者,則博采衆家之長,實事求是,分析審核,概括主旨,略引例證,以期説解之簡明。釋義之義項以解字所定之義訓爲據,參考卜辭實際用例,分列義項舉出卜辭辭例且加隸定説解之。字典充分吸收了當時學術界的新成果,有些釋字見解獨到。但也有不足,如所摹字形間有訛誤,收字亦有遺漏等。

4.《甲骨文簡明詞典——卜辭分類讀本》 趙誠編著,1988年由中華書局出版。該書體例新穎,別具一格。全書按照殷商卜辭的記載以及那個時代的語言現實,將全部內容分爲26類:上帝和自然神、先公和祭祀對象、先王、舊臣、祖父兄弟子、妣母女婦、配偶之稱謂、侯伯職官、軍隊、地名、方國等。每一類收入若干個在意義上相互聯繫的詞語。所釋的每一個詞都列出了甲骨文字的寫法,在釋詞時都根據義項一一列出有關刻辭,每條刻辭都先列出甲骨文字的寫法,然後附以楷書釋文,必要者附以今譯。

5.《甲骨文虚詞詞典》 張玉金著,1994年由中華書局出版,全一册。所依據的材料是殷商時代的甲骨文和金文。全書收有單音虛詞60多個,還收入了一些複合虛詞和由虛詞構成的固定格式,是第一部比較全面地反映殷商後期語言中虛詞面貌的著作。此書收詞的範圍以及對每個詞的意義和用法的解釋,都比較全面,對以往舊說取捨比較恰當。

6.《殷墟卜辭綜類》 島邦男編著,日本汲古書院1967年初版,1971年增訂再版。全書包括自序、凡例、總目次、部首、本文目次、本文和附錄等幾個部分,附錄則由五期稱謂、世系、先王先妣祀序、貞人署名版、通用・假借・同義用例、帝辛時甲日祀譜等構成。該書收錄甲骨著錄材料從最早的《鐵雲藏龜》到當時新出的《小屯・殷虚文字丙編》等共63種。以甲骨文單字爲字頭,兼及部分複音詞,每字下盡可能收錄其辭例,檢索一字或詞,就可查閱其全部辭例,極爲便利。該書在甲骨文部首歸類、辭例分類處理以及製作各種附錄等方面都頗有新意。

7.《殷墟甲骨刻辭類纂》 姚孝遂主編,肖丁副主編,何琳儀、吳振武、黄錫全、曹錦炎、湯餘惠、劉釗編輯,中華書局1989年出版。該書包括部首表、序、凡例、字形總表、親屬稱謂表和類纂,以及附錄性質的卜辭世系表、貞人繫聯及分組表、貞人統計表和部首、筆劃、拼音檢索等。該書受島邦男《殷墟卜辭綜類》影響,參照其編寫體例和方法,分字詞收錄甲骨辭例,材料取自《甲骨文合集》、《小屯南地甲骨》、《英國所藏甲骨集》、《懷特氏等所藏甲骨集》等。與島邦男之書相比,該書取材於更新的甲骨整理著錄和新發現公布的材料,吸收了甲骨文研究的新成果,每字或詞頭所屬辭例收錄更全且各條都附釋文,檢索便利,適應了中國學者研究甲骨文的需求。

8.《甲骨文字集釋》 李孝定編述,臺灣中研院歷史語言研究所專刊之五十,1965年出版,1970年再版。該書依孫海波《甲骨文編》等書體例而更加增廣,博采衆家考證甲骨文字之說,而後定以己見。正文收字按照《說文》分部,始一終亥,分爲十四卷。卷首一卷,包括序言、凡例、目錄、索引、引書簡稱表、後記等;另附補遺一卷,收錄正文遺漏之字;存疑一卷,收錄各家所釋而未成定論之字;待考一卷,收錄不可識之字以待考證。正文每字之下先列該字各種異體,次舉各家異説並詳注出處,最後別出按語,提出作者意見。屈萬里爲此書作序評價説:自甲骨發現六十六年來,"今陸琦此書出,既可爲初學者升堂之階,又足爲續學者商兑之資。奇字異體並陳,得比勘之便;定論歧説駢列,省檢索之勞"。

9.《甲骨文字詁林》 于省吾主編,姚孝遂按語編撰,編纂者肖丁、王貴民、王宇信、謝濟、何琳儀、吴振武、湯餘惠、劉釗等。1973年籌劃醖釀,制定原則,1974年開始資料的搜集整理,1975年確定編寫體例及分工,初名爲《甲骨文字考釋類編》,後改名爲《甲骨文字詁林》。1992年完成定稿,資料收集到1989年。1996年由中華書局出版。該書是繼李孝定《甲骨文字集釋》之後編纂的一部彙録諸家之説的著作,從甲骨文發現一直到1989年各時期各階段的研究成果基本收入。爲了突出歷史綫索,編者特將所收入的資料按發表的時間先後依次排列,可以讓讀者比較方便地看出,某一解釋最早是由誰作出的,此後是誰加以發展,又是誰加以補充、修訂或改釋的。《甲骨文字詁林》與《殷墟甲骨刻辭類纂》相配合,編輯體例亦同類,根據甲骨文字形形體結構的自身特點加以排列。檢索方便,有利於辨別字形構造關係,核查有關考釋之是非。

二 金 文 類

1.《金文編》 容庚編著,我國第一部系統全面的金文單字彙編。該書分正、續兩編,正編爲殷周金文,續編爲秦漢金文。集録金文以彝器款識爲主,兵器鏡鑑附焉。摹寫之字據拓本或影印本爲多。分別部居,略依許慎《説文》。正編十四卷。書前有羅振玉、王國維、馬衡之序和容庚自序,後有引用書目表、引用器目表及筆劃檢字表。《説文》所無之字而見於其他字書者,有形聲可識者,附於《説文》各部之末。圖形文字之未識者爲附録上;形聲之未識者,偏旁難於隸定者,考釋猶待商榷者,爲附録下。初版於1925年印行,正編收金文字頭1 382字,附録924字。因所收字頭未編號,故有不同的統計數字。第二版於1939年在香港商務印書館出版,共列字頭1 804個,增加了422個。第三版於1959年出版,共列字頭1 894個,增加了90個字頭。第四版於 1985 年由中華書局出版,由於容庚先生於 1983 年去世,此版由張振林、馬國權摹補完成,基本上收入了當時所有已著録和新出的金文形體以及各家新的研究成果,正編收録的金文單字已達 2 420 個,附録上圖形文字 610 個,附録下單字 741 個,三者相加共 3 771 字。該書開創了金文字編的編纂體例,取捨嚴謹,是金文字編的權威性著作。隨着新出材料的增多以及考釋文字工作取得的新成果,近年來,對新版《金文編》又有一系列訂補著作出現,如陳漢平《金文編訂補》(中國社會科學出版社 1993 年版)、董蓮池《金文編校補》(東北師範大學出版社 1995 年版)、嚴志斌《四版〈金文編〉校補》(吉林大學出版社 2001 年版)等。

2.《新見金文字編》 陳斯鵬、石小力、蘇清芳編著,福建人民出版社 2012 年出版。該書編次一依《金文編》,取材於 2000 年至 2009 年間新發表的商周金文,每個字頭下所收字形的選取考慮代表性,注明來源,選録辭例,並標明時代。字形材料皆采自電子化拓本或照片,不清晰的另附摹本。該書所收新材料齊備,注意吸收新的研究成果,與《金文編》及其訂補諸書,可配合使用。

3.《新金文編》 董蓮池編著,作家出版社 2011 年出版。該書收録商周到戰國時期金文,全書包括正文十四卷,按照《説文》部次編排,共收列金文 3063 號,合文 105 號,附録一收録圖形文字 838 號,附録二收録待考字 736 號;另附拓片引用書目、檢字表等。該書金文字形一律從拓片上剪切,照片不清晰的則附以摹本,所收每個字形都注明來源,同一字頭下各字形排列次序以時代先後爲次。該書所收金文材料時間下限截止於 2010 年,反映了金文研究的新成果。

4.《金文常用字典》 陳初生編纂,曾憲通審校,1987 年由陝西人民出版社出版。全書共收一千個常用金文單字,均是青銅器銘文中常見而音義也比較明確者。所收單字均按《説文》部首編排。每一字頭先列楷書,次列《説文》正篆,然後有選擇地羅列各種不同的金文形體並按時代先後排列。對金文的解釋首先是"析形",在剖析形體方面基本上吸收了各家考釋字形的重要成果,並從歷史演化的角度簡論形體演化的綫索。其次是"釋義",大體可分三個部分：(1) 列出《説文》對於正篆的解釋；(2) 通過"析形"探索造字本義；(3) 根據銘文用義結合文獻印證，分别設立若干義項逐一加以簡釋。與"析形"、"釋義"相輔的是注音。注音一般置於字頭之下，包括漢語拼音、同音字、反切以及該字上古音的韻部、聲紐和聲調。有的字用法或用義不同而音讀有别則隨釋義而另注音讀。

5.《金文大字典》 戴家祥主編，馬承源副主編，潘悠、王文耀、沃興華編纂，上、中、下三册，十六開精裝，1995 年由學林出版社出版。爲了保持金文的本來面目，此書的金文字頭均根據銘文拓片輯録影印，力求清晰完整，也收了少量局部殘泐而仍可辨其形體結構的字頭。此書《凡例》説："考釋僅收録被學術界公認的、比較可從的最早的一家之説。擇從的原則是：第一，辨形正確無誤；第二，審音合乎上古音理；第三，釋義不背雅訓。如三者備其二，也收入之，以備一説。"

6.《簡明金文詞典》 王文耀編著，1998 年上海辭書出版社出版。詞典選收商周青銅器銘文中常用單字和複詞，兼收器銘中出現的重要人物和典章制度等，共 1 975 條。對於一些疑難詞，作者或權衡衆家之説後，遴選一家比較可靠的説法，或提出自己的看法。該書從語言的角度，所收二字至四字組成的詞語較多，對讀者理解銘文文意有相當益處。

7.《金文詁林》 周法高主編，張日昇、徐芷儀、林洁明編纂，1975 年香港中文大學出版。此書以容庚增訂本《金文編》三版爲據，仍照《説文》次序編排，分卷一至十四，共收 1 894 個字頭。圖形文字列爲附録上，不識之字列爲附録下。編者指出："附録之字，亦有可改入正編者；正編之字，亦有誤釋者，今不改其次序，但於當字下注明。"字頭後有周法高、張日昇、林洁明按語。由於附録部分延期完成，故《金文詁林》僅有正編部分。《金文編》不收宋人著録之器，《金文詁林》則據郭沫若《兩周金文辭大系考釋》收入《金文編》所未收者 52 器，逐字編成索引，附於每字之後。《金文編》於每一字頭下絕大多數僅列字形，極少有文句，《詁林》皆一一補足。《詁林》於每一字頭下所收入的銘文文句，綜合起來，可以作爲一部青銅器銘文檢索來使用，甚便讀者。

8.《金文詁林附錄》 李孝定、周法高、張日昇編著。本是《金文詁林》的附錄，應該附在《金文詁林》之後一同出版，由於延期完成，於 1977 年由香港中文大學另行單獨出版。此書根據容庚《金文編》第三版，其"圖形文字之不可識者爲附錄上"，共 562 文，編號爲 2001 至 2571。其"形聲之不可識者，考釋猶待商榷者爲附錄下"，共 638 文，編號爲 3001 至 3642。《金文編》三版的附錄上下，沒有編號、不舉文句，核查及説明皆相當不便，《詁林附錄》則逐一編號、詳列文句，頗有益於讀者。這一辦法，《金文編》四版已經采用。

9.《金文詁林補》 周法高完成了《金文詁林》和《金文詁林附錄》之後，於 1978 年春回到臺灣，繼續編撰《金文詁林補》，"歷時三年半而書成"，作爲臺灣中研院歷史語言研究所專刊之七十七，於 1982 年出版。該書增錄新出銅器銘文七百餘通，增收三百餘字。新材料、新考釋爲多。正編所收日本學者研究成果較少，補編則增收了不少。周氏在《詁林補》中所作的按語比在《詁林》中所作者要多，這些按語大多僅據音理，不大注意文字形體結構。

三　戰國文字類

1.《戰國古文字典》 該書全名是《戰國古文字典——戰國文字聲系》，全二册，何琳儀著，中華書局 1998 年出版。該書分正編、補遺、合文、附錄四部分。正編依上古韻部繫字，凡二十二部，每韻之下依上古聲紐繫字，凡十九紐。如作者所言"以韻部爲經，以聲紐爲緯，以聲首爲綱，以諧聲爲目。兼及分域，排列戰國文字字形"。該書以字形爲主，兼及字義、詞義，並從文字學、語音學的角度分析古文字字形結構，對各種戰國文字資料進行了全面的收集和整理，有許多著者的研究心得，是一部很受歡迎的戰國文字研究工具書。

2.《戰國文字編》 李學勤顧問，湯餘惠主編，賴炳偉副主編，徐在國、吳良寶編纂，福建人民出版社 2001 年出版。該書以收戰國時期文字字形爲主，包括銅器、兵器、貨幣、陶器、璽印、封泥、刻石、金銀器等各類器物銘文及竹簡、帛書文字。同時酌收少量春秋晚期和秦代文字，力求完整地反映戰國文字的全貌。主體由正編、合文、附錄三部分組成。正編按照《説文解字》一書順序排列,不見《説文解字》的字,按偏旁部首附於相應各部之後,合文部分專收合書字例,附錄部分收錄構形不明、難以隸定的字,以待研究考索。爲避免字形失真,字形大多爲原大複印。戰國文字的地域性特點十分突出,該書按照目前學術界廣爲通行的秦、楚、三晉、齊、燕五系文字分域法對所收字例略加甄別。該書選用資料截止於 2000 年。正編所收字目 5 618 條,字形 18 288 字,合文所收字目 388 條,字形 635 字,附錄所收字目 959 條,字形 1 113 字,基本上反映了戰國時期的文字面貌。

3.《古璽文編》 故宮博物院編,文物出版社 1981 年出版。該書是在羅福頤的《古璽文字徵》基礎上編成,全書共收 2 773 字,其中正編 1 432 字,合文 31 字,附錄 1 310 字。該書所用資料爲故宮博物院所藏古璽,有關單位所藏部分古璽的打本,《文物》、《考古》雜誌所發表的 1950 年代後新出的古璽,以及編者所見到的傳世印譜中著錄的古璽印。所收各字以同文異體爲主,均采用照相複製。該書所用資料另編爲《古璽彙編》(文物出版社 1981 年版),每字下的號碼,即《古璽彙編》内的古璽編號,兩書應結合使用。歸字順序悉依《説文解字》。然是書出版年代已久,釋字多有錯誤,吴振武的《〈古璽文編〉校訂》(吉林大學博士學位論文,1984 年;人民美術出版社 2011 年版)和施謝捷的《古璽彙考》(安徽大學博士學位論文,2006 年)等對此多有訂補修正。

4.《先秦貨幣文編》 吴良寶編纂,福建人民出版社 2006 年出版。該書收錄先秦時期的貨幣文字,主要是春秋戰國時期金屬貨幣上所鑄造或鈐刻的文字,兼及少量鑄範上的文字,由正編、合文、附錄三部分組成。正編部分分爲十四卷,收錄已釋或可以隸定的貨幣文字,字頭排列以《説文》大徐本爲序,不見於《説文》者,則附於相應各部首之後。正編部分的歸字,吸收了學術界大量的新成果。每一字頭下收錄的字形,按照先春秋後戰國的時間順序排列,大致上春秋時期的平肩、聳肩、斜肩空首布與早期尖首刀文字最先排列,戰國時期的貨幣文字則先列尖足布、橋形布、尖首刀、齊刀幣等,後列方足小布、燕明刀、圓錢、楚布幣、齊明刀、直刀幣等。是書收錄的字形,儘量采用原拓掃描録入,部分資料見不到原拓的則采用了摹本。

5.《古陶文字徵》 高明、葛英會編著,中華書局1991年出版。據編輯序言,《古陶文字徵》與《古陶文彙編》(中華書局1990年版)爲姊妹篇,都是爲研究先秦陶器文字編纂的專書。《古陶文彙編》搜集了商至秦代的陶器文字拓本,總計2 700餘目,是先秦陶文資料的總彙。《古陶文字徵》是在《古陶文彙編》的基礎上輯錄而成的,一是將先秦古陶文字纂集成便於查尋的古陶文字彙;二是對未識古陶文字作進一步的研究與考證。該書共收陶文1 823字,其中正編1 196字,合文64字,附錄563字。所收陶文以同文異體爲主,皆爲臨摹,拓本字跡不清者,概不入錄。每一字下,首列該字出處,其下抄錄該字所出陶文的全辭,對該字如有考釋或説明,復列於後。該書以部首歸字,部首編次采用《康熙字典》部首排列次序。

6.《陶文字典》 王恩田編著,齊魯書社2007年出版。該書取材於作者所編《陶文圖錄》(齊魯書社2006年版),采用拓本基本上保持原大,個別字經縮小。除朱書、墨書外,原則上不收摹本。該書祇收戰國陶文或極少量的春秋陶文,兼收秦代陶文,並在秦代陶文的右上角加三角符號以示區別。按《説文》部首編排,見於《説文》者,欄上附以篆書,欄下附以楷書;不見於《説文》者,僅附楷書,並盡可能地注出通用漢字。未能釋出的字入附錄。部分字下附簡要考釋及首位考釋者,異説附於其後以備參考。書後附索引。

7.《古陶字錄》 高明、涂白奎編著,上海古籍出版社2014年出版。全書分爲三編,第一編《單字》,收錄可識字(含少量隸定字)字頭1580餘;第二編《合文》,收錄合文34種;第三編《附錄》收錄不識字521。該書的編纂取材,除利用已出版的著錄書與字典類工具書外,又盡可能地檢閱各種相關的期刊雜誌,以保證資料的完備。收錄年代範圍由商至秦。所錄字一般據拓本用電腦掃描後作反色處理;於字形殘缺模糊過甚者不予收錄,若筆劃略有殘缺模糊者,在保證字形準確的基礎上予以補描,以求字形的清晰和美觀。舊時摹本中有構形較爲希見,於考其年代及地域特徵有重要價值者酌情予以收錄。該書各編所錄字下出注3種:出土地域、原著錄書簡稱及卷數編號或頁碼、年代。直接在字形下標注出土地域,可節讀者翻檢之勞,並且便於讀者和研究者對比瞭解不同地域陶文在構形上的異同,爲學界近年來關注的古文字分域研究提供借鑒。

8.《傳抄古文字編》 徐在國編,綫裝書局 2006 年出版。傳抄古文是指漢以後歷代輾轉抄寫的古文字(主要指戰國文字)。作者認爲傳抄古文應分爲篆體和隸定兩部分,該書所説傳抄古文主要指篆體。該書所收傳抄古文資料自漢至金,以傳世字書爲主,兼收碑刻、墓誌、墓磚中的傳抄古文。正編字頭用繁體,大致按照《説文》一書順序排列。所録字形,多采用複印剪貼,以存其真。每一字頭下字形的排列,大致按時代先後爲序。傳抄古文對考釋古文字有重要參考價值,該書資料翔實,檢索傳抄古文甚爲便利。

9.《吴越文字彙編》 施謝捷編著,江蘇教育出版社 1998 年出版。該書分爲三編,中編是編者搜集到的全部吴越文字資料的圖版(除岣嶁碑和少數石器銘文外都是銅器銘文),所有拓本都附有編者所作的摹本;下編是文字說明,包括中編所收各器銘文的釋文,各器出土、收藏和著録情況以及簡明扼要的考釋;上編是以中、下二編爲根據而編成的吴越文字編,彙集作者所見的所有吴越文字。收字不避重複,計收可識或可隸定單字 432 字,合文 4 例,附録存疑字 143 字,重文及部分殘字歸入相應字欄,殘闕過甚者一般不予收録。分部別居,略依許慎《説文》,《説文》未載而見諸其他字書者、形可隸定者附於各部之末。書末附有《引用論著目録》、補遺。

10.《楚系簡帛文字編》(增訂本) 滕壬生編纂,湖北教育出版社 2008 年出版。該書是在 1995 年湖北教育出版社出版的作者所著的同名著作基礎上重新進行編撰的。該書引用資料如下:長沙五里牌竹簡、仰天湖竹簡、常德夕陽坡竹簡、江陵天星觀竹簡、雨臺山竹律管墨書文字、馬山竹簡、江陵磚瓦廠竹簡、秦家嘴竹簡、范家坡竹簡、滕店竹簡、荆門包山竹簡、信陽竹簡、曾侯乙墓竹簡、長沙子彈庫楚帛書、江陵望山竹簡、九店竹簡、荆門郭店楚墓竹簡、上海博物館藏戰國楚竹書(一)(二)。收録楚系簡帛文字字頭 4 621 個,總計字形 49 054 個,分編爲單字、合文、附録三個部分。字頭排列以《説文》大徐本爲序。每一字下皆注明出處,並附辭例。所用字形一類是照片掃描或照片複印件,另一類是摹本。該書收録資料較爲全面,有些是未曾公開著録的材料。

11.《楚文字編》 李守奎編著，華東師範大學出版社 2003 年出版。該書收錄 2000 年之前公布的楚文字材料，包括銅器、貨幣、簡牘、繒帛、古璽以及在其他各種器物上的鍥刻、墨書、漆書、烙印等文字，曾侯乙墓中出土的曾國文字也一並收入。全書包括正編、合文、附錄。每一字頭下收字兼顧形體差異與使用頻率。凡已著錄公布的材料，儘量用拓本或照片複印剪貼，以存其真。字頭排列以《說文》大徐本爲序。每一字頭下文字的排列，首先據載體材料分爲銅器、貨幣、簡牘、帛書、璽印和雜項六類依次排列，同一載體中的同一形體，略依時代先後爲序。與小篆結構不同的異體字不避重出，依其古文隸定之部首，歸入所屬各部，依其部首、字義，列於篆書字頭之下。字下或間出按語。釋字博采衆家之說，一般不詳注出處。

12.《望山楚簡文字編》 程燕編著，中華書局 2007 年出版。由於原簡照片不夠清晰，該書收錄字形源自《望山楚簡》(中華書局 1995 年版)中的摹本。字編由單字、合文、存疑三部分組成。單字凡 500 字，按《說文》十四部順序排列，不見於《說文》者，附於相應各部之後。合文凡 11 例。存疑字凡 59 字。每字形下注明了墓號和簡號，附有辭例，甚便讀者。文字的隸釋吸收了學術界的最新研究成果。

13.《包山楚簡文字編》 張守中撰集，文物出版社 1996 年出版。該字編收錄文字選自《包山楚簡》(文物出版社 1991 年版)一書。分編單字、合文、存疑字、殘字四部分，卦畫附錄於後。入選單字凡 1 442 字，重文 3 088 字，分別部居略依許慎《說文》。凡《說文》已有之字，字頭以小篆書寫，《說文》所無之字，以楷體隸定。入選合文凡 28 例，重文 80 例，依筆劃簡繁排序。入錄存疑字凡 118 字，各字之下錄詞例、句例以便研究。入錄殘字凡 30 字。

14.《郭店楚簡文字編》 張守中、張小滄、郝建文撰集，文物出版社 2000 年出版。該字編收錄文字選自《郭店楚墓竹簡》(文物出版社 1998 年版)一書，分編單字、合文、存疑字、殘字四部分。收錄文字選取典型字例，重複字形詳作統計，注明重見例數。入選單字凡 1 226 字，重文 2 411 字，分別部居依許慎《說文》，凡《說文》已有之字，字頭以小篆書寫，附注楷書釋文，《說文》所無之字，字頭以楷體隸定。入選合文凡 21 例，重文 11 例，依筆劃簡繁排序。入錄存疑字凡53字,重文11字,各字之下錄詞例、句例以便研究。審釋文字,兼采各家之説。

15.《新蔡葛陵楚簡文字編》 張新俊、張勝波著,巴蜀書社2008年出版。該字編文字均來源於《新蔡葛陵楚墓》(大象出版社2003年版)一書。字編采用窮盡式收集的方法,凡是在新蔡楚簡中出現的文字,不計出現頻率多少,全部收錄,形體殘損模糊無法識別者,暫不收錄。正文部分,見於《説文》者,按大徐本順序排列,首出小篆隸定,其次爲小篆;同一字頭下的異體字則給出隸古定並分行排列;《説文》所無之字,則直接以其隸定爲字頭;無法隸定的文字歸於附錄。字編中與小篆結構不同的異體字不避重出,依隸定部首歸於所屬各部,並以音義爲依據歸在相應小篆之下。

16.《上海博物館藏戰國楚竹書(1—5)文字編》 李守奎、曲冰、孫偉龍編著,作家出版社2007年出版。該字編收錄《上海博物館藏戰國楚竹書(1—5)》(上海古籍出版社2001年至2005年版)所有文字及標點符號。《香港中文大學文物館藏簡牘》所錄十支楚簡與上博竹書多係同一批材料,其中有1—5册中的殘簡,也一併收錄。每一字頭下所收重文、異體分行排列。每一字頭下所收同一類形體依上博簡册序、篇序、簡序排列。字頭依大徐本《説文》次第爲序排列。字形排列不考慮假借字,其用法在按語和所附釋文中注明。字下間出按語,對其形、音、義做簡略説明。爲便於讀者了解辭例,字編後附有兩套釋文:一套以表現文字構形與釋字爲主,釋文之隸定與正編基本一致,釋讀以括注的形式表示;第二套釋文是以現行通用字轉寫,簡序做了重新調整,反映了作者對竹書章節段落和文意的理解。通過歸字和重出的形式,表達竹書文字之構形以及與《説文》小篆的對應關係,以按語和釋文的形式表示文字的音讀用法。

四 秦漢文字類

1.《睡虎地秦簡文字編》 張守中撰集,文物出版社1994年出版。該編收錄文字選自《睡虎地秦墓竹簡》(文物出版社1977年版)一書。入選文字凡1763字,重文2138字,分別部居依許慎《説文》。入錄合文12例,重文6

例,收於卷末。異體及通假字據《睡虎地秦墓竹簡》釋文作注,並選錄詞例或句例。字形爲臨摹本,且較原字略作放大。

2.《馬王堆簡帛文字編》 陳松長編著,鄭曙斌、喻燕姣協編,文物出版社2001年出版。該書彙編馬王堆漢墓出土的帛書、竹簡(包括遣策、醫簡和木牌)文字,計有帛書44種,遣策722支,醫簡200支,木牌101塊。此外一些無法綴合的帛書殘片中較清晰的字亦酌情收入。字編以筆劃清晰、形體特徵鮮明爲録入原則,在同一字頭下,以字體的演變先後爲序排列,凡字形相同者,祇取一個爲代表,凡構形有差異者,則儘量録入。爲便於檢索和比較,凡異體字都歸於同一字頭之下,另起一行排列。全書分單字、合文和附録三部分,其中附録爲存疑字。共收單字3 226個,重文9 566個,合文15個,存疑字39個。字頭嚴格按照原物照片取樣,然後經電腦處理統一大小,不添不改,儘量讓字形保存原形原貌。分別部居一依許慎《說文》,釋文以定論爲準,間采各家之說。

3.《銀雀山漢簡文字編》 駢宇騫編著,文物出版社2001年出版。該編所收文字均録自《銀雀山漢墓竹簡》(文物出版社1985年版)一書,分單字、殘字、合文、待識字四部分。凡原簡文字形體完整或形體少殘而有文字比堪能確認者一律收録,凡形體殘缺一半以上者一律不收。因原簡照片字跡印刷效果不佳,故採用原書所附傅熹年的摹本,並較原字放大1.6倍。正文收單字1 368字,重文11 908字。依《說文》分別部居,分14卷編排。所録文字如用作通假字者,一律附於該字正字之後另行編排,並注明簡號、例句、書名、篇名;所録文字如爲某字之異體、古體、省體等,均隨正字之後另行列出,並加注解。

五 古文字綜合類

1.《古文字詁林》 李圃主編,上海教育出版社1999年出版,全十二册。該書是一部彙録上自殷商下迄秦漢的甲骨文、金文、古陶文、貨幣文、簡牘文、帛書、璽印文和石刻文八種古文字考釋成果的工具書。每册前設楷篆對照部首表、部首檢字表和筆劃檢字表。參照《說文》部首順序排列字頭,《說文》所無字之考釋資料則依部首筆劃順序另行分册排列。首列單字隸定楷書字頭,字頭旁加注篆書,字頭下依次收錄字形和考釋資料。字形部分錄自八大類有代表性的古文字字形編著作,一經采錄,不加取捨,以存原貌。考釋部分所錄以各家關於古文字本體形音義考釋内容爲主,兼及用法的闡釋。有些考釋資料其結論雖承繼前人,但在論據論證方面有所發明的,則酌加收錄。凡超出該書範圍,或僅重複前人結論的考釋資料,則不予收錄。所錄考釋資料原則上依出版時間先後排列,資料前冠以作者姓名。所錄考釋資料截至 1997 年底。書後附八類待考古文字字表。

2.《古文字類編》(增訂本) 高明、涂白奎編著,上海古籍出版社 2008 年出版。該書是在舊本《古文字類編》(高明編,中華書局 1980 年第 1 版)基礎上增訂而成。分爲三編:第一編古文字(單體文字),分爲四欄,第一欄爲商周時代的甲骨文,第二欄爲商周時代的金文,第三欄爲春秋戰國時代的竹簡、帛書、璽印、石刻、符節、盟書、泉貨文字等,第四欄爲秦篆。舊本第一編收單字 3 056 字,增訂本檢字表中收錄包括别體在内可供檢索字增至約 5 954 字,較舊本補充近倍。第二編爲合體文字,合體文盛行於商周時期,延續至秦即被淘汰,故此編僅分爲三欄,舊本收 304 種,增訂本收合文 565 個。第三編爲徽號文字,多是由一個或幾個單字組合而成,字形皆較古老,僅出現在商代和西周,故此編僅分二欄,舊本共收 598 種,增訂本將此編改爲未識徽號文字,共收 411 個。增訂本基本上涵納了近年考古所見新材料和古文字學界研究的新成果。

3.《漢語古文字字形表》 徐中舒主編,漢語古文字字形表編寫組編,1981 年四川人民出版社出版,2010 年由中華書局重新出版發行。該書是爲編纂《漢語大字典》而作的準備工作。目次包括:徐中舒作序、凡例、正文一至十四卷、檢字表、引用參考書目。本字表的甲骨文、金文字形的取材,主要參考《甲骨文編》、《金文編》,保留其中所有不同的典型形體。所收的古文字以音義明確的爲限,共收列甲骨文、金文、戰國文字的字頭約三千個。《説文》所有的,以小篆爲字頭;《説文》所無的,則寫成楷書並注明所見之字書;不識者一律不收。各家考釋有分歧的,斟酌情況擇善而從。字表分三欄排列,次序爲殷、西周、春秋戰國。字形排列,既有形體演變的對應關係,又依時代先後爲序,不受甲骨文、金文、竹簡帛書及其他種類的限制。對甲骨文、金文的斷代,主要根據董作賓、郭沫若的説法,也參照其他一些專著。表中選用的古文字字形約一萬多個,絕大多數從原拓本或原件照片上摹取,有些字由於版面的需要而放大或縮小。

4.《秦漢魏晉篆隸字形表》 《漢語大字典》字形組編,四川辭書出版社1985年出版。該字表是《漢語古文字字形表》的續編,收列的篆隸字形從秦代至西晉止。字形資料的采用,以已發表的帛書、竹木簡和現存的碑刻爲主,銅器、印璽、磚瓦等器物上有助於反映漢字歷史演變的字形,也擇要收列。字表按文字發展的歷史層次分爲三欄排列:第一欄爲秦,第二欄爲西漢,第三欄爲東漢魏晉。字形的排列,既要顯示形體演變的對應關係,也要照顧時代先後的次序,不受簡、帛、金、石等種類的限制。收列的字形,以見於字書和音義明確的新字爲正編,音義不能確定或已有考釋但還有待商榷的字,則編爲附録。字頭按《説文》順序排列,字形所在的文句,一律依字頭和字形的順序摘抄在全表之後。

5.《古文字通假字典》 王輝編著,中華書局2008年出版。該書收録殷商至漢初的甲骨文、金文、貨幣、璽印、陶文、石刻、盟書、帛書、竹木簡牘等古文字材料中的通假例證,資料發表時間的下限爲2004年底。通假例證儘量采用公認的説法,慎加選擇,寧缺毋濫。古文字通假,特別是戰國至秦漢之際簡牘通假,異説甚多,該書祇取作者認爲理由較充分的一説,而不備列衆説。該書正文按下字(即讀爲字)古韻順序排列,同一韻部之内,再按聲母順序排列,以韻爲經,以聲爲緯。所用韻部爲王力《古代漢語》所列之十一類三十部,聲母大體依照王力《同源字典》所列,分五大類,七小類,共三十二個聲母。正文條目古文字注明其上古聲紐、韻部及漢語拼音,其依據爲唐作藩《上古音手册》,唐書所無之字,或依後代字書、韻書推其古音。

6.《戰國秦漢簡帛古書通假字彙纂》 白於藍編著,福建人民出版社2012年出版。該書是在作者《簡牘帛書通假字字典》(福建人民出版社2008年版)基礎上增訂而成,取材資料有楚帛書、信陽簡、郭店簡、九店簡和上博簡(1—7)以及秦漢簡帛古書的通假字材料。正文以韻部爲綱，依照陳復華、何九盈《古韻通曉》分作三十部編排，同一韻部之字，按所屬聲系編排。不同聲系之字，再按《古韻通曉》的聲母排列次序排列。通假例證儘量采用公認的説法，慎加抉擇。書末附有條目索引和筆劃檢字表。

7.《古文字譜系疏證》 黄德寬主編，参與撰著的有何琳儀、徐在國、郝士宏、陳秉新、王藴智等，商務印書館2007年出版，全四册。該書以聲符爲核心構建形聲譜系，再以"音"繫聯，將形聲譜系按古韻部和聲紐編列構建廣義譜系，對每一字羅列古文字不同階段之典型字形編成形體流變表譜，然後逐字分析字形，闡釋用例，予以疏理證説，在此基礎上對同聲系内部具有親緣關係的同源字進行考辨確認。該書比較全面地揭示了古文字階段漢字體系内部字際關係，分層次構建了古代漢字因發展沿革而形成的廣義譜系，爲進一步揭示漢字發展演變規律奠定了基礎，是目前古文字學界最新的一部綜合性工具書。

六　傳統古文字書

1.《説文解字》 簡稱《説文》，東漢經學家、文字學家許慎著，是書成於漢和帝永元十二年(100)到漢安帝建光元年(121)之間。《説文》是我國第一部按部首編排的字典，也是第一部系統研究古文字的著作。許慎根據篆書形體，創立了540個部首，將9 353個小篆分别部居，據形繫聯，成《説文解字》十四卷。卷末敘目别爲一卷，全書共有15卷。正文收字以小篆爲字頭，每字先列小篆形體，次解釋字義，再分析字形與字義或字音之間的關係。如有古文、籀文不同於篆文者，則隨後列出。在《敘》中許慎還闡述了漢字的形成和發展，對"六書"舉例作了界定，爲歷代傳統文字學研究者所尊崇。《説文》影響深遠，歷代都有學者研究，到清朝進入鼎盛時期，出現段玉裁《説文解字注》、朱駿聲《説文通訓定聲》、桂馥《説文解字義證》、王筠《説文釋例》和《説文句讀》等著名的研究注釋《説文》的著作。《説文》以及上述研究著作，依然是古文字研究的必備參考書。

2.《汗簡》 宋代郭忠恕撰。該書輯録《古文尚書》、《石經》、《説文》等

71種材料所保存的傳世古文而編纂成書，書前列有所據書目。書中每字之下列舉古文字形，注明出處，全書共收古文2962字，分爲七卷。《汗簡》的問世，是對宋以前傳世古文的一次全面整理和總結。《汗簡》對所收字，依據《説文》分540部排列，始一終亥。正文用古體，其下直接用楷書釋文，不作隸古定，釋文中有相當一部分是通假關係。收字不避重文，祇要字形不同，均在收錄之列。該書前人評價不高，尤其對它所收的衆多古文，學者大多持懷疑和否定的態度。近幾十年來，由於古文字的大量發現和研究的日益深入，其價值逐漸被人們認識到。將《汗簡》所徵引的材料與《説文》、《石經》及其他殘存的材料進行比較研究，學者們認識到，郭忠恕所收"古文"是從原始材料中輯出的。對原始材料中的"古文"篆體照錄，對隸古定體則依《汗簡》偏旁部首，參照《説文》、《石經》等變隸爲古。也就是説，郭氏書中所引材料，大都有其來歷，並非"影附詭托"之體和"主觀杜撰"之物。不過，這些"古文"在流傳中有不少訛錯。今天看來，《汗簡》的價值主要有兩個方面：(1)廣泛搜集了傳世"古文"，保存了一大批珍貴的古文資料。(2)《汗簡》所存"古文"均從具體材料中輯出且有對應的釋文，對古文字研究尤其是戰國文字研究具有參考價值。黄錫全的《汗簡注釋》(武漢大學出版社1990年版)，是一部根據古文字研究新成果注釋《汗簡》的著作，可供參考。

3.《古文四聲韻》 宋代夏竦撰，成書於宋慶曆四年(1044)。該書編纂曾經歷了數十年的積累，進行過"斷碑蠹簡"的全面搜集工作，是繼《汗簡》之後又一部用力頗深的古文字書。《古文四聲韻》首列所引書傳，自《汗簡》而下共97種，集古文字體約9000餘個，依照唐《切韻》按平(陰、陽)、上、去、入分爲五卷排列諸字，以便檢索。這是一部與《汗簡》性質相近的字書，其編纂主要是以備研究金石文字之需，保存了豐富的古文資料，所摹字形還可與《汗簡》相互校補。該書對古文字研究尤其是戰國文字研究很有參考價值。

後　　記

　　20世紀80年代初,古文字學還是一門不太受關注的學科。全國祇有幾所高校能開設古文字學課程,這方面的參考讀物也很難見到。1985年春季學期,我計劃爲中文系學生開設一門古文字學選修課,於是從1984年下半年開始着手撰寫古文字學講稿。爲了滿足教學需要,就將編寫的講稿和資料掃描複印發給學生參考,那就是這本《古文字學》最初的面世。這門課程開出後,意外地大受歡迎,於是就一直開下來,並且還受邀先後爲歷史系等相關專業開課。

　　編寫本教材時,主要考慮爲没有古文字基礎的學生和愛好者學習入門之用,力求簡潔明瞭,爲他們進一步學習古文字做一個基礎性準備。古文字研究在近三十年來有了重大進展,開設古文字課程的高校也逐漸多起來,還出版了裘錫圭《文字學概要》、高明《中國古文字學通論》等幾種古文字學教材。在歷年的講授過程中,根據古文字新的研究進展,我們對有關新材料也不斷加以補充,内容也因講授對象的變化而有所調整。雖然這本教材在校内曾經印發了幾次,個別章節也曾作爲單篇論文發表,卻一直未有公開出版的打算。目前,雖已有幾種古文字教材出版,有的教材也廣泛流行,但是尚不能滿足不同類型的學生和讀者的需求。學生在選修了古文字學課程後,認爲這本教材比較切合他們的實際需要,若能公開出版,也可使古文字教學和讀者多一種選擇，故建議我修訂出版。

由於編寫教材時技術手段落後，字形處理和古文字資料皆以手摹或配以複印圖片，而近年來不僅新的古文字資料層出不窮，研究成果極其豐富，處理古文字的技術手段也日新月異。現在要將這部教材整理出版，顯然必須適應這些變化，需要做大量的工作，如需要解決因技術原因沒能準確表現的字形和圖片，要增補新出的古文字資料並反映新的研究進展等。這些工作耗時費日，以致我遲遲未能啟動修訂工作。

這部教材能夠得以啟動修訂並完成相關工作，要感謝徐在國教授和劉秋瑞、夏大兆等博士生。他們不僅提議我整理出版這部教材，而且提供了許多幫助。如果沒有他們的協助，也許我根本抽不出時間來考慮這部教材的整理出版問題。

教材的整理工作從 2011 年 5 月開始，根據我提出的整理意見和要求，劉秋瑞、夏大兆同學主動幫助承擔了錄入和整理任務。劉秋瑞承擔第一到第五章的錄入工作，替換了各章全部手摹的古文字字形，並對原稿進行了仔細校對。夏大兆負責第六到第九章手稿的整理錄入工作。由於這幾章涉及的內容複雜，新出材料多，研究進展快，原稿已難以適應當前古文字教學的需要，因此，無論是相關基本知識的介紹，還是古文字材料的選擇，都需要做大量的增補修訂工作。夏大兆同學較好地完成了前期工作，為我進行最後修訂打下了堅實的基礎。此外，夏大兆還編寫了古文字常用工具書簡介，作為本書的附錄以方便學習者參考。2012 年底錄入整理工作相繼完成後，我請徐在國教授對教材提出意見。徐在國教授仔細地審閱了全稿，對書稿的修改提出了很好的建議，還幫助增補和替換了戰國璽印、陶文等部分材料。經過增補修訂後，在保持原教材基本風貌的同時，本書大體上能反映古文字學研究的新進展。

本書能在上海古籍出版社出版，有賴於吳長青先生、顧莉丹博士的積極推進和出版社的大力支持，尤其是顧莉丹博士不僅對書稿的編校付出艱辛勞動，而且還提出不少建設性意見，謹此一併表示由衷感謝！

最後需要説明的是，作爲一部教材爲讀者和學生提供準確而科學的知識是必須的，個人的研究心得雖然可以有所體現，但最重要的還是要全面客觀地反映本學科領域的學術進展，因此，本書盡可能地吸取和反映學術界新的研究成果。書中所引各家之説，一般皆隨文注明，一些爲學術界所公認的觀點和意見有時則未加詳注。借此機會，謹向各位學者和同道致以感謝之忱！本書疏漏之處定所難免，尚祈讀者批評指正，以俟來日進一步修訂更正。

黄德寬

2014 年 4 月 6 日

重 版 後 記

《古文字學》2015年出版以來,受到讀者的歡迎,出版社也重印了幾次。我們還從不同方面有幸獲得了讀者對本書的一些意見和建議,根據這些意見和建議,藉本次重版之機,做了如下修訂工作:

一是對全書所用古文字圖片欠清晰者,進行了全部替換;二是吸收古文字學界新的研究成果,對原注釋進行了必要的修訂或增補;三是對古文字選釋部分的釋文注釋統一增標注釋號,以便利讀者閱讀檢核;四是糾正了初版時沒有校出的一些技術性錯誤。

以上修訂工作,其中第三項是由上海古籍出版社顧莉丹博士完成的,其餘三個部分都是由清華大學出土文獻研究與保護中心博士後任攀承擔的。感謝他們爲此所付出的辛勤勞動,使本書的質量得到進一步的提高。同時,也要向本書修訂時所引用的各類資料或成果的原作者、爲本書提出修改建議的有關讀者表示感謝之忱!

黄德寬

2019年7月11日於清華園新齋